edition suhrkamp

Redaktion: Günther Busch

Erving Goffman, 1922 in Kanada geboren, lehrt an der Universität von Kalifornien in Berkeley Soziologie. Von seinen zahlreichen Publikationen sind im Suhrkamp Verlag erschienen: *Stigma* (1967) und *Interaktionsrituale* (1971).

Goffmans berühmtes Buch *Asylums*, 1961 zuerst erschienen, kam mit zehnjähriger Verspätung in deutscher Sprache heraus. Dennoch kam es im rechten Augenblick: die Diskussion, die es in Gang gebracht hat, wird heute auf einer neuen Ebene, der des praktischen Experiments, fortgesetzt. Was in der Irrenanstalt von Görz oder in den Patientenkollektiven versucht wird, ist die Umkehrung jener »moralischen Karriere« des Patienten, die er beschrieben hat. Totale Institutionen sind geschlossene Welten wie Gefängnisse, Kasernen, Internate, Klöster, Altenheime, Irrenhäuser. Goffman untersucht das Leben in diesen Institutionen, besonders in den Irrenhäusern und Sanatorien; er zeigt auf, was sie aus den Insassen machen und was diese daraus machen können. Die zentrale These ist, daß der wichtigste Faktor, der einen Patienten prägt, nicht seine Krankheit ist, sondern die Institution, der er ausgeliefert ist; seine Reaktionen und Anpassungsleistungen gleichen denen der Insassen anderer totaler Institutionen, mit deren Hilfe die Gesellschaft sich funktionsfähig erhält. Diese »Gegenwelten« zur alltäglichen gesellschaftlichen Welt sind aber in letzter Analyse nur Modelle der Gesellschaft selbst: die Analyse von Extremen wirft Licht auf das, was sich als normal versteht und seine Normalität nur durch die Aussperrung und Einschließung von abweichendem Verhalten beteuern kann. Die »Karriere« des Patienten ist unter diesem Aspekt nur das Spiegelbild der Karriere des normalen Bürgers.

Erving Goffman
Asyle

Über die soziale Situation
psychiatrischer Patienten und anderer Insassen

Suhrkamp Verlag

Titel der Originalausgabe:
Asylums. Essays on the Social Situation of Mental Patients and Other Inmates (1961)
Aus dem Amerikanischen von Nils Lindquist

edition suhrkamp 678
Erste Auflage 1973
© 1961 by Erving Goffman. © der deutschen Ausgabe: Suhrkamp Verlag Frankfurt am Main 1972. Printed in Germany. Alle Rechte vorbehalten, insbesondere das des öffentlichen Vortrags und des Rundfunkvortrags, auch einzelner Abschnitte. Satz in Linotype Garamond. Druck: Nomos Verlagsgesellschaft, Baden-Baden. Gesamtausstattung Willy Fleckhaus.

Inhalt

Vorwort 7

Einleitung 11

Über die Merkmale totaler Institutionen 13

Die moralische Karriere des Geisteskranken 125

Das Unterleben einer öffentlichen Institution:
Eine Untersuchung über die Möglichkeit, in einer
Heilanstalt zu überleben 169

Das ärztliche Berufsmodell und die psychiatrische
Hospitalisierung: Einige Bemerkungen zum Schicksal
der helfenden Berufe 305

Vorwort

Von August 1954 bis Ende 1957 war ich Gastdozent am Laboratory of Socio-environmental Studies des National Institute of Mental Health in Bethesda, Maryland. Während dieser drei Jahre stellte ich einige kürzere Untersuchungen über das Verhalten auf den Stationen des National Institutes of Health Clinical Center an. 1955–56 widmete ich mich der Feldarbeit am St. Elizabeths Hospital, Washington, D. C., einer Bundesanstalt mit etwas über 7000 Insassen, deren Patienten zu drei Vierteln aus dem Columbia-Distrikt stammen. Die schriftliche Ausarbeitung des Materials wurde mir durch ein Stipendium des NIMH sowie durch meine Mitgliedschaft im Center for the Integration of Social Science Theory an der University of California, Berkeley, ermöglicht.

Das unmittelbare Ziel meiner Feldarbeit am St. Elizabeths Hospital war die Untersuchung des sozialen Milieus des Klinikinsassen, und zwar so, wie dieses Milieu von ihm subjektiv erlebt wird. Ich begann meine Arbeit in der Rolle eines Assistenten des Sportreferenten, mußte dann aber bekennen, daß ich mich mit der Erforschung des Freizeit- und Gemeinschaftslebens befaßte; ich verbrachte den Tag mit den Patienten, vermied geselligen Kontakt mit dem Personal und trug keinen Schlüsselbund. Ich schlief außerhalb der Stationen, und die Klinikleitung kannte meine Ziele.

Damals wie heute glaube ich, daß jede Gruppe von Menschen – Gefangene, Primitive, Piloten oder Patienten – ein eigenes Leben entwickelt, welches sinnvoll, vernünftig und normal erscheint, sobald man es aus der Nähe betrachtet, und daß die beste Möglichkeit, eine dieser Welten kennenzulernen, darin besteht, daß man sich im Zusammenleben mit den Mitgliedern den täglichen Zufällen aussetzt, die ihr Leben bestimmen.

Die Grenzen meiner Methode wie ihrer Anwendungsmöglichkeit liegen zutage: Ich ließ mich nicht, auch nicht pro forma, einweisen, denn hätte ich dies getan, so hätte es meine Bewegungsfreiheit und mein Rollenverhalten, und mithin meine Daten noch stärker beschränkt, als sie dies ohnehin waren. Da ich ethnographische Einzelheiten hinsichtlich ausgewählter Aspekte des sozialen Lebens der Patienten erfahren wollte, verzichtete ich auf die üblichen quantitativen Methoden. Ich ging davon aus, daß die statistische Absicherung einiger Aussagen so viel Zeit erfordert und mich in meiner Rolle so festgelegt hätte, daß ich beim Sammeln von Daten über die Struktur und das Gewebe des Lebens der Patienten behindert gewesen wäre. Auch in anderer Hinsicht ist meine Methode beschränkt. Die Weltanschauung einer Gruppe unterstützt deren Mitglieder und bietet ihnen, wie zu erwarten, eine selbst-rechtfertigende Definition ihrer eigenen Situation und vorurteilsvolle Ansichten über Nicht-Mitglieder, in diesem Falle die Ärzte, Schwestern, Wärter und Verwandten. Will man die Situation der Patienten getreulich beschreiben, so muß man notwendig ihre Partei ergreifen. (Um diese meine Befangenheit zu rechtfertigen, möchte ich geltend machen, daß ich zumindest die »richtige« Seite überbetone, denn fast die gesamte wissenschaftliche Literatur über Geisteskranke wurde vom Standpunkt des Psychiaters aus verfaßt, und dieser vertritt in sozialer Hinsicht die andere Seite.) Ferner räume ich ein, daß mein Urteil wahrscheinlich durch die Mentalität eines Mannes der Mittelschicht geprägt ist. Ich litt stellvertretend unter Bedingungen, welche Patienten aus unteren Schichten anscheinend wenig Mühe bereiteten. Und schließlich hatte ich, als ich in die Klinik kam, im Gegensatz zu den meisten Patienten wenig Respekt vor der psychiatrischen Wissenschaft und vor den mit ihrer gegenwärtigen Praxis betrauten Agenturen.

Besonderen Dank schulde ich den Förderern meiner Arbeit für die Unterstützung, die sie mir gewährten. Die Erlaubnis zur Untersuchung am St. Elizabeths Hospital verschaffte mir der damalige Abteilungs-Chefarzt, der verstorbene Dr. Jay Hoffman. Er einigte sich mit mir, daß die Klinik zwar vor der Veröffentlichung das Recht zur Kritik, doch keinerlei Zensur- oder Redaktionsbefugnisse hätte, welch letztere dem NIMH, Bethesda, vorbehalten blieben. Er ging auf die Vereinbarung ein, daß meine Beobachtungen über bestimmte Mitglieder des Personals oder Patienten weder ihm noch jemand anderem mitgeteilt werden durften und daß ich als Beobachter mich in keinen der von mir beobachteten Vorgänge einmischen würde. Er war bereit, mir in der Klinik alle Türen zu öffnen, und im Verlauf meiner Untersuchung kam er meinen Bitten jedesmal so zuvorkommend, schnell und erfolgreich nach, daß ich ihm stets verbunden bin. Als ich später dem Direktor der Klinik, Dr. Winifred Overholser, die Entwürfe meiner Arbeiten zur Durchsicht vorlegte, brachte er dort, wo ich Tatsachen falsch berichtet hatte, wertvolle Korrekturen an und half mir mit seinem Rat, die Darstellung meiner Auffassungen und Methoden zu verbessern. Das Laboratory of Socio-environmental Studies und sein Gründungsrektor, John Clausen, unterstützten meine Arbeit, indem sie mir ein Gehalt zahlten, mir eine Schreibhilfe zur Verfügung stellten, mich kollegial kritisierten und mich immer wieder ermahnten, die Klinik mit den Augen des Soziologen und nicht des Eleven der Psychiatrie zu betrachten. Das Laboratory und seine Trägerkörperschaft, das NIMH, übten ihr Redaktionsrecht so zurückhaltend aus, daß man mir lediglich empfahl, einige unhöfliche Adjektive zu ersetzen.

Ich möchte betonen, daß mir so viel Freiheit und Gelegenheit zu reiner Forschung durch eine Regierungsbehörde – mit finanzieller Unterstützung einer anderen Regierungsbehörde – geboten wurde, wobei beide Behörden in der sicherlich delikaten Atmosphäre Washingtons arbeiteten. Dies geschah zu einem Zeitpunkt, in dem manche Universitäten dieses Landes, die doch die traditionellen Bastionen der freien Forschung sind, meiner Arbeit mehr Hindernisse in den Weg gelegt hätten. Den Psychiatern und Sozialwissenschaftlern im Staatsdienst statte ich meinen Dank für ihre Fairness und ihre Aufgeschlossenheit ab.

Berkeley, California, 1961   Erving Goffman

Einleitung

Eine totale Institution läßt sich als Wohn- und Arbeitsstätte einer Vielzahl ähnlich gestellter Individuen definieren, die für längere Zeit von der übrigen Gesellschaft abgeschnitten sind und miteinander ein abgeschlossenes, formal reglementiertes Leben führen. Ein anschauliches Beispiel dafür sind Gefängnisse, vorausgesetzt, daß wir zugeben, daß das, was an Gefängnissen gefängnisartig ist, sich auch in anderen Institutionen findet, deren Mitglieder keine Gesetze übertreten haben. In diesem Buch werden totale Institutionen im allgemeinen behandelt sowie ein besonderes Beispiel: die psychiatrischen Kliniken. Der Schwerpunkt liegt dabei auf der Welt der Insassen, nicht auf der Welt des Personals. Hauptsächlich geht es darum, eine soziologische Darstellung der Struktur des Selbst zu entwickeln.

Alle vier Essays dieses Bandes wurden als selbständige Arbeiten konzipiert, die ersten beiden wurden getrennt publiziert. Sie haben jeweils ein und dasselbe Thema zum Gegenstand, nämlich die Situation des Insassen. Einige Wiederholungen waren daher unvermeidlich. Andererseits entwickelt jeder der Aufsätze das zentrale Thema von einem anderen Ausgangspunkt her, und in der Einleitung bezieht jeder sich auf verschiedene Quellen der Soziologie und weist dabei nur wenig Gemeinsames mit den übrigen Aufsätzen auf.

Eine solche Darstellung des Materials mag für den Leser beschwerlich sein, aber sie ermöglicht es mir, das Hauptthema jedes Aufsatzes, nach analytischem und komparativem Verfahren, ausführlicher zu behandeln, als dies in einer Reihenfolge von Kapiteln eines einzigen Bandes möglich wäre. Hierfür ist der Stand unserer Disziplin verantwortlich. Wenn wir augenblicklich soziologische Begriffe sinnvoll verwenden wollen, so müssen wir jeden von ihnen von seiner ursprünglichen Bedeutung bis in die entferntesten Verästelungen verfolgen. Um es sprichwörtlich auszudrücken: es ist vielleicht besser, den Kindern verschiedene Mäntel anzuziehen, als sie unter einem einzigen geräumigen Zelt frieren zu lassen.

Der erste Aufsatz, »Über die Merkmale totaler Institutionen«, ist eine allgemeine Untersuchung des sozialen Lebens in diesen Institutionen, wobei vor allem zwei Beispiele behandelt werden, welche die Bedingungen der unfreiwilligen Mitgliedschaft verdeutlichen:

psychiatrische Kliniken und Gefängnisse. Hier werden die in den übrigen Essays detailliert behandelten Themen umrissen und im Rahmen der größeren Zusammenhänge diskutiert. Die zweite Arbeit, »Die moralische Karriere des Geisteskranken«, behandelt die primären Auswirkungen, welche die Vereinnahmung des Individuums durch die Institution auf die sozialen Beziehungen hat, die es besaß, bevor es zum Anstaltsinsassen wurde. Der dritte Beitrag, »Das Unterleben einer öffentlichen Institution«, untersucht die erwartete Bindung des Insassen an seinen Kerker und befaßt sich detailliert mit den Formen, in denen die Insassen sich von solchen Erwartungen distanzieren. Der letzte Aufsatz, »Das ärztliche Berufsmodell und die psychiatrische Hospitalisierung«, lenkt die Aufmerksamkeit auf das akademische Personal und untersucht am Beispiel der psychiatrischen Klinik, welche Funktion die medizinische Perspektive dort gewinnt, wo es darum geht, dem Insassen die Tatsachen seiner Situation zu präsentieren.

Über die Merkmale totaler Institutionen[1]

1 Eine gekürzte Fassung erschien in *Symposium on Preventive and Social Psychiatry*, Walter Reed Army Institute of Research, Washington, D. C. (15.–17. April 1957), S. 43–84. Die vorliegende Fassung ist nachgedruckt aus *The Prison*, herausgegeben von Donald R. Cressey, © 1961 by Holt, Rinehart and Winston, Inc.

Einleitung

I.

Soziale Einrichtungen – in der Alltagssprache Anstalten (*institutions*) genannt – sind Räume, Wohnungen, Gebäude oder Betriebe, in denen regelmäßig eine bestimmte Tätigkeit ausgeübt wird. Die Soziologie bietet dafür keine wirklich zutreffende Definition. Einige Institutionen – wie die Grand Central Station – gewähren jedem Zutritt, der sich anständig bestimmt. Andere, wie der New Yorker Union League Club oder die Laboratorien von Los Alamos, sind offenbar etwas wählerischer in der Auswahl derer, die sie einlassen. Einige Institutionen, wie Geschäfte oder Postämter, haben einen Stab von festen Mitarbeitern, die eine Dienstleistung zur Verfügung stellen, und ein dauernd wechselndes Publikum, das davon Gebrauch macht. Wieder andere, etwa Wohnhäuser und Fabriken, weisen eine geringere Fluktuation der Beteiligten auf. Einige Anstalten bieten Raum für bestimmte Tätigkeiten, durch die anscheinend der soziale Status des einzelnen bestimmt wird, auch wenn es sich dabei um noch so leichte und angenehme Verrichtungen handelt. Andere Institutionen wiederum beherbergen freiwillige oder unernsten Zielen dienende Vereinigungen, die einen Teil der freien, von den ernsteren Pflichten übriggelassenen Zeit beanspruchen. Eine weitere Kategorie von Anstalten wird in diesem Buch herausgegriffen und behandelt. Dieses Verfahren ist sinnvoll und fruchtbar, denn die einzelnen Mitglieder dieser Gruppe haben so viele Gemeinsamkeiten, daß man nur dann Aufschluß über eine dieser Institutionen erhält, wenn man auch die übrigen untersucht.

II.

Jede Institution nimmt einen Teil der Zeit und der Interessen ihrer Mitglieder in Anspruch und stellt für sie eine Art Welt für sich dar; kurz, alle Institutionen sind tendenziell allumfassend. Betrachten wir die verschiedenen Institute innerhalb der westlichen Zivilisation, so finden wir, daß einige ungleich allumfassender sind als andere. Ihr allumfassender oder totaler Charakter wird symbolisiert durch Beschränkungen des sozialen Verkehrs mit der Außenwelt sowie der Freizügigkeit, die häufig direkt in die dingliche Anlage eingebaut sind, wie verschlossene Tore, hohe Mauern, Stacheldraht, Felsen, Wasser, Wälder oder Moore. Solche Einrichtungen nenne ich totale Institutionen, und im folgenden möchte ich ihre allgemeinen Merkmale untersuchen.[2]

Die totalen Institutionen unserer Gesellschaft lassen sich grob in 5 Gruppen zusammenfassen: Da sind einmal jene Anstalten, die zur Fürsorge für Menschen eingerichtet wurden, die als unselbständig und harmlos gelten; hierzu gehören die Blinden- und Altersheime, die Waisenhäuser und die Armenasyle. Zweitens gibt es Orte, die der Fürsorge für Personen dienen, von denen angenommen wird, daß sie unfähig sind, für sich selbst zu sorgen, und daß sie eine – wenn auch unbeabsichtigte – Bedrohung der Gemeinschaft darstellen. Hierzu zählen Tuberkulose-Sanatorien, Irrenhäuser und Leprosorien. Ein dritter Typ von totalen Institutionen dient dem Schutz der Gemeinschaft vor Gefahren, die man für beabsichtigt hält, wobei das Wohlergehen der auf diese Weise abgesonderten Personen nicht unmittelbarer Zweck ist: Gefängnisse, Zuchthäuser, Kriegsgefangenenlager und Konzentrationslager. Viertens gibt es Institutionen, die angeblich darauf abzielen, bestimmte, arbeit-ähnliche Aufgaben besser durchführen zu können und die sich nur durch diese instrumentellen Gründe rechtfertigen: Kasernen, Schiffe, Internate, Arbeitslager, koloniale Stützpunkte sowie große Gutshäuser (aus der Sicht derer, die in den Gesindequartieren leben). Und schließlich finden wir jene Einrichtungen, die als Zufluchtsorte vor der Welt dienen, auch wenn sie zugleich religiöse Ausbildungsstätten sind: Beispiele für diesen Typ sind Abteien, Klöster, Konvente und andere mönchische Wohngemeinschaften. Eine solche Klassifikation der totalen Institutionen ist weder erschöpfend noch von unmittelbarem analytischen Wert, sie

2 Die Kategorie der totalen Institutionen wurde in der soziologischen Literatur immer wieder unter verschiedenen Namen behandelt, und einige ihrer Merkmale wurden bereits dargestellt, am bemerkenswertesten vielleicht in Howard Rowlands vernachlässigtem Aufsatz »Segregated Communities and Mental Health«, erschienen in *Mental Health Publication of the American Association for the Advancement of Science*, No. 9, herausgegeben von F. R. Moulton, 1939. Eine Vorbesprechung meiner Arbeit erschien in *Group Processes*, Transactions of the Third (1956) Conference, herausgegeben von Bertram Schaffner (New York, Josiah Macy, Jr. Foundation, 1957). Den Ausdruck »total« verwendet Amitai Etzioni im gleichen Zusammenhang in »The Organizational Structure of ›Closed‹ Educational Institutions in Israel«, *Harvard Educational Review*, XXVII (1957), S. 115.

gibt jedoch eine rein denotative Definition der Kategorie als Ausgangspunkt für weitere Überlegungen. Nach diesem ersten Versuch einer Definition der totalen Institution bin ich hoffentlich in der Lage, deren allgemeine Merkmale zu diskutieren, ohne mich zu wiederholen.

Bevor wir darangehen, aus dieser Aufzählung von Institutionen ein allgemeines Profil zu gewinnen, möchte ich ein begriffliches Problem erwähnen: offenbar findet sich keines der von mir beschriebenen Elemente ausschließlich in totalen Institutionen, und keines ist allen gemeinsam. Bezeichnend für totale Institutionen ist, daß sie alle einen beträchtlichen Anteil dieser Gruppe von Attributen aufweisen. Wenn ich von »gemeinsamen Merkmalen« spreche, so will ich diesen Ausdruck in beschränkter, aber, wie ich glaube, logisch vertretbarer Weise verwenden. Dadurch ist es möglich, von der Methode der Idealtypen Gebrauch zu machen und gemeinsame Züge festzustellen, wobei ich hoffe, daß wichtige Unterschiede später herausgearbeitet werden können.

III.

In der modernen Gesellschaft besteht eine grundlegende soziale Ordnung, nach der der einzelne an verschiedenen Orten schläft, spielt, arbeitet – und dies mit wechselnden Partnern, unter verschiedenen Autoritäten und ohne einen umfassenden rationalen Plan. Das zentrale Merkmal totaler Institutionen besteht darin, daß die Schranken, die normalerweise diese drei Lebensbereiche voneinander trennen, aufgehoben sind: 1. Alle Angelegenheiten des Lebens finden an ein und derselben Stelle, unter ein und derselben Autorität statt. 2. Die Mitglieder der Institution führen alle Phasen ihrer täglichen Arbeit in unmittelbarer Gesellschaft einer großen Gruppe von Schicksalsgenossen aus, wobei allen die gleiche Behandlung zuteil wird und alle die gleiche Tätigkeit gemeinsam verrichten müssen. 3. Alle Phasen des Arbeitstages sind exakt geplant, eine geht zu einem vorher bestimmten Zeitpunkt in die nächste über, und die ganze Folge der Tätigkeiten wird von oben durch ein System expliziter formaler Regeln und durch einen Stab von Funktionären vorgeschrieben. 4. Die verschiedenen erzwungenen Tätigkeiten werden in einem einzigen rationalen Plan vereinigt, der angeblich dazu dient, die offiziellen Ziele der Institution zu erreichen.

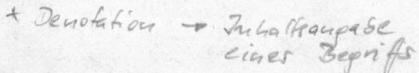

Jedes dieser Merkmale findet sich nicht nur in totalen Institutionen. Unsere großen kommerziellen, industriellen und Bildungsinstitutionen bieten ihren Angehörigen im steigenden Maß Cafeterias und andere Erholungsmöglichkeiten. Doch die Benützung dieser zusätzlichen Annehmlichkeiten ist im Einzelfall freiwillig, und es wird darauf geachtet, daß die normalen Autoritätsprinzipien dort keine Geltung haben. Das Leben von Hausfrauen oder Bauernfamilien spielt sich vielleicht in einem ähnlich abgegrenzten Bereich ab, diese Personen sind jedoch nicht kollektiv organisiert und erledigen ihre täglichen Aktivitäten nicht in unmittelbarer Gesellschaft einer Gruppe von Schicksalsgefährten.

Die Handhabung einer Reihe von menschlichen Bedürfnissen durch die bürokratische Organisation ganzer Gruppen von Menschen – gleichgültig ob dies ein notwendiges oder effektives Mittel der sozialen Organisation unter den jeweiligen Bedingungen ist oder nicht – ist das zentrale Faktum totaler Institutionen. Daraus ergeben sich einige wichtige Folgerungen.

Wenn Menschen in Blöcken bewegt werden, können sie durch Personal beaufsichtigt werden, dessen Hauptaufgabe nicht die Führung oder periodische Inspektion ist (wie in vielen Arbeitgeber-Arbeitnehmerverhältnissen), sondern Überwachung – wobei darauf geachtet wird, daß jeder das tut, was ihm klar und deutlich befohlen wurde, und zwar unter Bedingungen, unter denen ein Verstoß des einzelnen sich deutlich gegen die sichtbare, jederzeit überprüfbare Willfährigkeit der anderen abhebt. Ob den großen Gruppen von gemanagten Menschen oder dem zahlenmäßig geringeren Aufsichtspersonal die Priorität zukommt, steht hier nicht zur Debatte. Hauptsache, sie sind aufeinander angewiesen.

In totalen Institutionen besteht eine fundamentale Trennung zwischen einer großen, gemanagten Gruppe, treffend »Insassen« genannt, auf der einen Seite, und dem weniger zahlreichen Aufsichtspersonal auf der anderen. Für den Insassen gilt, daß er in der Institution lebt und beschränkten Kontakt mit der Außenwelt hat. Das Personal arbeitet häufig auf der Basis des 8-Stundentages und ist sozial in die Außenwelt integriert.[3] Jede der beiden Gruppen

3 Auf den binären Charakter totaler Institutionen machte mich Gregory Bateson aufmerksam, verschiedene Verfasser haben ihn festgestellt. Siehe z. B.: Lloyd E. Ohlin, *Sociology and the Field of Corrections* (New York, Russell Sage Foundation, 1956), S. 14, 20. Wo das Personal ebenfalls in der Institution zu leben gezwungen ist, steht zu erwarten, daß es unter besonderen Härten zu

sieht die andere durch die Brille enger, feindseliger Stereotypien. Das Personal hält die Insassen häufig für verbittert, verschlossen und wenig vertrauenswürdig, während die Insassen den Stab oft als herablassend, hochmütig und niederträchtig ansehen. Das Personal hält sich für überlegen und glaubt das Recht auf seiner Seite, während die Insassen sich – zumindest in gewissem Sinn – unterlegen, schwach, tadelnswert und schuldig fühlen.[4] Die soziale Mobilität zwischen den beiden Schichten ist sehr gering. In der Regel besteht eine große und oft formell vorgeschriebene soziale Distanz. Und sogar ein Gespräch über die Trennlinie hinweg wird mitunter in einer bestimmten Tonlage geführt, wie dieses Zitat aus einem auf Tatsachen beruhenden Roman zeigt:

»Ich will Ihnen mal was sagen«, meinte Miss Hart, als sie den Aufenthaltsraum durchquerten. »Sie tun alles, was Miss Davis anordnet. Denken Sie nicht darüber nach, tun Sie es einfach. Sie werden es schon schaffen.« Kaum hatte sie den Namen gehört, da begriff Virginia, was an Station I so schrecklich war: Miss Davis. »Ist sie die Oberschwester?« »Und wie!« murmelte Miss Hart. Und dann hob sie die Stimme. Die Schwestern behandelten die Patienten so, als würden sie nur geschriene Anweisungen verstehen. Häufig äußerten sie in normaler Lautstärke Dinge, die die Damen nicht hören sollten. Wären sie nicht Krankenschwestern, man könnte meinen, daß sie häufig mit sich selbst sprächen. »Eine sehr fähige und tüchtige Person, diese Miss Davis«, betonte Miss Hart.[5]

Obgleich ein gewisses Maß an Kommunikation zwischen den Insassen und dem Aufsichtspersonal nötig ist, haben die Wärter u. a. die Funktion, die Kommunikation zwischen den Insassen und den höheren Ebenen des Stabes zu kontrollieren. Eine Studie über psychiatrische Kliniken enthält folgende Beschreibung:

Da viele Patienten den Wunsch haben, den Arzt bei der Visite zu sprechen, müssen die Pfleger als Mittler zwischen diesen und die Patienten treten, wenn dieser den Überblick behalten soll. Offenbar galt auf Station 30 die allgemeine Regel, daß es Patienten ohne physische Symptome,

leiden meint und daß sein Status in einem Maß vom Leben innerhalb der Mauern abhängig ist, wie sie dies nicht erwartet hatten. Vgl. Jane Cassels Bericht »The Marine Radioman's Struggle for Status«, *American Journal of Sociology*, LXII (1957), S. 358.
4 Für das Gefängnis vergleiche S. Kirson Weinberg, »Aspects of the Prison's Social Structure«, *American Journal of Sociology*, XLVII (1942), S. 717–26.
5 Mary Jane Ward, *The Snake Pit* (New York, New American Library, 1955), S. 72.

die daher den beiden unteren Privileggruppen angehörten, fast nie gestattet war, mit dem Arzt zu sprechen, es sei denn, Dr. Baker sprach sie von sich aus an. Diese ständig nörgelnden Kranken, die im Jargon der Wärter als Jammerlappen, Landplage oder komische Vögel bezeichnet wurden, versuchten oft, den Pfleger/Mittler zu übergehen, wurden jedoch immer sehr kurz abgefertigt.[6]

Wie das Gespräch über die Grenze, so ist auch die Weitergabe von Informationen, besonders von Informationen über die Pläne des Stabes für die Insassen, beschränkt. Es ist typisch, daß der Insasse von den Entscheidungen, die sein Geschick betreffen, keine Kenntnis erhält. In jedem Fall – seien die offiziellen Gründe militärischer Art, wie beim Verheimlichen der Reiseziele von Rekruten, oder medizinischer Art, wie beim Verheimlichen der Diagnose, des Behandlungsplanes oder der voraussichtlichen Dauer des Sanatorium-Aufenthaltes von TB-Kranken[7] – in jedem Fall gibt dieses Vorenthalten von Informationen dem Stab besondere Voraussetzungen für die Distanz von den und die Kontrolle über die Insassen.

All diese Beschränkungen des Kontakts tragen vermutlich dazu bei, die antagonistischen Stereotypen aufrechtzuerhalten.[8] Es entwickeln sich zwei verschiedene soziale und kulturelle Welten, die mit einigen offiziellen Berührungspunkten nebeneinanderher bestehen, sich jedoch kaum gegenseitig durchdringen. Bezeichnenderweise sehen sowohl der Stab als auch die Insassen das Gebäude wie den Namen der Institution als etwas dem Stab Gehörendes an, so daß beide Gruppen, wenn sie von den Belangen »der Institution« sprechen, sich implizit (wie auch ich es tun werde) auf die Belange und Interessen des Stabes beziehen.

Die Trennung zwischen Stab und Insassen ist hauptsächlich Folge der bürokratischen Führung großer Menschengruppen; an zweiter Stelle steht die Arbeit.

6 Ivan Belknap, Human Problems of a State Mental Hospital (New York, McGraw-Hill, 1956), S. 177.
7 Einen sehr umfangreichen Fallbericht zu diesem Thema bietet das Kapitel »Information and the Control of Treatment« aus Julius A. Roths in Arbeit befindlicher Monographie über ein Tuberkulose-Sanatorium. Seine Arbeit verspricht eine Modellstudie einer totalen Institution zu werden. Vorankündigungen bieten seine Artikel »What is an Activity?«, Etc. XIV (Herbst 1956), S. 54–56 sowie »Ritual and Magic in the Control of Contagion«, American Sociological Review, XXII (1957), S. 310–14.
8 Behauptet Ohlin, op. cit., S. 20.

Für gewöhnlich ist das Leben in unserer Gesellschaft so organisiert, daß die Autorität des Arbeitsplatzes für den Arbeitnehmer mit dem Erhalt des Lohnes endet; wie er diesen in seiner häuslichen Umgebung und seiner Freizeit ausgibt, ist Privatsache des Arbeiters, und durch diesen Mechanismus wird die Autorität des Arbeitsplatzes in fest umschriebenen Grenzen gehalten. Aber die Feststellung, daß der ganze Tagesablauf von Insassen totaler Institutionen vorgeplant wird, bedeutet auch, daß ihre wesentlichen Bedürfnisse vorgeplant werden müssen. Welcher Arbeitsanreiz auch immer gegeben wird, dieser Anreiz wird nie die gleiche strukturelle Bedeutung wie draußen haben. Notwendig wird es verschiedene Motive für die Arbeit und verschiedene Einstellungen zu ihr geben. Diese fundamentale Anpassung wird von den Insassen und von denen, die sie zur Arbeit veranlassen, verlangt.

Mitunter wird ein so geringes Maß an Arbeit verlangt, daß die Insassen, oft untrainiert in Freizeitbeschäftigungen, extrem unter Langeweile leiden. Die erforderliche Arbeit wird vielleicht sehr langsam ausgeführt und ist in ein System von geringfügigen, häufig zeremoniellen Belohnungen eingebettet, wie z. B. die wöchentliche Tabakration und die Weihnachtsgeschenke, die einige Geisteskranke veranlassen, bei ihrer Arbeit zu bleiben. Sicherlich wird in anderen Fällen mehr als ein voller, harter Arbeitstag verlangt, wobei das Motiv nicht in irgendeiner Belohnung, sondern in der Androhung physischer Strafen besteht. In einigen totalen Institutionen, wie etwa Holzfällerlagern oder Handelsschiffen, verlagert der Brauch des Zwangssparens das normale Verhältnis zur Welt der Dinge, die für Geld zu haben sind. Alle Bedürfnisse werden durch die Institution organisiert, und Lohn gibt es erst, wenn eine Arbeitssaison vorüber ist und die Männer den Betrieb verlassen. In manchen Institutionen herrscht eine Art Sklaverei, wobei die gesamte Zeit der Insassen nach Gutdünken des Stabes verplant wird. Hier kann es beim Insassen zu einer Entfremdung des Selbstwertgefühls und des Besitzsinnes von seiner Arbeitsfähigkeit kommen. T. E. Lawrence schildert den Dienst in einem Ausbildungslager der Royal Air Force:

Die Sechswöchigen, denen wir beim Arbeitseinsatz begegnen, erschüttern unsere Moral durch ihr ungezwungenes Benehmen. Sie sagen: »Ihr seid blöde, ihr Anfänger, wenn ihr euch abhetzt.« Ist es unser unverbrauchter Eifer, oder ist es ein Relikt unserer Wohlanständigkeit? Die RAF bezahlt uns 24 Stunden am Tag – zu einem Stundenlohn von 3¹/₂ Pence: Be-

zahlung fürs Arbeiten, Bezahlung fürs Essen, Bezahlung fürs Schlafen –
andauernd summieren sich diese Halfpencestücke. Unmöglich daher, einer
Arbeit dadurch Sinn zu verleihen, daß man sie gut ausführt. Sie muß so
lange wie möglich dauern, denn anschließend wartet nicht der warme
Platz am Ofen, sondern der nächste Job.[9]

Das Individuum, das draußen arbeitsorientiert war, wird – mag
es nun zu viel oder zu wenig Arbeit geben – durch das Arbeitssystem der totalen Institution demoralisiert. Ein Beispiel für diese
Demoralisierung ist die in staatlichen Irrenhäusern übliche Gepflogenheit, jemanden um 10 Cents anzuschnorren oder für ihn zu
arbeiten, um ein wenig Geld in der Kantine ausgeben zu können.
Dem erliegen sogar Menschen, die dies draußen für unvereinbar
mit ihrer Selbstachtung gehalten hätten – häufig mit einem Anflug
von Trotz. (Das Pflegepersonal bewertet dieses Bettel-pattern an
der eigenen bürgerlichen Einstellung zum Gelderwerb und sieht
darin ein Symptom der Geisteskrankheit und einen weiteren Beweis dafür, daß die Insassen tatsächlich krank sind.)
Zwischen der totalen Institution und der fundamentalen Arbeit-
Lohn-Struktur unserer Gesellschaft besteht also ein Widerspruch.
Auch mit einem weiteren Kernstück der Gesellschaft, nämlich der
Familie, sind totale Institutionen unvereinbar. Häufig wird das
Familienleben im Gegensatz zum Alleinsein gesehen, tatsächlich ist
es jedoch eher angemessen, vom Leben in der Gruppe als dem
Gegenteil des Familienlebens zu sprechen, denn wer mit einer
Gruppe von Arbeitskameraden zusammen arbeitet, ißt und schläft,
ist kaum in der Lage, eine sinnvolle häusliche Existenz aufrecht zu
erhalten.[10] Umgekehrt gibt die außerhalb des Anstaltsgeländes
wohnende Familie den Mitgliedern des Stabes die Möglichkeit, in
die Gemeinschaft der Außenwelt integriert zu bleiben und dem
allumfassenden Anspruch der totalen Institution zu entgehen.
Gleichgültig, ob die einzelne totale Institution positiv oder nega-
tiv auf die bürgerliche Gesellschaft einwirkt – in jedem Fall wird
sie über Macht verfügen, die z. T. auf der Unterdrückung einer
ganzen Reihe von wirklich existierenden oder potentiellen Haushalten beruht. Umgekehrt bietet die Bildung von Haushalten eine
strukturelle Garantie dafür, daß totalen Institutionen ein ge-

9 T. E. Lawrence, *The Mint* (London, Jonathan Cape, 1955), S. 40.
10 Ein interessanter Grenzfall ist der israelische Kibbuz. Siehe Melford E. Spiro,
Kibbuz, Venture in Utopia (Cambridge, Harvard University Press, 1956) sowie
Etzioni, op. cit.

wisser Widerstand entgegengesetzt wird. Die Unvereinbarkeit dieser beiden Formen gesellschaftlicher Organisation lehrt uns, deren
weiterreichende soziale Funktionen zu verstehen.

Totale Institutionen sind soziale Zwitter, einerseits Wohn- und
Lebensgemeinschaft, andererseits formale Organisation; in dieser
Hinsicht sind sie für die Soziologie besonders interessant. Auch
noch andere Gründe sprechen dafür, diese Anstalten zu studieren.
Sie sind die Treibhäuser, in denen unsere Gesellschaft versucht, den
Charakter von Menschen zu verändern. Jede dieser Anstalten ist
ein natürliches Experiment, welches beweist, was mit dem Ich des
Menschen angestellt werden kann.

Wir haben die wesentlichen Merkmale totaler Institutionen aufgeführt. Ich möchte diese Anstalten nunmehr unter zwei Gesichtspunkten untersuchen: Zunächst soll die Welt der Insassen, danach
die Welt des Stabes im Mittelpunkt stehen. Schließlich möchte ich
noch einige Feststellungen über die Berührungspunkte dieser beiden Welten treffen.

Die Welt der Insassen

I.

Insassen pflegen mit einer bestimmten, durch heimische Umgebung geprägten Kultur in die Institution zu kommen – einer Lebensform und einem Kreislauf von Tätigkeiten, die zum Zeitpunkt des Eintritts in die Anstalt als gesichert angesehen werden. (Waisenhäuser und Findelheime zählen in diesem Sinn nicht zu den totalen Institutionen, außer insoweit, als die Waisen durch einen Prozeß der kulturellen Osmose sozialisiert, also in die Außenwelt integriert werden sollen, während diese Welt ihnen jedoch systematisch vorenthalten wird.) Wie stabil die Persönlichkeit des Neulings auch immer organisiert sein mag – stets war sie Bestandteil eines weiteren Bezugsrahmens seiner bürgerlichen Umwelt, ein Erfahrungsschatz, der ein tolerierbares Selbstbild unterstützte und eine Reihe von Abwehrmanövern ermöglichte, die der Betreffende nach eigenem Gutdünken einsetzen konnte, um mit Konflikten, Zweifeln und Fehlern fertig zu werden.

Allerdings scheinen totale Institutionen nicht ihre eigene, einmalige Kultur an die Stelle von etwas bereits Geformtem zu setzen; wir haben es mit etwas Beschränkterem als Akkulturation oder Assimilation zu tun. Wenn ein kultureller Wechsel eintritt, handelt es sich vielleicht um ein Verwehren bestimmter Verhaltensmöglichkeiten und um die Unmöglichkeit, mit den letzten, in der Außenwelt stattgefundenen sozialen Veränderungen Schritt zu halten. Wenn daher der Aufenthalt des Insassen lang andauert, kann das eintreten, was »Diskulturation« genannt wurde[11] – d. h. ein Verlern-Prozeß, der den Betreffenden zeitweilig unfähig macht, mit bestimmten Gegebenheiten der Außenwelt fertig zu werden, wenn und falls er hinausgelangt.

Die volle Bedeutung, die das »Drinnensein« für den Insassen hat, existiert für ihn nicht unabhängig von der besonderen Bedeutung des »Hinauskommens«. In diesem Sinn streben totale Institutio-

---

11 Diesen Ausdruck verwendet Robert Sommer in »Patients who grow old in a mental hospital«, *Geriatrics*, XIV (1959), S. 586–87. Der in diesem Zusammenhang manchmal gebrauchte Ausdruck »Desozialisierung« wäre zu stark, da er den Verlust wesentlicher Kommunikations- und Kooperationsfähigkeiten beinhaltet.

nen nicht wirklich den kulturellen Sieg an. Sie schaffen und unterhalten eine Spannung besonderer Art zwischen der heimischen
Umgebung und der Welt der Institution und benützen diese
dauernde Spannung als strategischen Hebel zur Menschenführung.

II.

Der Neuling kommt mit einem bestimmten Bild von sich selbst in
die Anstalt, welches durch bestimmte stabile soziale Bedingungen
seiner heimischen Umgebung ermöglicht wurde. Beim Eintritt wird
er sofort der Hilfe beraubt, die diese Bedingungen ihm boten. In
der exakten Sprache einer unserer ältesten totalen Institutionen
durchläuft er eine Reihe von Erniedrigungen, Degradierungen,
Demütigungen und Entwürdigungen seines Ich. Sein Ich wird
systematisch, wenn auch häufig unbeabsichtigt, gedemütigt. Es
treten einige radikale Veränderungen seiner moralischen Laufbahn
ein, einer Laufbahn, die sich aus den progressiven Veränderungen
zusammensetzt, die in den Überzeugungen stattfinden, die er über
sich und andere wichtige Personen hegt.
Die Prozesse, durch die das Ich eines Menschen gedemütigt wird,
sind in totalen Institutionen ziemlich gleich.[12] Die Analyse dieser
Prozesse kann uns helfen, die Bedingungen zu erkennen, die gewöhnliche Institutionen garantieren müssen, wenn ihre Angehörigen ihr bürgerliches Selbst behalten sollen.
Die Schranke, die totale Institutionen zwischen dem Insassen und
der weiteren Welt errichten, bezeichnet die erste Beschränkung des
Selbst. Im bürgerlichen Leben garantiert die planmäßige Reihenfolge der Rollen eines Individuums, die sowohl im Lebenskreis als
auch in der Wiederholung des täglichen Kreislaufs stattfindet, daß
keine der Rollen, die es spielt, seine Leistung und seine Bindungen
in einer anderen Rolle beeinträchtigt. Die Zugehörigkeit zu totalen Institutionen dagegen unterbricht automatisch die Rollenpla-
nung, denn die Trennung des Insassen von der weiteren Welt
dauert rund um die Uhr an und kann jahrelang dauern. Daher
tritt ein Rollenverlust ein. In vielen totalen Institutionen wird das
Privileg, Besuch zu empfangen oder außerhalb der Anstalt Besuche zu machen, anfangs völlig vorenthalten, wodurch ein tiefer

12 Eine Beschreibung dieser Vorgänge findet sich in Gresham M. Sykes, *The
Society of Captives* (Princeton, Princeton University Press, 1958), Kap. IV,
»The Pains of Imprisonment«, S. 63–83.

Bruch mit den früheren Rollen und eine Anerkennung des Rollen-
verlustes sichergestellt wird. Ein Bericht über das Leben der Kadetten in einer Militärakademie bietet eine Illustration:

Dieser saubere Bruch mit der Vergangenheit muß in relativ kurzer Zeit
erreicht werden. In den ersten beiden Monaten darf der Matrose daher
das Lager nicht verlassen oder geselligen Umgang mit Nicht-Kadetten
pflegen. Diese völlige Isolierung sorgt dafür, daß eine einheitliche Gruppe
von Matrosen entsteht, und nicht eine heterogene Ansammlung von Personen von hohem oder niedrigem Status. Am ersten Tag werden Uniformen ausgegeben, und Diskussionen über Besitz und Familienhintergrund sind tabu. Obwohl die Bezahlung des Kadetten sehr niedrig ist,
darf er kein Geld von zu Hause empfangen. Die Rolle des Kadetten muß
die Rollen, die das Individuum zu spielen gewohnt war, aufheben. Es
bleiben kaum Spuren des sozialen Status in der Außenwelt übrig.[13]

Ich könnte hinzufügen, daß der Neuling sich, falls sein Eintritt
freiwillig war, bereits teilweise von seiner heimischen Umgebung
gelöst hat. Die Institution zerstört lediglich etwas, das bereits im
Verfall begriffen ist.

Obwohl der Insasse, wenn und falls er in die Welt zurückkehrt,
einige Rollen re-etablieren kann, liegt es auf der Hand, daß andere
Verluste unwiderruflich sind und als solche schmerzhaft erfahren
werden. Vielleicht ist es unmöglich, in einer späteren Phase des
Lebenszyklus die Zeit nachzuholen, die jetzt nicht auf die Ausbildung, auf das berufliche Fortkommen, auf die Werbung um einen
Liebespartner oder auf die Aufzucht von Kindern verwandt werden kann. Dieser permanente Verlust findet seinen legalen Ausdruck im Begriff des »bürgerlichen Todes«: Gefängnisinsassen verlieren nicht nur zeitweilig die Rechte, über Geld zu verfügen,
Schecks auszuschreiben, Ehescheidungen oder Adoptionen zu beantragen und zu wählen; einige dieser Rechte können ihnen auch für
immer aberkannt werden.[14]

Der Insasse stellt also fest, daß durch die Schranke, die ihn von

13 Sanford M. Dornbusch, »The Military Academy as an Assimilating Institution«, Social Forces, XXXIII (1955), S. 317. Ein Beispiel für die anfängliche
Besuchsbeschränkung in einer Heilanstalt geben D. McI. Johnson und N. Dodds,
Hrsg., The Plea for the Silent (London, Christopher Johnson, 1957), S. 16. Vergleiche das Besuchsverbot, welches häufig das Hauspersonal an eine totale Institution bindet. Siehe J. Jean Hecht, The Domestic Servant Class in Eighteenth-
Century England (London, Routledge and Kegan Paul, 1956), S. 127–28.
14 Eine brauchbare Übersicht über die Verhältnisse in amerikanischen Gefängnissen findet sich bei Paul W. Tappan, »The Legal Rights of Prisoners«, The
Annals, CCXCIII (Mai 1954), S. 99–111.

der Außenwelt trennt, bestimmte Rollen für ihn verloren sind. Der Eintritt bringt für ihn normalerweise auch Verluste und Demütigungen anderer Art mit sich. In aller Regel bringt der Stab gewisse Aufnahmeprozeduren zur Anwendung, wie die Aufnahme des Lebenslaufes, Fotografieren, Wiegen und Messen, Abnehmen von Fingerabdrücken, Leibesvisitation, Erfassung der persönlichen Habseligkeiten zur Einlagerung, Entkleiden, Baden, Desinfizieren, Haareschneiden, Ausgabe von Anstaltskleidung, Einweisung in die Hausordnung, Zuweisung von Schlafplätzen.[15] Diese Aufnahmeprozeduren sind eher als ein »Trimmen« oder eine »Programmierung« zu bezeichnen, denn durch diese Form der Isolierung wird es möglich, den Neuankömmling zu einem Objekt zu formen, das in die Verwaltungsmaschinerie der Anstalt eingefüttert und reibungslos durch Routinemaßnahmen gehandhabt werden kann. Die meisten dieser Prozeduren beruhen auf Attributen wie dem Gewicht oder dem Fingerabdruck, die das Individuum lediglich insofern aufweist, als es ein Mitglied der größten und abstraktesten sozialen Kategorie, nämlich der Menschheit ist. Eine Behandlung aufgrund solcher Attribute läßt weitgehend die Grundlagen einer früheren Selbstidentifikation außer acht.

Da eine totale Institution sich mit so vielen Aspekten des Lebens der Insassen befaßt, wozu auch die vielfältige Isolierung bei der Einlieferung gehört, gibt es eine besondere Notwendigkeit, den Neuling von Anfang an zur Kooperation zu veranlassen. Oft glaubt das Personal, daß die Bereitschaft des Neulings, sich bei den ersten persönlichen Begegnungen angemessen ehrerbietig zu verhalten, darauf hindeutet, daß er die Rolle des stets fügsamen Insassen übernehmen wird. Die Gelegenheit, bei der die Mitglieder des Personals dem Insassen seine Ehrerbietungspflicht erstmals klarmachen, kann so strukturiert sein, daß er entweder sich auflehnt oder sich für immer fügt. So können diese ersten Momente der Sozialisierung einen »Gehorsamstest« und sogar eine Probe zur Brechung des Willens beinhalten: ein Insasse, der sich widersetzt, wird unmittelbar und sichtbar bestraft, und diese Strafen werden gesteigert, bis er sich auf den Knien unterwirft und demütigt.

15 Vergleiche J. Kerkhoff, *How Thin the Veil: A Newspaperman's Story of His Own Mental Crack-up and Recovery* (New York, Greenberg, 1952), S. 110; Elie A. Cohen, *Human Behaviour in the Concentration Camp* (London, Jonathan Cape, 1954), S. 118–22; Eugen Kogon, *Der SS-Staat. Das System der deutschen Konzentrationslager* (Frankfurt am Main, Europäische Verlagsanstalt, 1946), S. 74–79.

Eine hinreißende Schilderung dessen gibt Brendan Behan in dem Bericht über seinen Kampf mit zwei Wärtern bei seiner Einlieferung in das Walton-Gefängnis:

»Und Kopf hoch, wenn ich mit dir spreche!«
»Kopf hoch, wenn Mr. Whitbread mit dir spricht«, sagte Mr. Holmes.
Ich sah mich nach Charlie um. Seine Augen begegneten den meinen und er senkte sie schnell zu Boden.
»Wonach schaust du dich um, Behan? Schau mich an.«
. . . .
Ich schaute Mr. Whitbread an. »Ich schaue Sie an«, sagte ich.
»Du schaust Mr. Whitbread an, was?« sagte Mr. Holmes.
»Ich schaue Mr. Whitbread an.«
Mr. Holmes sah Mr. Whitbread ernst an, holte mit der offenen Hand aus und schlug mich ins Gesicht, hielt mich mit der anderen Hand fest und schlug mich nochmal.
Mein Kopf wirbelte und brannte und schmerzte und ich fragte mich, ob es nochmal passieren würde. Ich vergaß es und spürte noch einen Streich, und vergaß es, und noch einen, und ich bewegte mich und wurde von einer ruhigen, beinah freundlichen Hand festgehalten, und noch einen, und sah eine Vision aus Rot und Weiß und blaßfarbenen Blitzen.
»Du schaust Mr. Whitbread an, was Behan?«
Ich schluckte und versuchte eine klare Stimme zu bekommen und versuchte es nochmal, bis ich's rausbrachte: »Ich, Sir, bitte, Sir, ich schau Sie an, ich will sagen, ich schau Mr. Whitbread an, Sir.«[16]

Aufnahmeprozeduren und Gehorsamsproben werden mitunter zu einer Art Initiation verfeinert, die »Willkommen« genannt wird und bei der das Personal oder die Insassen, oder auch beide, sich alle Mühe geben, um dem Neuling einen klaren Begriff von seiner Zwangslage zu geben.[17] Zu diesem Eintrittsritual gehört es manchmal, daß er mit herabsetzenden Ausdrücken wie »Stift« oder »Moses« belegt wird, die ihm deutlich machen, daß er in dieser niedriggestellten Gruppe einen besonders niedrigen Status hat.

16 Brendan Behan, *Borstal Boy* (London, Hutchinson, 1958), S. 40. Siehe auch Anthony Heckstall-Smith, *Eighteen Months* (London, Allan Wingate, 1954), S. 26.
17 Die Konzentrationslager-Variante dieses Vorgangs ist dargestellt in Cohen, op. cit., S. 120, und Kogon, op. cit., S. 71 ff. Das Willkommensritual in einer Besserungsanstalt für Mädchen behandelt in Romanform Sara Harris, *The Wayward Ones* (New York, New American Library, 1952), S. 31–34. Weniger explizit finden wir die Gefängnis-Variante in George Dendrickson und Frederick Thomas, *The Truth About Dartmoor* (London, Gollancz, 1954), S. 42–57.

Die Aufnahmeprozedur kann als ein Ent- und Bekleiden gekenn-
zeichnet werden, wobei der Mittelpunkt physische Nacktheit ist.
Selbstverständlich gehört zum Entkleiden auch die Wegnahme des
Eigentums, denn die Menschen pflegen ihre persönliche Habe
emotionell zu besetzen. Das vielleicht wichtigste dieser Besitztümer ist alles andere als physischer Natur, nämlich der volle
Eigenname; wie auch immer jemand danach gerufen wird – der
Verlust des Namens kann eine erhebliche Verstümmelung des
Selbst darstellen.[18]
Sobald dem Insassen seine persönliche Habe genommen ist, muß
zumindest einiges durch die Anstalt ersetzt werden; dies erfolgt
jedoch in standardisierter Form, die betreffenden Gegenstände wie
die Art der Verteilung sind uniform. Diese Ersatzgegenstände sind
deutlich als der Anstalt gehörend gekennzeichnet, und in manchen
Fällen werden sie in regelmäßigen Abständen eingefordert, so als
sollten sie von allen Spuren einer Identifikation gereinigt werden.
Bei Objekten, die sich verbrauchen – z. B. Bleistiften – wird vom
Insassen mitunter verlangt, die Reste vor einer Neuausgabe ab-
zuliefern.[19] Diese Enteignung der persönlichen Habe wird in ihrer
Wirkung dadurch verstärkt, daß den Insassen keine eigenen
Schränke zugeteilt werden und daß die angesammelten Habselig-
keiten von Zeit zu Zeit durchsucht und beschlagnahmt werden.[20]
Religiöse Ordensgemeinschaften wissen die Folgen, die eine solche
Trennung von Besitz für das Selbst hat, zu schätzen. Manchmal
wird von den Insassen verlangt, ihre Zellen jedes Jahr zu wech-
seln, damit sie keine Bindungen an diese eingehen. Die Regeln des
Heiligen Benedikt sagen dies deutlich:

Als Bett genüge ihnen eine Matratze, eine Wolldecke, ein Bezug und ein
Kopfkissen. Diese Betten müssen vom Abt häufig kontrolliert werden,
ob sich private Besitztümer darin befinden. Wenn entdeckt wird, daß jemand etwas hat, das er nicht vom Abt erhielt, soll er strengstens bestraft
werden. Und damit das Laster des privaten Eigentums völlig ausgerottet
werde, soll der Abt alle notwendigen Dinge verteilen: das sind Kutte,
Tunika, Socken, Schuhe, Gürtel, Messer, Feder, Nadel, Taschentuch und

18 Zum Beispiel Thomas Merton, *The Seven Storey Mountain* (New York,
Harcourt, Brace and Company, 1948), S. 290–91; sowie Cohen, op. cit., S. 145
bis 147.
19 Dendrickson and Thomas, op. cit., S. 83–84, ebenfalls *Die Regel des Heiligen
Benedikt*, 55. Hauptstück.
20 Kogon, op. cit.

Schreibblock; damit keiner vorgebe, er litte Not. Und der Abt soll stets die Stelle in der Apostelgeschichte im Sinn behalten: Und jeder erhielt das seine, dessen er bedurfte.[21]

Eine Garnitur persönlicher Sachen hat eine besondere Bedeutung für das Selbst des Individuums. Der einzelne nimmt normalerweise an, daß ihm eine gewisse Kontrolle darüber zusteht, in welcher Gestalt er vor anderen erscheinen will. Zu diesem Zweck benötigt er sowohl kosmetische Artikel und Kleidung als auch bestimmte Geräte, um jene zu verwenden, in Ordnung zu halten und zu reparieren, sowie einen zugänglichen, gesicherten Platz zur Aufbewahrung dieser Vorräte und Werkzeuge – kurz, der einzelne braucht eine Art »Identitäts-Ausrüstung« zur Aufrechterhaltung seiner persönlichen Fassade. Auch müssen ihm Verschönerungsspezialisten, wie Frisöre und Schneider, zugänglich sein.

Bei der Aufnahme in eine totale Institution wird das Individuum jedoch meist seiner üblichen Erscheinung sowie der Ausrüstung und der Dienstleistungen zu deren Aufrechterhaltung beraubt, wodurch es eine persönliche Entstellung erleidet. Kleidungsstücke, Kämme, Nadel und Faden, Kosmetika, Handtücher, Seife, Rasierzeug, eine Badegelegenheit – all dies kann ihm weggenommen oder verweigert werden; einiges davon wird manchmal auch an einem unzugänglichen Ort aufbewahrt, um zurückgegeben zu werden, wenn es die Anstalt verläßt. Die Regeln des St. Benedikt besagen:

Dort im Oratorium sollen ihm sogleich die Kleider, in denen er gekommen, abgenommen werden und er soll mit dem Gewand des Klosters bekleidet werden. Jene Gewänder, die ihm genommen wurden, sollen in der Kleiderkammer verwahrt werden, damit er, sollte der Teufel ihn je versuchen, das Kloster zu verlassen, des klösterlichen Habits entkleidet und von dannen gejagt werden kann.[22]

Wie gesagt, sind die Anstaltssachen, die anstelle der weggenommenen Habseligkeiten ausgegeben werden, normalerweise wahllos zugeteilt, schlecht sitzend, häufig abgetragen und einheitlich für große Gruppen von Insassen. In einem Bericht über inhaftierte Prostituierte wird beschrieben, wie dieser Ersatz sich auswirkt:

Zunächst kommt die Aufseherin des Duschraumes, die sie zwingt, sich zu entkleiden, ihnen die eigenen Kleider fortnimmt und darauf achtet, daß sie ein Bad nehmen und ihre Gefängniskleidung erhalten: ein Paar

21 *Die Regel des Heiligen Benedikt*, 55. Hauptstück.
22 *Die Regel des Heiligen Benedikt*, 58. Hauptstück.

schwarze Halbschuhe mit breitem Absatz, zwei Paar schon oft gestopfte Socken, drei Baumwollkleider, zwei Baumwollschlüpfer, zwei Paar Höschen und einen Büstenhalter. Die Büstenhalter sind allesamt flach und nutzlos. Korsetts oder Strumpfhalter werden nicht ausgegeben.

Kein tristerer Anblick, als ihn manche dieser fetten Gefangenen bieten, die draußen zumindest ein anständiges Äußeres wahren konnten, sobald sie sich zum ersten Mal in Anstaltskleidung erblicken.[23]

Zu der persönlichen Verunstaltung, die von der Wegnahme der Identitäts-Ausrüstung herrührt, kommt noch die persönliche Entstellung, die von unmittelbaren und dauernden körperlichen Verstümmelungen – etwa Brandmalen oder dem Verlust von Gliedmaßen – herrührt. Auch wenn diese Verstümmelung des Selbst über den Körper nur in wenigen totalen Institutionen stattfindet, tritt allgemein ein Verlust des Gefühls der persönlichen Sicherheit ein, wodurch die Befürchtungen hinsichtlich einer Entstellung begründet sind. Schläge, Schocktherapie oder, wie in psychiatrischen Kliniken, chirurgische Eingriffe können – gleichgültig, welchen Zweck der Stab mit einer solchen Behandlung einzelner Insassen verfolgt – bei vielen das Gefühl auslösen, daß sie sich in einer Umgebung befinden, die keine Gewähr für ihre physische Integrität bietet.

Bei der Aufnahme kann der Verlust der Identitäts-Ausrüstung das Individuum daran hindern, anderen gegenüber sein normales Selbstbild zu präsentieren. Nach der Aufnahme wird das Selbstbild, das der einzelne präsentiert, in anderer Form attackiert. Unter der Voraussetzung des Ausdrucks-Idioms einer gegebenen bürgerlichen Gesellschaft vermitteln bestimmte Bewegungen, Haltungen und Stellungen ein niedriges Eigenbild und werden als demütigend vermieden. Alle Vorschriften, Anordnungen und Aufgaben, die den einzelnen zwingen, diese Bewegungen auszuführen und diese Haltungen einzunehmen, können sein Selbst verletzen. In totalen Institutionen sind solche physischen Entwürdigungen reichlich vorhanden. In Irrenhäusern werden die Patienten manchmal gezwungen, alle Gerichte mit einem Löffel zu essen.[24] In Mili-

23 John M. Murtagh and Sara Harris, *Cast the First Stone* (New York, Pocket Books, 1958), S. 239–40. Über Heilanstalten vergleiche Kerkhoff, op. cit., S. 10. Ward (op. cit., S. 60) stellt mit einiger Berechtigung fest, daß in unserer Gesellschaft Männer weniger unter der Entpersönlichung leiden als Frauen.
24 Johnson and Dodds, op. cit., S. 15; für die Gefängnis-Variante siehe Alfred Hassler, *Diary of a Self-Made Convict* (Chicago: Regnery, 1954), S. 33.

tärgefängnissen kann von den Insassen verlangt werden, Haltung anzunehmen, sobald ein Offizier das Gefangenenlager betritt.[25] In religiösen Anstalten gibt es klassische Buß-Gesten wie den Fußkuß[26] oder die Haltung, die einem gestrauchelten Mönch vorgeschrieben ist: er soll

sich schweigend an der Tür des Oratoriums zu Boden werfen; und so, mit dem Gesicht zur Erde und mit ausgestrecktem Körper soll er sich allen zu Füßen werfen, während sie aus dem Oratorium schreiten.[27]

In manchen Strafanstalten finden wir die Demütigung des sich Bückens, um mit der Rute gezüchtigt zu werden.[28]
Wie das Individuum gezwungen werden kann, seinen Körper in einer demütigenden Pose zu halten, so muß es häufig auch demütigende verbale Antworten geben. Ein wichtiges Beispiel hierfür bietet das Verhaltensmuster erzwungener Ehrerbietung in totalen Institutionen; oft wird von den Insassen verlangt, ihre sozialen Interaktionen mit Personen des Stabes durch verbale Akte der Ehrerbietung, wie etwa das höfliche »Mein Herr«, zu unterstreichen. Ein weiteres Beispiel ist der Zwang, um Kleinigkeiten wie Feuer für die Zigarette, einen Schluck Wasser oder die Erlaubnis, das Telefon benützen zu dürfen, bitten, betteln oder gar demütig nachsuchen zu müssen.
Diesen Demütigungen hinsichtlich der Sprache und des Handelns, die vom Insassen gefordert werden, entspricht die demütigende Behandlung, die andere ihm angedeihen lassen. Geläufige Beispiele hierfür sind verbale oder gestische Entwürdigungen: das Personal oder die Mitinsassen belegen den einzelnen mit obszönen Namen, beschimpfen ihn, streichen seine negativen Eigenschaften heraus, hänseln ihn oder sprechen über ihn und seine Mitinsassen, als wären sie nicht anwesend.
Welche Form oder Ursache diese verschiedenen Kränkungen auch haben mögen, stets muß der einzelne ein Verhalten zeigen, dessen symbolische Implikationen mit seiner Vorstellung von sich selbst unvereinbar sind. Ein verbreiteteres Beispiel für Demütigungen dieser Art ist da gegeben, wo das Individuum gezwungen ist, einen

25 L. D. Hankoff, »Interaction Patterns Among Military Prison Personnel«, *U. S. Armed Forces Medical Journal*, X (1959), S. 1419.
26 Kathryn Hulme, *The Nun's Story* (London, Muller, 1957), S. 52.
27 *Die Regel des Heiligen Benedikt*, 44. Hauptstück.
28 Dendrickson and Thomas, op. cit., S. 76.

täglichen Lebenszyklus zu durchlaufen, der ihm fremd erscheint – also eine desidentifizierende Rolle zu übernehmen. In Gefängnissen kann das Fehlen heterosexueller Chancen Furcht vor dem Verlust der Männlichkeit auslösen.[29] In militärischen Institutionen gibt die offenkundig sinnlose Antreiberei, mit der dienstliche Kleinigkeiten erzwungen werden, den Männern mitunter das Gefühl, daß ihre Zeit und Mühe nutzlos vertan sind.[30] In religiösen Institutionen sorgen besondere Vorkehrungen dafür, daß alle Insassen der Reihe nach die niedrigeren Aspekte der Dienerrolle wahrnehmen.[31] Ein Extremfall ist die in Konzentrationslagern übliche Gepflogenheit, die körperliche Züchtigung von Gefangenen durch Gefangene vornehmen zu lassen.[32]

Eine weitere Form der Demütigung in totalen Institutionen besteht darin, daß die Individuen gleich bei der Aufnahme einer verunreinigenden Entblößung ausgesetzt werden. Draußen kann der einzelne die mit Selbstgefühlen besetzten Objekte – etwa seinen Körper, seine unmittelbaren Handlungen, seine Gedanken und einen Teil seiner Habe – vom Kontakt mit fremden, verunreinigenden Dingen fernhalten. In totalen Institutionen jedoch werden diese Bereiche des Selbst verletzt; die Grenze, die das Individuum zwischen sich selbst und der Umwelt zieht, wird überschritten; die Verkörperung des Selbst wird entwürdigt.

Zunächst wird der Informationsvorbehalt hinsichtlich der eigenen Person verletzt. Bei der Aufnahme werden die Fakten – besonders die diskreditierenden – über den sozialen Status und die Vergangenheit des Insassen gesammelt und in einem dem Personal zur Verfügung stehenden Dossier zusammengestellt. Sofern die Anstalt offiziell darauf abzielt, die innere Tendenz zur Selbstregulierung des Insassen zu beeinflussen, findet später mitunter eine Gruppen- oder Individualbeichte statt – in psychiatrischer, politischer, militärischer oder religiöser Form, je nach dem Typ der Institution. Zu solchen Gelegenheiten muß der Insasse Fakten und Gefühle, die seine Person betreffen, ihm bisher unbekannten Zuhörern offenbaren. Die augenfälligsten Beispiele für solche Geständnisse finden wir in kommunistischen Schulungslagern und in den Buß-Exerzitien, die zu den Gepflogenheiten in religiösen In-

29 Sykes, op. cit., S. 70–72.
30 Zum Beispiel Lawrence, op. cit., S. 34–35.
31 *Die Regel des Heiligen Benedikt*, 35. Hauptstück.
32 Kogon, op. cit., S. 108.

stitutionen der katholischen Kirche zählen.[33] Wissenschaftler, die sich mit der sogenannten Milieutherapie befassen, haben die Dynamik dieses Prozesses ausführlich erörtert.

Die fremden Zuhörer erfahren nicht nur diskreditierende Tatsachen über den einzelnen, die dieser normalerweise verheimlichen würde, sondern ihre Stellung ermöglicht es ihnen auch, sich diese Informationen direkt zu beschaffen. Häftlinge und Geisteskranke können es nicht verhindern, daß ihre Besucher sie unter demütigenden Umständen zu Gesicht bekommen.[34] Ein weiteres Beispiel bilden die von KZ-Insassen getragenen Abzeichen, welche die ethnische Zugehörigkeit anzeigen.[35] Häufig werden die Insassen bei medizinischen Untersuchungen und Sicherheitskontrollen körperlich entblößt – mitunter vor Personen beiderlei Geschlechts; eine ähnliche Entblößung ist durch kollektive Schlafgelegenheiten und türlose Toiletten gegeben.[36] Ein Extrem ist wohl die Situation des selbst-destruktiven Geisteskranken, der, angeblich zu seinem eigenen Schutz, nackt ausgezogen und in einen ständig beleuchteten Raum gesperrt wird, wo ihn jeder, der die betreffende Station passiert, durch einen Spion beobachten kann. Im allgemeinen ist der Insasse natürlich nie völlig allein. Stets ist er in Sicht- oder Hörweite anderer Personen, und seien dies nur die übrigen Insassen.[37] In Gefängniszellen mit Gittern anstelle von Wänden ist eine solche Bloßstellung vollkommen.

Vielleicht die auffälligste Form der verunreinigenden Entblößung ist unmittelbar physischer Natur: das Beschmutzen und Besudeln des Körpers oder anderer, mit der eigenen Person identifizierter Objekte. Dies führt manchmal zum Zusammenbruch der gewohnten Umweltordnung, die der Trennung von der eigenen Quelle der Verunreinigung dient, so wenn der einzelne seine Exkremente

33 Hulme, op. cit., S. 48–51.

34 Auch größere Gemeinschaften der westlichen Gesellschaft haben natürlich diese Techniken in Form der öffentlichen Auspeitschung, des öffentlichen Galgens, des Prangers und des Halseisens verwendet. In funktioneller Korrelation mit dem öffentlichen Charakter der Demütigungen in totalen Institutionen besteht für gewöhnlich die strikte Regel, daß Angehörige des Personals ihresgleichen in Gegenwart von Insassen nicht demütigen.

35 Kogon, op. cit., S. 50–51.

36 Behan, op. cit., S. 23.

37 Zum Beispiel Kogon, op. cit., S. 136; Hassler, op. cit., S. 16. Die Verhältnisse in einer religiösen Institution schildert Hulme, op. cit., S. 48. Sie berichtet auch vom Fehlen eines privaten Bereichs, da die Türöffnungen der einzelnen Schlafzellen nur mit dünnen Baumwollvorhängen verhängt sind (S. 20).

selbst beseitigen muß[38] oder wenn er seine Entleerung unter Aufsicht verrichten muß, wie dies bei politischen Gefangenen in China der Fall ist:

Ein besonders für Gefangene aus dem westlichen Kulturkreis beschwerlicher Aspekt der Zwangsisolierung sind die Vorschriften zur Beseitigung von Urin und Fäkalien. Der in russischen Gefängniszellen normalerweise vorhandene Toiletteneimer fehlt in China häufig. In chinesischen Gefängnissen sind Stuhlgang und Urinieren nur ein oder zweimal täglich zu festgesetzten Zeiten erlaubt – normalerweise morgens nach dem Frühstück. Der Gefangene wird von einem Wärter aus der Zelle getrieben, im Laufschritt einen langen Korridor entlanggejagt, und dann hat er etwa zwei Minuten Zeit, um über einer offenen Latrine hockend, sein Geschäft zu verrichten. Die Eile und die öffentliche Aufsicht sind vor allem für Frauen schwer zu ertragen. Wenn die Gefangenen nach etwa zwei Minuten noch nicht fertig sind, dann werden sie abrupt fortgezerrt und wieder in ihre Zellen getrieben.[39]

Eine sehr verbreitete Form der physischen Verunreinigung spiegelt sich in Klagen über unsauberes Essen, dreckige Quartiere, schmutzige Handtücher, vom Schweiß des Vorgängers getränkte Schuhe und Kleidungsstücke, Toiletten ohne Ränder und verdreckte Badegelegenheiten.[40] Die von Orwell geschilderten Verhältnisse in seinem Internat veranschaulichen dies:

Da gab es zum Beispiel jene Zinnschalen, aus denen wir unseren Haferbrei aßen. Sie hatten gerillte Ränder, und unter den Rändern klebte eingetrockneter Brei, der sich in langen Streifen abziehen ließ. Der Brei selbst enthielt mehr Klumpen, Haare und undefinierbare schwarze Gegenstände, als man für möglich halten sollte, es sei denn man wollte annehmen, daß jemand sie absichtlich hineintat. Man konnte diesen Brei nie essen, ohne ihn vorher zu untersuchen. Und dann das schleimige Wasser im Bad – das Becken war 12 bis 15 Fuß lang, und die ganze Schule mußte jeden Morgen dort hineinsteigen, aber ich bezweifle, ob das Wasser überhaupt jemals erneuert wurde. Und dann die immer feuchten

38 Heckstall-Smith, op. cit., S. 21; Dendrickson and Thomas, op. cit., S. 53.
39 L. E. Hinkle, Jr. and H. G. Wolff, »Communist Interrogation and Indoctrination of ›Enemies of the State‹«, *A. M. A. Archives of Neurology and Psychiatry*, LXXVI (1956), S. 153. Ein sehr brauchbarer Bericht über die profanierende Funktion von Fäkalien sowie über die soziale Notwendigkeit der Kontrolle über die eigene Person und die Umwelt findet sich in C. E. Orbach et. al., »Fears and Defensive Adaptations to the Loss of Anal Sphincter Control«, *The Psychoanalytic Review*, XLIV (1957), S. 121–75.
40 Zum Beispiel Johnson and Dodds, op. cit., S. 75; Heckstall-Smith, op. cit., S. 15.

Handtücher mit ihrem Käsegeruch und der Schweißgeruch des Umkleide-
raumes mit seinen schmierigen Waschbecken und daneben die Reihe von
dreckigen, verkommenen Toiletten, deren Türen keinerlei Riegel hatten,
so daß immer, wenn man dort hockte, garantiert jemand hereinplatzte.
Ich kann nicht an meine Schule denken, ohne daß mich sofort jene kalte,
übelriechende Atmosphäre befällt – jenes Gemisch aus dem Gestank ver-
schwitzter Socken, schmutziger Handtücher, von Kotgerüchen durch-
wehten Korridoren, von Eßbesteck voll alter Speisereste, von Hammel-
eintopf und von knallenden Klotüren und dem Geklirr der Nachttöpfe
in den Schlafsälen.[41]

Es gibt noch weitere Quellen physischer Verunreinigung, wie die
Beschreibung eines KZ-Lazaretts, die ein ehemaliger Häftling gibt,
zeigt:

Wir lagen jeweils zu zweit in einem Bett. Dies war sehr unangenehm.
Wenn z. B. jemand starb, dann wurde er erst 24 Stunden später hinaus-
getragen, denn natürlich wollte sich der Barackenälteste die dem Verstorbenen zugedachte Brot- und Suppenration sichern. Aus diesem Grund
wurde der Tote erst 24 Stunden später als tot gemeldet, damit seine
Ration noch einmal zur Verteilung kam. Und darum mußten wir die
ganze Zeit mit dem Toten zusammen im Bett liegen.[42]
Wir lagen auf der mittleren Ebene. Und dies war eine recht scheußliche
Situation, besonders nachts. Denn die Toten waren furchtbar ausgemer-
gelt und sahen schrecklich aus. Meistens beschmutzten sie sich im Augenblick des Todes, und dies war keine besonders ästhetische Angelegenheit.
Ich habe solche Fälle in den Krankenbaracken des Lagers sehr häufig
gesehen. Menschen, die an entzündeten, eiternden Wunden starben und
deren Betten voller Eiter waren, lagen neben Leuten, die an einer harmlosen Krankheit litten, die vielleicht nur eine leichte Verletzung hatten,
welche nun infiziert wurde.[43]

Die durch das Liegen neben Sterbenden bedingte Verunreinigung
wird auch aus Irrenhäusern berichtet[44], und Gefängnisdokumente
sprechen von Verunreinigungen bei Operationen:

Chirurgische Instrumente und Verbandmaterial liegen offen, der Luft
und dem Staub zugänglich, da. George, der darauf wartete, daß eine
Krankenschwester seinen Abszeß am Hals behandelte, wurde mit einem

41 George Orwell, »Such, Such Were the Joys«, *Partisan Review*, XIX (September–October), S. 523.
42 David P. Boder, *I Did Not Interview the Dead* (Urbana, University of
Illinois Press, 1949), S. 50.
43 Ibid., S. 50.
44 Johnson and Dodds, op. cit., S. 16.

Skalpell geschnitten, das kurz vorher am Fuß eines anderen Mannes verwendet und inzwischen nicht sterilisiert worden war.[45]

In einigen totalen Institutionen schließlich ist der Insasse gezwungen, Medikamente oral oder intravenös einzunehmen, ob er dies
will oder nicht, und Speisen, wie ungenießbar sie auch sein mögen,
zu verzehren. Weigert er sich zu essen, dann wird sein Inneres
vielleicht durch »zwangsweise Fütterung« gewaltsam verunreinigt.

Ich habe beschrieben, wie das Selbst des Insassen durch Verunreinigungen physischer Art gedemütigt wird; dies bedarf jedoch
weiterer Erläuterung. Wenn die Verunreinigung von einem anderen Menschen verursacht wird, so wird der Insasse zusätzlich durch
einen erzwungenen zwischenmenschlichen Kontakt und folglich
durch eine erzwungene soziale Beziehung besudelt. (Ähnlich ist der
Insasse, wenn er nicht mehr kontrollieren kann, wer ihn in seiner
mißlichen Situation beobachtet oder wer etwas über seine Vergangenheit erfährt, durch eine erzwungene Beziehung mit diesen
Personen verunglimpft; denn soziale Beziehungen drücken sich in
solchen Wahrnehmungen und Einsichten aus.)

Der Modellfall der zwischenmenschlichen Verunreinigung ist in
unserer Gesellschaft wohl die Vergewaltigung; auch in totalen
Institutionen findet sicher sexuelle Belästigung statt, doch typischer
ist eine Reihe anderer, weniger drastischer Beispiele. Bei der Aufnahme wird die persönliche Habe des einzelnen von dem Beamten,
der sie registriert und zur Lagerung vorbereitet, befingert und be-
tatscht. Der Insasse selbst wird vielleicht gefilzt und bis hin zur –
in der Literatur oft erwähnten – Rektaluntersuchung visitiert.[46]
Später, im Verlauf seines Aufenthalts, werden häufig sein Körper
und seine Schlafstelle untersucht, sei es routinemäßig oder falls er
Schwierigkeiten macht. In all diesen Fällen wird sowohl durch den
Untersuchenden als auch durch die Untersuchung selbst die Privatsphäre des Individuums verletzt. Einen solchen Effekt können auch
Routineinspektionen haben, wie Lawrence berichtet:

Damals mußten die Männer einmal wöchentlich ihre Schuhe und Socken
ausziehen und sich die Untersuchung ihrer Füße durch einen Beamten

45 Dendrickson and Thomas, op. cit., S. 122.
46 Zum Beispiel Lowell Naeve, *A Field of Broken Stones* (Glen Gardner, New
Jersey, Libertarian Press, 1950), S. 17; Kogon, op. cit., S. 76; Holley Cantine
and Dachine Rainer, *Prison Etiquette* (Bearsville, N. Y., Retort Press, 1950),
S. 46.

gefallen lassen. Wenn man sich vornüber beugte, um nachzusehen, schlug einen ein Ehemaliger ins Gesicht. Ähnlich gab es Badelisten – man bekam vom Sergeanten eine Bestätigung, daß man einmal in der Woche ein Bad genommen hatte. Einmal die Woche ein Bad! Und ähnlich verhielt es sich mit den Spindinspektionen, den Stubeninspektionen und den Inspektionen der Ausrüstung – lauter Vorwände für die Dogmatiker unter den Offizieren, Böcke zu schießen, und für die neugierigen Vorgesetzten, ihre Nase in alles zu stecken.[47]

Darüber hinaus kann die in Gefängnissen und Irrenhäusern übliche Praxis, Alters-, ethnische und rassische Gruppen zu mischen, dem Insassen das Gefühl geben, daß er durch den Kontakt mit den Mitinsassen, die er ablehnt, verunreinigt wird. Ein Beispiel bietet die Darstellung eines jugendlichen Häftlings, der seine Einlieferung in das Gefängnis schildert:

Ein anderer Wärter kam mit ein paar Handschellen auf mich zu und kettete mich mit einem kleinen Juden zusammen, der leise auf jiddisch vor sich hin jammerte...[48]
Plötzlich kam mir der furchtbare Gedanke, ich müßte vielleicht mit dem kleinen Juden die Zelle teilen, und ich wurde von Panik gepackt. Der Gedanke beherrschte mich so sehr, daß er alles andere verdrängte.[49]

Selbstverständlich bedingt das Zusammenleben wechselseitigen Kontakt und eine gewisse Bloßstellung unter den Gefangenen. Im Extremfall, wie in den Zellen politischer Gefangener in China, kann der gegenseitige Kontakt sehr weit gehen:

Zu einem bestimmten Zeitpunkt seiner Gefangenschaft kann der Gefangene damit rechnen, daß er mit acht anderen Gefangenen zusammen in eine Zelle gesteckt wird. Wurde er anfangs isoliert und verhört, so kann dies kurz nach der Ablegung seines ersten »Geständnisses« der Fall sein. Viele Gefangene werden jedoch von Anbeginn ihrer Einkerkerung in Gemeinschaftszellen gesteckt. Normalerweise ist die Zelle unmöbliert und kaum groß genug für die darin untergebrachte Menschengruppe. Vielleicht gibt es eine Schlafpritsche, doch sämtliche Gefangene schlafen auf dem Fußboden; und wenn sich alle zur Ruhe legen, dann ist jeder Zentimeter Bodenfläche bedeckt. Es herrscht eine äußerst intime Atmosphäre, und es gibt keinerlei Privatsphäre.[50]

47 Lawrence, op. cit., S. 196.
48 Heckstall-Smith, op. cit., S. 14.
49 Ibid., S. 17.
50 Hinkle and Wolff, op. cit., S. 156.

Lawrence führt ein Beispiel aus dem Soldatenleben an: er schildert seine Schwierigkeiten im Zusammenleben mit den Fliegerkameraden in der Kaserne:

Siehst du, ich kann nicht überall und mit jedem mitmachen: und eine angeborene Scheu schließt mich aus von ihrer Freimaurerei des ... und des Schwindelns und Hänselns und Pumpens und Zotenreißens. Und dies trotz meiner rückhaltlosen Sympathie für all die funktionale Unbefangenheit, der sie frönen. In unseren überfüllten Unterkünften müssen wir unvermeidlich gerade jene körperlichen Unzulänglichkeiten miteinander teilen, die im bürgerlichen Leben verheimlicht werden. Mit der sexuellen Aktivität wird naiv geprahlt, und jede überdurchschnittliche Ausprägung des sexuellen Appetits oder des Organs wird neugierig breitgewalzt. Das Militär fördert ein solches Verhalten. An allen Latrinen im Lager fehlen die Türen. »Wenn sie das kleine ... gemeinsam machen, gemeinsam schlafen und ...«, grinste der alte Jock Mackay, der Chefausbilder, »dann werden sie natürlich auch gemeinsam Griffe kloppen.«[51]

Ein geläufiges Beispiel für diesen verunreinigenden Kontakt ist das Benamungssystem für die Insassen. Das Personal und die Mitinsassen beanspruchen automatisch das Recht, eine intime oder verstümmelte Form der Anrede zu gebrauchen; einem Angehörigen der Mittelschicht zumindest nimmt dies die Möglichkeit, sich durch die formelle Anrede von anderen zu distanzieren.[52] Wenn der einzelne gezwungen wird, Speisen zu essen, die für ihn fremd sind oder die er für verunreinigt hält, so rührt diese Verunreinigung manchmal von der Berührung der Speisen durch andere her; dies zeigt anschaulich der in manchen Nonnenklöstern übliche Brauch des »um Suppe Bettelns«:

... sie hielt ihre Tonschale zur Linken der Mutter Oberin, kniete nieder, faltete die Hände und wartete, bis zwei Löffel Suppe in ihre Bettelschale getan wurden, und dies wiederholte sie bei der Nächstälteren, und so der Reihe nach, bis die Schale gefüllt war ... Als ihre Schale dann voll war, kehrte sie auf ihren Platz zurück und löffelte die Suppe, wie es – das wußte sie – von ihr erwartet wurde, bis zum letzten Rest aus. Sie versuchte nicht daran zu denken, daß die Suppe aus einem Dutzend Schalen, aus denen bereits andere gegessen hatten, in ihre Schüssel geschöpft worden war ...[53]

51 Lawrence, op. cit., S. 91.
52 Zum Beispiel Hassler, op. cit., S. 104.
53 Hulme, op. cit., S. 52–53.

39

Eine weitere Art der verunreinigenden Bloßstellung bringt einen Außenstehenden in Kontakt mit den engen Beziehungen des einzelnen zu seinen Bezugspersonen. Zum Beispiel wird mitunter die persönliche Post des Insassen gelesen und zensiert, wobei man sich sogar vor ihm darüber lustig macht.[54] Ein anderes Beispiel ist der erzwungenermaßen öffentliche Charakter der Besuche, wie Berichte aus Gefängnissen zeigen:

Und wie sadistisch werden diese Besuche organisiert! Eine Stunde im Monat – oder zwei halbe Stunden – in einem großen Raum, vielleicht mit vielen anderen Paaren, mit Wärtern, die umherschleichen und aufpassen, daß weder Fluchtpläne noch die dazu nötigen Instrumente ausgetauscht werden. Wir trafen uns an einem sechs Fuß breiten Tisch, in dessen Mitte eine Art Barriere, 15 cm hoch, vermutlich gar verhindern sollte, daß unser Atem sich vermischt. Man gestattete uns einen hygienischen Händedruck zu Beginn und am Ende des Besuchs. Die übrige Zeit durften wir nur dasitzen und uns ansehen, während wir uns über diese weite Distanz hinweg unterhielten![55]
Für die Besuche ist ein Raum neben dem Haupttor vorgesehen. Dort steht ein Holztisch, auf dessen einer Seite der Gefangene Platz nimmt, auf der anderen sitzt der Besucher. Der Wärter sitzt am Kopf des Tisches und hört jedes gesprochene Wort, beobachtet jede Geste und jede Nuance des Gesichtsausdrucks. Es gibt keinerlei Privatsphäre – auch wenn ein Mann seiner Frau begegnet, die er vielleicht jahrelang nicht gesehen hat. Auch ist keinerlei Kontakt zwischen dem Gefangenen und dem Besucher gestattet, und selbstverständlich dürfen keine Gegenstände von Hand zu Hand gereicht werden.[56]

Eine noch extremere Version dieses Typs der verunglimpfenden Entblößung finden wir, wie bereits angedeutet, bei institutionell arrangierten Geständnissen. Wenn der Insasse eine ihm nahestehende Person denunzieren soll, und besonders wenn diese selbst anwesend ist, dann kann das Eingeständnis der Beziehung gegenüber Außenstehenden eine erhebliche Verunglimpfung der Beziehung, und damit des Selbst, darstellen. Dies zeigt eine Schilderung der Bräuche in einem Nonnenkloster:

Am tapfersten unter den emotionell Verletzlichen waren die Schwestern, die gemeinsam beim Culpa aufstanden und einander öffentlich beschuldigten, daß sie ihren Weg verlassen hatten, um einander nahe zu sein,

54 Dendrickson and Thomas, op. cit., S. 128.
55 Hassler, op. cit., S. 62–63.
56 Dendrickson and Thomas, op. cit., S. 175.

oder daß sie vielleicht in der Freizeit in einer Form miteinander gesprochen hatten, die andere ausschloß. Ihr mit gequälter, aber klarer
Stimme gesprochenes Geständnis einer aufkeimenden Zuneigung gab
dieser den Gnadenstoß, den sie selbst sich nicht hätten geben können,
denn die ganze Gemeinschaft achtete hinfort darauf, daß die beiden voneinander getrennt blieben. Man half dem Paar, sich aus einer jener spon-
tanen persönlichen Bindungen zu lösen, die im Körper der Gemeinschaft
häufig so unerwartet erblühten wie Feldblumen, die hier und dort in
den geometrischen Mustern des Klostergartens wuchsen.[57]

Eine Parallele dazu findet sich in psychiatrischen Kliniken, die
intensive Milieutherapie betreiben, wo Patientenpaare, die ein
Verhältnis miteinander haben, manchmal ihre Beziehung bei den
Gruppentreffen miteinander diskutieren müssen.

In totalen Institutionen kann die Bloßstellung der Beziehungen
des einzelnen sogar noch drastischere Formen annehmen, denn es
gibt mitunter Gelegenheiten, bei denen der einzelne Zeuge physischer Angriffe auf einen Menschen ist, dem er sich verbunden fühlt,
wobei er unter der permanenten Demütigung leidet, daß er nichts
dagegen unternommen hat (und daß alle dies wissen). So erfahren
wir aus einer psychiatrischen Klinik:

Dieses Wissen (um die Schocktherapie) gründet in der Tatsache, daß
einige Patienten auf Station 30 dem Schockteam bei der Verabreichung
der Therapie an den Patienten behilflich waren, wobei sie diesen festhielten und mithalfen, ihn im Bett zu fesseln, oder ihn beaufsichtigten,
nachdem er sich beruhigt hatte. Die Schocktherapie wird auf der Station
häufig vor einer Gruppe interessierter Zuschauer vorgenommen. Die
Krämpfe des Patienten erinnern oft an ein Unfallopfer im Todeskampf
und werden von schockartigem Keuchen und zuweilen von schäumendem
Speichelfluß begleitet. Der Patient erholt sich langsam, ohne sich an das
Ereignis zu erinnern, aber er hat den anderen eine furchtbare Anschauung
dessen gegeben, was sie vielleicht erwartet.[58]

Melvilles Bericht über die Auspeitschung auf einem Kriegsschiff
des neunzehnten Jahrhunderts bietet ein weiteres Beispiel:

Auch wenn du der nun folgenden Szene fernbleiben willst, mußt du ihr
doch beiwohnen; denn die Vorschriften bestimmen, daß die ganze Mannschaft, vom dicken Kapitän persönlich bis zum kleinsten Schiffsjungen,
der die Glocke läutet, anwesend ist.[59]

57 Hulme, op. cit., S. 50-51.
58 Belknap, op. cit., S. 194.
59 Herman Melville, *White Jacket* (New York, Grove Press, o. J.), S. 135.

Und dann die Anwesenheit des Delinquenten selbst bei der Szene: Der starke Arm, der ihn unter die Geißel schleift und ihn dort festhält, bis alles vorüber ist – wobei seinem Auge und seiner Seele trotz Sträubens die Leiden und Seufzer der Männer aufgezwungen werden, die vertrauten Umgang mit ihm hatten, mit ihm aßen, Wachen mit ihm ausknobelten, Männer wie er; all dies erinnert ihn furchtbar an die allmächtige Autorität, unter der er lebt.[60]

Lawrence gibt ein Beispiel aus dem Militär:

Mit furchtbarem Krach donnerte heute nacht der Stock gegen die Barakkentür; die Tür schlug so heftig zurück, daß sie beinahe aus den Angeln flog; herein trat Corporal Baker, der im Lager wegen seiner Kriegsauszeichnungen hohes Ansehen genoß. Er marschierte auf meiner Seite den Gang hinab und überprüfte die Betten. Der kleine Nobby, völlig überrascht, hatte nur einen Stiefel an. Corporal Baker blieb stehen: »Was ist mit DIR los?« – »Ich habe einen Nagel zurechtgeklopft, der mich in den Fuß stach.« – »Zieh sofort den Stiefel an. Dein Name?« Er ging zur hinteren Tür, wirbelte herum und schnarrte »Clarke!« Nobby brüllte vorschriftsmäßig »Herr Corporal« und hüpfte den Mittelgang hinunter (wir mußten immer rennen, wenn wir gerufen wurden), um vor ihm Habacht-Stellung einzunehmen. Pause, und dann knapp: »Geh zurück zu deinem Bett.«
Noch immer wartete der Corporal, und auch wir mußten in Reih und Glied neben unseren Betten stehenbleiben. Wieder rief er scharf: »Clarke!« Diese Vorstellung wiederholte sich immer wieder, während wir in vier Reihen dastanden und vor Scham und Disziplin nicht wagten, uns zu bewegen. Wir waren Menschen, und dort drüben erniedrigte ein Mensch sich selbst und seine Gattung, indem er einen anderen erniedrigte. Baker suchte Streit und hoffte, einen von uns zu einem Wort oder einer Handlung zu provozieren, die den Vorwand für eine Anzeige liefern würden.[61]

Das Extrem einer solchen demütigenden Erfahrung findet sich selbstverständlich in der KZ-Literatur:

Ein Breslauer namens Silbermann mußte zusehen, wie sein Bruder von dem SS-Unterscharführer Hoppe grausam zu Tode gefoltert wurde ... Silbermann wurde beim Anblick des Martyriums seines Bruders wahnsinnig und verursachte in den Abendstunden durch sein Toben, »die Baracke brenne«, eine Panik.[62]

60 Ibid , S. 135.
61 Lawrence, op. cit., S. 62.
62 Kogon, op. cit., S. 211.

Ich habe einige eher elementare und direkte Angriffe auf das Selbst diskutiert – nämlich die verschiedenen Formen der Verunstaltung und Verunreinigung, durch welche die symbolische Bedeutung von Vorfällen, die sich im Beisein des Insassen ereignen, zu einer drastischen Störung seines Selbstgefühls führen. Ich möchte nun eine sich weniger direkt auswirkende Ursache von Demütigungen betrachten, deren Bedeutung für das Individuum schwerer zu ermessen ist, nämlich die Zerstörung des formellen Verhältnisses zwischen dem handelnden Individuum und seinen Handlungen.

An erster Stelle ist hier eine Form der Zerstörung zu nennen, die wir als »Looping« (Rückkoppelung im Regelkreis) bezeichnen wollen: Jemand ruft beim Insassen eine Abwehrreaktion hervor und richtet dann seinen nächsten Angriff gerade gegen diese Reaktion. Die Schutzreaktion des Individuums gegenüber einem Angriff auf sein Selbst bricht zusammen angesichts der Tatsache, daß es sich nicht, wie gewohnt, dadurch zur Wehr setzen kann, daß es sich aus der demütigenden Situation entfernt.

Die in totalen Institutionen herrschenden Ehrerbietungs-patterns illustrieren diesen Looping-Effekt. In der bürgerlichen Gesellschaft kann der einzelne gegenüber Umständen und Anordnungen, die sein Selbstbild bedrohen, durch bestimmte reaktive Ausdrucksformen sein Gesicht wahren: Hierzu gehören Verstimmung, das Unterlassen der üblichen Ehrfurchtsbezeugungen, beiseite gesprochene Schmähungen oder ein Anflug von Verachtung, Ironie oder Spott. Dementsprechend ist die Einwilligung mit einer Ausdrucksform verbunden, die nicht im selben Maße dem auf Einwilligung hinzielenden Druck unterworfen ist. Obgleich dieses das Selbst schützende Ausdrucksverhalten gegenüber demütigenden Forderungen in totalen Institutionen auftritt, kann das Personal die Insassen für solche Handlungen direkt bestrafen und Verstocktheit oder Auflehnung ausdrücklich zum Anlaß weiterer Bestrafung nehmen. So berichtet Kathryn Hulme, wo sie die Verunreinigung des Selbst beschreibt, die aus dem Zwang resultiert, Suppe aus der Bettelschüssel trinken zu müssen, daß ihre Heldin

von ihrem Gesicht jeglichen Ausdruck der Auflehnung, die aus ihrer stolzen Seele aufstieg, verbannte, als sie die Schale bis zur Neige leerte. Ein rebellischer Blick, das wußte sie, würde genügen, um erneut die widerliche Erniedrigung herbeizuführen, die sie gewiß nicht noch einmal überstehen konnte, auch nicht um des gesegneten Heilands selber willen.[63]

Weitere Beispiele des Looping werden durch die in totalen Institutionen stattfindende Vermischung verursacht. Der normale Gang der Dinge in der bürgerlichen Gesellschaft bewahrt den einzelnen durch eine Trennung der Zeugen und der Rollen davor, daß die auf dem einen Schauplatz des physischen Handelns hinsichtlich des eigenen Selbst gemachten Geständnisse und impliziten Ansprüche mit seinem Verhalten in anderen Situationen verglichen werden.[64] In totalen Institutionen sind die Lebensbereiche vermischt, so daß das Verhalten eines Insassen auf einem Schauplatz seines Handelns ihm vom Personal in Form von Kritik und Überprüfung seines Verhaltens in einem anderen Kontext vorgeworfen werden kann. Die Bemühung eines Geisteskranken, sich bei einer Diagnose- oder Therapiesitzung angepaßt und fügsam zu zeigen, kann vereitelt werden, indem man ihm seine Apathie während der Freizeit oder seine bitteren Bemerkungen in einem Brief an einen Verwandten nachweist – einem Brief, den der Empfänger an die Klinikverwaltung weitergeleitet hat, damit er dem Dossier des Patienten beigefügt und in der Sitzung zur Sprache gebracht werde.

Fortschrittliche psychiatrische Anstalten bieten hervorragende Beispiele für den Looping-Prozeß, denn dort wird mitunter die didaktische Rückkoppelung zu einer grundlegenden therapeutischen Doktrin erhoben. Man ist der Ansicht, daß eine »gelockerte« Atmosphäre den Insassen ermuntert, seine typischen Lebensschwierigkeiten zu projizieren oder auszuagieren, die ihm dann in der Gruppentherapie bewußt gemacht werden können.[65]

Durch den Prozeß des Looping wird also die Reaktion des Insassen auf seine Situation auf diese Situation selbst zurückgeworfen, und es ist ihm nicht möglich, die übliche Trennung dieser Handlungsphasen einzuhalten. Wir wollen noch einen weiteren Angriff auf den Status des Insassen als eines Handelnden erwäh-

---

63 Hulme, op. cit., S. 53.
64 In der bürgerlichen Gesellschaft wirken sich Verbrechen und gewisse andere Formen abweichenden Verhaltens darauf aus, wie der Delinquent auf allen anderen Gebieten des Lebens behandelt wird, doch ein solcher Zusammenbruch der Abgrenzungen betrifft nur den Delinquenten, nicht die übrige Bevölkerungsmasse, die solche Vergehen nicht begeht oder nicht dabei ertappt wird.
65 Dies stellen deutlich fest: R. Rapoport and E. Skellern, »Some Therapeutic Functions of Administrative Disturbance«, *Administrative Science Quarterly*, II (1957), S. 84–85.

nen, einen Angriff, der ungenau mit den Begriffen Reglementierung und Tyrannei umschrieben wird.

In der bürgerlichen Gesellschaft hat der einzelne, sobald er erwachsen ist, sozial akzeptierte Verhaltens-Standards für den größten
Teil seines Handelns verinnerlicht, so daß die Richtigkeit seines
Handelns nur in bestimmten Augenblicken zur Diskussion steht,
z. B. wenn seine Produktivität beurteilt wird. Darüber hinaus
wird ihm erlaubt, nach eigenem Gutdünken zu verfahren.[66] Er
muß nicht dauernd ängstlich Kritik oder Sanktionen gewärtigen.
Außerdem sind viele Handlungen als Angelegenheit des persönlichen Geschmacks definiert, wobei eine Reihe von ausdrücklich erlaubten Möglichkeiten zur Wahl stehen. Bei vielen Aktivitäten
sieht die Autorität von einer Beurteilung oder einem Einschreiten
ab, und man ist sich selbst überlassen. Unter diesen Bedingungen
kann man mit allgemeinem Nutzen seine Handlungen so einrichten, daß eine auf die andere aufbaut, und somit eine Art »persönliche Ökonomie des Handelns« einhalten; zum Beispiel, wenn jemand seine Mahlzeit ein paar Minuten aufschiebt, um eine Arbeit
zu vollenden, oder eine Arbeit etwas früher unterbricht, um mit
einem Freund essen zu gehen. In einer totalen Institution jedoch
werden die Aktivitäten eines Menschen bis ins kleinste vom Personal reguliert und beurteilt; das Leben des Insassen wird dauernd
durch sanktionierende Interaktionen von oben unterbrochen, besonders während der Anfangsphase seines Aufenthaltes, noch bevor der Insasse die Vorschriften gedankenlos akzeptiert. Jede Bestimmung raubt dem einzelnen eine Möglichkeit, seine Bedürfnisse
und Ziele nach seinen persönlichen Gegebenheiten auszugleichen,
und setzt sein Verhalten weiteren Sanktionen aus. Die Autonomie
des Handelns selbst wird verletzt.

Auch wenn dieser Prozeß der sozialen Kontrolle in jeglicher organisierten Gesellschaft wirksam ist, sollten wir nicht vergessen, wie
detailliert und eng restriktiv er in totalen Institutionen sein kann.
Ein schlagendes Beispiel bietet der Tageslauf in einem Jugendgefängnis:

66 Die Zeitspanne, die der Arbeitnehmer nach eigenem Ermessen und ohne Aufsicht arbeitet, ist tatsächlich ein geeigneter Maßstab für seinen Wert und Status
innerhalb einer Organisation. Siehe Elliott Jaques, *The Measurement of Responsibility: A Study of Work, Payment, and Individual Capacity* (Cambridge,
Harvard University Press, 1956). Wie die »Zeitspanne der Verantwortung« ein
Index für die Position eines Arbeitnehmers ist, so ist langanhaltende Freiheit
von Beaufsichtigung eine mit einer Position verbundene Belohnung.

Um 5.30 Uhr wurden wir geweckt und mußten aus den Betten springen und stramm stehen. Der Wärter zählte ab, und bei »Eins« zog man sein Nachthemd aus, bei »Zwei« legte man es zusammen, bei »Drei« wurde das Bett gemacht. (Und für das schwierige und komplizierte Bettenmachen wurden uns nur zwei Minuten zugestanden.) Währenddessen schrien uns drei Wachleute dauernd an: »Eilt euch!« und »Etwas dalli!« Auch beim Anziehen wurde gezählt: Auf »Eins« das Hemd, auf »Zwei« die Hose, auf »Drei« die Strümpfe, auf »Vier« die Schuhe. Das geringste Geräusch, etwa wenn man einen Schuh fallen ließ oder ihn auch nur über den Boden schleifte, genügte, um herausgestellt zu werden.
... Drunten mußten wir dann alle strammstehen, mit dem Gesicht zur Wand, Hände an der Hosennaht, Kopf hoch, Schultern zurück, Bauch rein, Hacken zusammen, Augen geradeaus; es war verboten, sich zu kratzen oder die Hände zum Gesicht oder zum Kopf zu führen, nicht einmal die Finger durften bewegt werden.[67]

Ein weiteres Beispiel aus einem Gefängnis für Erwachsene:

Es herrschte Schweigepflicht. Außerhalb der Zellen, bei den Mahlzeiten oder bei der Arbeit durfte nicht gesprochen werden. Bilder waren in der Zelle nicht erlaubt. Bei den Mahlzeiten durfte man sich nicht umsehen. Brotkrumen durften nur auf der rechten Seite des Tellers liegengelassen werden. Die Insassen mußten mit der Mütze in der Hand strammstehen, bis alle Beamten, Besucher oder Wärter sich entfernt hatten.[68]

Und aus einem Konzentrationslager:

Am Wohnblock stürzte auf jeden zuerst einmal eine Fülle verwirrender Eindrücke und Erlebnisse herein. ... Eine besondere Schikane seitens der SS bestand im sogenannten »Bettenbau«: wulstige oder eingesunkene Strohsäcke mußten Tag für Tag bretteben sein, die karierte Wäsche nach der Musterung der Karos linear ausgerichtet, die unförmigen Kopfpolster im rechten Winkel geschichtet ...[69]
... Die SS nahm die geringfügigsten Übertretungen als Anlaß zur Bestrafung: Wenn man bei kaltem Wetter die Hände in die Taschen steckte, den Mantelkragen bei Regen oder Wind nach oben schlug, wenn Knöpfe fehlten oder wenn die Kleidung kleine Risse oder Flecken aufwies, wenn die Schuhe nicht geputzt waren ...; glänzten die Schuhe zu sehr, dann war dies ein Zeichen dafür, daß der Träger sich vor der Arbeit drückte. Wenn man vergaß zu grüßen, eine sogenannte »laxe Haltung«

67 Robert McCreery, zitiert nach Hassler, op. cit., S. 155.
68 T. E. Gaddis, *Birdman of Alcatraz* (New York, New American Library, 1958), S. 25. Über ein ähnliches Schweigegebot in einem britischen Gefängnis berichtet Frank Norman, *Bang to Rights* (London, Secker and Warburg, 1958), S. 27.
69 Kogon, op. cit., S. 78.

einnahm, wenn beim In-Reih-und-Glied-Stehen oder beim Aufstellen der Größe nach die geringste Unregelmäßigkeit auffiel; jedes Schwanken, Husten oder Schneuzen – all dies konnte die SS zu einem wilden Ausbruch reizen.[70]

Das Militär bietet ein Beispiel, welche Vorschriften für das Lagern der Ausrüstung möglich sind:

Dann mußte der Uniformrock so gefaltet werden, daß der Gürtel eine scharfe Kante bildete. Darüber die Hosen, genau Kante auf Kante über die Jacke gebreitet und vorne vier Ziehharmonikafalten bildend. Die Handtücher wurden ein-, zwei-, dreimal gefaltet und flankierten den blauen Stapel der Uniform. Davor lag, rechteckig, eine wollene Weste. Zu beiden Seiten davon je eine zusammengerollte Wickelgamasche. Die Hemden wurden zusammengelegt und paarweise wie Flanell-Backsteine gestapelt. Davor die Unterhosen, und dazwischen die eingekrempelten Socken in säuberlichen Ballen. In unseren vollgestopften Tornistern wurden noch Messer und Gabel, Löffel, Rasierapparat, Kamm, Zahnbürste, Lederbürste, Knopfputzgabel usw. untergebracht.[71]

Ähnlich erfahren wir von einer ehemaligen Nonne, daß sie ihre Hände ruhig und verborgen halten[72] sowie die Tatsache akzeptieren mußte, daß nur sechs spezifizierte Gegenstände in den Taschen erlaubt waren.[73] Ein früherer psychiatrischer Patient berichtet über die Demütigung, daß jedesmal auf eine entsprechende Bitte nur eine beschränkte Menge Toilettenpapier ausgeteilt wurde.[74]

Wie bereits gesagt, wird die Handlungsökonomie eines Menschen am nachhaltigsten zerstört, wenn er verpflichtet ist, bei geringfügigen Handlungen, die er draußen ohne weiteres von sich aus verrichten kann, wie etwa rauchen, sich rasieren, zur Toilette gehen, telefonieren, Geld ausgeben oder Briefe aufgeben, um Erlaubnis oder um Material zu bitten. Diese Pflicht versetzt das Individuum nicht nur in eine unterwürfige, demütige und für einen Erwachsenen »unnatürliche« Rolle, sondern gibt auch dem Personal Gelegenheit, sein Handeln dauernd zu unterbrechen. Statt daß seine Bitte

70 Ibid., S. 99–100.
71 Lawrence, op. cit., S. 83. In diesem Zusammenhang siehe auch die Bemerkungen von M. Brewster Smith über den Begriff »chicken« (bei der Armee: schikanöse Betonung von Autorität, unnötigen Vorschriften und Disziplin), in: Samuel Stouffer et. al., The American Soldier (4 Bde.; Princeton, Princeton University Press, 1949), Vol. I., S. 390.
72 Hulme, op. cit., S. 3.
73 Ibid., S. 46–47.
74 Ward, op. cit., S. 23.

sofort und automatisch gewährt würde, kann der Insasse gehänselt, zurückgewiesen, ausgefragt, übergangen oder – wie das Beispiel einer ehemaligen Patientin zeigt – auf später vertröstet werden:

Wahrscheinlich kann nur jemand, der nie in einer ähnlich hilflosen Lage war, sich nicht vorstellen, wie demütigend es ist, wenn man zwar körperlich imstande, aber nicht befugt ist, auch nur die kleinsten Dinge für sich selbst zu verrichten, wenn man immer wieder, sogar wegen so geringer Bedürfnisse wie sauberem Bettzeug oder Feuer für die Zigarette, die Schwestern bitten muß, die einen dauernd mit einem »Ich geb's dir gleich, mein Schatz«, beiseite schieben, fortgehen und einen warten lassen. Sogar die Bedienungen in der Kantine waren offenbar der Ansicht, daß Höflichkeit bei Irren vergeudete Mühe sei, und ließen die Patienten endlos warten, während sie mit ihren Freundinnen weitertratschten.[75]

Wie ich gezeigt habe, werden in totalen Institutionen eine Fülle von Verhaltensfragen – wie Kleidung, Benehmen, Manieren –, die dauernd auftreten und dauernd der Beurteilung offenstehen, autoritär reglementiert. Der Insasse kann sich dem Druck der ihn beurteilenden Beamten und den Maschen des Zwanges, in denen er gefangen ist, nicht ohne weiteres entziehen. Eine totale Institution ist wie ein Mädchenpensionat, in dem es zwar sehr raffiniert, aber wenig fein zugeht. Ich möchte zwei Aspekte dieser Tendenz zur Vervielfältigung der aktiv erzwungenen Regeln besonders hervorheben.

Erstens sind diese Regeln häufig mit der Verpflichtung verbunden, die reglementierte Tätigkeit unisono in Gruppen von Mitinsassen zu verrichten. Das ist es, was man zuweilen unter Reglementierung versteht.

Zweitens treten diese diffusen Regeln in einem gestaffelten Autoritätssystem auf: Jedes Mitglied der Personal-Klasse ist gewissermaßen berechtigt, jedes Mitglied der Insassen-Klasse zu disziplinieren, wodurch sich die Wahrscheinlichkeit von Sanktionen wesentlich erhöht. (Dieses Arrangement entspricht etwa der Situation in manchen amerikanischen Kleinstädten, wo jeder Erwachsene gewissermaßen berechtigt ist, jedes Kind – ohne daß die Eltern anwesend sind – zu korrigieren und kleinere Handreichungen von ihm zu verlangen.) Draußen untersteht der Erwachsene in unserer Gesellschaft normalerweise der Autorität eines einzigen, unmittelbaren Vorgesetzten am Arbeitsplatz bzw. *eines* Gatten im Zu-

75 Johnson and Dodds, op. cit., S. 39.

sammenhang mit den häuslichen Pflichten; die einzige gestaffelte
Autorität, die ihm gegenübertritt, nämlich die Polizei, ist normalerweise nicht andauernd oder umfassend präsent, außer vielleicht
dort, wo sie für die Einhaltung der Verkehrsregeln sorgt.
Wo eine gestaffelte Autorität und diffuse, ungewohnte und strikt
überwachte Vorschriften vorhanden sind, können wir erwarten,
daß die Insassen, vor allem die neu angekommenen, in permanenter Angst vor einer Übertretung der Regeln und vor den Folgen,
die diese zeitigt, leben – denn es drohen ihnen körperliche Ver-
letzungen oder der Tod im Konzentrationslager, das »Schleifen«
im militärischen Ausbildungslager oder die Degradierung in einer
psychiatrischen Klinik:

Doch auch in der scheinbaren Freiheit und Freundlichkeit der »offenen«
Station war ich immer noch von Gefahren umgeben, die mir das Gefühl
gaben, irgendein Gefangener oder Bettler zu sein. Die geringfügigste
Übertretung, sei es, daß man ein nervöses Symptom zeigte oder bei
einer Schwester unangenehm auffiel, zog den Vorschlag nach sich, den
Delinquenten auf eine geschlossene Station zu verlegen. Der Gedanke
an eine Rückkehr auf Station »J«, falls ich nicht meine Mahlzeiten äße,
wurde mir so unaufhörlich vorgehalten, daß er mich wie eine Wahnidee
verfolgte, und sogar solche Nahrung, die ich verzehren konnte, erregte
meinen körperlichen Ekel, während andere Patienten durch eine ähnliche
Furcht gezwungen waren, unnötige oder unzumutbare Arbeiten zu verrichten.[76]

In totalen Institutionen erfordert es eine dauernde bewußte Anstrengung, um nicht in Schwierigkeiten zu geraten. Der Insasse
kann ein gewisses Maß an Geselligkeit mit seinen Gefährten an
den Tag legen, um mögliche Zwischenfälle zu vermeiden.

IV.

Zum Abschluß dieser Beschreibung der Demütigungsprozesse müssen drei allgemeine Fragen angeschnitten werden.
In erster Linie unterbinden oder entwerten totale Institutionen gerade diejenigen Handlungen, die in der bürgerlichen Gesellschaft
die Funktion haben, dem Handelnden und seiner Umgebung zu
bestätigen, daß er seine Welt einigermaßen unter Kontrolle hat –
daß er ein Mensch mit der Selbstbestimmung, Autonomie und

76 Johnson and Dodds, op. cit., S. 36.

Handlungsfreiheit eines »Erwachsenen« ist. Gelingt es nicht, diese Handlungsfähigkeit des Erwachsenen oder zumindest deren Symbole zu erwerben, so kann dies beim Insassen zu einem erschreckenden Gefühl der völligen Degradierung in der Alters-Rangordnung führen.[77]

Zu den äußeren Zeichen der Selbstbestimmung gehört ein gewisser Spielraum selbst gewählten Ausdrucksverhaltens – sei es in Form von Ablehnung, Zuneigung oder Gleichgültigkeit. Dieser Beweis der eigenen Autonomie wird abgeschwächt durch bestimmte Auflagen, wie etwa den wöchentlichen Brief nach Hause oder den Verzicht auf Mißfallensäußerungen. Eine zusätzliche Schwächung liegt dort vor, wo dieser Verhaltensspielraum als Zeugnis für den psychischen, religiösen oder politischen Bewußtseinsstand eines Menschen gewertet wird.

Es gibt bestimmte, für das Individuum wichtige körperliche Annehmlichkeiten, die beim Eintritt in eine totale Institution gewöhnlich verlorengehen, z. B. ein weiches Bett[78] oder die Nachtruhe.[79] Auch im Verlust dieser Bequemlichkeiten kann sich der Verlust der Selbstbestimmung widerspiegeln, denn der einzelne sucht sich solche Annehmlichkeiten zu verschaffen, sobald er die Mittel dazu hat.[80]

In den Konzentrationslagern ist der Verlust der Selbstbestimmung offenbar ritualisiert worden; so kennen wir furchtbare Berichte von Gefangenen, die gezwungen wurden, sich im Kot zu wälzen[81], im Schnee Kopf zu stehen, lächerlich sinnlose Arbeiten zu verrichten, sich selbst zu verunglimpfen[82] oder – im Fall der jüdischen Gefangenen – antisemitische Lieder zu singen.[83] Eine mildere Variante dessen finden wir in psychiatrischen Kliniken, wenn berichtet wird, daß Pfleger einen Patienten, der um eine Zigarette bittet, Männchen machen und nach ihr hüpfen lassen. In all diesen Fällen wird der Insasse dazu gebracht, das Aufgeben des eigenen Willens zu demonstrieren. Weniger ritualisiert, aber nicht minder

77 Vgl. Sykes, op. cit., S. 73–76, »The Deprivation of Autonomy«.
78 Hulme, op. cit., S. 18; Orwell, op. cit., S. 521.
79 Hassler, op. cit., S. 78; Johnson and Dodds, op. cit., S. 17.
80 Solche Demütigungen tun sich Zivilpersonen beim Camping an, offenbar in der Meinung, es würde sich durch den freiwilligen Verzicht auf die vordem unverzichtbaren Annehmlichkeiten ein neues Selbstgefühl einstellen.
81 Kogon, op. cit., S. 76.
82 Ibid., S. 68.
83 Ibid., S. 87.

weitreichend ist die Einschränkung der Autonomie für jemanden, der in eine Zelle gesperrt, in einen nassen Wickel gesteckt oder in der Zwangsjacke gefesselt wird und dem damit die Freiheit auch der geringfügigsten Anpassungsbewegungen genommen wird.

Ferner drückt sich die persönliche Ohnmacht in totalen Institutionen darin aus, wie die Insassen die Sprache gebrauchen. Die Verwendung von Wörtern zur Übermittlung von Entscheidungen, die sich auf Handlungen beziehen, setzt voraus, daß der Empfänger einer Anordnung oder eines Befehls für fähig gehalten wird, eine Mitteilung entgegenzunehmen und aus eigener Kraft zu handeln, um der Aufforderung oder dem Befehl Folge zu leisten. Indem er die Handlung selbst ausführt, erhält er wenigstens andeutungsweise den Eindruck, als bestimme er über sich selbst. Beantwortet er eine Frage mit eigenen Worten, so unterstreicht dies seine Auffassung, daß ein Minimum an Rücksicht auf ihn genommen werden muß. Und da es nur Worte sind, die zwischen ihm und den anderen gewechselt werden, kann er diesen gegenüber wenigstens physisch Abstand wahren, wie unangenehm der Befehl oder die Äußerung auch sein mögen.

Dem Insassen einer totalen Institution ist mitunter sogar diese Form der schützenden Distanz und des eigenen Handelns verwehrt. Besonders in psychiatrischen Kliniken und politischen Erziehungslagern werden seine Äußerungen manchmal als bloße Symptome abgewertet, während der Stab sich mit den nicht-verbalen Aspekten seiner Antwort befaßt.[84] Häufig wird sein ritueller Status für zu gering erachtet, als daß man ihn auch nur grüßen, geschweige denn ihm Gehör schenken würde.[85] Oder aber der Insasse stößt auf einen gewissermaßen rhetorischen Gebrauch der Sprache; Fragen wie: »Hast du dich gewaschen?« oder: »Hast du beide Socken an?« sind oft von gleichzeitigen Kontrollen des Personals begleitet, die über den Sachverhalt direkt Aufschluß geben und jene verbalen Fragen erübrigen. Statt daß man ihm sagte, er solle so und so weit in die und die Richtung gehen, wird er womöglich vom Wärter vorwärts getrieben, gezerrt (wie im Fall der anstaltsbekittelten psychiatrischen Patienten) oder durch die Gegend geschubst. Und schließlich stellt der Insasse – wie wir später

84 Siehe Alfred H. Stanton and Morris S. Schwartz, *The Mental Hospital* (New York, Basic Books, 1954), S. 200, 203, 205–6.
85 Ein Beispiel für diese unpersönliche Behandlung führen Johnson and Dodds, op. cit., S. 122, an.

sehen werden – vielleicht fest, daß es eine doppelte Sprache gibt und daß die disziplinarischen Aspekte seines Daseins vom Stab in schöngefärbten Wendungen umschrieben werden, die dem normalen Sprachgebrauch spotten.

Die zweite allgemeine Erwägung betrifft die Begründung, mit der die Angriffe auf das Selbst vorgetragen werden. In diesem Punkt sind die totalen Institutionen samt ihren Insassen in drei verschiedene Gruppen zu unterteilen.

In religiösen Institutionen ist man sich der Konsequenzen, die Umwelt-Arrangements für das Selbst haben, ausdrücklich bewußt:

Dies ist der Sinn des kontemplativen Lebens und der Sinn all der anscheinend sinnlosen kleinen Vorschriften und Pflichten und Fastenregeln und Gehorsamspflichten und Bußen und Demütigungen und Arbeiten, die den Alltag in einem Meditationskloster bilden: Durch all dies sollen wir daran erinnert werden, wer wir sind und WER Gott ist – damit wir unserer selbst überdrüssig werden und uns IHM zuwenden: und schließlich werden wir IHN in uns selbst finden, in unseren gereinigten Seelen, die zum Spiegel Seiner gewaltigen Gottheit und Seiner unendlichen Liebe geworden sind ...[86]

Die Insassen wie auch der Stab bemühen sich aktiv um diese Einschränkungen des Selbst, und damit werden die Erniedrigung durch Selbsterniedrigung, die Einschränkung durch Verzicht, die Schläge durch Selbstgeißelung, das Verhör durch die Beichte ergänzt. Da religiöse Institutionen sich ausdrücklich mit diesen Demütigungsprozessen befassen, sind sie für den Wissenschaftler von besonderem Interesse.

In Konzentrationslagern und – in geringerem Maße – in Gefängnissen sind gewisse Demütigungen einzig oder hauptsächlich um der Demütigung willen vorgesehen, z. B. wenn der Gefangene von anderen bepißt wird; in diesem Fall begrüßt und ermöglicht der Insasse jedoch nicht die Zerstörung seines eigenen Selbst.

In vielen der übrigen totalen Institutionen werden Demütigungen offiziell mit anderen Gründen rationalisiert, etwa mit der Hygiene (beim Latrinendienst), der Verantwortung für das Leben (beim Füttern unter Zwang), der Kampfstärke (bei den Vorschriften der Armee hinsichtlich der persönlichen Erscheinung), der »Sicherheit« (bei einschränkenden Gefängnisvorschriften).

In allen drei Typen von totalen Institutionen jedoch sind die verschiedenen Begründungen der Demütigung des Selbst sehr häufig

86 Merton, op. cit., S. 372.

bloße Rationalisierungen, die dazu dienen, den Tageslauf einer großen Zahl von Menschen auf beschränktem Raum und mit geringem Aufwand an Mitteln zu überwachen. Außerdem treten Beschneidungen des Selbst bei allen drei Formen auf, auch dort, wo der Insasse willig ist und wo die Verwaltung unter ideellen Motiven um sein Wohlergehen besorgt ist.

Bisher sind zwei Punkte erörtert worden: das Ohnmachtsgefühl des Insassen und das Verhältnis zwischen seinen Wünschen und den idealen Interessen der Anstalt. Zwischen beiden Sachverhalten gibt es verschiedene Verbindungen. Jemand kann freiwillig den Eintritt in eine totale Institution wählen und hinterher, zum eigenen Bedauern, die Fähigkeit verlieren, so wichtige Entscheidungen zu treffen. In anderen, vor allem den religiösen Fällen hegen die Insassen vielleicht anfangs und auch späterhin bewußt den Wunsch, sich den persönlichen Willen nehmen und austreiben zu lassen. Totale Institutionen sind verhängnisvoll für das bürgerliche Selbst des Insassen, auch wenn die Bindung des Insassen an sein bürgerliches Selbst recht unterschiedlich stark ausgeprägt sein kann.

Die Demütigungsprozesse, die bisher zur Sprache kamen, beziehen sich auf die Schlüsse, die Personen, die sich an einer bestimmten Ausdruckssymbolik orientieren, aus der Erscheinung, dem Verhalten und der allgemeinen Situation eines Menschen im Hinblick auf sein Selbst ziehen mögen. In diesem Zusammenhang möchte ich schließlich auf ein drittes Thema zu sprechen kommen: nämlich das Verhältnis, das zwischen dem Bezugsrahmen der symbolischen Interaktion, mit dessen Hilfe jemand das Selbst beurteilt, und den mit dem Ausdruck Stress umschriebenen psycho-physiologischen Bedingungen besteht.

In dieser Studie wird das Selbst grundsätzlich in soziologischer Perspektive betrachtet, wobei ich stets auf eine Beschreibung der institutionellen Arrangements, die die persönlichen Vorrechte eines Mitglieds umreißen, zurückgreife. Selbstverständlich gehe ich auch von psychologischen Annahmen aus; auch sind immer kognitive Prozesse im Spiel, denn soziale Arrangements müssen vom Individuum und seinen Mitmenschen »entziffert« werden, um das in ihnen enthaltene Image zu erkennen. Aber, wie gesagt, diese kognitiven Prozesse stehen zu anderen psychischen Vorgängen in recht unterschiedlicher Beziehung; nach dem allgemeinen Ausdrucks-Idiom unserer Gesellschaft wird ein kahlgeschorener Kopf als eine

Einschränkung des Selbst angesehen, aber während sich ein psychiatrischer Patient über eine solche Demütigung empört, mag ein
Mönch Gefallen daran finden.

Eine Herabsetzung oder Einschränkung des Selbst kann für den
einzelnen leicht einen akuten psychischen Stress bewirken, doch
für jemanden, der mit sich selbst zerfallen oder schuldgeplagt ist,
mag die Demütigung psychische Erleichterung bringen. Außerdem
kann der durch Angriffe auf das Selbst hervorgerufene Streß häufig durch Dinge verursacht sein, die gemeinhin nicht als zum Selbst
gehörig angesehen werden, wie etwa fehlender Schlaf, ungenü-
gende Nahrung oder hinausgezögerte Entscheidungen. Auch ein
hohes Maß an Angst oder das Fehlen von Phantasiematerial, wie
Filmen und Büchern, können die psychologische Wirkung einer
Verletzung der Grenzen des Selbst erheblich verstärken, doch
haben solche hinzukommenden Faktoren an sich mit der Demütigung des Selbst nichts zu tun. Empirisch werden Streß und Ver-
letzungen des Selbstgefühls häufig gemeinsam untersucht, analytisch handelt es sich jedoch um zwei verschiedene Bezugssysteme.

v.

Im Verlauf des Demütigungsprozesses erhält der Insasse erste formelle und informelle Belehrungen über das, was wir hier das
Privilegiensystem nennen wollen. Insofern die Bindung des Insassen an sein bürgerliches Selbst durch die in der Anstalt vor-
genommenen Entkleidungsprozesse erschüttert wurde, bietet hauptsächlich das Privilegiensystem einen Rahmen für die persönliche
Reorganisation. Es sind drei grundlegende Elemente dieses Systems
zu erwähnen.

Erstens gibt es die »Hausordnung«, eine relativ ausführliche
Sammlung von Vorschriften und Verordnungen, die die wesentlichen Anforderungen an den Insassen festlegen. Diese Regeln umschreiben den harten Tageslauf des Insassen. Die Aufnahmeprozeduren, die den Neuling seiner bisherigen Hilfsmittel berauben,
können als Mittel angesehen werden, durch die die Anstalt ihn
dazu bringt, sein Leben künftig an der Hausordnung auszurichten.

Zweitens ist vor diesem nüchternen Hintergrund eine kleine Anzahl klar definierter Belohnungen oder Privilegien als Gegenleistung für den Gehorsam gegenüber dem Stab – im Handeln
wie im Denken – vorgesehen. Es ist wichtig festzustellen, daß

viele dieser potentiellen Vergünstigungen lediglich Teile der Rechte und Vergünstigungen sind, die der Insasse früher für gesichert hielt. Wahrscheinlich konnte der Insasse draußen, ohne viel nachzudenken, entscheiden, wie er seinen Kaffee trinken wollte, ob er sich eine Zigarette anstecken wollte oder wann er sprechen wollte. Drinnen können diese Rechte fraglich werden. Da sie dem Insassen als mögliche Vergünstigungen in Aussicht gestellt werden, haben diese wenigen Wiedererwerbungen anscheinend einen reintegrierenden Effekt; sie stellen die Verbindung mit der ganzen verlorenen Welt wieder her und verringern die Anzeichen des Rückzuges aus ihr sowie vom eigenen verlorenen Selbst. Besonders anfangs nehmen diese Vergünstigungen die ganze Aufmerksamkeit des Insassen gefangen. Wie fanatisch kann er den ganzen Tag in Gedanken an die Möglichkeit, diese Zuwendungen zu erhalten, verbringen oder die Stunde herbeisehnen, zu der sie planmäßig ausgeteilt werden. Melvilles Bericht über das Leben bei der Marine bietet ein typisches Beispiel:

Bei der amerikanischen Marine steht laut Vorschrift jedem Seemann eine Viertelpinte Alkohol täglich zu. In zwei Rationen wird er kurz vor dem Frühstück und dem Mittagessen ausgeteilt. Beim Trommelschlag versammeln sich die Matrosen um ein großes Faß oder eine Kanne, in der das köstliche Naß sich befindet. Und während der Fähnrich ihre Namen aufruft, treten sie vor und bedienen sich aus einem kleinen Zinngefäß, das »Prise« genannt wird. Kaum ein Lebemann, der sich den Tokaier aus einem polierten Wandschrank einschenkt, wird sich die Lippen mit gewaltigerer Befriedigung lecken, als der Seemann es bei seiner Prise tut. Tatsächlich bildet der Gedanke an die täglichen Prisen für viele von ihnen eine dauernde Aussicht auf entzückende, dauernd zurückweichende Landschaften. Das ist ihre große »Lebenshoffnung«.
Man nehme ihnen den Grog, und das Leben wird für sie kaum noch einen Reiz haben.[87]

Die häufigste Bestrafung für kleinere Vergehen bei der Marine besteht darin, dem Seemann einen Tag oder eine Woche lang seinen Grog vorzuenthalten. Und da die meisten Matrosen so sehr an ihrem Grog hängen, sehen sie diesen Verlust im allgemeinen als eine sehr schwere Strafe an. Du wirst manchmal einen von ihnen ausrufen hören: »Lieber keinen Wind, als keinen Grog!«[88]

87 Melville, op. cit., S. 62–63.
88 Ibid., S. 140. Beispiele für den gleichen Vorgang in Kriegsgefangenenlagern nennt Edgar H. Schein, »The Chinese Indoctrination Program for Prisoners of War«, Psychiatry, XIX (1956), S. 160–61.

Die um diese kleinen Privilegien herum aufgebaute Welt ist wohl das wichtigste Merkmal der Insassen-Kultur; ein Außenseiter wird diese Tatsache kaum verstehen, auch wenn er selbst erst vor kurzem eine solche Erfahrung gemacht hat. Die Sorge um diese Privilegien führt mitunter dazu, daß großzügig geteilt wird; fast immer führt sie zu der Bereitschaft, um Dinge wie Zigaretten, Bonbons und Zeitungen zu bitten. Verständlicherweise dreht sich die Unterhaltung der Insassen oft um die in der Phantasie ausgemalte »Entlassungs-Sauftour«, nämlich um die Dinge, die man während des Urlaubs oder nach der Entlassung aus der Anstalt tun will. Mit dieser Phantasie ist das Gefühl verbunden, daß »die draußen« gar nicht wissen, was für ein schönes Leben sie haben.[89]

Ein drittes Element des Privilegiensystems bilden die Strafen; sie sind als Folge von Regel-Übertretungen vorgesehen. Zum Teil bestehen diese Strafen aus dem zeitweiligen oder dauernden Entzug der Privilegien oder der Aberkennung des Rechts, sie sich zu verdienen. Im allgemeinen treffen die in totalen Institutionen verhängten Strafen den Insassen schwerer als alles andere, was er von zu Hause gewöhnt ist. Auf jeden Fall sind es die gleichen Bedingungen, die ein paar leicht kontrollierbare Vorrechte so wichtig erscheinen lassen, und unter denen es eine so furchtbare Bedeutung hat, wenn diese vorenthalten werden.

Einige spezielle Merkmale des Privilegiensystems sind bemerkenswert.

Erstens: Strafen und Privilegien sind selbst Organisationsmodi, die für totale Institutionen typisch sind. Strafen, wie schwer sie immer sein mögen, kennt der Insasse von zu Hause nur als etwas, das Tieren und Kindern zukommt; dieses behavioristische Konditionierungsmodell wird im allgemeinen nicht auf Erwachsene angewandt, da eine mangelhafte Erfüllung der Normen gewöhnlich zu indirekten nachteiligen Folgen, und keineswegs zu einer spezifischen, unmittelbaren Bestrafung führt.[90] Und in einer totalen Institution sind Privilegien, dies muß betont werden, nicht dasselbe wie Vergütungen, Vergünstigungen oder Werte, sondern lediglich die Abwesenheit von Entbehrungen, die man normaler-

89 Interessanterweise findet manchmal vor dem Eintritt eine Art »Bierreise« statt, bei der der künftige Insasse all die Freuden genießt, die ihm, wie er fürchtet, bald verschlossen sein werden. Ein Beispiel bei Nonnen berichtet Hulme, op. cit., S. 7.

90 Siehe S. F. Nadel, »Social Controll and Self-Regulation«, *Social Forces*, XXXI (1953), S. 265-73.

weise nicht ertragen zu müssen erwartet. Die Begriffe Strafe und Privileg selbst entstammen einer anderen Welt als der des bürgerlichen Lebens.

Zweitens: die Frage der Entlassung aus der totalen Institution ist in das Privilegiensystem eingebaut. Mit der Zeit lernt man, daß einige Handlungen dazu beitragen, den Aufenthalt zu verlängern oder zumindest nicht zu verkürzen, während andere ein Mittel sind, um die Haft zu verkürzen.

Drittens: Strafen und Privilegien sind mit dem Arbeitssystem des Hauses gekoppelt. Die Arbeits- und Schlafplätze werden klar als Orte definiert, wo man Privilegien von bestimmter Art und bestimmtem Umfang erwerben kann, und die Insassen werden sehr oft und sichtbar von einem Ort zum anderen verlegt, was jeweils eine administrative Strafe oder Belohnung bedeutet, je nachdem, was sie aufgrund ihrer Kooperationsbereitschaft verdient haben. Die Insassen werden bewegt, das System bleibt starr. Daher ist eine gewisse räumliche Spezialisierung zu erwarten, wobei bestimmte Stationen oder Baracken in den Ruf von Strafräumen für besonders widerspenstige Insassen kommen, während bestimmte Wärterposten als Strafen für Mitglieder des Personals angesehen werden.

Das Privilegiensystem besteht aus relativ wenigen Komponenten, die mit einer gewissen rationalen Absicht zusammenwirken und den Beteiligten klar zur Kenntnis gebracht werden. Allgemein folgt daraus, daß Personen, die oft allen Anlaß haben, sich unkooperativ zu verhalten, zur Kooperation veranlaßt werden.[91] Eine Untersuchung über eine psychiatrische Klinik enthält die Beschreibung einer solchen Modellwelt:

Der Aufseher stützt seine Autorität zur Aufrechterhaltung seines Kontrollsystems sowohl auf positive als auch auf negative Machtausübung.

91 Einschränkend wurde behauptet, daß dieses System in manchen Fällen weder besonders leistungsfähig noch vertrauenswürdig ist. In manchen Gefängnissen gehören die Belohnungen zu den normalen Erwartungen, deren Erfüllung beim Eintritt garantiert wird, und eine Besserung der Position ist offenbar kaum möglich; die einzige mögliche Statusveränderung ist anscheinend der Verlust von Privilegien (Sykes, op. cit., S. 51–52). Ferner wurde festgestellt, daß der Insasse, wenn er nur weitgehend genug entkleidet wird, an dem ihm Verbleibenden nicht mehr festhält, da er zwischen diesem und der totalen Expropriation keinen Unterschied mehr wahrnimmt; in diesem Fall verliert das Personal die Macht, ihn zum Gehorsam zu motivieren, besonders wenn Ungehorsam ihm ein Prestige in der Gruppe der Insassen verleiht (ibid.).

Seine Macht ist wesentlicher Bestandteil seiner Kontrolle über die Station. Er kann dem Patienten Vorrechte einräumen, und er kann ihn bestrafen. Solche Privilegien bestehen darin, daß dem Patienten die angenehmsten Arbeiten, das bessere Zimmer oder Bett zugeteilt werden, daß er kleinere Annehmlichkeiten wie Kaffeetrinken auf der Station, etwas mehr Privatsphäre als der Durchschnittspatient, oder häufigere Gesellschaft des Wärters oder des akademischen Personals, etwa der Ärzte, genießt und daß ihm so unwägbare, aber lebenswichtige Dinge wie freundliche Behandlung und Achtung entgegengebracht werden.

Die Strafen, die der Stationswärter verhängen kann, bestehen darin, daß dem Patienten alle Privilegien entzogen werden, daß er psychisch mißhandelt, lächerlich gemacht, bösartig gehänselt wird, daß er leichte oder schwerere körperliche Strafen erhält oder angedroht bekommt; der Patient kann in das Isolierzimmer gesperrt werden, sein Kontakt mit dem akademischen Personal kann unterbunden oder gestört werden, er kann auf die Liste der für Elektroschocktherapie vorgesehenen Patienten gesetzt werden, oder es kann ihm dies angedroht werden, er kann auf unbeliebte Stationen verlegt werden, oder es können ihm regelmäßig unangenehme Arbeiten zugewiesen werden, etwa die Reinigung sich besudelnder Patienten.[92]

Eine Parallele dazu finden wir in britischen Gefängnissen, wo ein »Vier-Stufen-System« herrscht, wobei Arbeitslohn, »Gemeinschafts«-Zeit mit anderen Gefangenen, Zeitungslektüre, gemeinsame Mahlzeiten und Freizeit jeweils abgestuft zugeteilt werden.[93]

Mit dem Privilegiensystem sind bestimmte, für das Leben in totalen Institutionen wichtige Prozesse verbunden.

Es entwickelt sich ein »Anstaltsjargon«, in dem die Insassen die für ihre eigene Welt bedeutsamen Ereignisse beschreiben. Das Personal – besonders die niedrigeren Ränge – kennt diese Sprache ebenfalls und gebraucht sie im Gespräch mit den Insassen, greift jedoch im Umgang mit Vorgesetzten und Außenstehenden stärker auf die Normsprache zurück. Zusammen mit diesem Jargon erwirbt der Insasse Kenntnisse über die verschiedenen Beamten- und Dienstränge des Stabes, über Sitten und Bräuche der Anstalt sowie einige Vergleichsdaten über das Leben in anderen, ähnlichen totalen Institutionen.

Auch haben sowohl das Personal wie die Insassen eine klare Vorstellung von dem, was in psychiatrischen Kliniken, Gefängnissen

92 Belknap, op. cit., S. 164.
93 Zum Beispiel Dendrickson and Thomas, op. cit., S. 99–100.

und Kasernen als »Unbotmäßigkeit« (»messing-up«) bezeichnet wird. Hierunter versteht man einen komplexen Vorgang, der sich aus dem Begehen einer verbotenen Handlung (manchmal bis hin zum Fluchtversuch), dem Erwischtwerden und einer darauf folgenden »angemessenen« Bestrafung zusammensetzt. Für gewöhnlich tritt eine Veränderung des Privileg-Status ein, was sich in einem Ausdruck wie »geschnappt werden« manifestiert. Zu den »Unbotmäßigkeiten« zählen typische Verstöße wie: Schlägereien, Trunkenheit, Selbstmordversuch, Durchfallen bei Prüfungen, Glücksspiel, Insubordination, Homosexualität, unerlaubte Entfernung aus der Anstalt und die Teilnahme an kollektiven Aufständen. Obgleich diese Verstöße normalerweise auf die Bosheit, Gemeinheit oder »Krankheit« des Delinquenten zurückgeführt werden, bilden sie doch eine, wenn auch unvollständige Liste institutionalisierter Handlungen; folglich kann die gleiche Unbotmäßigkeit aus ganz verschiedenen Gründen begangen werden. Mitunter sind sich Stab und Insassen stillschweigend einig, daß eine bestimmte Unbotmäßigkeit für den Insassen z. B. eine Möglichkeit darstellt, seine Unzufriedenheit mit einer Situation zu zeigen, die er, gemäß den informellen Übereinkünften zwischen Stab und Insassen, als ungerecht empfindet;[94] oder eine Möglichkeit, die Entlassung hinauszuschieben, ohne daß er seinen Mitinsassen gegenüber zugeben müßte, daß er tatsächlich gar nicht hinaus will. Welche Bedeutung den Unbotmäßigkeiten auch immer zugeschrieben wird, sie spielen eine wichtige soziale Rolle für die Anstalt. Sie tragen zur Milderung von Härten bei, die dort auftreten, wo das Dienstalter der einzige Weg zur sozialen Mobilität im Privilegiensystem ist; auch kommen altgediente Insassen durch eine Degradierung infolge solcher Unbotmäßigkeiten in Kontakt mit neuen Insassen in unterprivilegierten Positionen, wodurch ein Informationsaustausch über das System und die ihm angehörenden Menschen aufrechterhalten wird.

In totalen Institutionen gibt es stets auch ein System von sogenannten sekundären Anpassungsmechanismen; darunter versteht man Handlungen, die nicht unmittelbar gegen das Personal gerichtet sind, die es aber dem Insassen erlauben, sich verbotene Genüsse bzw. erlaubte Genüsse mit verbotenen Mitteln zu verschaffen. Sol-

94 Bibliographische Hinweise bei Morris G. Caldwell, »Group Dynamics in the Prison Community«, *Journal of Criminal Law, Criminology and Police Science*, XLVI (1956), S. 656.

che Gepflogenheiten werden mit verschiedenen umgangssprachlichen Wendungen umschrieben. Für derartige Anpassungsmechanismen ist wohl das Gefängnis der fruchtbarste Boden, aber auch
in anderen totalen Institutionen sind sie zahlreich.[95] Die sekundäre
Anpassung hat die wichtige Funktion, dem Insassen zu beweisen,
daß er noch auf eigenen Füßen steht und eine gewisse Kontrolle
über seinen Lebensbereich ausübt; manchmal wird die sekundäre
Anpassung nachgerade zu einem Bollwerk des Selbst, zu einer Art
Beschwörungsformel, in der die Seele wohnt.[96]

Das Vorhandensein der sekundären Anpassungsmechanismen läßt
darauf schließen, daß die Gemeinschaft der Insassen einen Code
und Mittel der informellen sozialen Kontrolle entwickelt, mit
deren Hilfe sie verhindern kann, daß der einzelne Insasse die
sekundäre Anpassung eines anderen an den Stab verrät. Aus dem
gleichen Grund steht zu erwarten, daß diese Sicherheitsfragen eine
Dimension der sozialen Typologie ausmachen, wobei bestimmte
Personen als »Petzer«, »unsichere Kantonisten«, »Kriecher« oder
»Drückeberger«, andere hingegen als »anständige Kerle« bezeichnet werden.[97] Wenn es neu hinzugekommenen Insassen gelingt, im
System der sekundären Anpassung eine gewisse Rolle zu spielen,
etwa indem sie eine Clique verstärken oder als neue Sexualobjekte
interessant sind, dann ist es allerdings möglich, daß sie »zur Begrüßung« eher umworben und verführt, als übermäßig verletzt
werden.[98] Durch die sekundäre Anpassung bilden sich auch »Kü-
chen-Strata« heraus, eine Art rudimentärer, weitgehend informeller Schichtung, die aufgrund der unterschiedlichen Verfügung über
Schwarzhandelsgüter existiert. Auch hier finden wir wieder eine
soziale Typologie zur Bezeichnung der Inhaber von Machtpositio-
nen innerhalb des informellen Marktes.[99]

95 Siehe z. B. Norman S. Hayner and Ellis Ash, »The Prisoner Community as
a Social Group«, *American Sociological Review*, IV (1939), S. 364 ff.; ebenso
Caldwell, op. cit., S. 650–51.
96 Siehe z. B. Melvilles ausführliche Beschreibung des Kampfes, den seine Schiffs-
kameraden führten, um zu verhindern, daß ihnen die Bärte beschnitten wurden,
wobei das Beschneiden der Bärte den Marinevorschriften völlig entsprach. Melville, op. cit., S. 333–47.
97 Siehe z. B. Donald Clemmer, »Leadership Phenomena in a Prison Community«, *Journal of Criminal Law and Criminology*, XXVIII (1938), S. 868.
98 Siehe z. B. Ida Ann Harper, »The Role of the ›Fringer‹ in a State Prison
for Women«, *Social Forces*, XXXI (1952), S. 63–69.
99 Die Verhältnisse im Konzentrationslager veranschaulichen die Ausführungen
über die »Prominenten« bei Cohen, op. cit.; über Heilanstalten vgl. Belknap,

Während das Privilegsystem anscheinend den wichtigsten Bezugsrahmen liefert, innerhalb dessen der Wiederaufbau eines Selbst geleistet wird, finden sich weitere Faktoren, die sich, gewöhnlich auf
verschiedenen Wegen, in der gleichen allgemeinen Richtung auswirken. Dazu gehört die Befreiung von wirtschaftlicher und sozialer
Verantwortung – die in Heilanstalten oft als wichtiger Bestandteil
der Therapie gewertet wird –, obgleich es vielfach eher so aussieht,
als hätte ein solches Moratorium eher einen desorganisierenden als
einen organisierenden Effekt. Eine wichtige reorganisierende Rolle
spielt offenbar die Fraternisation, die stattfindet, wenn Menschen
ohne soziale Bindung aneinander sich plötzlich gegenseitig Hilfe leisten und eine Gegenkultur gegen das System entwickeln, welches sie
zwangsweise zu einer einzigen, egalitären Schicksalsgemeinschaft
vereinigt.[100] Der Neuling orientiert sich anfangs oft an den falschen
Auffassungen, die das Personal über den Charakter der Insassen
hegt. Bald aber stellt er fest, daß seine Kameraden zumeist normale, manchmal sogar nette Leute sind, die alle Sympathie und
Solidarität verdienen. Die Verbrechen, die jemand in der Außenwelt begangen haben mag, können nun nicht mehr als Maßstab zur
Beurteilung seiner persönlichen Eigenschaften dienen – eine Erfahrung, die Kriegsdienstverweigerer häufig im Gefängnis machen
konnten.[101] Hinzu kommt, daß die Insassen, wenn ihnen irgendwelche Verbrechen gegen die Gesellschaft zur Last gelegt werden,
mit ihren Kameraden nicht nur deren Schuldgefühle, sondern auch
deren hochwirksame Abwehrmechanismen gegen solche Gefühle
teilen können. Es entwickelt sich ein gemeinsames Gefühl, zu Unrecht verfolgt zu sein, und ein Gefühl der Verbitterung über die
Außenwelt – was einen wichtigen Schritt in der moralischen
Karriere des Insassen darstellt. Diese Reaktion auf Schuldgefühle
und massive Entbehrungen zeigt sich vielleicht am deutlichsten im
Gefängnis:

op. cit., S. 189; über Gefängnisse vergleiche die Ausführungen über die »Politischen« bei Donald Clemmer, *The Prison Community* (Boston, Christopher
Publishing House, 1940), S. 277–79 und 298–309; ebenso Hayner and Ash,
op. cit., S. 367; und Caldwell, op. cit., S. 651–53.
100 Die Solidarität unter Insassen von Militärakademien wird dargestellt bei
Dornbusch, op. cit., S. 318.
101 Siehe Hassler, op. cit., S. 74, 117. In Heilanstalten stützt sich die Feindschaft
des Patienten gegenüber dem Personal natürlich auf die Entdeckung, daß die
meisten anderen Patienten, wie er selbst, nichts anderes als ganz normale Leute
sind.

Nachdem ein Delinquent ungerecht oder übermäßig bestraft oder stärker, als vom Gesetz vorgeschrieben, gedemütigt worden ist, findet er manchmal seine Tat, die er, als er sie beging, nicht rechtfertigen konnte, durch das Urteil gerechtfertigt. Er beschließt, sich für die ungerechte Behandlung im Gefängnis zu »revanchieren« und bei der nächsten Gelegenheit durch weitere Verbrechen Vergeltung zu üben. *Durch diese Entscheidung wird er zum Kriminellen.*[102]

Ein inhaftierter Kriegsdienstverweigerer berichtet aus seiner eigenen Erfahrung:

Erwähnen möchte ich hier noch, wie eigenartig schwer es mir fällt, mich unschuldig zu fühlen. Ich kann mir ohne weiteres die Auffassung zu eigen machen, daß ich hier für ähnliche Straftaten büße, wie sie den anderen Männern vorgeworfen werden, und ich muß mir von Zeit zu Zeit ins Gedächtnis rufen, daß eine Regierung, die an die Freiheit des Gewissens glaubt, tatsächlich niemanden dafür bestrafen sollte, daß er sie praktiziert. Folglich empfinde ich gegenüber den Zuständen im Gefängnis nicht die Empörung eines unschuldig Verurteilten oder Märtyrers, sondern den Ärger eines Schuldigen, der glaubt, seine Strafe sei härter, als er es verdient, und er werde zudem *von Leuten bestraft, die selbst nicht frei von Schuld sind.* Letzteres empfinden alle Insassen in hohem Maß, und darin liegt auch die Ursache des tiefen Zynismus, der im Gefängnis herrscht.[103]

In etwas verallgemeinerter Form drücken dies zwei Wissenschaftler aus, die sich ebenfalls mit der totalen Institution Gefängnis befaßt haben:

In mancher Hinsicht kann man davon sprechen, daß das Sozialsystem der Insassen eine Lebensform darstellt, die es ihnen ermöglicht, sich den verheerenden psychischen Folgen einer Verinnerlichung und Umkehrung der sozialen Ablehnung in Form der Selbstablehnung zu entziehen. In der Tat erlaubt es dem Insassen, nicht sich selbst sondern diejenigen abzulehnen, die ihn ablehnen.[104]

Ironischerweise führt gerade eine therapeutisch orientierte und freiheitliche Konzeption dazu, daß der Insasse weniger Möglich-

102 Richard McCleery, *The Strange Journey,* University of North Carolina Extension Bulletin, XXXII (1953), S. 24 (kursiv im Original). Brewster Smith (Stouffer, op. cit.) meint, daß der Offiziersanwärter durch die Einsicht zum Offizier wird, daß das Offiziers-Ausbildungslager ihm die Macht über die Wehrpflichtigen »verliehen« habe. Die im Lager ausgestandenen Qualen können als Rechtfertigung für das Vergnügen, zu kommandieren, angesehen werden.
103 Hassler, op. cit., S. 97 (kursiv im Original).
104 Lloyd W. McCorkle and Richard Korn, »Resocialization Within Walls«, *The Annals,* CCXCIII (Mai 1954), S. 88.

keiten erhält, sein Ich zu schützen, indem er seine Feindseligkeit auf äußere Ziele richtet.[105]

Eine Form der sekundären Anpassung, nämlich das kollektive Hänseln, ist deutlich durch die Fraternisation unter den Insassen und die Ablehnung des Personals geprägt. Obwohl das Lohn-Strafe-System individuelle Verstöße, deren Urheber ermittelt werden kann, zu ahnden vermag, ist die Solidarität unter den Insassen oft stark genug, um flüchtige Gesten des anonymen oder massenhaften Widerstandes zu decken. Hierzu gehören: das Rufen von Parolen,[106] das Auspfeifen,[107] das Trommeln auf Eßgeschirren, der Hungerstreik sowie kleinere Sabotageakte.[108] Solche Aktionen nehmen meist die Form von Provokationen an: Ein Wärter, Aufseher oder Pfleger – oder sogar das gesamte Personal – wird gehänselt, lächerlich gemacht oder sonstwie mit kleineren Kränkungen bedacht, bis er die Selbstbeherrschung verliert und sich zu unwirksamen Gegenmaßnahmen hinreißen läßt.

Neben der unter allen Insassen stattfindenden Fraternisation werden häufig noch differenziertere Bindungen eingegangen. Zuweilen erstreckt sich eine besondere Solidarität auf ein physisch umgrenztes Gebiet, etwa eine Station oder Baracke, deren Bewohner das Gefühl haben, von oben als eine Einheit behandelt zu werden, und sich daher ihres gemeinsamen Schicksals lebhaft bewußt sind. Ein anschauliches Beispiel bietet Lawrences Bemerkung über die »Verwaltungseinheiten« bei der Luftwaffe:

Über unserer Baracke schwebt ein goldener Schleier des Lachens – ja, sogar des albernen Gelächters. Man würfele an die fünfzig Kerle, die einander fremd sind und aus allen Schichten stammen, zwanzig Tage lang in einem engen Raum zusammen; man unterwerfe sie einer ungewohnten und willkürlichen Disziplin; man plage sie mit dreckigen, sinnlosen, verhaßten und gleichwohl anstrengenden Strapazen – und doch sind noch keine harten Worte unter uns allen gefallen. So eine körperliche und geistige Freisinnigkeit, so eine aktive Energie, so ein Sinn für Sauberkeit und solch eine gute Laune hätten sich unter den Bedingungen der Alltagssklaverei kaum aufrechterhalten lassen.[109]

105 Diese Frage wird eingehend behandelt in: ibid., S. 95.
106 Cantine and Rainer, op. cit., S. 59; vergleiche auch Norman, op. cit., S. 56 bis 57.
107 Cantine and Rainer, op. cit., S. 39–40.
108 »Resistance in Prison«, von Clif Bennett, in Cantine and Rainer, op. cit., S. 3–11, gibt einen guten Überblick über die Techniken des kollektiven Hänselns.
109 Lawrence, op. cit., S. 59 (Auslassung im Original).

Natürlich gilt dies auch für kleinere Einheiten: Cliquen, mehr oder minder dauerhafte sexuelle Verbindungen sowie, vielleicht am wichtigsten, »Kameradschaften«, wobei zwei Insassen von den anderen mit der Zeit als »Kameraden« oder »Freunde« angesehen werden und in vielen Dingen mit Hilfe und emotioneller Unterstützung zueinander stehen.[110] Auch wenn solche Freundschaftspaare mitunter eine beinah offizielle Anerkennung finden, z. B. wenn der Bootsmann auf einem Schiff es so einrichtet, daß zwei Kameraden gemeinsam auf Wache gehen[111], kann ein weitgehendes Engagement mit einer Art institutionellem Inzest-Tabu belegt werden, welches das Paar davon abhalten soll, sich seine eigene Welt innerhalb der Anstalt zu schaffen. Tatsächlich ist das Personal in manchen totalen Institutionen der Auffassung, daß die Solidarität unter Gruppen von Insassen die Voraussetzung für konzertierte Aktivitäten schaffen kann, die durch die Hausordnung verboten sind; daher wird das Personal mitunter versuchen, die Bildung von Primärgruppen zu unterbinden.

VI.

Obwohl es Tendenzen zur Solidarität wie Fraternisation und Cliquenbildung gibt, sind diese doch begrenzt. Bedingungen, welche die Insassen zwingen, miteinander zu sympathisieren und zu kommunizieren, führen nicht unbedingt zu einer starken Gruppenmoral oder Solidarität. In Konzentrationslagern und Kriegsgefangenenlagern kann der Insasse seinen Kameraden mitunter nicht trauen, weil sie ihn unter Umständen bestehlen, tätlich angreifen oder quälen, ein Zustand, den manche Wissenschaftler als Anomie bezeichnen.[112] In Heilanstalten können Zweier- und Dreiergruppen zwar ihre Geheimnisse vor der Obrigkeit bewahren, doch die Dinge, die allen Patienten einer Station bekannt sind, werden wahrscheinlich den Pflegern zu Ohren kommen. (Gewiß

110 Zum Beispiel Heckstal-Smith, op. cit., S. 30. Behan, op. cit., enthält reiches Anschauungsmaterial über die Kameradschaftsbeziehung.
111 S. A. Richardson, *The Social Organization of British and United States Merchant Ships* (unveröffentlichte Monographie, zugänglich an der New York State School of Industrial and Labor Relations, Cornwall University, 1954), S. 17.
112 Ausführlich behandelt bei D. Cressey and W. Krassowski, »Inmate Organization and Anomie in American Prisons and Soviet Labor Camps«, *Social Problems*, V. (Winter 1957–58), S. 217–30.

sind die Insassen von Gefängnissen manchmal stark genug organisiert, um Streiks oder kurzlebige Aufstände durchzuführen; in
Kriegsgefangenenlagern konnten Gruppen von Gefangenen manchmal den Ausbau von Fluchtwegen organisieren;[113] in Konzentrationslagern gab es zeitweilig umfassende Untergrundorganisatio-
nen;[114] und auf Schiffen kommt es zu Meutereien; solche konzer-
tierten Aktionen sind aber offenbar nicht die Regel, sondern die
Ausnahme.) Aber obwohl es in totalen Institutionen für gewöhnlich kaum eine Gruppenloyalität gibt, wird allgemein erwartet,
daß die Insassen-Kultur zum Teil auf solcher Gruppenloyalität
basiert; auf dieser Erwartung beruht auch die Feindschaft, mit der
diejenigen Insassen verfolgt werden, die sich unsolidarisch verhalten.

Das Privilegsystem und die oben erwähnten Demütigungsprozesse
stellen Bedingungen dar, an die der Insasse sich anpassen muß.
Abgesehen von Bestrebungen zu einer kollektiven subversiven
Aktion gibt es verschiedene individuelle Möglichkeiten, mit diesen
Bedingungen fertigzuwerden. Der gleiche Insasse wird in verschiedenen Phasen seiner moralischen Karriere unterschiedliche persönliche Formen der Anpassung finden, ja er kann sogar verschiedene
alternative Strategien gleichzeitig verfolgen.

Zum einen gibt es die Strategie des »Rückzugs aus der Situation«.
Der Insasse zeigt für nichts Interesse, außer für die Dinge, die ihn
unmittelbar körperlich umgeben, und diese sieht er unter einer
Perspektive, die von den übrigen Anwesenden nicht geteilt wird.
Dieser dramatische Abbruch der Beteiligung an Interaktionspro-
zessen ist natürlich in psychiatrischen Kliniken unter dem Namen
»Regression« bestens bekannt. Erscheinungen wie die »Knast-
psychose« oder der »Stumpfsinn« repräsentieren die gleiche Form
der Anpassung[115], ebenso die aus Konzentrationslagern bekannten Formen der »akuten Depersonalisierung« und die häufig bei
länger verpflichteten Handelsmatrosen auftretende »Tankeritis«.[116]
Ich glaube, es ist nicht bekannt, ob diese Art der Anpassung ein
einziges Kontinuum verschiedener Grade des Rückzuges bildet,

113 Siehe z. B. P. R. Reid, *Escape from Colditz* (New York, Berkeley Publishing
Corp., 1956).
114 Siehe Paul Foreman, »Buchenwald and Modern Prisoner-of-War Detention
Policy«, *Social Forces*, XXXVII (1959), S. 289–98.
115 Schon früh erwähnt bei P. Nitsche and K. Wilmanns, *The History of Prison
Psychosis*, Nervous and Mental Disease Monograph Series No. 13 (1912).
116 Richardson, op. cit., S. 42.

oder ob es Standardformen des Desinteresses gibt. Da es erheblichen Zwang erfordert, den Status eines Menschen zu verändern, und da die geläufigen Mittel hierzu beschränkt sind, ist diese Art der Anpassung oft tatsächlich irreversibel.

Ferner gibt es den »kompromißlosen Standpunkt«: der Insasse bedroht die Institution absichtlich, indem er offenkundig die Zusammenarbeit mit dem Personal verweigert.[117] Das Ergebnis ist eine andauernd weitervermittelte Kompromißlosigkeit und manchmal eine hohe individuelle Moral. In vielen großen Heilanstalten gibt es Stationen, in denen dieser Geist herrscht. Die fortgesetzte Ablehnung einer totalen Institution erfordert häufig eine dauernde Orientierung an deren formaler Organisation und daher, paradoxerweise, ein starkes Interesse für die Anstalt. Ähnlich widmet die Institution dort, wo das Personal den Standpunkt vertritt, der Wille des kompromißlosen Insassen müsse gebrochen werden (wie dies manchmal bei Anstaltspsychiatern, die eine Elektroschockbehandlung anordnen[118], oder bei Militärtribunalen, die Kerkerstrafen verhängen, der Fall ist), dem Rebellen ein ähnliches Maß an Aufmerksamkeit, wie er ihr entgegenbringt. Und schließlich ist die Kompromißlosigkeit – auch wenn von einigen Kriegsgefangenen bekannt ist, daß sie sich während ihrer ganzen Haft standhaft kompromißlos verhielten – normalerweise eine temporäre, anfängliche Reaktionsphase, und der Insasse weicht später auf den Rückzug aus der Situation oder eine andere Form der Anpassung aus.

Eine dritte Standardform der Anpassung an die Welt der Institution kann man als »Kolonisierung« bezeichnen: Der Insasse nimmt den Ausschnitt der Außenwelt, den die Anstalt anbietet, für die ganze, und aus den maximalen Befriedigungen, die in der Anstalt erreichbar sind, wird eine stabile, relativ zufriedene Existenz aufgebaut.[119] Anhand der in der Außenwelt gemachten Erfahrungen wird demonstriert, wie reizvoll das Leben drinnen ist, und die normale Spannung zwischen diesen beiden Welten verringert sich merklich, wodurch das Motivationsschema, das auf der empfundenen Diskrepanz aufbaut und das ich als typisch für totale

---

117 Siehe z. B. die Diskussion über die Widerständler (»Resisters«) bei Schein, op. cit., S. 166–67.

118 Belknap, op. cit., S. 192.

119 In Heilanstalten nehmen meist die »Anstalts-Käuze« eine solche Haltung ein, von denen gesagt wird, sie litten an »Hospitalitis«.

Institutionen beschrieben habe, außer Kraft gesetzt wird. Der einzelne, der zu offen eine solche Haltung einnimmt, wird denn auch von seinen Mitinsassen beschuldigt, er habe sich »ein Zuhause geschaffen« oder habe »es nie so gut gehabt«. Das Personal selbst kann dadurch, daß die Anstalt in dieser Weise benützt wird, ein wenig in Verlegenheit geraten und das Gefühl bekommen, daß die günstigen Aspekte der Situation irgendwie mißbraucht werden. Die Kolonisten fühlen sich vielleicht verpflichtet, ihre Zufriedenheit in der Anstalt zu verleugnen, und sei es nur, um den Gegen-Sitten, die die Solidarität unter den Insassen gewährleisten, zu gehorchen. Manchmal halten sie es für nötig, kurz vor ihrer bevorstehenden Entlassung eine Unbotmäßigkeit zu begehen und damit, anscheinend unfreiwillig, einen Grund für ihre weitere Inhaftierung zu liefern. Bezeichnenderweise müssen Angehörige des Personals, die das Leben in totalen Institutionen erträglicher gestalten wollen, mit der Möglichkeit rechnen, daß sie dadurch die Attraktivität und Wahrscheinlichkeit der Kolonisierung erhöhen.

Ein vierter Modus der Anpassung an die Bedingungen einer totalen Institution ist die »Konversion«: Offenbar macht der Insasse sich das amtliche Urteil über seine Person zu eigen und versucht die Rolle des perfekten Insassen zu spielen. Während der kolonisierte Insasse sich, so gut es geht, unter Einsatz der beschränkten Möglichkeiten ein freies Gemeinschaftsleben aufzubauen sucht, ist die Haltung des Konvertiten eher diszipliniert, moralistisch und monochrom, wobei er sich als einen Menschen darzustellen sucht, mit dessen Begeisterung für die Anstalt das Personal allezeit rechnen kann. In chinesischen Kriegsgefangenenlagern gibt es Amerikaner, die zu »Pros« wurden und sich die kommunistische Weltanschauung völlig zu eigen machten.[120] In den Kasernen der Armee gibt es Wehrpflichtige, die dauernd den Eindruck machen, als würden sie sich anbiedern und »um Beförderung dienern«. In Gefängnissen gibt es Leute, die durch Liebedienerei auffallen, und in deutschen Konzentrationslagern kam es vor, daß langjährige Gefangene das Vokabular, die Freizeitattitüden, die Haltung, den Ausdruck von Aggression und den Bekleidungsstil der Gestapo übernahmen und als »Strohmänner« ihre Kapo-Rolle mit militärischer Strenge spielten.[121] In manchen Heilanstalten lassen sich zwei ver-

---

120 Schein, op. cit., S. 167–69.
121 Siehe Bruno Bettelheim, »Individual and Mass Behavior in Extreme Situations«, *Journal of Abnormal and Social Psychology*, XXXVIII (1943), S. 447

schiedene Formen der Konversion unterscheiden – eine für Neu-
ankömmlinge, die nach einem entsprechenden inneren Kampf »das
Licht erblicken« und sich die psychiatrische Beurteilung ihrer selbst
zu eigen machen, und eine andere für Dauerpatienten, wobei diese
das Verhalten und die Kleidung der Pfleger imitieren, diesen bei
der Beaufsichtigung der anderen Patienten behilflich sind und dabei mitunter strenger sind als die Pfleger selbst. Selbstverständlich
gibt es auch in militärischen Ausbildungslagern Rekruten, die
schnell zu Gefreiten avancieren, indem sie sich Mühen abverlangen, die sie dann bald auch anderen auferlegen können.[122]
In einem Punkt allerdings unterscheiden sich totale Institutionen
erheblich voneinander: viele – z. B. progressive Heilanstalten,
Handelsschiffe, Tuberkulose-Sanatorien und Umerziehungslager –
ermöglichen es dem Insassen, sich an einem Verhaltensmodell zu
orientieren, das sowohl als ideal gilt als auch vom Personal gefördert wird; ein Modell, von dem seine Verfechter annehmen, daß es
sich gerade zum Wohle der Personen, denen es vorgeschrieben wird,
auswirke. In anderen totalen Institutionen, z. B. Konzentrationslagern und manchen Gefängnissen, wird kein solches vom Insassen
zu verinnerlichendes Ideal gefördert.
Die hier aufgeführten Formen der Anpassung stellen kohärente
Verhaltensrichtlinien dar, aber anscheinend werden diese nur von
wenigen Insassen in größerem Umfang befolgt. In den meisten
totalen Institutionen bedienen sich die Insassen einer Strategie, die
sich als »ruhig Blut bewahren« bezeichnen läßt. Diese besteht aus
einer mehr oder minder opportunistischen Kombination von sekundären Anpassungen, Konversion, Kolonisierung und Loyalität
gegenüber der Gruppe der Insassen, wobei der einzelne Insasse
unter den bestehenden Verhältnissen die besten Aussichten hat,
physisch und psychisch ohne Schaden zu bleiben.[123] Für gewöhnlich
wird der Insasse, wenn er sich in Gesellschaft seiner Kameraden
befindet, die Sitten der Gegenkultur befolgen und vor den anderen
verheimlichen, wie gefügig er sich verhält, sobald er es alleine mit

bis 451. Es sei erwähnt, daß in Konzentrationslagern Kolonisierung und Kon-
version häufig Hand in Hand gingen. Siehe Cohen, op. cit., S. 200–203, wo die
Rolle des »Kapo« behandelt wird.
122 Brewster Smith (Stouffer, op. cit.), S. 390.
123 Vergleiche die Diskussion bei Schein, op. cit., S. 165–66, sowie Robert J.
Lifton, »Home by Ship, Reaction Patterns of American Prisoners of War
Repatriated from North Korea«, *American Journal of Psychiatry*, CX (1954),
S. 734.

dem Personal zu tun hat.[124] Für Insassen, die »ruhig Blut zu bewahren« suchen, sind die Kontakte mit ihren Kameraden von geringerem Wert als das höhere Prinzip, »Schwierigkeiten zu vermeiden«; sie werden sich freiwillig nie für etwas einsetzen; und
möglicherweise lernen sie, ihre Bindungen an die Außenwelt so zu
beschneiden, daß das Leben drinnen für sie zu einer kulturellen
Realität wird – jedoch nicht in dem Maß, daß dies zur Kolonisierung führen würde.

Wir haben nun einige der Anpassungsformen untersucht, die die
Insassen gegenüber den in totalen Institutionen herrschenden
Zwängen einnehmen können. Jede dieser Strategien bietet eine
Möglichkeit, mit den Spannungen zwischen dem Leben in der hei-
mischen Umgebung und dem Leben in der Anstalt fertig zu werden. Manchmal jedoch war die heimische Umgebung eines Insassen
so beschaffen, daß sie ihn bereits gegen die triste Welt der Anstalt
immunisierte, und solche Personen sind kaum auf ein bestimmtes
Anpassungsschema angewiesen. Psychiatrische Patienten aus unteren Schichten, die ihr ganzes bisheriges Leben in Waisenhäusern,
Besserungsanstalten und Gefängnissen verbrachten, sehen in der
Klinik meist nur eine weitere totale Institution, in der sie jene Anpassungstechniken anwenden können, die sie in ähnlichen Institutionen gelernt und vervollkommnet haben. Die Technik des »ruhig
Blut Bewahrens« stellt für diese Leute keine Veränderung innerhalb
ihrer moralischen Karriere dar, sondern sie ist eine für sie bereits
zur zweiten Natur gewordene Form der Anpassung. Ähnlich ertragen junge Männer von den Shetland-Inseln die Enge und die
Beschwerlichkeiten an Bord ohne weiteres, da das Leben auf den
Inseln noch armseliger ist; sie sind zufriedene Matrosen, weil es
von ihrem Standpunkt aus wenig zu klagen gibt.

Einen ähnlichen Immunisierungseffekt finden wir bei Insassen, die

---

124 Diese Doppelgesichtigkeit ist in totalen Institutionen sehr verbreitet. In der
vom Autor untersuchten staatlichen Heilanstalt teilten sogar jene wenigen Elite-
Patienten, die eine individuelle Psychotherapie erhielten und daher alle Voraussetzungen hatten, um sich die psychiatrische Auffassung des Selbst zu eigen
zu machen, ihre positive Meinung über die Psychotherapie nur den Mitgliedern
ihres engsten Freundeskreises mit. Wie Häftlinge in Armee-Gefängnissen ihr
Interesse an einer »Wiederaufnahme« in die Armee vor Mithäftlingen verheim-
lichten, berichtet Richard Cloward in: *New Perspectives for Research on Juvenile
Delinquency*, Vierter Sitzungsbericht, Hrsg. Helen L. Witmer and Ruth Kotinsky, U. S. Dept. of Health, Education, and Welfare, Children's Bureau Publication No. 356 (1956), besonders S. 90.

innerhalb der Institution über bestimmte Kompensationsmöglich-
keiten oder über bestimmte Fähigkeiten, sich Angriffen gegenüber
unempfindlich zu zeigen, verfügen. In der Anfangszeit der deutschen Konzentrationslager bezogen Kriminelle offenbar eine kom-
pensative Befriedigung aus ihrem Zusammenleben mit politischen
Gefangenen aus der Mittelschicht.[125] Auf ähnliche Weise verhilft
das Mittelklassenvokabular der Gruppentherapie und die klassen-
lose Ideologie der »Psychodynamik« manchen sozial ehrgeizigen
und sozial frustrierten Patienten aus unteren Schichten zum engsten
Kontakt mit den gehobenen Kreisen, den sie je hatten. Auch starke
religiöse und politische Überzeugungen dienen dazu, den Recht-
gläubigen gegen die Übergriffe einer totalen Institution abzu-
schirmen. Wenn jemand nicht die Sprache des Personals spricht, so
kann diese Tatsache das Personal veranlassen, seine Besserungs-
versuche einzustellen, was den, der nicht spricht, von bestimmten
Zwängen befreit.[126]

VII.

Im folgenden sollen einige dominierende Themen der Insassenkul-
tur behandelt werden.
Erstens: in vielen totalen Institutionen entwickelt sich ein besonders geartetes Interesse für die eigene Person. Die im Verhältnis zu
ihrem Status in der Außenwelt niedrige Stellung der Insassen,
gleich anfangs durch die Entkleidungsprozesse begründet, schafft
ein Milieu des persönlichen Scheiterns, in dem einem sein eigenes
Mißgeschick ständig vor Augen geführt wird. Darauf reagiert der
Insasse meist in der Form, daß er sich eine Geschichte, einen Standpunkt, einen traurigen Bericht – also eine Wehklage und Apo-
logie – zurechtlegt, die er seinen Schicksalsgefährten beständig erzählt, um seinen gegenwärtigen niedrigen Status zu erklären. Infolgedessen werden sich Konversation und Interessen des Insassen
noch mehr als draußen um sein eigenes Selbst drehen, was zu einem
ausgeprägten Selbstmitleid führt.[127] Obgleich das Personal diese
Erzählungen dauernd anzweifelt, sind die Insassen meist taktvolle

125 Bettelheim, op. cit., S. 425.
126 So berichtet Schein, op. cit., S. 165, Fußnote, daß die Chinesen sich um
Puerto-Ricaner und andere nicht englisch sprechende Gefangene wenig kümmer-
ten und daß diese bei hauswirtschaftlichen Aufgaben ein erträgliches Auskommen hatten.
127 Beispiele aus dem Gefängnis geben Hassler, op. cit., S. 18; sowie Heckstall-
Smith, op. cit., S. 29–30.

Zuhörer oder geben sich zumindest Mühe, bei solchen Vorträgen ihre Langeweile und ihre Zweifel zu unterdrücken. Ein ehemaliger Gefangener schreibt:

Es ist schon beeindruckend, welches Zartgefühl an den Tag gelegt wird, wenn man die Verfehlungen eines anderen erfragen will, und wie es einem gelingt, seine Beziehungen zu anderen Verurteilten unabhängig von deren Selbstdarstellungen zu gestalten.[128]

Ähnlich sind die Verhältnisse in amerikanischen staatlichen Heilanstalten, wo die Etikette der Insassen zwar Fragen nach der Station und der empfangenen Therapie erlaubt, wo jedoch nicht gefragt wird, warum der andere in der Klinik ist, oder die unweigerlich verzerrte Version meist akzeptiert wird, falls solche Fragen doch einmal gestellt werden.

Zweitens: bei den Insassen vieler totaler Institutionen herrscht weitgehend das Gefühl, daß die in der Anstalt verbrachte Zeit verlorene, vergeudete und nicht gelebte Zeit ist, die abgeschrieben werden kann; sie muß irgendwie abgesessen oder »durchgestanden« oder »hinter sich gebracht« werden. In Gefängnissen und Heilanstalten wird der Eingewöhnungserfolg im allgemeinen danach gewertet, wie der Insasse mit dem Verstreichen der Zeit zurechtkommt, ob es ihm schwer oder leicht fällt.[129] Diese Zeit wird von denjenigen, die sie absitzen müssen, bewußt ausgeklammert, und sie beschäftigen sich in Gedanken dauernd mit ihr, in einem Maße, wie dies draußen nicht üblich ist. Folglich bekommt der Insasse das Gefühl, daß er für die Dauer seines Aufenthaltes – seiner Haft – vollkommen vom Leben ausgeschlossen ist.[130] In diesem Zusammenhang läßt sich auch die demoralisierende Wirkung einer unbegrenzten oder sehr langen Inhaftierung beurteilen.[131]

So hart die Lebensbedingungen in totalen Institutionen auch sein

---

128 Hassler, op. cit., S. 116.
129 Reiches Material über den Zeitbegriff in totalen Institutionen findet sich bei Maurice L. Farber, »Suffering and Time Perspektive of the Prisoner«, Teil IV, *Authority and Frustration*, von Kurt Lewin et. al., Studies in Topological and Vector Psychology, III, University of Iowa Studies in Child Welfare, Vol. XX (1944).
130 Die beste mir bekannte Beschreibung dieses Gefühls, nicht zu leben, ist Freuds Aufsatz »Trauer und Melancholie«, wo dieser Zustand als Folge des Verlusts eines Liebesobjekts dargestellt wird. Siehe *Gesammelte Werke*, Bd. X, S. 427 (Frankfurt am Main, S. Fischer Verlag).
131 Siehe z. B. Cohen, op. cit., S. 128.

mögen, die Härte allein ist nicht dafür verantwortlich, daß die Insassen das Gefühl haben, ihr Leben zu vergeuden; eher sollten wir die durch den Eintritt verursachte soziale Entwurzelung in Betracht ziehen, oder die (üblicherweise) nicht vorhandene Möglichkeit, in der Anstalt etwas zu erwerben, das später im Leben draußen von Wert sein könnte – z. B. verdientes Geld, eine eingegangene Ehe oder eine absolvierte, mit einer Prüfung abgeschlossene Ausbildung. Die Theorie, Irrenhäuser seien Kliniken, in denen Kranke behandelt werden, ist insofern nützlich, als die Insassen, die drei oder vier Jahre ihres Lebens durch eine solche Verbannung verloren haben, versuchen können, sich selbst davon zu überzeugen, daß sie fleißig für ihre Heilung gearbeitet haben und daß, einmal geheilt, die für die Heilung aufgewendete Zeit sich als eine vernünftige und nutzbringende Investition erweisen wird. Dieses Gefühl der toten und bleischweren Zeit erklärt wahrscheinlich auch, warum auf Ablenkungen ein solcher Wert gelegt wird; dies sind freiwillige, unernste Beschäftigungen, die fesselnd und aufregend genug sind, um den Teilnehmer von sich selbst abzulenken, indem sie ihn einen Augenblick seine tatsächliche Situation vergessen lassen. Wenn die normalen Tätigkeiten in einer totalen Institution die Zeit zu einer Folter werden lassen, dann töten diese Beschäftigungen sie mitleidig.

Es gibt kollektive Ablenkungsbeschäftigungen, wie Spiele im Freien, Tanz, Orchester oder Gruppenmusik, Chorgesang, Vorträge, künstlerische Kurse[132] oder Holzarbeitskurse und Kartenspiele; und es gibt individuelle, die jedoch auf öffentliches Material angewiesen sind, so etwa Lesen[133] und allein Fernsehen.[134] Zweifellos sollten auch die privaten Phantasien dazugerechnet werden, wie Clemmer vorschlägt, der von einem »Traumüberschuß« des Gefangenen spricht.[135] Einige dieser Aktivitäten werden vielleicht offiziell vom Stab gefördert; andere, die keine offizielle Förderung erfahren, fungieren als sekundäre Anpassung,

---

132 Ein anschauliches Beispiel aus dem Gefängnis bietet Norman, op. cit., S. 71.
133 Vergleiche z. B. die schöne Beschreibung von Behan, op. cit., S. 72–75, über das Vergnügen, im Bett in der Zelle zu lesen, und die daraus folgende Vorkehrung, den Lesestoff einzuteilen.
134 Diese Aktivität ist natürlich nicht auf totale Institutionen beschränkt. Ein klassischer Fall ist die gelangweilte und überdrüssige Hausfrau, die »sich ein wenig Zeit nimmt«, um »sich hinzusetzen« und bei einer Tasse Kaffee, einer Zigarette und der Morgenzeitung ihrer häuslichen Welt zu entfliehen.
135 Clemmer, op. cit., S. 244–47.

z. B. Glücksspiele, Homosexualität oder »Highs« und Räusche, die sich mit Industriealkohol, Muskat oder Ingwer erzielen lassen.[136] Aber ob diese Ablenkungsbeschäftigungen nun offiziell gefördert werden oder nicht, sobald sie zuviel Aufmerksamkeit und Zeit beanspruchen, wird der Stab einschreiten – wie es z. b. häufig beim Alkoholkonsum, sexueller Betätigung oder beim Glücksspiel geschieht –, denn nach Meinung des Personals soll nur die Institution, und keine andere soziale Entität, vom Insassen Besitz ergreifen.

Jede totale Institution kann man mit einem toten Meer vergleichen, in dem es einige wenige Inseln lebendiger, fesselnder Aktivität gibt. Solche Aktivitäten können dem Individuum helfen, den psychischen Stress auszuhalten, der normalerweise durch Angriffe auf sein Selbst erzeugt wird. Aber gerade die Unzulänglichkeit dieser Aktivitäten wirkt sich in totalen Institutionen schädlich aus. In der bürgerlichen Gesellschaft kann jemand, der Schiffbruch erleidet, sich an einen geschützten Ort retten und sich kommerziellen Phantasien wie Kino, Fernsehen, Radio, dem Lesen oder »belebenden« Mitteln wie Zigaretten oder alkoholischen Getränken hingeben. In totalen Institutionen stehen diese Dinge, besonders kurz nach der Einlieferung, kaum zur Verfügung. In einer Zeit, wo diese Ruhepunkte so dringend benötigt würden, ist es oft schwierig, sie zu erlangen.[137]

VIII.

Bisher haben wir die Welt des Insassen untersucht und dabei die Demütigungsprozesse, die reorganisierenden Einflüsse, die Reaktionsweisen der Insassen und das unter ihnen sich entwickelnde kulturelle Milieu kennengelernt. Zum Abschluß möchte ich mich mit den Vorgängen befassen, die stattfinden, wenn der Insasse in die Gesellschaft zurückgeschickt wird.

Obwohl die Insassen für den Tag der Entlassung Sauftouren planen und häufig die Stunden bis dahin zählen, ist die Entlassung für diejenigen, denen sie unmittelbar bevorsteht, ein beunruhigen-

136 Cantine and Rainer, op. cit., S. 59–60, führen ein Beispiel an.
137 James Peck, zitiert nach Cantine and Rainer, op. cit., S. 59: »Ich vermißte das Trinken noch mehr als die Frauen, und viele der Burschen waren mit mir einer Meinung. Wenn dich draußen die Stimmung plagt, dann kannst du ihr mit ein paar Drinks zu Leibe rücken. Aber im Gefängnis mußt du warten, bis die Stimmung von selbst verfliegt, und das kann lange dauern.«

der Gedanke, und wie erwähnt, begehen einige eine Unbotmäßigkeit oder verpflichten sich weiter, um der Sache aus dem Weg zu gehen. Die Angst des Insassen vor der Entlassung formuliert sich oft in der Frage, die er sich und seinen Freunden vorlegt: »Werde ich es draußen schaffen?« Im Licht dieser Frage erscheint das zivile Leben insgesamt als eine Angelegenheit, über die man sich Sorgen und feste Vorstellungen machen muß. Die Bedingungen, die der Mensch in der Außenwelt bei seinen bewußten Handlungen unbewußt voraussetzen kann, sind für den Insassen eine beunruhigende Quelle der Unsicherheit. Diese Aussicht ist sicherlich demoralisierend, und sie ist einer der Gründe, warum ehemalige Insassen häufig daran denken, »wieder reinzugehen«, und dies auch häufig tun.

Ihrem eigenen Selbstverständnis nach dienen totale Institutionen meist der Rehabilitierung des Insassen, d. h. der Wiedergewinnung seiner selbst-regulativen Mechanismen, die ihn nach der Entlassung instand setzen sollen, die Normen der Anstalt von sich aus einzuhalten. (Vom Personal wird erwartet, daß es gleich beim Eintritt in die totale Institution über die Fähigkeit der Selbstregulierung verfüge und, ähnlich wie die Mitglieder anderer Anstalten, lediglich noch Verfahrensweisen zu erlernen habe.) Tatsächlich wird diese behauptete Veränderung selten erreicht, und selbst dann, wenn ein Wandel eintritt, beinhaltet er oft nicht die vom Personal intendierten Veränderungen. Außer in manchen religiösen Institutionen haben offenbar weder die Entkleidungsprozesse noch die reorganisierenden Prozesse einen dauerhaften Effekt[138], was z. T. auf das Vorhandensein der sekundären Anpassungsmechanismen und der Gegensitten sowie auf die Neigung der Insassen, alle Strategien miteinander zu kombinieren und zu versuchen, Ruhe zu bewahren, zurückzuführen ist.

Gewiß, unmittelbar nach der Entlassung wird der Insasse sich wahrscheinlich begeistert den Freiheiten und Vergnügungen des bürgerlichen Lebens überlassen, die der normale Bürger meist für ganz selbstverständlich hält: dem scharfen Duft der frischen Luft, dem Sprechendürfen, wann immer man Lust hat, der Möglichkeit, ein ganzes Zündholz zu verwenden, um eine Zigarette anzuzünden, einem einsamen Frühstück in einem nur für vier Personen

138 Dies wird bestätigt durch das, was wir über die Wiederanpassung repatriierter Kriegsgefangener wissen, die eine »Gehirnwäsche« hinter sich hatten. Siehe Hinkle and Wolff, op. cit., S. 174.

gedeckten Tisch.[139] Vor einer Runde aufmerksam lauschender Freundinnen berichtet eine Patientin nach ihrer Rückkehr von einem Wochenendurlaub über ihre Erlebnisse:

Ich stand morgens auf und ging in die Küche und kochte den Kaffee – es war einfach wundervoll. Und abends tranken wir ein paar Bierchen, und dann gingen wir aus und aßen Paprikaschoten. Es war ganz unwahrscheinlich, einfach wunderbar. Keinen Augenblick lang vergaß ich, daß ich frei war.[140]

Und doch vergessen die Insassen schon bald nach der Entlassung einen Teil der Wirklichkeit des Lebens hinter Anstaltsmauern und bekommen Heimweh nach den Privilegien, um die sich das Anstaltsleben drehte. Schritt für Schritt verliert sich das Gefühl der Entrechtung, Verbitterung und Entfremdung, das die Anstaltserfahrungen im Insassen hervorrufen und das eine so wesentliche Stufe seiner moralischen Karriere bildet.

Aber der Teil der Anstaltserfahrung, der dem Insassen bewußt bleibt, gibt uns wichtige Aufschlüsse über totale Institutionen. Mit seinem Eintritt gewinnt der Neuling häufig das, was man einen *proaktiven* Status nennen könnte. Seine soziale Stellung innerhalb der Mauern unterscheidet sich nicht nur radikal von der, die er draußen innehatte, sondern wenn er hinauskommt, wird er auch feststellen, daß seine soziale Stellung nie mehr das sein wird, was sie vor seinem Eintritt war. Wo der proaktive Status relativ günstig ist, wie z. B. im Falle der Absolventen von Offiziersschulen, Eliteinternaten, hierarchischen Klöstern usw., da kann man mit pompösen Wiedersehensfeiern rechnen, in denen sich der Stolz auf die »eigene Schule« ausdrückt. Wenn der proaktive Status allerdings ungünstig ist, wie im Falle derer, die aus Gefängnissen oder Heilanstalten entlassen werden, dann ist der Ausdruck »Stigmatisierung« angebracht, und man kann erwarten, daß der ehemalige Insasse sich bemühen wird, seine Vergangenheit zu verheimlichen und Wiederbegegnungen zu vermeiden.

Cloward[141] hat darauf hingewiesen, daß das Personal mit der Macht, eine die Stigmatisierung reduzierende Form der Entlassung zu wählen, einen wichtigen Hebel besitzt, um auf die Insassen einzuwirken. So können die Beamten von Armeegefängnissen dem

139 Lawrence, op. cit., S. 48.
140 Feldnotizen des Verfassers.
141 Cloward, op. cit., S. 80–83.

Insassen die Möglichkeit einer Wiederaufnahme in den aktiven Dienst oder einer Entlassung in allen Ehren in Aussicht stellen; und der Leiter einer Heilanstalt kann ein »makelloses Gesundheitszeugnis« (als geheilt entlassen) sowie persönliche Empfehlungen versprechen. Dies ist der Grund, warum die Insassen im Umgang mit dem Personal manchmal Begeisterung für das zeigen, was die Anstalt für sie tut.

Aber um wieder auf die Angst vor der Entlassung zurückzukommen: eine mögliche Erklärung ist, daß das Individuum nicht gewillt oder »zu krank« ist, um wieder die Verantwortung zu übernehmen, von der die totale Institution es befreit hat. Nach den Erfahrungen, die ich beim Studium eines Typus der totalen Institution, nämlich der psychiatrischen Klinik, gemacht habe, kann man diesen Faktor gering veranschlagen. Ein wahrscheinlich wichtigerer Faktor ist die Diskulturation, die darin besteht, daß jemand gewisse, im weiteren Bereich der Gesellschaft erforderliche Gewohnheiten verliert oder sie nicht erwerben kann. Auch die Stigmatisierung spielt eine wichtige Rolle. Wenn der einzelne dadurch, daß er ein Insasse geworden ist, einen niedrigen proaktiven Status gewonnen hat, dann wird man ihm draußen in der Welt mit Vorbehalt begegnen, und er wird diese Erfahrung meist in einem auch für Leute ohne Stigma schwierigen Augenblick machen, nämlich wenn er sich um eine Arbeit oder um eine Wohnung bewirbt. Auch findet die Entlassung meist gerade dann statt, wenn der Insasse es schließlich gelernt hat, sich in der Anstalt zurechtzufinden, und wenn er die Privilegien gewonnen hat, die, wie er schmerzlich lernen mußte, sehr wichtig sind. Kurz, er wird feststellen, daß die Entlassung dem Sturz von der obersten Stufe einer kleinen Welt auf die unterste einer größeren Welt gleichkommt. Hinzu kommt, daß der Insasse, wenn er in die freie Gesellschaft zurückkehrt, manchmal nur über eine beschränkte Freiheit verfügt. Die Konzentrationslager verlangten häufig von den Insassen eine schriftliche Bestätigung, die besagte, daß sie im Lager fair behandelt wurden; sie wurden vor den Folgen gewarnt, die sie auf sich ziehen würden, wenn sie aus der Schule plauderten.[142] In manchen Heilanstalten wird ein Insasse, dessen Entlassung bevorsteht, ein letztes Mal interviewt, um festzustellen, ob er noch Ressentiments gegen die Anstalt und gegen diejenigen, die ihn hineinbrachten,

142 Cohen, op. cit., S. 7; Kogon, op. cit., S. 284.

hegt, und man verwarnt ihn, den letzteren keine Schwierigkeiten zu bereiten. Auch muß der scheidende Insasse oft versprechen, daß er wiederkommt, sollte er nochmals »krank werden« oder »in Schwierigkeiten kommen«. Der ehemalige Patient stellt häufig fest, daß seine Verwandten und sein Arbeitgeber angewiesen wurden, sich mit den Behörden in Verbindung zu setzen, falls es mit ihm Schwierigkeiten gibt. Haftentlassene müssen häufig ein formelles Versprechen abgeben, mit dem sie sich verpflichten, regelmäßig zur Berichterstattung vorzusprechen und sich von den Kreisen fernzuhalten, in denen sie vor der Einlieferung in die Anstalt verkehrten.

Die Welt des Personals

Anscheinend dienen viele totale Institutionen die meiste Zeit über als bloße Aufbewahrungslager für die Insassen, aber wie bereits festgestellt, stellen sie sich der Öffentlichkeit gegenüber für gewöhnlich als rationale Organisationen dar, die in jeder Hinsicht bewußt als effektive Apparate zur Hervorbringung einiger offiziell anerkannter und gebilligter Ziele eingerichtet wurden. Wie ferner bereits festgestellt, wird häufig als offizielles Ziel die Besserung der Insassen im Sinne einer bestimmten idealen Norm angegeben. Dieser Widerspruch zwischen dem, was die Institution tut, und dem, was sie offiziell als ihre Tätigkeit angeben muß, bildet den grundlegenden Kontext für die tägliche Aktivität des Personals.

Die in diesem Zusammenhang vielleicht wichtigste Feststellung über das Personal besagt, daß es bei seiner Arbeit ausschließlich mit Menschen umgeht. Diese *Arbeit mit Menschen* ist nicht dasselbe wie Personal-Arbeit oder die Arbeit von Leuten, die in einem Dienstverhältnis stehen. Das Personal bringt keine Dienstleistungen hervor, sondern bearbeitet in erster Linie Objekte und Produkte – doch diese Objekte und Produkte sind Menschen.

Als Arbeitsmaterial können Menschen ungefähr dieselben Eigenschaften haben wie unbelebte Objekte. Chirurgen operieren lieber magere als fette Menschen, denn bei den fetten werden die Instrumente glitschig, und die durchzutrennenden Schichten sind dicker. Die Leichenwäscher in Heilanstalten bevorzugen dünne Frauen vor dicken Männern, denn das Hantieren mit schweren erstarrten Leichen ist schwieriger, und die männlichen Leichen müssen im Anzug aufgebahrt werden, dessen Ärmel schwerer über die starren Glieder zu ziehen sind. Verräterische Spuren, die von Vorgesetzten entdeckt werden können, entstehen durch die falsche Behandlung sowohl belebter als auch unbelebter Objekte. Und genau wie ein Industrieprodukt, das durch die einzelnen Bearbeitungsstufen im Betrieb von einem papierenen Schatten begleitet wird, der ausweist, was wer getan hat, was noch zu tun ist und wer zuletzt verantwortlich dafür war, so wird auch ein menschliches Objekt auf seinem Weg durch das System einer Heilanstalt von einer Kette von Informationsbelegen begleitet, die genau Auskunft geben, was für den Patienten getan wurde, was der Patient getan hat und wer zuletzt die Verantwortung für ihn trug. Möglicherweise wird sogar festgehalten, ob ein Patient bei einer bestimmten Mahlzeit oder in einer bestimmten Nacht anwesend oder abwesend war, um aufgrund dieser Angaben eine Kostenberechnung anstellen und die Krankenhausrechnung entsprechend berichtigen zu können. Während der Laufbahn eines Patienten von der Empfangsstation bis zur Totenbahre fügen die verschiedensten Dienstgrade des Personals seiner Akte ihre Anmerkungen bei, sobald er zeitweilig unter ihre Jurisdiktion gerät, und noch lange nach seinem physischen Tod überlebt diese seine schriftliche Hinterlassenschaft in der Bürokratie des Krankenhauses als juristische Person.

Die physiologischen Merkmale des menschlichen Organismus vorausgesetzt, bedarf es offenbar bestimmter Gegebenheiten, damit Menschen auf die Dauer nutzbringend eingesetzt werden können. Gewiß trifft dies ebenfalls auf unbelebte Objekte zu; so muß die Temperatur eines Lagerhauses, ganz gleich ob sich Menschen oder Dinge darin befinden, reguliert werden. Und wie die Arbeit in Zinnbergwerken, Farbenfabriken oder chemischen Betrieben jeweils bestimmte Risiken für die dort Beschäftigten bedingt, so bringt auch die Arbeit mit Menschen (zumindest glaubt das Personal dies) besondere Gefahren mit sich. Das Personal in psychiatrischen Kliniken glaubt z. B., daß ein Patient »ohne Grund« losschlagen und einen Beamten verletzen werde. Manche Pfleger glauben, daß der Kontakt mit Geistesgestörten auf die Dauer eine ansteckende Wirkung habe. In TB-Sanatorien und Leprakliniken fühlt sich das Personal in besonderem Maß durch diese Krankheiten gefährdet.

Zwar gibt es solche Ähnlichkeiten zwischen der Arbeit an Menschen und der Arbeit an leblosen Objekten, doch die Arbeitswelt des Personals totaler Institutionen wird wesentlich durch die einzigartigen Aspekte der Arbeit am Menschen bestimmt.

Gemäß den allgemeinen moralischen Grundsätzen, die in der eine totale Institution umgebenden Gesellschaft gelten, wird der Mensch zumeist als ein Wert an sich angesehen. So finden wir fast überall gewisse technisch unbegründete Normen, die als Bestandteil der »Verantwortung« definiert werden, die die Institution für den Insassen trägt, und vermutlich ist dies eine der Gegenleistungen, die letzterem im Austausch für seine Freiheit garantiert werden. Gefängnisbeamte etwa sind verpflichtet, den Selbstmordversuch eines Gefangenen zu verhindern und ihm eine vollkommene medizinische Fürsorge angedeihen zu lassen, selbst dann, wenn dadurch seine Exekution aufgeschoben werden müßte. Ähnlich wird aus deutschen Konzentrationslagern berichtet, daß Insassen manchmal ärztliche Pflege erhielten, obwohl sie kurz darauf in die Gaskammer geschickt wurden.

Ferner kann in der Arbeitswelt des Stabes besonders die Tatsache ins Gewicht fallen, daß die Insassen für gewöhnlich in der Außenwelt einen Status bekleiden und Beziehungen unterhalten, auf die Rücksicht genommen werden muß. Hierzu gehört auch der bereits erwähnte Umstand, daß die Institution einige Rechte, die der Insasse *qua* Person hat, respektieren muß. Sogar bei einem hospitalisierten Geisteskranken, der seine bürgerlichen Rechte zum großen Teil verloren hat, fällt dabei ein erhebliches Maß an Büroarbeit an. Denn die dem Patienten aberkannten Rechte werden für gewöhnlich einem Verwandten, einem Komitee oder dem Klinikchef übertragen, die damit die juristisch verantwortlichen Personen sind, deren Autorisierung im Zusammenhang mit den meisten Angelegenheiten des Patienten, die mit der Außenwelt zu tun haben, eingeholt werden muß: z. B. seine Sozialversicherung, seine Einkommenssteuer, der Unterhalt seines Eigentums, Versicherungszahlungen, Alterspensionen, Aktiendividenden, Zahnarztrechnungen, vor der Einlieferung eingegangene rechtliche Verpflichtungen, die Erteilung von Genehmigungen zur Einsichtnahme in die psychiatrischen Unterlagen eines Falles an Versicherungsgesellschaften oder Anwälte, die Erteilung von Sondererlaubnissen zum Besuch von Personen, die nicht zur unmittelbaren Verwandtschaft gehören, und so weiter. In all diesen Fragen ist die Anstalt zuständig, auch dann, wenn es nur darum geht, eine Entscheidung an diejenigen weiterzuleiten, die legal ermächtigt sind, eine solche zu treffen.

An ihre Verantwortung für diese, die Normen und Rechte des Insassen betreffenden Angelegenheiten werden die Mitglieder des Personals nicht nur von ihren eigenen, internen Vorgesetzten erinnert, sondern auch von den verschiedenen Überwachungsagenturen der weiteren Gesellschaft sowie häufig von der Verwandtschaft des Insassen. Der Gegenstand ihrer Arbeit, die Insassen, können selbst diese Rolle spielen. Manche Pfleger in Heilanstalten bevorzugen die Arbeit auf Stationen mit regredierten Patienten, weil diese weniger zeitraubende Ansprüche stellen als die kontaktfähigen Patienten auf besseren Stationen. Häufig werden sogar

Patienten, die eine Behandlung »nach Vorschrift« verlangen, als Nörgler bezeichnet. Ein besonderes Problem stellen kritisierende Verwandte dar, denn während man den Insassen belehren kann, wie teuer es ihn zu stehen kommt, wenn er eine Bitte äußert, sind die Verwandten in dieser Hinsicht weniger gut unterrichtet und überrollen das Personal mit Forderungen, die der Insasse nicht wagen würde zu stellen.

Die Tatsache, daß die Insassen in verschiedenster Hinsicht als Wert an sich zu gelten haben, sowie die große Zahl der Insassen konfrontieren das Personal mit einigen klassischen Schwierigkeiten, in die derjenige gerät, der Menschen regiert. Da die totale Institution gleichsam wie ein Staat funktioniert, hat ihr Personal unter den Widrigkeiten zu leiden, die dem Herrscher das Leben schwer machen.

Im Falle des einzelnen Insassen kann es, damit die Einhaltung bestimmter Normen gewährleistet ist, notwendig sein, andere Normen zu opfern; hierzu gehört auch die Schwierigkeit, bestimmte Ziele gegeneinander abzuwägen. Um z. B. das Leben eines Selbstmordkandidaten zu erhalten, wird das Personal es als notwendig erachten, ihn ständig zu überwachen oder sogar, auf einen Stuhl gefesselt, in einem kleinen verschlossenen Raum unterzubringen. Will man einen Geisteskranken davon abhalten, schwer entzündete Wunden immer wieder aufzukratzen und dadurch beständig zwischen Heilung und Rückfall in die Krankheit hin und her zu schwanken, dann kann das Personal sich genötigt sehen, die Bewegungsfreiheit seiner Hände einzuschränken. Ein Patient, der die Nahrung verweigert, muß sich unter Umständen durch eine zwangsweise Fütterung demütigen lassen. Wenn bei Patienten in Tuberkulose-Sanatorien eine Besserung gewährleistet werden soll, dann kann es notwendig werden, ihnen die freie Verfügung über ihre Freizeit zu entziehen.

Bestimmte Normen der Behandlung, deren Einhaltung ein Patient mit Recht erwarten darf, können mit den Normen in Konflikt geraten, auf denen ein anderer besteht, und dies kann eine Reihe von Verwaltungsproblemen verursachen. Wenn daher in Heilanstalten die Hauptpforte mit Rücksicht auf diejenigen, die die Erlaubnis für Ausgänge in die Stadt haben, offengehalten wird, dann kann es notwendig sein, andere Patienten, die sich sonst auf dem Anstaltsgelände frei hätten bewegen dürfen, auf geschlossenen Stationen unterzubringen. Wenn eine Kantine und ein Briefkasten für diejenigen Patienten vorhanden sind, die sich auf dem Gelände frei bewegen dürfen, dann wird man anderen Patienten, die eine strenge Diät einhalten müssen oder die die Gewohnheit haben, Drohbriefe oder obszöne Briefe zu schreiben, die Bewegungsfreiheit auf dem Gelände verweigern müssen.[143]

Schon die Verpflichtung des Personals, bestimmte humane Normen der Behandlung von Insassen einzuhalten, stellt ein Problem dar, aber eine ganze Reihe weiterer typischer Probleme entstehen durch den ständigen Konflikt zwischen den Normen der Humanität einerseits und der Leistungsfähigkeit einer Anstalt andererseits. Um nur ein Beispiel zu erwähnen: Die persönlichen Habseligkeiten eines Menschen sind ein wesentlicher Teil des Materials, aus dem er sein Selbst aufbaut, doch wird das Personal um so leichter mit ihm auskommen können, je weniger er davon besitzt. Die bemerkenswerte Fähigkeit einer psychiatrischen Station, sich der täglich wechselnden Zahl der dort untergebrachten Patienten anzupassen, ist bedingt durch die Tatsache, daß die Zu- und Abgänge ohne irgendwelchen Besitz außer ihrer eigenen Person kommen und gehen, und daß sie keinerlei Recht haben, zu wählen, wo sie untergebracht werden wollen. Auch läßt sich die Kleidung dieser Patienten nur dann stets sauber und frisch halten, wenn es möglich ist, die schmutzige Wäsche von allen unterschiedslos einzusammeln und die gereinigten Kleidungsstücke nicht nach dem Besitz, sondern nach der ungefähren Körpergröße wieder auszuteilen. Ähnlich läßt sich die ausreichend warme Bekleidung der auf dem Gelände spazierengehenden Patienten am ehesten dann gewährleisten, wenn man wahllos aus einem Haufen von anstaltseigenen Mänteln jedem Patienten einen zuteilt, wobei der einzelne keine Wahl hat, ob er einen Mantel anziehen oder welchen er anziehen will, und wenn man ihnen aus den gleichen gesundheitlichen Rücksichten bei der Rückkehr auf die Station diese kollektivierten Kleidungsstücke wieder abnimmt. Sogar die Form eines Kleidungsstückes richtet sich häufig nicht nach dem Gesichtspunkt der Kleidsamkeit, sondern nach dem der Effektivität, wie folgende kommerzielle Anzeige beweist:

Fröhlich! Haltbar! Hosenanzug mit Schnappverschluss
Hosenanzug, entwickelt und geprüft in Anstalten für geistig zurückgebliebene und schwachsinnige Patienten. Hemmt den Entblößungstrieb,

143 Roth, »What Is an Activity«, op. cit.

ist reißfest. Über den Kopf zu ziehen. Büstenhalter oder Unterkleidung überflüssig. Schnappverschluß am Schritt fördert die Reinlichkeitserziehung. Hübsch gemustert, oder wahlweise in zwei Farbtönen; runder, viereckiger oder V-Ausschnitt. Bügelfrei![144]

So wie die persönliche Habe des Patienten den reibungslosen Arbeitsablauf in der Anstalt beeinträchtigen kann und aus diesem Grunde weggenommen wird, können auch Teile des Körpers mit einem effektiven Management in Konflikt geraten, und dieser Konflikt wird mitunter zugunsten der Effektivität gelöst. Wenn die Köpfe der Insassen saubergehalten werden sollen und deren Träger leicht kategorisierbar sein sollen, dann besteht das wirksamste Mittel im Kahlscheren des Kopfes, ungeachtet des Schadens, den dies der äußeren Erscheinung zufügt. Aus ähnlichen Gründen halten es manche Heilanstalten für angezeigt, »Beißern« die Zähne zu ziehen, an promiskuitiven Patientinnen eine Ligatur vorzunehmen und chronisch streitsüchtige Patienten durch die Lobotomie ruhigzustellen. Der gleiche Konflikt zwischen humanen und Organisationsinteressen zeigt sich in der körperlichen Bestrafung des Auspeitschens, wie sie auf Kriegsschiffen üblich war:

Ein von Marineoffizieren zugunsten der körperlichen Züchtigung vorgebrachtes Argument lautet: Diese Strafe kann sofort verabreicht werden; sie bringt keine Verluste an wertvoller Zeit; und wenn dem Gefangenen wieder das Hemd angezogen wird, dann ist die Sache ausgestanden. Würde man stattdessen andere Strafen verhängen, so würde dies vermutlich viel Zeit kosten und Schwierigkeiten verursachen, ganz abgesehen davon, daß der Seemann dadurch eine übertriebene Vorstellung von seiner Wichtigkeit bekäme.[145]

Wie ich gezeigt habe, unterscheidet sich die Arbeit mit Menschen von anderen Formen der Arbeit dadurch, daß jeder Insasse ein Durcheinander von Statuspositionen und Beziehungen mit in die Anstalt bringt, und daß im Hinblick auf ihn bestimmte humane Normen eingehalten werden müssen. Ein weiterer Unterschied ist dadurch bedingt, daß die Anstalt, falls ein Insasse das Recht hat, Besuche außerhalb des Anstaltsgeländes zu machen, für den Schaden, den er unter Umständen der bürgerlichen Gesellschaft zufügt, eine gewisse Verantwortung trägt. Angesichts dieser Verantwortung ist es verständlich, daß viele totale Institutionen den Urlaub

---

144 Anzeige aus *Mental Hospitals*, VI (1955), S. 20.
145 Melville, op. cit., S. 139.

außerhalb des Anstaltsgeländes als nachteilig ansehen. Noch ein Unterschied besteht zwischen der Arbeit mit Menschen und anderen Arten der Arbeit, und dieser ist vielleicht der wichtigste: Es ist möglich, menschlichen Objekten durch Drohung, Belohnung oder Überredung Instruktionen zu vermitteln, wobei man dann damit rechnen kann, daß sie diese von sich aus ausführen. Die Zeitspanne, während welcher man darauf vertrauen kann, daß sie diese geplanten Aktionen ohne Beaufsichtigung durchführen, wird natürlich sehr unterschiedlich sein, aber die soziale Organisation in rückständigen Stationen zeigt uns, daß es sogar im beschränkten Fall von katatonischen Schizophrenen möglich ist, diesen sehr weitgehend zu vertrauen. Diese Fähigkeit besitzen sonst nur höchst komplizierte elektronische Anlagen.

Während also Menschen als Arbeitsmaterial viel fügsamer sind als unbelebte Objekte, ergibt sich aus ihrer Fähigkeit, die Pläne des Personals aufzunehmen und auszuführen, daß sie das Personal auch weitaus wirksamer behindern können als unbelebte Objekte, denn letztere sind nicht in der Lage, unsere Pläne absichtlich und intelligent zu durchkreuzen (obwohl wir manchmal für Augenblicke auf sie reagieren, als wären sie dazu in der Lage). Daher müssen die Wärter in Gefängnissen und auf besseren Stationen in Heilanstalten stets auf organisierte Fluchtversuche gefaßt sein und dauernd damit rechnen, daß man versucht, sie zu provozieren, »anzuschmieren« oder sie sonstwie in Schwierigkeiten zu bringen; die dauernde Angst der Wärter wird nicht gemildert durch das Wissen, daß die Insassen so etwas vielleicht nur tun, um ihre Selbstachtung zu bestätigen oder der Langeweile zu entgehen.[146] Selbst ein alter, schwacher Geisteskranker entwickelt in dieser Hinsicht unerhörte Kräfte; zum Beispiel kann er lediglich dadurch, daß er seine Finger in den Hosentaschen festkrallt, die Bemühungen des Wärters, ihn auszuziehen, erheblich behindern. Aus diesem Grunde wird das Personal versuchen, Entscheidungen, die das Schicksal des Insassen betreffen, vor diesem zu verheimlichen, denn wüßte er die schlimmsten für ihn geplanten Maßnahmen, dann könnte er absichtlich und offen die reibungslose Verwirklichung dieses Schicksals obstruieren – so wird man z. B. Patienten, die für die Schocktherapie vorbereitet werden, freundliche Märchen erzäh-

146 Anmerkungen zur sehr schwierigen Rolle des Wärters siehe bei McCorkle und Korn, op. cit., S. 93–94, und Gresham M. Sykes, »The Corruption of Authority and Rehabilitation«, *Social Forces*, XXXIV (1956), S. 257–62.

len und ihnen manchmal den Anblick des Behandlungsraumes vorenthalten.

Es gibt noch einen dritten allgemeinen Unterschied zwischen menschlichem und anderen Arten Arbeitsmaterial, der ein einzigartiges Problem bedingt: denn wie sehr das Personal sich auch von diesem Material zu distanzieren versucht, es kann dennoch Gegenstand kameradschaftlicher Gefühle, ja sogar von Liebe werden. Die Gefahr, daß ein Insasse menschlich erscheint, besteht immer; wenn dem Insassen Härten zugefügt werden müssen, dann leidet ein mitleidiger Angehöriger des Stabes. (Diese Begründung zumindest geben Offiziere unter anderem dafür an, daß sie zu den Wehrpflichtigen soziale Distanz halten.) Und wenn andererseits ein Insasse eine Vorschrift übertritt, dann kann das Personal gerade dadurch, daß es ihn als ein menschliches Wesen ansieht, den Eindruck erhalten, daß seine moralische Welt verletzt wurde: da es von einem vernünftigen Lebewesen eine »vernünftige« Reaktion erwartet, fühlt sich das Personal unter Umständen beleidigt, beschimpft und bedroht, wenn der Insasse nicht diesen Erwartungen entspricht.

Die Tatsache, daß die Insassen Objekte von Mitleid und Fürsorge des Personals werden können, führt zu einer manchmal in totalen Institutionen auftretenden Erscheinung, die man als »Engagement-Zyklus« bezeichnen könnte. Anfangs hält das Stabsmitglied sozialen Abstand zu den Insassen, und von diesem Standpunkt aus kann es kaum zu ernsten Schädigungen oder Schwierigkeiten innerhalb der Institution kommen; der Bedienstete sieht jedoch nicht ein, warum er sich nicht für einige Insassen freundlich engagieren sollte. Dieses Engagement bringt ihn aber in eine Lage, in der er durch das, was die Insassen tun und was sie erleiden, verletzt wird, und in der er auch die soziale Distanz verletzt, die seine Kollegen vom Personal den Insassen gegenüber einhalten. Als Reaktion darauf erhält der Angehörige des Personals vielleicht den Eindruck, er habe sich »die Finger verbrannt«, und wird sich auf Büroarbeit, Ausschußarbeit oder andere Aufgaben zurückziehen, bei denen er es nur mit seinesgleichen zu tun hat. Nachdem er sich aus dem Gefahrenbereich des unmittelbaren Kontakts mit den Insassen entfernt hat, wird sein Gefühl, vorsichtig sein zu müssen, allmählich abnehmen, und damit kann der Zyklus von Kontakt und Rückzug sich wiederholen.

Wenn wir die Tatsache, daß das Personal verpflichtet ist, gewisse

Normen der menschlichen Behandlung der Insassen einzuhalten, mit der Tatsache verbinden, daß es vielleicht dahin gelangt, die Insassen als vernünftige, verantwortliche Geschöpfe anzusehen, die geeignete Objekte für ein emotionelles Engagement sind, dann erkennen wir den Kontext einiger ganz spezieller Probleme der Arbeit mit Menschen. In Heilanstalten gibt es offenbar immer einige Patienten, die in dramatischer Form gegen ihre eigenen Interessen handeln; zu Thanksgiving und Weihnachten überfressen sie sich, so daß zu diesen Tagen meist mehrere Magendurchbrüche und Speiseröhrenverschlingungen anfallen; sie rennen mit dem Kopf gegen die Wand; nach kleineren Operationen reißen sie sich die vernähten Wunden auf; sie spülen ihre Zahnprothesen, ohne die sie nicht essen können und deren Wiederbeschaffung Monate dauert, in die Toilette; oder sie zerbrechen ihre Brille, ohne die sie nicht sehen können. Um diese sichtlich selbstzerstörerischen Akte zu verhindern, können die Angehörigen des Personals sich gezwungen sehen, solche Patienten gefügig zu machen, wobei sie sich den Anschein der Härte und des Zwanges geben – und dies gerade in dem Augenblick, wo sie versuchen, jemanden davon abzuhalten, sich das anzutun, was ihrer Meinung nach kein Mensch einem anderen antun sollte. Bei solchen Gelegenheiten ist es verständlicherweise für das Personal sehr schwer, seine eigenen Gefühle unter Kontrolle zu halten.

II.

Diese besonderen Erfordernisse der Arbeit mit Menschen bestimmen den Arbeitstag des Personals; die Arbeit selbst wird in einem besonderen moralischen Klima ausgeführt. Das Personal ist der Feindschaft und den Forderungen der Insassen ausgesetzt, und umgekehrt ist es verpflichtet, den Insassen die rationale Perspektive, die die Anstalt vertritt, zu vermitteln. Diese Perspektive müssen wir daher näher untersuchen.

Die anerkannten Ziele von totalen Institutionen sind nicht sehr zahlreich: Erreichung eines ökonomischen Ziels; Erziehung und Ausbildung; medizinische oder psychiatrische Behandlung; religiöse Reinigung; Schutz der ganzen Gesellschaft vor Verunreinigung; und, wie in einer Gefängnis-Studie festgestellt wurde, »... *Unschädlichmachung, Vergeltung, Abschreckung und Besse-*

rung ...«[147] Die Einsicht, daß totale Institutionen normalerweise recht weit hinter ihren offiziellen Zielen zurückbleiben, ist weit verbreitet. Weniger verbreitet ist die Einsicht, daß alle diese offiziellen Ziele und Grundsätze sich erstaunlich gut eignen, einen Schlüssel zum Verständnis zu liefern – eine Sprache von Erklärungen, die der Stab und manchmal auch die Insassen auf alle in der Anstalt anfallenden Aktionen anwenden können. So ist ein medizinischer Bezugsrahmen nicht lediglich eine Perspektive, um Entscheidungen hinsichtlich der Dosierung von Medikamenten zu treffen und einsichtig zu machen; nach dieser Perspektive werden auch alle anderen Arten von Entscheidungen getroffen, z. B. zu welchen Stunden die Krankenhausmahlzeiten ausgegeben werden oder wie die Bettwäsche der Klinik gefaltet werden muß. Jedes offizielle Ziel setzt eine Doktrin mit eigenen Inquisitoren und eigenen Märtyrern in die Welt, und es gibt in den Anstalten offenbar keine natürliche Kontrollinstanz, die für eine verständliche Interpretation sorgte. Jede Anstalt muß nicht nur bemüht sein, ihre offiziellen Ziele zu verwirklichen, sondern sie muß auch davor bewahrt werden, diese diffus und daher tyrannisch zu verfolgen, wenn die Ausübung der Autorität nicht zu einer Hexenjagd entarten soll. Ein Beispiel für diese Gefahr bietet das Phantom der »Sicherheit« in Gefängnissen und die in ihrem Namen gerechtfertigten Akte des Personals. Paradoxerweise sind es gerade die totalen Institutionen, also alles andere als Stätten des Intellekts, in denen – zumindest in jüngerer Zeit – die Sorge um Worte und verbalisierte Perspektiven eine zentrale und häufig hektische Rolle spielt.

Das Interpretationsschema der totalen Institution kommt, sobald der Insasse eintritt, automatisch in Gang, da das Personal der Ansicht ist, daß der Eintritt als solcher ein sichtbarer Beweis dafür ist, daß der Betreffende zu dem Personenkreis gehört, für den die Institution eingerichtet wurde: Ein politischer Häftling muß ein Hochverräter sein; wer im Gefängnis sitzt, muß ein Gesetzesbrecher sein; wer in einer Heilanstalt untergebracht ist, muß geisteskrank sein. Wäre er kein Verräter, Krimineller oder Geisteskranker – warum wäre er dann hier?

Diese automatische Identifizierung des Insassen ist nicht nur eine bloße Beschimpfung; sie ist ein zentrales und fundamentales Mit-

---

147 D. Cressey, »Achievement of an Unstated Organizational Goal: An Observation on Prisons«, *Pacific Sociological Review*, I (1958), S. 43.

tel der sozialen Kontrolle. Eine ältere Sozialstudie über eine psychiatrische Klinik belegt dies:

Das oberste Ziel der Pfleger-Kultur ist die Ausübung der Kontrolle über die Patienten – einer Kontrolle, die unabhängig vom Wohle des Patienten ausgeübt werden muß. Dieses Ziel wird im Hinblick auf vorgebrachte Wünsche und Forderungen der Patienten klar zum Ausdruck gebracht. Alle Wünsche und Forderungen, ganz gleich wie vernünftig, in welch ruhigem Ton oder wie höflich sie geäußert werden, werden als Beweis der seelischen Krankheit angesehen. In einem Milieu, wo das Abnorme die normale Erwartung ist, wird das Normale niemals anerkannt. Auch wenn solche Verhaltensäußerungen meist den Ärzten weitergemeldet werden, bekräftigen letztere fast immer lediglich das Urteil der Wärter. Dadurch tragen die Ärzte selbst zu einer Verewigung der Auffassung bei, daß Kontrolle das wichtigste im Umgang mit Geisteskranken sei.[148]

Wenn den Insassen ein direkter Kontakt mit dem Stab erlaubt ist, dann wird dieser häufig in der Form stattfinden, daß der Insasse »meckert« oder Bitten vorbringt, während der Angehörige des Personals die vorherrschende restriktive Behandlung rechtfertigt; im allgemeinen ist dies die Struktur der Interaktionen zwischen Stab und Patienten in psychiatrischen Kliniken. Da das Personal die Insassen kontrollieren und die Anstalt im Namen ihrer eigenen anerkannten Ziele verteidigen muß, wird es auf eine umfassende Identifikation der Insassen zurückgreifen, wodurch ein solches Verhalten ermöglicht wird. Das Personal steht hier vor der Schwierigkeit, ein Verbrechen zu finden, das die Bestrafung rechtfertigt.

Ferner werden die vom Personal angeordneten Privilegien und Strafen häufig in einer Sprache ausgedrückt, welche die legitimierten Ziele der Anstalt widerspiegelt, z. B. wenn Einzelhaft in Gefängnissen »konstruktive Besinnung« genannt wird. Den Insassen oder dem Personal der niedrigen Ränge kommt dabei die besondere Aufgabe zu, diese ideologischen Sprachregelungen in die einfache Sprache des Privilegiensystems zu übersetzen, und umgekehrt. Ein Beispiel dafür gibt Belknap in seiner Beschreibung dessen, was passiert, wenn ein psychiatrischer Patient eine Vorschrift übertritt und bestraft wird:

Im Normalfall werden Vorfälle wie Frechheit, Insubordination oder übertriebene Vertraulichkeit in mehr oder weniger akademische Phrasen übersetzt, z. B. »Gestörtheit« oder »Erregung«, und in dieser Form einer

148 J. Bateman and H. Dunham, »The State Mental Hospital as a Specialized Community Experience«, *American Journal of Psychiatry*, CV (1948–49), S. 446.

quasi medizinischen Diagnose berichtet der Wärter sie an den Arzt weiter. Der Arzt muß dann die Privilegien des Patienten offiziell zurück-
nehmen oder modifizieren, bzw. ihn auf eine andere Station überweisen,
wo er sich von neuem aus der untersten Statusgruppe emporarbeiten
muß. In den Augen der Pfleger ist derjenige ein »guter« Arzt, der solche
medizinischen Übersetzungen ohne viele Fragen akzeptiert.[149]

Die institutionelle Perspektive kommt auch bei solchen Handlungen zur Anwendung, die nicht eindeutig oder normalerweise der
Disziplin unterworfen sind. So berichtet Orwell, daß in seinem
Internat das Bettnässen als ein Zeichen von »Schmutzigkeit« oder
Verruchtheit galt[150] und daß auch Krankheiten, die noch eindeu-
tiger physischer Natur waren, unter diesem Blickwinkel gesehen
wurden.

Ich hatte entzündete Bronchien und eine Verletzung in einem Lungen-
flügel, die erst viele Jahre später entdeckt wurde. Daher litt ich nicht
nur an chronischem Husten, sondern auch das Laufen war für mich eine
Qual. Wenn man nach Atem rang oder schwach auf der Brust war, so
galt dies in jenen Tagen entweder als eingebildete Krankheit, oder es
wurde als moralische Schwäche angesehen, die durch Überfressen verursacht war. »Du schnaufst wie eine Ziehharmonika«, sagte Sim (der
Direktor) mißbilligend, während er hinter mir stand. »Das kommt davon, daß du dir dauernd den Bauch vollschlägst.«[151]

Von chinesischen »Gehirnwäsche«-Lagern wird behauptet, sie
würden diese Interpretationsprozesse ins Extrem treiben, indem
die harmlosen Alltagsereignisse aus der Vergangenheit des Gefangenen in Symptome konterrevolutionärer Aktivität umgedeutet werden.[152]

Zwar gibt es eine psychiatrische Auffassung von der Geisteskrankheit so wie es eine Milieutheorie des Verbrechens und der konterre-
volutionären Aktivität gibt, die beide den Täter von der moralischen
Verantwortung für seine Vergehen freisprechen, aber totale Institutionen können sich einen solchen Determinismus kaum leisten.
Die Insassen müssen dazu gebracht werden, sich selbst in der Weise
zu steuern, daß sie leicht zu verwalten sind. Und um dies zu erreichen, wird sowohl das erwünschte wie das unerwünschte Betragen als etwas definiert, das dem persönlichen Willen und dem

149 Belknap, op. cit., S. 170.
150 Orwell, op. cit., S. 506–9.
151 Ibid., S. 521.
152 Siehe z. B. R. Lifton, »›Thought Reform‹ of Western Civilians in Chinese
Communist Prisons«, *Psychiatry*, XIX (1956), besonders S. 182 ff.

Charakter des einzelnen Insassen selbst entspringt und wofür er selbst verantwortlich ist. Kurz, jede institutionelle Perspektive enthält personalisierte Moralvorstellungen, und in jeder totalen Institution entwickelt sich im Kleinen etwas, das einer funktionalistischen Moralauffassung sehr ähnlich ist.

Die Übersetzung des Insassenverhaltens in moralistische Termini, die mit der anerkannten Perspektive der Anstalt übereinstimmen, enthält notwendig pauschale Verallgemeinerungen hinsichtlich der Natur des Menschen. Angesichts der Tatsache, daß das Personal für die Insassen verantwortlich ist und ihnen eine bestimmte Behandlung angedeihen lassen soll, neigt es dazu, sich eine Theorie der menschlichen Natur zurechtzulegen. Als impliziter Teil der institutionellen Perspektive rationalisiert diese Theorie das Handeln, sie hilft den sozialen Abstand von den Insassen einzuhalten, unterstützt stereotype Vorstellungen über letztere und rechtfertigt die ihnen zuteilwerdende Behandlung.[153] Für gewöhnlich bestimmt die Theorie die »guten« und »schlechten« Möglichkeiten des Insassenverhaltens, die Formen, in denen Unbotmäßigkeiten begangen werden, den Erziehungswert von Privilegien und Strafen, sowie den »wesentlichen« Unterschied zwischen Stab und Insassen. Die Offiziere einer Armee haben eine Theorie über das Verhältnis zwischen der Disziplin und dem Gehorsam im Gefecht, über die Eigenschaften, die Männer haben sollten, über die »maximale Belastbarkeit« der Soldaten sowie über den Unterschied zwischen seelischen Krankheiten und simulierten Leiden. Und sie werden im Sinne einer bestimmten Vorstellung über ihre eigene Natur ausgebildet, wie die von einem ehemaligen Gardeoffizier stammende Liste der von einem Offizier erwarteten moralischen Qualitäten zeigt:

Während ein Teil der Ausbildung ausschließlich zur Förderung der körperlichen Leistungsfähigkeit bestimmt war, herrschte gleichwohl der feste Glaube vor, daß ein Offizier, gleichgültig ob er leistungsfähig war

153 Entnommen aus Everett C. Hughes Besprechung von Leopold von Wieses *Spätlese*, im *American Journal of Sociology*, LXI (1955), S. 182. Ähnliches meint der gegenwärtig gebräuchliche anthropologische Ausdruck »Ethnopsychology«, mit dem Unterschied, daß die Einheit, auf die er sich bezieht, keine Institution, sondern eine Kultur ist. Auch die Insassen bilden sich eine Theorie vom Wesen des Menschen, wobei sie zum Teil die Vorstellungen des Stabes übernehmen, zum Teil eigene Gegenvorstellungen entwickeln. Vergleiche die interessante Beschreibung des unter Gefangenen üblichen Ausdrucks »Ratte«, bei McCleery, op. cit., S. 14–15.

oder nicht, immer Stolz oder »Nerven« genug besitzen sollte, um nie einer körperlichen Schwäche nachzugeben – bis er tot oder bewußtlos umfiele. Dieser sehr wichtige Glaube war sowohl in seinem Wesen als auch in seiner Stärke etwas Mystisches. Bei einer erschöpfenden Übung am Ende des Kurses fielen zwei oder drei Offiziere aus und klagten über Blasen oder andere leichte Unpäßlichkeiten. Der Chefausbilder, der persönlich ein zivilisierter und nachgiebiger Mensch war, verurteilte sie in unmißverständlicher Form. Ein Offizier, so sagte er, könne nicht ausfallen und täte dies einfach nicht. Wenn schon nichts anderes, dann sollte ihn stets seine Willenskraft antreiben. Es sei nur eine Frage der »Nerven«. Es wurde stillschweigend vorausgesetzt, daß, während niedrige Dienstgrade ausfielen und sich dies leisten konnten, auch wenn sie häufig abgehärteter waren, der Offizier einer überlegenen Kaste angehöre. Später stellte ich fest, daß unter Offizieren die Meinung vorherrschte, sie seien zu körperlichen Heldentaten befähigt und könnten physische Strapazen aushalten, obwohl es von ihnen nicht in dem Maße wie von dem einfachen Wehrpflichtigen erwartet wurde, daß sie sich in diesen Dingen übten und sich darauf vorbereiteten. Zum Beispiel brauchten Offiziere einfach keinen »Schliff«; sie waren Offiziere, und sie würden bis zum Ende durchhalten, auch wenn sie geradenwegs aus dem Lazarett oder aus dem Bordell ins Feld gingen.[154]

In Gefängnissen gibt es den dauernden Konflikt zwischen der psychiatrischen Theorie des Verbrechens und der Theorie, welche dieses auf moralische Schwäche zurückführt. In Nonnenklöstern gibt es Theorien über das Vermögen des Geistes, stark oder schwach zu sein, sowie über die Mittel, seine Schwäche zu bekämpfen. Psychiatrische Heilanstalten spielen in diesem Zusammenhang eine besondere Rolle, denn ihr Personal hält sich für spezialisiert in der Wissenschaft von der menschlichen Natur, und aufgrund dieses Wissens stellt es Diagnosen und verschreibt Therapien. In Standardlehrbüchern der Psychiatrie finden sich daher Kapitel über »Psychodynamik« und »Psychopathologie«, welche bewundernswert eindeutige Formulierungen über das »Wesen« des Menschen enthalten.[155]

154 Simon Raven, »Perish by the Sword«, *Encounter*, XII (Mai 1959), S. 38–39.
155 Der allumfassende Charakter der von einer Anstalt entwickelten Theorie über die menschliche Natur zeigt sich zur Zeit deutlich in progressiven Heilanstalten. Die ursprünglich auf die Insassen angewandten Theorien werden zunehmend auch auf das Personal ausgedehnt; so müssen die niedrigen Dienstgrade in der Gruppentherapie ihre Schuldigkeit tun, höhere Dienstgrade in der individuellen Psychoanalyse. Es gibt auch Bestrebungen, soziologische Berater als Therapeuten für die ganze Institution einzuführen.

Ein wichtiger Bestandteil der in vielen totalen Institutionen geltenden Theorie über das »Wesen« des Menschen ist der Glaube,
daß der neue Insasse sich hinterher leichter führen lasse, wenn er
gleich bei der Einlieferung dazu gebracht werde, dem Personal
tiefste Ehrerbietung zu erweisen – daß also dieser Gehorsam gegenüber den ersten Forderungen seinen »Widerstand« oder seinen
»Geist« breche. (Dies ist ein Grund für die im Vorhergehenden
beschriebenen Willkommensbräuche und Zeremonien, durch die
der Wille gebrochen wird.) Wenn die Insassen derselben Theorie
über die Natur des Menschen anhängen, dann werden natürlich
die Ansichten des Stabes über ihren Charakter bestätigt. Ein Beispiel dafür bieten Untersuchungen über das Verhalten von Angehörigen der amerikanischen Armee, die im Koreakrieg in Gefangenschaft gerieten. In Amerika gibt es die weitverbreitete Ansicht,
daß ein Mensch, nachdem er einmal an den Punkt des Zusammen-
bruchs gebracht wurde, unfähig zu irgendwelchem Widerstand sei.
Diese Theorie der menschlichen Natur, die noch durch ausdrückliche Belehrungen über die Gefahren jeglicher Schwäche verstärkt
wird, veranlaßte einige Gefangene, allen Widerstand aufzugeben,
sobald sie ein geringfügiges Zugeständnis gemacht hatten.[156]
Eine solche Theorie vom Wesen des Menschen ist natürlich nur ein
Aspekt des in totalen Institutionen angebotenen Interpretations-
schemas. Ein weiteres, unter die institutionellen Perspektiven fal-
lendes Gebiet ist die Arbeit. Nachdem draußen normalerweise nur
um der Bezahlung, des Profits oder des Prestiges willen gearbeitet
wird, bedeutet eine Abkehr von diesen Motiven ein Aufgeben bestimmter Interpretationen des Handelns und macht neue Interpretationen erforderlich. Aus Heilanstalten kennen wir die sogenannte »Arbeitstherapie« oder »industrielle Therapie«; dabei
werden dem Patienten Aufgaben, und zwar normalerweise niedrige Aufgaben wie Laubharken, bei Tisch bedienen, Arbeit in der
Wäscherei und Fußböden schrubben zugeteilt. Obgleich die Art
dieser Arbeiten sich aus den Arbeitsbedürfnissen der Anstalt ergibt, wird behauptet, diese Arbeiten würden dem Patienten helfen,
das Leben in der Gesellschaft wiederzuerlernen, und seine dabei
an den Tag gelegte Fähigkeit und Bereitschaft seien als diagno-

156 Vergleiche den wertvollen Beitrag von Albert Biderman, »Social-Psychological Needs and ›Involuntary‹ Behavior as Illustrated by Compliance in
Interrogation«, Sociometry, XXIII (1960), S. 120–47.

stische Anzeichen seiner Besserung zu werten.[157] Der Patient selbst sieht zuweilen die Arbeit unter diesem Gesichtspunkt. Eine ähnliche neue Sinngebung der Arbeit finden wir in religiösen Anstalten, wie die Ausführungen einer Armen Clarissin zeigen:

Dies ist ein weiteres Wunder des Lebens im Gehorsam. Niemand kann etwas Wichtigeres tun als du, wenn du gehorsam bist. Ein Besen, eine Feder, eine Nadel – all dies ist gleich vor Gott. Der Gehorsam der Hand, die damit arbeitet, und die Liebe im Herzen der Nonne bei der Arbeit – das macht den unendlichen Unterschied vor Gott, für die Nonnen und für die ganze Welt aus.[158]

Die Menschen müssen von Menschenhand geschaffenen Gesetzen und den Pflichten des Arbeitstages gehorchen. Die kontemplativen Nonnen entscheiden sich frei, einer von Gott beseelten Klosterregel zu gehorchen. Ein Mädchen, das an der Schreibmaschine arbeitet, arbeitet vielleicht nur um des Geldes willen und würde gerne damit aufhören. Die Arme Clarisse, die die Klosterzellen ausfegt, tut dies um Gottes willen und würde in diesem Augenblick keine andere Arbeit der Welt lieber verrichten.[159]

Obgleich fest institutionalisierte Motive wie Profit und Wirtschaftlichkeit in kommerziellen Firmen mitunter zwanghaft verfolgt werden[160], können diese Motive sowie die dazugehörigen Bezugssysteme gleichwohl zur Unterdrückung anderer Interpretationsmuster dienen. Wenn jedoch nicht an die in der weiteren Gesellschaft gültigen Grundprinzipien appelliert werden kann, dann

---

157 Eine zu zynische Beurteilung dieser Therapieformen wäre falsch. Die Arbeit etwa in einer Wäscherei oder Schuhmacherei hat ihren eigenen Rhythmus und wird von den Individuen häufig eher mit ihrer Berufsarbeit als mit der Klinik in Verbindung gebracht; daher ist die Zeit, die jemand bei solcher Arbeit verbringt, oft angenehmer als die auf einer dunklen, stillen Station verbrachte Zeit. Außerdem ist die Vorstellung, Patienten mit »nützlicher« Arbeit zu beschäftigen, in unserer Gesellschaft so attraktiv, daß Einrichtungen wie Schuhwerkstätten oder Tapezierwerkstätten zeitweilig sogar auf Kosten der Institution unterhalten werden.

158 Sister Mary Francis, P. C., *A Right to be Merry* (New York, Sheed and Ward, 1956), S. 108.

159 Ibid., S. 99. Die veränderte Auffassung von der Armut ist selbstverständlich eine fundamentale Strategie des religiösen Lebens. Auch radikale politische und militärische Gruppierungen kennen Ideale spartanischer Einfachheit; gegenwärtig besitzt die Zurschaustellung von Armut für die Beatniks eine besondere Bedeutung.

160 Umfang und Schwerfälligkeit solcher Interpretationen schildert anschaulich Bernard Malamud in seinem Roman, der von den Führungsschwierigkeiten eines kleinen Einzelhandelsgeschäfts handelt: *The Assistant* (New York, New American Library, 1958).

entsteht ein gefährlicher Spielraum für Interpretationsexzesse aller Art und folglich für neue Formen der Tyrannei.

Noch eine abschließende Bemerkung über die institutionellen Perspektiven: Für gewöhnlich wird die Reglementierung der Insassen mit den idealen Zielen oder Funktionen der Anstalt gerechtfertigt, welche humane technische Dienstleistungen erfordern. Normalerweise werden für solche Zwecke Fachleute angeworben, und sei es nur, um das Management davor zu bewahren, daß es die Insassen nach draußen schicken muß – »da es für die Mönche unklug wäre, hinauszugehen, weil dies ihren Seelen nicht bekommt.«[161] Fachleute, die auf diese Weise in die Dienste der Anstalt treten, werden leicht unzufrieden, da sie das Gefühl haben, daß sie dort nicht wirklich ihrer Berufung nachkommen können und als »Sklaven« benützt werden, um dem Privilegsystem eine professionale Sanktionierung zu verleihen. Anscheinend ist dies eine klassische Klage.[162] Aus vielen psychiatrischen Kliniken wird von verärgerten Psychiatern berichtet, die behaupten, sie würden kündigen, um psychotherapeutisch arbeiten zu können. Oft wird eine bestimmte psychiatrische Behandlungsform wie Gruppentherapie, Psychodrama oder künstlerische Therapie mit lebhafter Unterstützung von seiten der Spitze des Klinikmanagements eingeführt; dann verlagert sich das Interesse langsam auf andere Gebiete, und der verantwortliche Fachmann stellt fest, daß seine Arbeit sich schrittweise in einen Public-Relations-Job verwandelt, wobei seine Therapie nur zum Schein unterstützt wird, außer wenn Besucher in die Anstalt kommen und das Management sich bemüht zu zeigen, über welch moderne und vollständige Einrichtungen es verfügt.

Solche Fachleute sind gewiß nicht die einzige Personalgruppe, deren Verhältnis zu den offiziellen Zielen der Anstalt problematisch ist. Angehörige des Personals, die in dauerndem Kontakt mit den Insassen stehen, können den Eindruck gewinnen, daß auch ihnen eine widersprüchliche Aufgabe gestellt ist, da sie von den Insassen Gehorsam erzwingen müssen, während sie gleichzeitig den Anschein erwecken sollen, daß menschliche Normen aufrechterhalten und die rationalen Ziele der Institution verwirklicht werden.

161 *Die Regel des Heiligen Benedikt*, 66. Hauptstück.
162 Zum Beispiel Harvey Powelson and Reinhard B. Bendix, »Psychiatry in Prison«, *Psychiatry*, XIV (1951), S. 73–86, sowie Waldo W. Burchard, »Role Conflicts of Military Chaplains«, *American Sociological Review*, XIX (1954), S. 528–35.

Anstaltszeremonien

Ich habe nun die totalen Institutionen vom Standpunkt der Insassen und – kurz – vom Standpunkt des Personals aus beschrieben. Jeder dieser Standpunkte enthält als wesentliches Element ein Bild von der anderen Gruppe. Auch wenn dieses Bild-vom-anderen existiert, so führt es doch selten zu einer sympathischen Identifikation – außer vielleicht auf seiten jener vorhin beschriebenen Insassen, die die Rolle von Vertrauenspersonen spielen und sich ernstlich »mit dem Aggressor identifizieren«. Wenn es zu ungewöhnlichen Vertraulichkeiten und Beziehungen über die Stab-Insassen-Grenze hinweg kommt, dann können sich daraus, wie wir wissen, Engagement-Zyklen und unangenehme Nachwirkungen aller Art ergeben[163], wobei die Autorität und die soziale Distanz untergraben werden, so daß man wiederum den Eindruck erhält, in totalen Institutionen sei ein Inzesttabu wirksam.

Außer diesen Verboten oder fragwürdigen »persönlichen« Bindungen über die Stab-Insassen-Grenze hinweg gibt es eine weitere regelwidrige Form des Kontakts zwischen dem Stab und den Insassen. Anders als die Insassen hält das Personal einige Bereiche seines Lebens von der Institution getrennt – auch wenn diese auf dem Gelände oder in der Nähe der Anstalt lokalisiert sein mögen. Gleichzeitig gilt es als abgemacht, daß die Arbeitszeit der Insassen für diese selbst von geringem Wert ist und der Machtbefugnis des Personals untersteht. Unter diesen Umständen läßt sich eine Rollentrennung schwerlich einhalten, und die Insassen können nicht umhin, für das Personal niedrige persönliche Dienstleistungen auszuführen – wie Gartenarbeit, Wohnungsrenovierung, Hausputz oder Babysitten. Da diese Dienstleistungen nicht zum offiziellen Bezugssystem der Anstalt gehören, muß das Personal einige Rücksicht auf seine Bediensteten nehmen und kann nicht die übliche Distanz zu ihnen einhalten. Die üblichen Beschränkungen des Anstaltslebens führen dazu, daß die Insassen sich in der Regel

163 Vergleiche E. Goffman, *The Presentation of Self in Everyday Life* (New York, Anchor Books, 1959), S. 200–4 (deutsch: *Wir alle spielen Theater*, München, Piper, 1969); sowie McCorkle and Korn, op. cit., S. 93–94. Die führende Untersuchung zu diesem Thema stammt von Alfred H. Stanton and Morris S. Schwartz, »The Management of a Type of Institutional Participation in Mental Illness«, *Psychiatry*, XII (1949), S. 12–26.

glücklich schätzen, auf diese Weise die Stab-Insassen-Formierung durchbrechen zu können. Ein Beispiel aus dem militärischen Bereich gibt Lawrence:

> Der Hauptfeldwebel zeigte, was Mißbrauch ist, als er den letzten Dienstpflichtigen zur Wohnung seiner Frau führte und ihn den Kamin anstreichen und auf die Kinder aufpassen hieß, während sie einkaufen ging. »Sie gab mir ein Stück Obsttorte, jawohl«, prahlte Garner, und er verzieh mit Leichtigkeit dem Säugling sein Geschrei, nachdem er sich den Bauch hatte vollschlagen dürfen.[164]

Außer diesen gelegentlichen Grenzübertretungen entwickelt anscheinend jede totale Institution eine Reihe von institutionalisierten Praktiken – und zwar spontan oder durch Nachahmung –, welche das Personal und die Insassen eng genug zusammenführen um jedem ein vorteilhaftes Bild vom anderen zu geben und es zu ermöglichen, daß sie sich jeweils mit der Situation des anderen wohlwollend identifizieren. In diesen Praktiken drückt sich weniger der Unterschied zwischen den beiden Rängen aus, sondern vielmehr Einigkeit, Solidarität und gemeinsames Engagement für die Anstalt.

Der Form nach sind diese institutionalisierten Zusammenkünfte durch eine Befreiung von den Formalitäten und der Arbeits-Orientiertheit, die die Kontakte zwischen Insassen und Personal normalerweise regieren, sowie durch eine Lockerung der üblichen Befehlskette gekennzeichnet. Die Teilnahme ist häufig relativ freiwillig. Im Vergleich zu den normalen Rollen stellen diese Aktivitäten eine »Rollenbefreiung« dar.[165] Angesichts der zwischen Personal und Insassen herrschenden Distanz bedeutet natürlich jede Veränderung in Richtung einer Solidaritätsbezeugung eine Rollenbefreiung. Man könnte über die mannigfachen Funktionen solcher Zusammenkünfte spekulieren, aber derartige Erklärungen sind weit weniger eindrucksvoll als dieses einzigartige Aufblühen sol-

---

164 Lawrence, op. cit., S. 40. Die Verhältnisse im Konzentrationslager schildert Kogon, op. cit., S. 84–86. Einschränkend sei bemerkt, daß diese persönlichen Dienste in manchen Institutionen, besonders auf Schiffen, als Bestandteil der regelmäßigen Pflichten eines bestimmten Dienstgrades legitimiert werden; dasselbe gilt für die Rolle des Offiziersburschen in der britischen Armee. Aber in diesen Ausnahmefällen sind nur wenige Lebensbereiche des Personals nicht offizieller Art.

165 Diesen Ausdruck schlägt Everett C. Hughes vor; er wird ebenfalls in einem unpublizierten Aufsatz von Joseph Gusfield verwendet: »Social Control and Institutional Catharsis«.

cher Praktiken in totalen Institutionen aller Art, die doch der armseligste Nährboden für so etwas zu sein scheinen. Man könnte meinen, daß es sehr gute Gründe für diese Praktiken geben müsse, auch wenn sie schwer auffindbar sind.

Eine der verbreitetsten Formen der institutionellen Zeremonien ist die Hauszeitung – für gewöhnlich eine Wochenzeitung oder ein Monatsmagazin. Normalerweise rekrutieren sich alle Mitarbeiter aus den Reihen der Insassen, wodurch eine Art Spotthierarchie entsteht, während Aufsicht und Zensur einem Mitglied des Personals zufallen, das einigermaßen mit den Insassen sympathisiert und gleichwohl zuverlässig loyal gegenüber seinen Kollegen ist. Der gedruckte Inhalt ist so geartet, daß er einen Kreis um die Anstalt schlägt und der damit umschriebenen Welt der Anschein der Wirklichkeit verleiht.

Zwei Formen des in der Hauszeitschrift veröffentlichten Materials sollen erwähnt werden. Da gibt es, erstens, die Lokalnachrichten. Dazu gehören Berichte über die jüngsten institutionellen Zeremonien sowie die Erwähnung »persönlicher« Ereignisse – z. B. Geburtstage, Beförderungen, Reisen und Todesfälle –, welche Mitgliedern der Institution, insbesondere hochstehenden oder bekannten Mitgliedern des Personals, zustoßen. Dieser Teil des Inhalts trägt einen Glückwunsch- oder Beileidscharakter, der wohl die mitfühlende Sorge der ganzen Institution für das Leben der einzelnen Mitglieder ausdrücken soll. Darin liegt ein interessanter Aspekt der Rollentrennung: Da die institutionell relevanten Rollen eines Mitglieds (z. B. eines Arztes) ihn gegen ganze Gruppen anderer Mitglieder (z. B. Wärter oder Patienten) abheben, lassen sich diese Rollen nicht dazu benützen, um institutiönelle Solidarität auszudrücken; zu diesem Zweck wird eher auf nicht-relevante Rollen, besonders die des Elternteils oder Ehegatten zurückgegriffen, die bei Angehörigen aller Gruppen vorstellbar, zumindest möglich sind.

Zweitens finden wir Beiträge, die einen redaktionellen Standpunkt wiedergeben. Dazu gehören: Nachrichten aus der Außenwelt, die den sozialen und rechtlichen Status von Insassen und ehemaligen Insassen betreffen, und die entsprechend kommentiert werden; Original-Aufsätze, Kurzgeschichten und Gedichte sowie Leitartikel. Geschrieben werden solche Artikel von den Insassen, sie drücken jedoch die offizielle Auffassung von den Funktionen der Institution, die Theorie des Personals über das Wesen des Menschen, eine idealisierte Version der Insassen-Personal-Beziehungen sowie die Haltung, die der ideale Konvertit einnehmen sollte, aus; kurz, sie stellen den Standpunkt der Institution dar.

Die Hauszeitschrift sucht allerdings ein ausgewogenes Gleichgewicht einzuhalten. Das Personal läßt sich von den Insassen interviewen, es läßt diese über sich schreiben und lesen, wodurch es ein wenig unter die Kontrolle der Schreiber und Leser gerät; gleichzeitig erhalten die Insassen Gelegenheit zu zeigen, daß sie auf der menschlichen Rangskala hoch genug stehen, um die offizielle Sprache und den offiziellen Standpunkt mit gebildeter Kompetenz zu handhaben.[166] Andererseits verpflichten sich die Mitarbeiter, die offizielle Ideologie zu vertreten, die somit von Insassen für Insassen präsentiert wird. Bezeichnenderweise hören Insassen, die diesen Pakt mit dem Stab eingehen, nicht auf, sich zu den Gegensitten zu bekennen. Sie bringen so viel Kritik an der Institution an, wie ihnen durch die Zensur erlaubt wird. Dies erreichen sie durch die indirekte oder verschleierte Art des Schreibens oder durch pointierte Karikaturen; vor ihren Kameraden beurteilen sie ihre Beiträge mitunter zynisch und behaupten, sie würden nur schreiben, weil dies ihnen »angenehme« Arbeitsbedingungen oder Empfehlungen für die Entlassung verschaffe.

Hauszeitungen sind seit einiger Zeit üblich, doch erst seit kurzem gibt es in totalen Institutionen eine ähnliche Form der Rollenbefreiung; gemeint sind die verschiedenen Formen der »Selbstverwaltung« und »Gruppentherapie«. Dabei treten für gewöhnlich die Insassen als Sprecher auf, und ein wohlwollendes Mitglied des Personals führt die Aufsicht. Wiederum gehen hier Insassen und Stab eine Art Vertrag ein. Die Insassen erhalten das Vorrecht, einige Zeit in einem relativ unstrukturierten oder egalitären Milieu zu verbringen, und sogar das Recht, Beschwerden vorzubringen. Umgekehrt wird von ihnen erwartet, daß sie sich den Gegensitten weniger verpflichtet fühlen und für das vom Personal für sie definierte Selbst-Ideal empfänglicher werden.

Wenn sich die Insassen in der Diskussion oder beim Veröffentlichen von Beschwerden der offiziellen Sprache und der Philosophie des Personals bedienen, so ist dies für das Personal eine zweifelhafte Wohltat. Die Insassen können die Rationalisierungen, die

166 Die von Insassen verfaßten gelehrten juristischen Eingaben, die in vielen Gefängnissen und Heilanstalten zirkulieren, haben anscheinend eine ähnliche Funktion.

das Personal für die Institution findet, manipulieren und damit die soziale Distanz zwischen den beiden Gruppen in Frage stellen. Daher finden wir in Heilanstalten das reizvolle Phänomen, daß das Personal im Gespräch untereinander oder mit den Patienten eine stereotypisierte psychiatrische Terminologie verwendet und gleichzeitig den Patienten, wenn sie diese Sprache ebenfalls verwenden, den Vorwurf macht, sie wären »intellektualistisch« oder würden versuchen, sich herauszureden. Entscheidend bei dieser gruppentherapeutischen Form der Rollenbefreiung ist wohl die Tatsache, daß überwiegend akademisch orientierte Fachleute sich dafür interessieren und es daher über diesen Aspekt der totalen Institutionen eine umfangreichere Literatur gibt als über alle anderen Aspekte zusammen.

Eine etwas anders geartete Form der institutionellen Zeremonie ist die Jahresfeier (die manchmal öfter als einmal im Jahr stattfindet), bei der das Personal und die Insassen bei Standardformen der Gesellligkeit wie gemeinsamem Essen, Gesellschaftsspielen oder Tanz zusammenfinden. Bei solchen Gelegenheiten ist es dem Personal und den Insassen erlaubt, sich über die Kastengrenze hinweg Freiheiten herauszunehmen, und soziale Kontakte werden mitunter in sexueller Form ausgedrückt.[167] In manchen Fällen kann diese Freiheit sich bis zum rituellen Rollentausch erstrecken, wobei das Personal die Insassen bei Tisch bedient und andere niedrige Dienstleistungen für sie ausführt.[168]

In totalen Institutionen fällt diese Jahresfeier häufig mit der Weihnachtsfeier zusammen. Einmal im Jahr schmücken die Insassen die Anstalt mit leicht entfernbaren Dekorationen, die vielleicht vom Personal zur Verfügung gestellt wurden, und verbannen so aus den Wohnquartieren, was eine besonders üppige Mahlzeit dann vom Tisch verbannt. Die Insassen erhalten kleinere

---

167 Die in nicht-totalen Institutionen stattfindende Büro-Party weist selbstverständlich eine ähnliche Dynamik auf und wurde als erste kommentiert. Siehe z. B. Gusfield, op. cit. Die besten Darstellungen finden sich immer noch in der Belletristik, so z. B. in Nigel Balchins Schilderung eines Betriebsfestes in *Private Interests* (Boston, Hougthon-Mifflin, 1953), S. 47–71; oder Angus Wilsons Schilderung einer von Hotelpersonal und Gästen veranstalteten Party in seiner Kurzgeschichte »Saturnalia«, aus *The Wrong Set* (New York, William Morrow, 1950), S. 68–89; sowie J. Kerkhoffs Darstellung der Jahresfeier in einer Heilanstalt, op. cit., S. 224–25.
168 Siehe Max Gluckman, *Custom and Conflict in Africa* (Glencoe, Ill., The Free Press, 1955), Kap. V., »The Licence in Ritual«, S. 109–36.

Geschenke und Aufmerksamkeiten; einige Arbeitspflichten werden
aufgehoben; die Besuchszeiten können verlängert und die Urlaubs-
beschränkungen gelockert werden. Im allgemeinen werden die
Härten, die das Anstaltsleben für die Insassen mit sich bringt, für
einen Tag erleichtert. Dies belegt folgende Schilderung aus einem
britischen Gefängnis:

Die Leitung tat ihr bestes, um uns zu beglücken. Am Weihnachtsmorgen
versammelten wir uns zu einem Frühstück mit Cornflakes, Würstchen,
Schinken, Bohnen, Toast, Margarine, Brot und Marmelade. Mittags gab
es Schweinebraten, Weihnachtspudding und Kaffee, und zum Abend
Fleischplätzchen und Kaffee anstelle der abendlichen Tasse Kakao.
Die Säle wurden mit Papierwimpeln, Ballons und Glöckchen geschmückt,
und in jedem gab es einen Weihnachtsbaum. In der Sporthalle fand eine
Extra-Filmvorführung statt. Von zwei Beamten bekam ich eine Zigarre
geschenkt. Ich durfte etliche Grußtelegramme abschicken und empfangen,
und zum ersten Mal, seit ich im Gefängnis war, hatte ich genügend zu
rauchen.[169]

In Amerika findet mitunter zu Ostern, am Vierten Juli, an Aller-
heiligen und an Thanksgiving eine verwässerte Form der Weihnachtsfeier statt.

Eine interessante, häufig mit der Jahresfeier und der Weihnachts-
party verbundene Zeremonie ist das Anstalts-Laientheater.[170] Für
gewöhnlich sind die Schauspieler Insassen, während Mitglieder des
Personals Regie führen – manchmal agiert aber auch eine »gemischte« Truppe. Die Autoren der Stücke sind normalerweise
Mitglieder der Institution und kommen aus den Reihen des Personals oder der Insassen; daher sind die Stücke manchmal voll von
lokalen Anspielungen und verleihen durch den privaten Gebrauch
dieser öffentlichen Form den anstaltsinternen Ereignissen einen
besonderen Anstrich von Realität. Sehr häufig besteht die Vorstellung aus satirischen Sketchen, welche bekannte Mitglieder der
Institution, besonders hochgestellte Angehörige des Personals, zur
Zielscheibe haben.[171] Wenn, wie dies häufig der Fall ist, nur Personen eines Geschlechts zur Insassengemeinschaft gehören, dann

169 Heckstall-Smith, op. cit., S. 199. Siehe auch McCreery bei Hassler, op. cit.,
S. 157. Zum Thema Urlaubsgenehmigung in einer Heilanstalt, siehe Kerkhoff,
op. cit., S. 185, 256. Das gleiche berichtet Melville von Kriegsschiffen, op. cit.,
S. 95–96.
170 Siehe z. B. die Gefängnis-Darstellung bei Norman, op. cit., S. 69–70.
171 Über Schmähschriften von Gefangenen über die Wärter und den Gefängnis-
direktor berichten Dendrickson and Thomas, op. cit., S. 110–11.

werden einige Schauspieler im Kostüm und in der burlesken Rolle von Angehörigen des anderen Geschlechts auftreten. Oft wird der Freiheitsspielraum auf die Probe gestellt, wobei der Humor etwas weiter geht, als manche Mitglieder des Personals gerne tolerieren würden. Melville berichtet, wie während und unmittelbar nach einer Theateraufführung an Bord eines Schiffes die Disziplin aufgelockert wird:

Nun aber muß White Jacket ein wenig moralisieren. Das ungewöhnliche Schauspiel, wie eine Reihe von Geschützoffizieren sich unter das Volk mischten, um einem einfachen Seemann wie Jack Chase Applaus zu spenden, erfüllte mich damals mit den angenehmsten Gefühlen. Wie wohltuend ist es, so dachte ich, zu sehen, wie diese Offiziere sich immerhin zu einer menschlichen Brüderlichkeit mit uns bekennen. Wie wohltuend, ihre herzliche Anerkennung der mannigfachen Verdienste meines unvergleichlichen Jack zu bemerken. Ach! sie sind durch und durch noble Kerls, und ich weiß nicht, manchmal habe ich ihnen in Gedanken Unrecht getan.[172]

Außer den satirischen Sketchen gibt es manchmal dramatische Vorstellungen, die von der schlechten historischen Vergangenheit ähnlicher totaler Institutionen erzählen, um die vermutlich bessere Gegenwart herauszustellen.[173] Das Publikum solcher Stücke setzt sich wohlweislich aus Personal und Insassen zusammen, obwohl es oft eine räumlich getrennte Sitzordnung gibt, und in manchen Fällen wird auch Außenstehenden der Besuch gestattet.
Die Tatsache, daß das Anstaltslaienspiel manchmal vor einem

172 Melville, op. cit., S. 101 (kursiv im Original). Melville fährt dann fort und klagt bitter darüber, daß die Offiziere kurz nach dieser Rollensuspendierung offenbar die Fähigkeit bewiesen, »ihre Vierteldeck-Gesichter abzulegen« und wieder völlig zu ihrer üblichen Strenge zurückzukehren. Siehe auch Kerkhoff, op. cit., S. 229, sowie Heckstall-Smith, op. cit., S. 195–99.
173 Weder das »Vorher« noch das »Nachher« brauchen durch Fakten begründet zu sein, da es jeweils darum geht, eine Situation zu verdeutlichen, nicht sie zu bewerten, und außerdem kann die »Vergangenheit« hintergründig zur Rechtfertigung der Gegenwart herangezogen werden. Einmal gaben Patienten von einer guten Station unter großer Ankündigung eine öffentliche Bühnenvorstellung, bei der sie die Lebensbedingungen, wie sie in rückständigen Heilanstalten herrschten, dargestellt wurden. Es wurden viktorianische Kostüme benützt. Das Publikum setzte sich aus psychiatrisch aufgeklärten, wohlwollenden Leuten aus der benachbarten Stadt zusammen. Nur einige Gebäude entfernt von der Stelle, wo das Publikum saß, hätte es ähnlich schlechte Verhältnisse in Natur beobachten können. Einige der Schauspieler kannten ihre Rollen gut, weil sie sie bereits in der Wirklichkeit hatten spielen müssen.

Publikum der Außenwelt aufgeführt wird, gibt zweifellos den Insassen und dem Stab einen Kontrasthintergrund, vor dem sie sich als Einheit empfinden können. Andere Arten von Anstaltszeremonien erfüllen diese Funktion ebenfalls, manchmal noch direkter. Zunehmend setzt sich der Brauch eines »Tages der offenen Tür« durch, bei dem die Verwandten von Mitgliedern oder sogar die allgemeine Öffentlichkeit eingeladen werden, den Betrieb zu besichtigen. Sie können sich dabei selbst davon überzeugen, welch hohe menschliche Normen dort eingehalten werden. Bei solchen Gelegenheiten kommen Stab und Insassen sichtbar gut miteinander aus, und der Preis dafür ist normalerweise eine gewisse Lockerung der üblichen strengen Gepflogenheiten.

Der Tag der offenen Tür ist möglich und wahrscheinlich erfolgreich, weil er im Kontext einer institutionellen Zurschaustellung abgehalten wird. Diese Fassade wendet sich manchmal an ein internes Publikum, zumeist an hochgestellte Angehörige des Personals, wie ein ehemaliger psychiatrischer Patient berichtet:

Nach dem Frühstück kleideten sich einige Patienten an und verließen die Station; kurz darauf erschienen sie wieder, mit Schrubbern und Bürsten bewaffnet, und begannen seltsam mechanisch, wie aufgezogene Roboter, die Fußböden zu putzen. Diese plötzliche Aktivität überraschte mich. Die Lernschwestern liefen hin und her und schleppten neue Teppiche heran, die sie auf den polierten Dielen ausbreiteten. In letzter Minute wurden ein paar Schränke aufgestellt, und plötzlich blühten überall Sommerblumen. Die Station war nicht wiederzuerkennen, so hatte sie sich verändert. Ich frage mich, ob die Ärzte sie jemals in ihrer normalen Nacktheit erblickten, und war ebenso überrascht, als die ganze Pracht nach ihrem Besuch wieder verschwand, wie sie erschienen war.[174]

Diese institutionelle Zurschaustellung ist wohl hauptsächlich an die Besucher adressiert. Manchmal gilt das Interesse vor allen Dingen einem bestimmten Besucher eines bestimmten Insassen. Oft sind Außenseiter nicht mit den Gepflogenheiten der Klinik vertraut und können, wie bereits gesagt, peinliche Forderungen stellen. In solchen Fällen kann der Insasse bei der Selbstdarstellung der Anstalt eine wichtige Rolle spielen. In seiner Studie über Heilanstalten führt ein Arzt folgendes Beispiel an:

Die Situation läßt sich veranschaulichen, wenn man sich fragt, was passierte, wenn einer dieser Patienten Besuch erhielt. Zuerst wurde der Be-

174 Johnson and Dodds, op. cit., S. 92.

sucher vom Hauptbüro der Klinik telefonisch angekündigt. Dann wurde der betreffende Patient aus dem Gewahrsam entlassen, gebadet und angekleidet. War er zum Vorzeigen bereit, dann wurde er in einen außerhalb der Sichtweite der Station gelegenen Besuchsraum geführt. Wenn der Patient zu intelligent war, als daß man ihm hätte trauen können, wurde er keinen Moment mit dem Besucher allein gelassen. Trotz solcher Vorsichtsmaßnahmen entstand jedoch manchmal ein Verdacht, und dann waren alle Stationswärter verpflichtet, die Situation unter Kontrolle zu bringen.[175]

In vielen totalen Institutionen ist der Besuchsraum in dieser Hinsicht wichtig. Dekor und Verhalten in diesen Räumen orientieren sich normalerweise viel stärker an den Normen der Außenwelt, als dies im eigentlichen Lebensbereich der Insassen der Fall ist. Der Anblick, den die Insassen dem Außenstehenden bieten, trägt also dazu bei, den Druck zu vermindern, den die Außenstehenden andernfalls auf die Anstalt ausüben könnten. Es ist eine deprimierende Tatsache, daß immerhin alle drei Parteien – Insasse, Besucher und Personal – wissen, daß der Besuchsraum eine zurechtgemachte Fassade bietet, daß sie es wissen und daß dennoch alle stillschweigend bereit sind, die Fiktion aufrechtzuerhalten.
Die institutionelle Zurschaustellung kann sich auch an die Besucher im allgemeinen richten, die einen »angemessenen« Eindruck von der Anstalt bekommen sollen – wobei dieser Eindruck so berechnet ist, daß er ihre vage Furcht vor Zwangsanstalten beschwichtigt. Man tut so, als würde man dem Besucher alles zeigen, aber natürlich wird man ihm nur die einnehmenderen, kooperativeren Insassen und die einnehmenderen Teile der Anstalt vor Augen führen.[176] Wie schon gesagt, spielen in großen Heilanstalten moderne Behandlungsmethoden wie Psychodrama oder Tanztherapie in dieser Hinsicht eine wichtige Rolle, wobei der Therapeut und seine Mannschaft regulärer Patienten die durch ständige Übung entwickelte Fähigkeit erwerben, vor Fremden ein Schauspiel aufzuführen. Darüber hinaus übernimmt vielleicht eine kleine Gruppe bevorzugter Insassen jahrelang die Aufgabe, Besucher durch das Potemkinsche Dorf der Anstalt zu führen. Dadurch können die Besucher leicht dazu verführt werden, die Loyalität und die soziale Gewandtheit solcher Empfangsspezialisten als bei-

175 J. M. Grimes, M. D., *When Minds Go Wrong* (Chicago, Selbstverlag, 1951), S. 81.
176 Ein Beispiel aus dem Gefängnis bei Cantine and Rainer, op. cit., S. 62.

spielhaft für den Charakter der ganzen Insassengemeinschaft anzusehen. Die Tatsache, daß das Personal berechtigt ist, die Korre-
spondenz der Insassen zu beschränken, zu inspizieren und zu zen-
sieren, sowie die häufig geltende Bestimmung, daß nichts Nega-
tives über die Anstalt geschrieben werden darf, tragen dazu bei,
beim Besucher einen positiven Eindruck von der Anstalt hervor-
zurufen – und entfremden zugleich die Insassen von ihren Verwandten und Bekannten in der Außenwelt, denen sie nicht frei
schreiben dürfen. Die räumliche Entfernung der Anstalt vom
Wohnort der Verwandtschaft des Insassen hilft oft nicht nur die
in der Anstalt herrschenden Verhältnisse zu verheimlichen, sondern macht den Familienbesuch zu einer Art festlichem Ausflug,
für den das Personal umfangreiche Vorbereitungen treffen kann.
Es kann natürlich auch ein Besucher eintreffen, der als offizielles
Bindeglied zwischen dem höchsten Beamten des Personals und
einer Organisation fungiert, die für eine ganze Gruppe von Anstalten verantwortlich ist; dann steht zu erwarten, daß besonders
sorgfältige Vorbereitungen für die Zurschaustellung getroffen werden. Hierfür wollen wir ein Beispiel aus dem Leben in einem
britischen Gefängnis anführen:

Dann und wann bekam dieses Kittchen, wie alle Kittchen im Lande, Besuch von einem Regierungskommissar. Nun, das ist ein großer Tag im
Leben der Aufseher und des Direktors, einen Tag vorher beginnt eine
wilde Putzerei, die Böden werden geschrubbt, das Messing wird poliert,
und auch das stille Örtchen wird mal ordentlich herausgeputzt. Der Hof
wird ausgefegt, die Blumenbeete werden gejätet, und man sagt uns, wir
sollen unsere Spinde sauber und ordentlich aufräumen.
Endlich ist der große Tag da. Der Kommissar trägt meist einen schwarzen
Mantel und einen schwarzen steifen Hut, sogar im Sommer, und häufig
trägt er auch einen Regenschirm ... Ich weiß wirklich nicht, warum sie
einen solchen Wirbel um ihn machen, naja, er kommt doch nur vorge-
fahren, ißt mit dem Direktor zu Mittag, dann ein kurzer Blick ins Kittchen, und schon setzt er sich in sein dickes Auto und fährt wieder davon.
Manchmal kommt er gerade, wenn wir unseren Fraß kriegen, und vielleicht schnappt er sich dann einen von uns und fragt: »Wie schmeckt das
Essen, irgendwelche Klagen?«
Du schaust dann abwechselnd den Direktor und den Kapo an, die ihn
dauernd durch den Knast begleiten, und dann antwortest du: »Alles in
bester Ordnung, Sir.«[177]

177 Norman, op. cit., S. 103.

Was solche Besuche für den normalen Alltag auch bedeuten mögen, sie dienen anscheinend dazu, jedermann in der Anstalt daran zu erinnern, daß diese nicht eine völlig abgeschlossene Welt ist, sondern gewisse bürokratische und Subordinationsbeziehungen mit der Organisation der Außenwelt unterhalten. Ganz gleich, vor welchem Publikum die institutionelle Zurschaustellung stattfindet, stets kann sie auch dazu dienen, den Insassen den Eindruck zu vermitteln, daß sie zu einer der besten Anstalten ihrer Art gehört. Die Insassen zeigen eine erstaunliche Bereitschaft, dies von ihrer Anstalt zu glauben. Ein solcher Glaube gibt ihnen natürlich das Gefühl, einen gewissen Status in der Welt zu bekleiden, und dies sogar gerade vermittels der Bedingungen, die sie von dieser ausschließen.

Das Vorhandensein der institutionellen Zurschaustellung erteilt uns einige allgemeine Lehren über den Symbolisierungsprozeß. Erstens ist der Teil der Anstalt, der zur Schau gestellt wird, wahrscheinlich der neue, moderne Teil, und dies ändert sich in dem Maße, wie noch neuere, noch modernere Verfahren eingeführt werden. Wenn also in einer psychiatrischen Klinik ein neues Stationsgebäude in Betrieb genommen wird, kann sich das Personal des vordem »neuen« Gebäudes auf ruhigere Tage freuen, da es weiß, daß nunmehr andere seine Rolle als Paradekorps und offizielles Begrüßungspersonal übernommen haben. Zweitens braucht die Zurschaustellung nicht immer unbedingt mit den eindeutig zeremoniellen Aspekten der Anstalt, wie Blumenbeeten oder gestärkten Vorhängen, verbunden zu sein; oft stehen vielmehr nützliche Objekte wie die neueste Kücheneinrichtung oder ein hochmoderner Operationssaal im Vordergrund. Tatsächlich werden solche Anlagen manchmal nur deshalb angeschafft, weil sie als Schaustücke fungieren sollen. Schließlich wird jede Zurschaustellung dauerhafte Konsequenzen zeitigen; auch wenn diese kaum so stark ins Gewicht fallen werden wie der Eindruck, den die Zurschaustellung als solche hervorruft, sind sie nichtsdestoweniger erheblich. Die Ausstellung von Fotografien in Empfangshallen totaler Institutionen, die den Ablauf der Tätigkeiten zeigen, die der ideale Insasse zusammen mit dem idealen Mitglied des Personals verrichtet, haben oft sehr wenig mit der Wirklichkeit des Anstaltslebens zu tun, aber zumindest verbringen einige Insassen einen angenehmen Vormittag damit, für die Bilder zu posieren. Das Wandgemälde von der Hand eines Insassen, das in Gefängnissen,

Heilanstalten oder anderen Anstalten stolz an einem ins Auge springenden Ort zur Schau gestellt wird, ist kein Beweis dafür, daß die Insassen generell Gelegenheit zu künstlerischer Betätigung haben, noch dafür, daß ein solcher Schauplatz zur Kreativität ermuntert, sondern es beweist lediglich, daß zumindest ein Insasse sich mit einer solchen Arbeit hervortun durfte.[178] Die bei einer Inspektion oder am Tag der offenen Tür servierten Mahlzeiten bedeuten nicht mehr, als daß die Insassen einmal von der üblichen Verpflegung verschont bleiben.[179] Der günstige Eindruck, den die Hauszeitschriften und Laienaufführungen von der Anstalt vermitteln, enthält wenigstens eine günstige Aussage über den Tageslauf einer kleinen Gruppe von Insassen, die an der Hervorbringung solcher Erzeugnisse und Zeremonien beteiligt sind. Und ein preisgekröntes Empfangsgebäude, in dem einige bequeme Aufnahmestationen untergebracht sind, kann Besuchern einen Eindruck vermitteln, der für eine nennenswerte Gruppe von Insassen zutreffend ist.

Man darf wohl behaupten, daß sich hinter dieser scheinhaften Dynamik mehr verbirgt als der bloße Unterschied zwischen Zurschaustellung und Wirklichkeit. In vielen totalen Institutionen werden Strafen verhängt, die nicht durch die Bestimmungen legitimiert sind. Für gewöhnlich werden diese Strafen in einer geschlossenen Zelle oder an einem anderen, von der Aufmerksamkeit der meisten Insassen und Bediensteten weit entfernten Ort verabreicht. Solche Akte mögen vielleicht selten sein, sie finden jedoch meist in einer strukturierten Form statt, als bekannte oder verborgene Folge bestimmter Übertretungen. Solche Zwischenfälle verhalten sich zum Alltag der Institution wie dieser Alltag zu der den Außenstehenden vorgeführten Zurschaustellung, und alle drei Aspekte der Wirklichkeit – der den Insassen verheimlichte, der den Insassen bekannte und der den Besuchern gezeigte – müssen

---

178 Der exemplarische Fall eines Insassen, der den Reklame-Wert seines Hobbys ausnützt, ist Robert Stroud, der in Leavenworth ein ornithologisches Laboratorium einrichtete (siehe Gaddis, op. cit.). Wie nicht anders zu erwarten, verweigern Künstler als Insassen manchmal solche Kooperation; sie lehnen es ab, sich die Freiheit, zu malen, durch die Produktion von Dingen zu erkaufen, die das Personal als Beweis für den Gesamtcharakter der Anstalt ausgeben könnte. Siehe Naeve, op. cit., S. 51–55.

179 Zum Beispiel Cantine and Rainer, op. cit., S. 61; sowie Dendrickson and Thomas, op. cit., S. 70.

gemeinsam betrachtet werden, als drei eng miteinander verbundene und unterschiedlich funktionierende Teile eines Ganzen.

Wie schon gesagt, vermitteln einzelne Besuche, Tage der offenen Tür und amtliche Inspektionen dem Außenstehenden den Eindruck, als sei drinnen alles in bester Ordnung. Dieselbe Funktion haben einige andere Anstaltsbräuche. Zum Beispiel gibt es ein interessantes Arrangement zwischen totalen Institutionen und Schauspielern – Amateuren oder ehemaligen Berufskünstlern –, bei dem die Anstalt eine Bühne zur Verfügung stellt und ein aufmerksames Publikum garantiert, während die Schauspieler eine Freivorstellung geben. Unter Umständen ist jede Partei so dringend auf die Dienste der anderen angewiesen, daß die Beziehung über den Rahmen einer Frage des persönlichen Geschmacks hinausgeht und beinahe zu einer Symbiose wird.[180] Jedenfalls können die Schauspieler, während die Mitglieder der Institution ihnen zusehen, sich davon überzeugen, daß das Verhältnis zwischen Personal und Insassen so harmonisch ist, daß beide Gruppen sich zu einem anscheinend freiwilligen, unreglementierten Abendvergnügen zusammenfinden können.

Institutionelle Zeremonien, die die Form von Hauszeitungen, Gruppentreffen, Tagen der offenen Tür oder Wohltätigkeitsveranstaltungen annehmen, erfüllen wahrscheinlich latente soziale Funktionen; dies wird besonders deutlich bei einer anderen Art

180 Wir wissen wohl, wie sehr totale Institutionen auf karitative Unterhaltung angewiesen sind, doch weniger ist uns bewußt, welch verzweifeltes Bedürfnis bei nicht-professionellen Unterhaltungskünstlern nach einem Publikum vorliegt, an dem sie sich karitativ betätigen können. Zum Beispiel verfügte die Heilanstalt, die ich untersuchte, über die einzige Bühne in der ganzen Gegend, die groß genug war, daß alle Mitglieder einer bestimmten Ballettschule gleichzeitig auftreten konnten. Manche Eltern von Schülern kamen nicht besonders gerne auf das Anstaltsgelände, aber wenn das Institut Ensemble-Nummern einstudieren wollte, dann mußte es diese Bühne benützen. Die Eltern, welche die Kursgebühren bezahlten, erwarteten, daß ihre Tochter in der Jahresabschluß-Schau auftrat, gleichgültig wie fortgeschritten sie war oder ob sie überhaupt alt genug war, um von der Ausbildung zu profitieren. Manche Nummern dieser Schau verlangten daher ein äußerst nachsichtiges Publikum. Die Patienten gaben ein solches ab, denn die meisten Patienten, die im Parkett saßen, waren diszipliniert von einem Wärter hingeführt worden und ließen, da sie schon einmal da waren, alles genauso diszipliniert über sich ergehen, denn ein Verstoß gegen die Vorschriften kann zu einer Annullierung des Privilegs führen, die Station zu solchen Gelegenheiten verlassen zu dürfen. Dieselbe verzweifelte Bindung fesselt das Klinikpublikum an eine Gruppe von braven Büroangestellten, die Mitglieder eines Glockenspiel-Chores sind.

der institutionellen Zeremonie, nämlich dem Anstaltssport. Das Team der Anstalt ist meist eine Gruppe von Stars, die aus Wettkämpfen zwischen allen Insassen hervorgegangen sind. Im Wettbewerb mit Sportlern von draußen spielen diese All-Stars eine Rolle, die sich augenfällig vom stereotypen Bild eines Insassen unterscheidet – da Mannschaftssport Fähigkeiten wie Intelligenz, Geschicklichkeit, Ausdauer, Kooperationsbereitschaft und sogar Ehrgefühl verlangt –, und sie spielen diese Rolle unmittelbar vor den Augen der Außenstehenden und der Aufseher aus den Reihen des Personals. Außerdem müssen die Mannschaft von draußen und alle Anhänger, die die Mannschaft auf das Gelände ziehen kann, erkennen, daß die Welt innerhalb der Mauern ganz normal ist und dort alles mit rechten Dingen zugeht. Im Austausch für die Erlaubnis, sich derart vorteilhaft darzustellen, vermitteln die Insassen durch ihre Anstaltsmannschaft einige Erkenntnisse über die Institution. Indem sie etwas erbringt, das als unerzwingbare Leistung angesehen wird, demonstriert die Mannschaft für Außenstehende und zuschauende Insassen, daß das Personal, zumindest auf diesem besonderen Schauplatz, nicht tyrannisch ist und daß eine Insassenmannschaft bereit ist, die ganze Institution zu repräsentieren und auch die Erlaubnis dazu erhält. Durch lautstarkes Anfeuern der eigenen Mannschaft beweisen Personal wie Insassen ein ähnliches und gegenseitiges Engagement für die institutionelle Einheit.[181] Nebenbei gesagt, dürfen Angehörige des Stabes diese Insassen-Mannschaften nicht nur trainieren, sondern gelegentlich auch aktiv mitwirken und sich dadurch für die Dauer des Spiels der bemerkenswerten Vergeßlichkeit für soziale Unterschiede anheimgeben, die beim Sport aufkommen kann. Wo es keinen Anstaltssport unter Beteiligung externer Mannschaften gibt, können stattdessen anstaltsinterne Wettkämpfe abgehalten werden, wobei Besucher von draußen als eine Art symbolische Mannschaft hereinkommen und zuschauen, als Schiedsrichter fungieren und die Preise verleihen.[182]

Der sonntägliche Gottesdienst und die sonntäglichen Vergnügungen werden manchmal in einen Gegensatz zueinander gebracht; in totalen Institutionen kann dies z. T. als eine unnötige Verdoppelung der Funktionen angesehen werden. Wie Sport- und Wohl-

---

181 Vergleiche Behans Bemerkungen über den Gefängnissport, op. cit., S. 327 bis 329.
182 Ein Beispiel aus dem Gefängnis bei Norman, op. cit., S. 119–20.

tätigkeitsveranstaltungen ist der Gottesdienst eine Gelegenheit, bei der die Einheit von Personal und Insassen demonstriert werden kann, indem gezeigt wird, daß beide in bestimmten, nicht relevanten Rollen Mitglieder desselben Publikums gegenüber demselben, von draußen kommenden Akteur sind.

Bei allen bisher erwähnten Beispielen des zeremoniellen Gemeinschaftslebens kommen dem Personal nicht nur Aufsichtsfunktionen zu. Oft nimmt ein hochgestellter Beamter als Symbolfigur des Managements und (wie man hofft) der ganzen Anstalt teil. Er kleidet sich sorgfältig, läßt sich vom Anlaß beeindrucken, lächelt, hält Ansprachen und schüttelt Hände. Er weiht neue Gebäude auf dem Gelände ein, bewertet Wettkämpfe und verleiht Preise. Handelt er in dieser Eigenschaft, dann erfolgt seine Interaktion mit den Insassen in einer gewissen gütigen Form; die Insassen werden sich ihm gegenüber verlegen und respektvoll verhalten, und er wird ein onkelhaftes Interesse für sie bekunden. Insassen, die sich innerhalb der Institution einen gewissen Namen gemacht haben, spielen für hochgestellte Mitglieder des Personals die Rolle von Subjekten, über die jene genügend wissen, um sie als Gegenspieler für diese Onkelrolle zu benützen. In sehr großen, an der Maxime der Wohltätigkeit ausgerichteten Heilanstalten sind die leitenden Angestellten häufig verpflichtet, einen großen Teil ihrer Zeit damit zu verbringen, bei diesen zeremoniellen Gelegenheiten in Erscheinung zu treten, und dies ist in der modernen Gesellschaft einer der letzten Fälle, wo jemand die Rolle des seinen Untertanen verpflichteten Lehensherrn spielt. Nebenbei bemerkt, sollte man sich über den feudalen Aspekt solcher Zeremonien nicht hinwegtäuschen, denn in der Form scheinen einige von ihnen auf das »Jahresfest« zurückzugehen, bei dem sich die zu einem »großen Haus« gehörenden Lehensleute, Diener und Herren zu Sportwettkämpfen, Blumenkorsi und sogar gemischten Tanzvergnügungen zusammenfanden.[183]

Abschließend ist über diese institutionellen Zeremonien noch folgendes zu bemerken: Sie finden meist in wohlkalkulierten Zeit-

183 Eine jüngere Schilderung, ergänzt durch eine Sammlung von Parodien, mit denen Diener ihre Herren verulkten, gibt M. Astor, »Childhood at Cliveden«, *Encounter*, XIII (September 1959), S. 27-28. Feste, die ein ganzes Dorf und Gruppen des lokalen Adels vereinigten, werden in vielen englischen Romanen beschrieben, z. B. L. P. Hartleys *The Go-Between*. Eine gute literarische Darstellung ist Alan Sillitoes *The Loneliness of the Long-Distance Runner* (deutsch: *Die Einsamkeit des Langstreckenläufers*).

abständen statt und verursachen einigen sozialen Wirbel. Dabei finden sich alle in der Anstalt vertretenen Gruppen, ungeachtet ihres Ranges oder ihrer Position, zusammen – doch wird ihnen ein Platz zugewiesen, der ihre Position ausdrückt. Auf diese zeremoniellen Praktiken trifft die Durkheimsche Analyse zu, nach der eine Gesellschaft, die in gefährlichem Maße in Insassen und Personal aufgespalten ist, durch solche Zeremonien einen Zusammenhalt erhält. Der Inhalt dieser Zeremonien legt dieselbe funktionalistische Interpretation nahe: So ist z. B. die Rolle, die die Insassen bei diesen Zeremonien spielen, durch einen Anflug von Rebellion gekennzeichnet. Irgendwie – sei es durch einen listigen Artikel, einen satirischen Sketch oder übermäßige Vertraulichkeit beim Tanz – profaniert der Untergebene die Stellung des Vorgesetzten. In diesem Zusammenhang sei Max Gluckmans Analyse erwähnt, der behauptet, daß das bloße Tolerieren solcher Anzüglichkeiten ein Zeichen für die gefestigte Verfassung der Anstalt ist.

Ein Ausagieren der Konflikte – direkt, durch Inversion oder in anderen symbolischen Formen – verstärkt den sozialen Zusammenhalt, innerhalb dessen die Konflikte bestehen.[184]

Wenn jemand seine Rebellion vor der Obrigkeit zu einem Zeitpunkt ausagiert, zu dem dies erlaubt ist, dann ersetzt er das offene Handeln durch die Konspiration.

Eine so einfache, funktionalistische Analyse der institutionellen Rituale ist jedoch nicht völlig überzeugend, außer im Fall der Ergebnisse, die die Gruppentherapie gelegentlich zeitigt. Vielfach ist die Frage berechtigt, ob diese Rollenbefreiungen überhaupt irgendwelche Solidarität zwischen Personal und Insassen schaffen. Die Belegschaftsmitglieder klagen immer wieder darüber, wie langweilig ihnen diese Zeremonien sind, und wie sie es leid sind, durch ihre eigene *noblesse oblige*, oder noch schlimmer: die ihrer Vorgesetzten, zur Teilnahme verpflichtet zu sein. Die Insassen nehmen häufig teil, weil sie – egal, wo die Zeremonie stattfindet – mehr Annehmlichkeiten genießen und weniger Beschränkungen erleiden als sonst. Auch beteiligen sich die Insassen manchmal, um die Aufmerksamkeit des Personals auf sich zu ziehen und sich eine frühe Entlassung zu verdienen. Vielleicht braucht eine totale Institution

184 Gluckman, op. cit., S. 125. Siehe auch vom selben Autor *Rituals of Rebellion in South-East Africa*, The Frazer Lecture, 1952 (Manchester, Manchester University Press, 1954).

deshalb kollektive Zeremonien, weil sie etwas mehr als eine formale Organisation ist; ihre Zeremonien sind jedoch oft heuchlerisch und flach, vielleicht weil sie etwas weniger als eine Gemeinschaft darstellt.

Welchen Wert die Zeremonie auch immer für die Mitglieder einer totalen Institution haben mag – für Wissenschaftler, die sich mit diesen Organisationen befassen, ist sie sehr wertvoll. Indem sie das normale Verhältnis zwischen Stab und Insassen zeitweilig modifiziert, demonstriert die Zeremonie, daß der Wesensunterschied zwischen den beiden Gruppen nicht notwendig und unveränderlich ist. Wie flach (und wie funktional) die Zeremonie auch sein mag, stets setzt sie das übliche soziale Drama außer Kraft und kehrt es sogar um. Dadurch wird uns vor Augen geführt, daß das, was außer Kraft gesetzt wird, nur dramaturgischer, nicht aber materieller Natur ist. Kompromißlosigkeit, kollektives Hänseln des Personals und persönliches Engagement über die Personal-Insassen-Grenze hinweg zeigen gleichermaßen, wie prekär die soziale Realität in einer totalen Institution ist. Ich meine, wir wollten uns durch eine so mangelhafte Inszenierung der sozialen Distanz nicht überraschen lassen, sondern uns eher wundern, daß es nicht noch mehr Pannen gibt.

Beginnend mit Zielen, Vorschriften, Ämtern und Rollen, enden alle Anstalten offenbar damit, daß sie diesen Arrangements Tiefe und Farbe verleihen. Nicht nur Pflichten und ökonomische Belohnungen werden zugeteilt, sondern gleichzeitig auch der Charakter und das Sein. In totalen Anstalten werden die Selbst-definierenden Aspekte des Amtes bis ins Extrem getrieben. Sobald jemand Mitglied wird, sieht man in ihm nur noch den Träger bestimmter wesentlicher Charakterzüge und -eigenschaften. Darüber hinaus unterscheiden sich diese Charakterzüge radikal, je nach dem, ob der Betreffende zum Personal oder zu den Insassen gehört.

Die Rolle des Stabsmitglieds und die Rolle des Insassen umfassen alle Lebensbereiche. Diese sehr pauschalen Charakterisierungen müssen jedoch von Bürgern gespielt werden, die bereits andere Rollen und andere mögliche Beziehungen weitgehend eingeübt haben. Je mehr die Institution die Annahme unterstützt, daß Personal und Insassen zwei grundsätzlich verschiedene Menschengattungen sind (wie z. B. durch Vorschriften, die den sozialen Umgang über die Personal-Insassen-Grenze hinweg verbieten), und je minutiöser das Drama des Unetrschieds zwischen Stab und Insassen aufgeführt wird, desto unvereinbarer wird die Szene mit dem bürgerlichen Repertoire der Akteure und desto mehr Gefahr besteht, daß diese alten Rollen sich durchsetzen.

Man kann also mit Recht behaupten, daß es eine der wesentlichen Errungenschaften totaler Institutionen sei, den Unterschied zwischen zwei konstruierten Personenkategorien zu inszenieren – einen Unterschied des sozialen Werts und der charakterlichen Moral, einen Unterschied in der Vorstellung von sich selbst und vom anderen. So drückt jedes soziale Arrangement in einer Heilanstalt den grundlegenden Unterschied zwischen einem zum Personal gehörenden Arzt und einem Geisteskranken aus; im Gefängnis zwischen einem Beamten und einem Häftling; in militärischen Einheiten (besonders in Eliteeinheiten) zwischen Offizieren und Soldaten. Darin liegt sicherlich eine wunderbare soziale Errungenschaft, auch wenn die in den institutionellen Zeremonien vorgespiegelte Gleichheit der Mitwirkenden wahrscheinlich einige Inszenierungsprobleme aufwerfen und daher persönliche Spannungen verursachen wird.

Ich möchte ein Symptom dieser Inszenierungsprobleme erwähnen. Bezeichnenderweise erzählt man sich in totalen Institutionen Identitätsanekdoten. Insassen erzählen, wie sie einmal für ein Mitglied des Personals gehalten wurden; ähnlich berichten Bedienstete von Gelegenheiten, bei denen sie irrtümlich für einen Insassen gehalten wurden. Solche Identitätswitze finden wir, wann immer ein Mitglied der einen Gruppe kurzfristig wie ein Mitglied der anderen Gruppe handelt oder, zur allgemeinen Belustigung, ein Mitglied der eigenen Gruppe als Mitglied der anderen Gruppe behandelt. Eine Quelle dieser Späße sind die jährlichen Sketche, die das Personal zur Zielscheibe der Satire machen. Eine andere sind die gelegentlichen Juxereien, die den Alltag auflockern. Auch gibt es Identitäts-Skandale, ein Hochspielen von Fällen, in denen jemand anfangs ein Mitglied des Stabes war, irgendwie in Ungnade fiel und dann ein Mitglied der Insassengruppe in derselben (oder einer ähnlichen Art von) Institution wurde. Ich glaube, diese Identitätsprobleme weisen darauf hin, wie schwierig es ist, das Drama des Unterschieds von Personen aufrechtzuerhalten, die in vielen Fällen ihre Rollen vertauschen und auf der anderen Seite mitspielen könnten. (Ein solcher gespielter Rollentausch kommt tatsächlich häufig vor.) Es ist unklar, welche Probleme diese Zeremonien lösen sollen, aber es ist klar, auf welche Probleme sie hinweisen.

Einschränkungen und Schlußfolgerungen

I.

Ich habe die totalen Institutionen unter einem grundlegenden Gesichtspunkt behandelt, nämlich dem von Insassen und Personal. Nachdem dies geschehen ist, bleibt die Frage offen, was bei dieser Betrachtungsweise ausgelassen und was verzerrt dargestellt wurde.

Eine eingehendere Untersuchung von totalen Institutionen hätte sich mit der wichtigen Frage zu befassen, welche typischen Rollendifferenzierungen innerhalb der beiden Hauptgruppen auftreten[185] und welche institutionelle Funktion diesen spezialisierteren Positionen zukommt. Einige dieser spezifischen Rollen wurden im Zusammenhang mit besonderen institutionellen Aufgaben erwähnt: so z. B. wenn ein Mitglied des Stabes als offizieller Repräsentant der Institution in den gesellschaftlichen Gremien fungiert und sich eine nicht-institutionelle Fassade zulegen muß, um diese Aufgabe wirksam erfüllen zu können; wenn ein Bediensteter sich um die Besucher und anderweitigen Beziehungen der Insassen kümmern muß; wenn jemand fachlich spezialisierte Aufgaben zu erfüllen hat; oder wenn jemand für einige Zeit in relativ engem Kontakt mit den Insassen steht. Auch kommt es vor, daß jemand sich für die Insassen als verkörpertes Symbol der Institution zur Verfügung stellt – ein Symbol, auf das sie die verschiedensten Gefühle projizieren können.[186] Eine genauere Betrachtung der totalen Institutionen müßte solche interkategoriellen Unterschiede systematisch erfassen.

Zwei Aspekte der gruppenspezifischen Rollendifferenzierung möchte ich hier herausgreifen, bei beiden geht es um die Sozio-

---

185 Die Rollendifferenzierung bei Gefangenen behandelt Sykes, *Society of Captives*, Kap. V, »Argot Roles«, S. 84–108; sowie derselbe, »Men, Merchants, and Toughs; A Study of Reactions to Imprisonment«, *Social Problems*, IV (1956), S. 130–38. Über die vom Personal definierten Sozialtypen unter psychiatrischen Anstaltspatienten berichten Otto von Mering und S. H. King, *Remotivating the Mental Patient* (New York, Russell Sage Foundation, 1957), besonders S. 27–47, »A Social Classification of Patients«.

186 Die Dynamik dieses Vorgangs stellt Freud in dem bekannten Aufsatz »Massenpsychologie und Ich-Analyse« dar. Eine Anwendung u. a. bei Etzioni, op. cit., S. 123. Es gibt noch mehr solcher Projektionsziele, zum Beispiel das Mannschaftsmaskottchen, und man sollte sie wohl gemeinsam erörtern.

dynamik der niedrigsten Personalränge. Es ist ein besonderes Merkmal dieser Gruppe, daß ihre Mitglieder meist in langfristigen Beschäftigungsverhältnissen stehen und daher Träger der Tradition sind, während die höheren Personalränge und sogar die Insassen häufig eine hohe Fluktuation aufweisen.[187] Außerdem hat gerade diese Gruppe die Forderungen der Institution gegenüber den Insassen zu vertreten. Daher lenken sie mitunter den Haß der Insassen von den höheren Chargen ab und ermöglichen es diesen, eine onkelhafte Freundlichkeit an den Tag zu legen und sogar Vergünstigungen zu gewähren, falls es einem Insassen gelingen sollte, sich den Kontakt mit diesen höheren Diensträngen zu erkämpfen.[188] Solche Bekundungen von Milde sind einfach nur deshalb möglich, weil höhere Bedienstete – wie alle Onkel – nicht unmittelbar mit der Disziplinierung der Insassen betraut sind und weil ihre Kontakte mit den Insassen so selten sind, daß diese Nachsicht nicht die allgemeine Disziplin stört. Mir scheint, daß die Insassen generell ein gewisses Sicherheitsgefühl aus der – wenn auch illusorischen – Meinung beziehen, daß der Mann an der Spitze, auch wenn fast das ganze Personal böse ist, in Wirklichkeit gut ist und vielleicht nur von seinen Untergebenen hintergangen wird. (Das kommt in populären Filmen, in denen die Polizei auftritt, zum Ausdruck: die unteren Ränge sind vielleicht sadistisch, korrupt und voller Vorurteile, aber der Mann an der Spitze der Organisation ist in Ordnung.) Dies ist ein treffendes Beispiel für das, was Everett Hughes die »moralische Arbeitsteilung« nennt, denn hier bedingen unterschiedliche Aufgaben, die der einzelne zu versehen hat, eindeutig unterschiedliche moralische Attribute, die ihm infolgedessen zugeschrieben werden.

Der zweite Aspekt der Rollendifferenzierung innerhalb des Personals, den ich hier erörtern möchte, betrifft die Formen der Ehrfurchtsbezeugung. In der bürgerlichen Gesellschaft sind die Rituale, deren sich die einzelnen befleißigen, sobald sie sich unmittelbar physisch in der Gesellschaft anderer befinden, wesentlich durch eine offizielle Spontaneität gekennzeichnet. Der Gebende muß das Ritual auf unberechnete, unmittelbare und unbedachte Weise aufführen, wenn es ein verbindlicher Ausdruck seiner vorgeblichen

187 Siehe z. B. Belknap, op. cit., S. 110.
188 Siehe z. B. Elliot Jaques, »Social Systems as a Defence against Persecutory and Depressive Anxiety«, in: Melanie Klein et. al., *New Directions in Psycho-Analysis* (London, Tavistock, 1955), S. 483.

Rücksichtnahme auf den Empfänger sein soll – wie sonst könnten diese Akte innere Gefühle »ausdrücken«? Dies gelingt dem Gebenden deshalb, weil er die ziemlich standardisierten Ehrfurchtsrituale seiner Gesellschaft in einem so frühen Alter erlernt hat, daß sie, wenn er erwachsen ist, zu seiner zweiten Natur geworden sind. Da nun die Ehrerbietung, die der Gebende einem Empfänger zollt, direkt und ungezwungen ausgedrückt werden sollte, kann der Empfänger kaum die gebührliche Ehrerbietung fordern, falls sie ihm nicht erwiesen wird. Handlungen lassen sich erzwingen, doch eine erzwungene Zurschaustellung von Gefühlen ist eben bloße Schau. Ein beleidigter Empfänger kann gegen denjenigen, der sich nicht genügend ehrerbietig verhält, einschreiten, aber für gewöhnlich muß er die wirklichen Gründe für solche korrigierenden Maßnahmen verheimlichen. Wahrscheinlich können nur Kinder vom Empfänger entsprechend bestraft werden, wenn sie es an der gebührlichen Achtung fehlen lassen; darin unter anderem zeigt sich, daß wir Kinder als noch nicht vollwertige Personen ansehen.

Offenbar ist es ein Charakteristikum aller Anstalten, und besonders totaler Institutionen, daß in ihnen bestimmte Formen der Ehrfuchtsbekundung gelten, wobei die Insassen die Gebenden und das Personal die Empfangenden sind. Um dies zu ermöglichen, müssen diejenigen, die in den Genuß spontaner Ehrfurchtsbezeugungen kommen wollen, ihre Gegenspieler in den entsprechenden Formen unterweisen und auch deren Einhaltung durchsetzen. Daraus folgt, daß totale Institutionen sich lediglich darin vom bürgerlichen Leben unterscheiden, daß in ihnen die Ehrerbietung eine formelle Regelung erfährt, wobei bestimmte Forderungen erhoben werden und für den Fall der Unterlassung bestimmte negative Sanktionen vorgesehen sind; verlangt werden nicht nur Handlungen, sondern auch das äußere Zeigen innerer Gefühle. Wer eine unbotmäßige Haltung zeigt, wird ausdrücklich bestraft.

Gelegentlich schützt das Personal sich gegen ein solches verändertes Verhältnis zum Respekt durch bestimmte, gleichbleibende Hilfsmittel. Erstens braucht das Personal keinen Verlust an Selbstachtung zu befürchten, wenn es von seinen Schützlingen Ehrerbietung erzwingt, da die Insassen nicht als vollwertige Erwachsene gelten. Zweitens herrscht häufig, besonders beim Militär, die Auffassung, daß nicht der Mensch, sondern die Uniform gegrüßt wird (und daß daher der Mensch keine Ehrerbietung für sich selbst fordert). Hierzu gehört auch die Auffassung, daß die Gefühle des einzelnen keine Rolle spielen, solange er sie nicht zeigt. Und drittens sind oft die unteren Dienstgrade für die Einübung des Respekts verantwortlich, wodurch die höheren Ränge in den Genuß von Ehrerbietung kommen, auch ohne diese persönlich erzwingen zu müssen. Gregory Bateson stellt fest:

> In solchen hierarchischen Verhältnissen ist es hauptsächlich die Aufgabe des mittleren Gliedes, dem dritten Glied die Verhaltensformen beizubringen, die es dem ersten gegenüber an den Tag legen soll. Die Erzieherin sagt dem Kinde, wie es sich den Eltern gegenüber verhalten soll, der Unteroffizier sagt dem Gefreiten, wie man sich Offizieren gegenüber verhält.[189]

Bisher wurden einige Unterschiede behandelt, wie sie innerhalb von Gruppen auftreten. So wie weder die Gruppe der Bediensteten noch die der Insassen in sich homogen sind, kann auch die einfache Trennung zwischen diesen beiden Gruppen wichtige Tatsachen verschleiern. In manchen totalen Institutionen bekleiden die aus den Reihen der Insassen stammenden Kapos und Vertrauensleute ganz ähnliche Funktionen und genießen ähnliche Vorrechte wie die niedrigsten Dienstgrade des Personals, nämlich die Wärter. Tatsächlich besitzt manchmal der höchstgestellte Mann der unteren Schicht mehr Macht und Autorität als der niedrigststehende aus der höheren Schicht.[190] In anderen Anstalten wird von allen Mitgliedern erwartet, daß sie bestimmte, fundamentale Entbehrungen gemeinsam erleiden; dies ist eine Art kollektiver Abhärtungszeremonie, die (in ihren Auswirkungen) im Zusammenhang mit den jährlichen Weihnachtsfeiern und anderen institutionellen Zeremonien besprochen wurde. Anschauliche Beispiele enthält die Literatur über Nonnenklöster:

> Dort wohnen alle Mitglieder der Gemeinschaft, ungeachtet ihres Alters, ihres Ranges oder ihrer Aufgaben, beieinander. Chorschwestern, Künstlerinnen, Ärztinnen und Doktorinnen der Philosophie, Köchinnen, Wäscherinnen, Schuhmacherinnen und Landwirtschaftsschwestern, die im Gemüsegarten arbeiten – sie alle wohnen in diesen käfigartigen Zellen, die alle gleich groß und gleichförmig ausgestattet sind –, bis hin zur Anordnung von Bett, Tisch und Stuhl und der dreifach gefalteten Decke über dem Stuhl.[191]

189 Gregory Bateson, in: M. Mead and R. Métraux, Hrsg., *The Study of Culture at a Distance* (Chicago, University of Chicago Press, 1953), S. 372.
190 Siehe z. B. die Erörterung der Rolle des Bootsmannes bei Richardson, op. cit., S. 15–18. Ein weiteres Beispiel ist der Regiments- und Bataillons-Hauptfeldwebel im Vergleich zum Zugführer (Leutnant).
191 Hulme, op. cit., S. 20.

Die Hl. Clara bestimmte, daß die Oberin und ihre Stellvertreterin sich
in allen Dingen dem Leben der Gemeinschaft anzupassen hätten. Um
wieviel mehr die anderen! Die Vorstellungen der Hl. Clara von den
Vorrechten einer Oberin waren in ihrem Lande völlig neu. Eine Oberin
der Armen Clarissen hat ihrem Gefolge äußerlich nichts voraus. Sie
trägt kein Kreuz am Rosenkranz, sondern den gleichen schmalen Ver-
lobungsring – für 10 Mark! – wie ihre Töchter. Augenblicklich ziert
unsere Oberin ein großer Flicken auf der Vorderseite ihres Gewandes.
Sie hat ihn dort eigenhändig angenäht, mit denselben Händen, mit denen
sie, wie all die anderen, Äpfel zerkleinert und entwurmt und mit denen
sie das Geschirrtuch handhabt, als wäre dies ihr Beruf.[192]

In manchen Nonnenklöstern gibt es also keine Trennung zwischen
Stab und Insassen; wir finden dort offenbar eine eher kollegiale
Gruppe, die im Sinne einer fein abgestuften Rangleiter geschichtet
ist. In totalen Institutionen vom Typ eines Internats sollte man
neben der Lehrer- und der Schülerschicht noch eine dritte unterscheiden, nämlich das hauswirtschaftliche Personal.
In totalen Institutionen gibt es erhebliche Unterschiede hinsichtlich
der Ausprägung der Rollendifferenzierung innerhalb der Gruppen
des Personals und der Insassen, sowie hinsichtlich der eindeutigen
Abgrenzung dieser beiden Schichten. Darüber hinaus gibt es weitere wichtige Unterschiede, die nur beiläufig Erwähnung fanden;
einen davon möchte ich hier ausführlicher behandeln.
Die Rekruten treten mit unterschiedlicher Gemütsverfassung in
eine totale Institution ein. Das eine Extrem ist der gänzlich unfreiwillige Eintritt derer, die zu Gefängnisstrafen verurteilt, in eine
Heilanstalt eingeliefert oder auf ein Schiff zwangsrekrutiert werden. Unter solchen Umständen hat das vom Stab entworfene Ideal-
bild eines Insassen wohl die geringste Chance, sich durchzusetzen.
Das andere Extrem bilden religiöse Institutionen, die es nur mit
Menschen zu tun haben, die sich berufen fühlen, und die unter
diesen Freiwilligen nur diejenigen auswählen, die die beste Eignung und die besten Absichten mitbringen. (Dies trifft wohl auch

192 Francis, op. cit., S. 179–80. Die in der anglo-amerikanischen Militärtradition
geltende Regel, daß Offiziere alle Risiken, denen sie ihre Leute aussetzen, selbst
bestehen müßten und sich in der Schlacht zuerst um Nahrung und Versorgung
der Männer und dann um ihre eigene kümmern sollten, ist eine subtile Abwand-
lung dieser Härte-Zeremonien; indem sie sich mehr um ihre Leute als um sich
selbst kümmern, können die Offiziere gleichzeitig ihre Bindung an die Soldaten
stärken und die Distanz zu ihnen aufrecht erhalten.

für bestimmte Offiziers-Ausbildungslager und politische Schulungs-akademien zu.) In solchen Fällen hat die Konversion offenbar bereits stattgefunden, und dem Novizen muß nur noch gezeigt werden, nach welchen Grundsätzen er sich selbst am besten erziehen kann. In der Mitte zwischen den beiden Extremen finden wir Institutionen, wo von den Insassen – wie in der Armee von den Wehrpflichtigen – ein Dienst verlangt wird, wo diese aber in vieler Hinsicht das Gefühl haben dürfen, daß dieser Dienst gerechtfertigt ist und letzten Endes ihren eigenen Interessen dient. Selbstverständlich wird die Atmosphäre in totalen Institutionen sehr unterschiedlich sein, je nachdem, ob die Rekrutierung freiwillig, halbfreiwillig oder unfreiwillig erfolgte.

Neben der Variablen des Rekrutierungsmodus besteht eine weitere Variable – nämlich das Maß, in dem das Personal ausdrücklich auf eine selbstregulierende Veränderung im Insassen hinarbeitet. In Verwaltungs- und Arbeitsinstitutionen braucht der Insasse sich wahrscheinlich nur nach Handlungsnormen zu richten. In welchem Geist und mit welchen Gefühlen er seiner Aufgabe nachgeht, ist offiziell ohne Belang. In Gehirnwäsche-Lagern, religiösen Institutionen und psychotherapeutischen Instituten werden die privaten Gefühle des Insassen thematisiert. Die bloße Einhaltung der Arbeitsnormen genügt hier nicht, und die Verinnerlichung der Normen des Stabes durch den Insassen wird sowohl aktiv angestrebt, wie sie sich auch als Nebeneffekt ergibt.

Eine weitere variable Dimension totaler Institutionen ist das, was man als ihre Permeabilität oder Durchlässigkeit bezeichnen kann – d. h. der Grad, in dem die innerhalb der Institution geltenden Normen und die in der sie umgebenden Gesellschaft geltenden Normen einander beeinflussen, was zu einer Verringerung der Unterschiede führt. Nebenbei gesagt, lassen sich anhand dieser Frage die soziodynamischen Beziehungen zwischen einer totalen Institution und der sozialen Umwelt, die sie unterstützt oder toleriert, untersuchen.

Betrachtet man die Aufnahmeprozeduren totaler Institutionen, dann ist man meist überrascht, wie undurchlässig so eine Anstalt ist, denn die bei dieser Gelegenheit stattfindenden Einkleidungs- und Nivellierungsprozesse zerstören direkt die soziale Identität, die der Novize bei seinem Eintritt mitbringt. Offenbar wird der Rat, den der Hl. Benedikt dem Abt gibt, befolgt:

Er solle keinen Unterschied zwischen den Männern im Kloster machen. Er solle keinen mehr lieben als den anderen, als bis er sich durch gute Werke und Gehorsam hervorgetan hätte. Er solle nicht den vornehm Geborenen über den stellen, der ein Sklave gewesen, es sei denn, es gäbe andere vernünftige Gründe.[193]

Wie bereits erwähnt, sind für den Kadetten einer Militärakademie Unterhaltungen »über Besitzverhältnisse und Familienhintergrund tabu«, und »obwohl der Sold des Kadetten sehr niedrig ist, ist es ihm verboten, Geld von zu Hause zu empfangen«.[194] Sogar die in der Gesellschaft geltende Alters-Rangskala wird manchmal außer Kraft gesetzt, wie sich dies im Extrem in religiösen Institutionen zeigt:

Gabrielle ging zu dem Platz, der von nun an immer der ihre sein würde, der dritte in einer Reihe von vierzig Probandinnen. Sie war in dieser Gruppe die Drittälteste, denn an jenem Tag vor knapp einer Woche, als der Orden seine Pforten den Neueintretenden öffnete, hatte sie sich als Dritte eingetragen. Von diesem Augenblick an verlor ihr kalendarisches Alter seine Geltung, und das einzige Alter, das sie künftig haben sollte, ihr Alter im religiösen Leben, hatte begonnen.[195]

(Abgeschwächte Beispiele für den gleichen Vorgang finden wir in der Luftwaffe oder in wissenschaftlichen Hochschulinstituten, wo in Zeiten einer nationalen Krise sehr junge Männer in sehr hohen Positionen geduldet werden.) Und wie die Altersangaben manchmal abgeschafft werden, so werden in manchen sehr radikalen totalen Institutionen die Namen der Mitglieder beim Eintritt geändert, (wahrscheinlich) um besser den Bruch mit der Vergangenheit und die Einordnung in das Anstaltsleben zu symbolisieren.

Eine gewisse Impermeabilität ist in einer Anstalt wohl notwendig, um die Moral und die Stabilität aufrechtzuerhalten. Durch die Abschaffung der externen sozialen Merkmale gelingt es der Institution, die Orientierung an ihrem eigenen Ehrenkodex durchzusetzen. So können die wenigen psychiatrischen Patienten mit hohem sozio-ökonomischem Status in einer staatlichen Heilanstalt

---

193 *Die Regel des Heiligen Benedikt*, 2. Hauptstück.
194 Dornbusch, op. cit., S. 317. Ein bekanntes Beispiel einer solchen Prestige-Staffelung finden wir in den englischen Public Schools, wo die jüngeren Schüler für die älteren Dienste verrichten müssen.
195 Hulme, op. cit., S. 22–23. Wie bei den Benediktinern das Alter außer Kraft gesetzt wird, belegt die *Regel des Heiligen Benedikt*, 63. Hauptstück.

jedermann davon überzeugen, daß es eine würdige Rolle des Geisteskranken gibt, daß die Anstalt nicht lediglich eine Beseitigungsstation für die Abfälle der niedrigeren Schichten ist, und daß das Schicksal der Patienten nicht nur durch ihren allgemeinen sozialen Hintergrund bedingt ist. Ähnliches gilt für die Rolle der »feinen Pinkel« in britischen Gefängnissen und für Stiftsfräulein vornehmer Herkunft in französischen Klöstern. Und wenn die Institution über ein militantes Sendungsbewußtsein verfügt, wie manche religiösen, militärischen oder politischen Verbände, dann dient eine partielle interne Umkehrung der externen Status-Ordnung als dauernde Erinnerung an den Unterschied und an die Feindschaft, die zwischen der Institution und der sie umgebenden Gesellschaft bestehen. Man sollte hinzufügen, daß durch ein solches Unterdrücken der draußen gültigen Unterschiede die strengste totale Institution höchst demokratisch sein kann. Die Gewißheit des Insassen, daß er nicht schlechter als jeder seiner Kameraden behandelt wird, kann für ihn sowohl eine Hilfe als auch einen Verlust darstellen.[196] Solche Undurchlässigkeit ist allerdings von begrenztem Wert für diese Institutionen.

Die Rolle des Repräsentanten, die die höchsten Mitglieder des Personals mitunter spielen müssen, wurde bereits beschrieben. Soll es ihnen gelingen, sich gewandt und erfolgreich in den weiteren Bereichen der Gesellschaft zu bewegen, dann kann es für sie von Vorteil sein, wenn sie aus derselben kleinen Gruppe stammen wie die Führer anderer sozialer Verbände in der Gesellschaft. Und wenn die Angehörigen des Personals sich einheitlich aus einer gesellschaftlichen Schicht rekrutieren, die einen anerkanntermaßen höheren sozialen Rang besitzt als die Schicht, aus der die Insassen sich einheitlich rekrutieren, dann wird diese gesellschaftliche Kluft vermutlich die Herrschaft des Stabes stützen und stabilisieren. Ein Beispiel dafür bietet das britische Militär in der Zeit vor dem Ersten Weltkrieg, wo alle einfachen Soldaten »gewöhnliche« Dialekte sprachen und alle Offiziere das Public-School-Englisch pflegten, das von einer sogenannten »guten Erziehung« herrührte. Auch wird das Personal verständlicherweise, da die handwerklichen, beruflichen oder akademischen Kenntnisse der Menschen, die Insassen einer Anstalt werden, in dieser häufig benötigt werden, das

---

196 Dies ist selbstverständlich eine Abweichung von der ärztlichen Praxis in Heilanstalten, welche die Behandlung auf die individuelle Diagnose abzustimmen pflegt.

Beibehalten der Rolle in gewissem Ausmaß erlauben und sogar fördern.[197]

Die Permeabilität einer totalen Institution kann sich also verschieden auf das interne Funktionieren und den Zusammenhalt auswirken. Dies zeigt sich deutlich an der fragwürdigen Situation der niedrigsten Personaldienstgrade. Wenn die Institution ein gewisses Maß an Durchlässigkeit gegenüber der Gesellschaft aufweist, dann stammen diese Mitglieder des Personals oft aus denselben oder sogar noch niedrigeren Schichten wie die Insassen. Da sie von Hause aus dieselbe Kultur wie die Insassen mitbringen, können sie als natürlicher Kommunikationskanal zwischen dem höheren Personal und den Insassen dienen (allerdings ein Kanal, der oft für die Kommunikation nach oben blockiert ist). Aus dem gleichen Grund wird es jedoch für sie schwierig sein, soziale Distanz zu ihren Schützlingen einzuhalten. In einer Untersuchung über Gefängnisse wurde behauptet, dies würde lediglich die Rolle des Wärters komplizieren, ihn zusätzlich für den Spott der Insassen anfällig machen und bei den Insassen die Erwartung nähren, daß er sich ihnen gegenüber freundlich und vernünftig verhalte – und korrumpierbar sei.[198]

Wie nützlich oder schädlich die Impermeabilität auch sein mag, und wie radikal und militant eine totale Institution auch auftritt – stets werden ihrer Tendenz zur sozialen Umgruppierung Grenzen gesetzt sein, und immer werden die in der umgebenden Gesellschaft geltenden sozialen Merkmale ihre Gültigkeit behalten, wenn es der Institution nur dadurch möglich sein sollte, ihre Angelegenheiten mit der Außenwelt zu regeln, und wenn sie nur dadurch von dieser toleriert werden kann. In der westlichen Gesellschaft gibt es anscheinend keine totale Institution, in der ein völlig von der Sexualität unabhängiges Gemeinschaftsleben möglich wäre; und

---

197 Dies trifft sogar bei Konzentrationslagern zu. Siehe z. B. Cohen, op. cit., S. 154. Der Heilige Benedikt (57. Hauptstück) stellt weise die Gefahren dieser Praktik fest:
»Wenn es im Kloster Handwerker gibt, sollen sie ihr Handwerk in aller Demut und Ehrfurcht verrichten, so der Abt es befiehlt. Wird aber einer unter ihnen stolz auf die Kunst seines Handwerks, da er dem Kloster einen Nutzen zu bringen glaubt, dann soll der von seinem Handwerk genommen werden und es nicht länger ausüben, bis etwa der Abt, nachdem jener sich unterworfen hat, ihm gebietet, es wieder aufzunehmen.«
198 Sykes, *Corruption of Authority*. Siehe auch Cantine and Rainer, op. cit., S. 96–97.

Anstalten – wie etwa Klöster –, die anscheinend für sozio-ökono-mische Rangunterschiede undurchlässig sind, tendieren tatsächlich dazu, hauswirtschaftliche Rollen gerade Konvertiten von ländlich-bäuerlicher Herkunft zu übertragen, genau wie in unseren vor-bildlich integrierten Heilanstalten die Müllabfuhrmänner fast aus-schließlich Neger sind.[199] Ähnlich kann man in britischen Inter-naten feststellen, daß Jungen von vornehmer Herkunft besondere Rechte besitzen, die Hausordnung zu verletzen.[200]

Einer der interessantesten Unterschiede zwischen totalen Insti-tutionen betrifft das soziale Schicksal ihrer Absolventen. Für ge-wöhnlich zerstreuen sich die ehemaligen Insassen in alle Winde. Ein Unterschied besteht hinsichtlich des Maßes, in dem strukturelle Bande, auch über weite Entfernung hin, aufrechterhalten werden. Am einen Ende der Skala stehen die Mönche eines Benediktiner-klosters, die für ein ökumenisches Jahr in die Welt hinausgehen und dabei nicht nur informell in Verbindung bleiben, sondern wissen, daß ihr Beruf und ihr geographischer Wohnsitz für den Rest ihres Lebens durch die Zugehörigkeit zum Orden bestimmt sind. Am gleichen Ende der Skala rangieren ehemalige Knastbrü-der, deren Gefängnisaufenthalt dazu führt, daß sie sich künftig dem »Gewerbe« und der landesweiten Unterweltgemeinschaft ver-pflichtet fühlen, in der ihr weiteres Leben sich abspielen wird. Am anderen Ende der Skala finden wir die Wehrpflichtigen aus derselben Kaserne, die sofort nach der Demobilisierung im Privat-leben aufgehen und kein Bedürfnis haben, sich bei Regimentstref-fen zu versammeln. Hier rangieren auch die ehemaligen psychia-trischen Patienten, die sorgfältig allen Personen und Anlässen aus dem Wege gehen, die sie mit der Klinik in Verbindung bringen könnten. Zwischen diesen Extremen finden wir die »Alt-Herren«-Organisationen von Privatschulen und Universitäten, die als Wahlgemeinschaften die Funktion haben, den Mitabsolventen berufliche Chancen zuzuspielen.

---

199 Es trifft offenbar zu, daß die höchsten und niedrigsten Rollen innerhalb einer bestimmten Institution relativ durchlässig für die Normen der weiteren Gesellschaft sind, während sich die Tendenzen zur Undurchlässigkeit mehr in den mittleren Rängen der Institutionshierarchie konzentrieren.
200 Orwell, op. cit., S. 510, 525.

Durch diese Aufzählung haben wir die totalen Institutionen ansatzweise definiert und versucht, einige ihrer gemeinsamen Merkmale festzustellen. Angesichts der umfangreichen Literatur über diese Anstalten sollten wir in der Lage sein, unsere bloßen Vermutungen durch ein solides Gerüst von Kenntnissen über die Anatomie und Funktionsweise dieses sozialen Lebewesens zu ersetzen. Diese Ähnlichkeiten sind so augenfällig und dauerhaft, daß wir zu der Annahme berechtigt sind, daß es gute funktionale Gründe für diese vorhandenen Merkmale gibt und daß es möglich ist, sie sammenzufügen und durch eine funktionale Erklärung zu erfassen. Wenn dies geschehen ist, werden wir kaum noch den einzelnen Chefarzt, Kommandanten, Wärter oder Abt loben und tadeln, wir werden vielmehr – unter Berufung auf die für sie alle verbindlichen Strukturen – zu einem Verständnis der in totalen Institutionen auftauchenden Probleme und Fragen bereit sein.

Die moralische Karriere
des Geisteskranken

Traditionsgemäß bleibt der Ausdruck *Karriere* denen vorbehalten, die gewärtigen können, in den Genuß des innerhalb einer respektablen, gehobenen Berufslaufbahn vorgesehenen Aufstiegs zu gelangen. Dieser Ausdruck wird neuerdings jedoch in erweitertem Sinn zur Bezeichnung der sozialen Wechselfälle im Lebenslauf eines jeden Menschen verwendet. Man übernimmt die Betrachtungsweise der Naturgeschichte: Einmalige Resultate werden zugunsten derjenigen langfristigen Veränderungen vernachlässigt, die für alle Mitglieder einer sozialen Kategorie grundlegend und allgemein gültig sind, wiewohl sie den einzelnen jeweils unabhängig voneinander widerfahren. So aufgefaßt, bedeutet Karriere weder eine glanzvolle noch eine enttäuschende Angelegenheit; es geht also weder um den Erfolg noch um das Scheitern. Unter diesem Gesichtspunkt möchte ich mich mit dem Geisteskranken beschäftigen.

Zu den Vorteilen des Begriffs der Karriere gehört seine Doppelseitigkeit. Einerseits berührt er jene hoch und heilig gehaltenen Dinge wie das Selbstbild und das Identitätsgefühl; andererseits betrifft er die offizielle Stellung, rechtliche Verhältnisse sowie den Lebensstil, und ist Teil eines der Öffentlichkeit zugänglichen institutionellen Ganzen. Der Begriff der Karriere erlaubt uns also, uns zwischen dem persönlichen und dem öffentlichen Bereich, zwischen dem Ich und der für dieses relevanten Gesellschaft hin und her zu bewegen, ohne daß wir allzu sehr auf Angaben darüber angewiesen sind, wie der betreffende Einzelne sich in seiner eigenen Vorstellung sieht.

Dieser Aufsatz will also einen Beitrag zum Studium des Selbst unter institutionellem Gesichtspunkt liefern. Der Schwerpunkt liegt dabei auf den moralischen Aspekten der Karriere – d. h. dem regulären Ablauf der Veränderungen, die die Karriere im Selbst des Menschen und im metaphorischen Bezugsrahmen, mit dem er sich und andere beurteilt, zur Folge hat.[1]

---

1 Material über die moralische Karriere findet sich in älteren anthropologischen Arbeiten über Zeremonien der Statusveränderung und in den klassischen sozialpsychologischen Beschreibungen jener spektakulären Veränderungen des Selbstverständnisses, die zuweilen mit der Beteiligung an sozialen Bewegungen und Sekten einhergehen. Neuere relevante Daten wurden durch die psychiatrische

Die Kategorie »Geisteskranker« selbst soll im streng soziologischen Sinn gebraucht werden. In diesem Sinn wird die psychiatrische Beurteilung eines Menschen nur insofern bedeutsam, als diese sein soziales Schicksal verändert – eine Veränderung, die in unserer Gesellschaft dann und nur dann eintritt, wenn der Betreffende in eine Heil- und Pflegeanstalt eingewiesen wird.[2] Daher schließe ich bestimmte benachbarte Kategorien aus: die unentdeckten Kandidaten, die nach psychiatrischen Maßstäben als »Kranke« gelten würden, die jedoch nie von sich selbst oder anderen als solche betrachtet werden, obwohl sie vielleicht ihrer Mitwelt eine Menge Schwierigkeiten bereiten[3]; die ambulanten Patienten, die der Psychiater draußen mit Drogen oder Schocktherapie behandeln zu können glaubt; die Patienten mit emotionellen Störungen, die sich einer Psychotherapie unterziehen. Allerdings rechne ich jeden dazu – wie robust seine seelische Verfassung auch sein mag –, der irgendwie in das Räderwerk einer psychiatrischen Klinik gerät. Auf diese Weise lassen sich die Auswirkungen der Tatsache, daß jemand als »Geisteskranker« behandelt wird, klar von denjenigen Auswirkungen unterscheiden, welche solche Charakterzüge, die ein Kliniker als psychopathisch bezeichnen würde, auf das Leben eines Menschen haben.[4] Die Personen, die als psychiatrische Patienten

Beschäftigung mit den Problemen der »Identität« sowie durch soziologische Untersuchungen über berufliche Karrieren und die »Sozialisierung Erwachsener« festgestellt.

2 Diese Feststellung trafen kürzlich Elaine und John Cumming, *Closed Ranks* (Cambrigde, Commonwealth Fund, Harvard University Press, 1957), S. 101–2: »Die klinische Erfahrung erhärtet den Eindruck, daß die Geisteskrankheit von vielen als ein ›Zustand, wegen welchem eine Person in einer Heilanstalt behandelt wird‹ definiert wird . . . Geisteskrankheit ist anscheinend ein Zustand, der Menschen befällt, die in eine Heilanstalt gehören, aber bevor sie dorthin gelangen, ist beinah alles, was sie tun, normal.« Leila Deasy hat mich darauf aufmerksam gemacht, daß dies eine Situation ist, die mit der des »White-collar«-Verbrechens übereinstimmt. Von denen, die ertappt werden, wird nur jenen, denen es nicht gelingt, sich der Inhaftierung zu entziehen, die soziale Rolle des Kriminellen zugeschrieben.

3 Erst in jüngster Zeit wird anhand von Fallberichten aus Heilanstalten nachgewiesen, wieviel Schwierigkeiten jemand sich selbst und anderen bereitet, bevor andere beginnen, ihn psychiatrisch zu beurteilen, geschweige psychiatrische Maßnahmen gegen ihn zu ergreifen. Siehe John A. Clausen and Marian Radke Yarrow, »Paths to the Mental Hospital«, *Journal of Social Issues*, XI (1955), S. 25–32; August B. Hollingshead and Frederick C. Redlich, *Social Class and Mental Illness* (New York, Wiley, 1958), S. 173–74.

4 Wie diese Perspektive auf alle Formen der Abweichung angewandt wird, illustriert Edwin Lemert, *Social Pathology* (New York, McGraw-Hill, 1951),

in eine Klinik kommen, unterscheiden sich beträchtlich voneinander hinsichtlich der Art und des Ausmaßes der Krankheit, die
der Psychiater bei ihnen feststellt, sowie hinsichtlich der Attribute,
mit denen der Laie sie belegt. Aber einmal auf dem Weg durch
die Instanzen der Klinikpsychiatrie, sind sie im wesentlichen mit
ähnlichen Gegebenheiten konfrontiert und reagieren im wesentlichen ähnlich darauf. Da diese Ähnlichkeiten nicht durch eine
seelische Erkrankung bedingt sind, treten sie offenbar trotz dieser
auf. Es muß also der Macht gesellschaftlicher Kräfte zugeschrieben
werden, wenn der uniforme Status des Geisteskranken einer ganzen Personengruppe nicht nur ein gemeinsames Schicksal und mithin schließlich einen gemeinsamen Charakter zuweist, sondern
jener soziale Umformungsprozeß auch auf die vielleicht krasseste
Vielfalt von Charakteren, die die menschliche Gesellschaft her-
vorbringt, angewendet werden kann. Stellen wir noch fest, daß
ehemalige Patienten sich häufig zu einem protektiven Gemeinschaftsleben zusammenfinden, so haben wir den klassischen Reak-
tionszyklus vor uns, durch den sich abweichende gesellschaftliche
Gruppierungen psychodynamisch herausbilden.
Diese allgemeine soziologische Perspektive wird durch empirische
Untersuchungen in psychiatrischen Kliniken gestützt. Wie sich auch
wiederholt beim Studium analphabetischer Gesellschaften zeigte,
kann der beängstigende, abstoßende und barbarische Eindruck
einer fremden Kultur sich so stark verlieren, daß der Forscher mit
der Lebensauffassung seiner Studienobjekte vertraut wird. Ähnlich kann auch der mit psychiatrischen Kliniken befaßte Soziologe
mitunter feststellen, daß die dem Geisteskranken zugeschriebene
Verrücktheit oder sein »krankes Verhalten« weitgehend ein Produkt der sozialen Distanz des Beobachters zur Situation des Patienten, und nicht in erster Linie ein Produkt seiner mentalen Störung ist. Wie differenziert die psychiatrische Diagnose und wie
einzigartig das soziale Leben »drinnen« im Einzelfall auch sein
mögen – nicht selten wird der Forscher erkennen, daß er es mit
einer Gemeinschaft zu tun hat, die sich nicht wesentlich von jeder
anderen, die er untersucht hat, unterscheidet. Beschränkt er sich
allerdings auf die Gruppe derjenigen Patienten, die sich außerhalb

siehe besonders S. 74–76. Eine spezifische Anwendung auf psychische Schäden
findet sich bei Stewart E. Perry, »Some Theoretic Problems of Mental Deficiency
and Their Action Implications«, *Psychiatry*, XVII (1954), S. 45–73, siehe besonders S. 67–68.

der Stationen bedingt frei bewegen dürfen, dann mag ihm vielleicht – wie auch manchen Patienten – das Leben auf den geschlossenen Stationen grotesk erscheinen; und wenn er es mit einer geschlossenen Aufnahme- oder Rekonvalenszentenstation zu tun hat, dann werden ihm die chronisch »rückständigen« Stationen wohl als verrückte Orte vorkommen. Wendet er jedoch seine mitfühlende Teilnahme der »schlimmsten« Station der Klinik zu, so mag sich auch diese als ein Ort mit erträglichen und auf die Dauer sinnvollen sozialen Lebensbedingungen herausstellen. Dem widerspricht nicht die Tatsache, daß er auf jeder Station und in jeder Gruppe von Patienten eine Minderheit vorfinden wird, die gleichwohl außer Stande ist, die Regeln der sozialen Organisation zu befolgen, und daß die ordentliche Erfüllung normativer Erwartungen innerhalb der Patientensozietät z. T. nur durch – in psychiatrischen Kliniken irgendwie institutionalisierte – strategische Maßnahmen möglich ist.

Die Karriere des psychiatrischen Patienten läßt sich, allgemein gesprochen, in drei Hauptphasen unterteilen: das Stadium vor der Einlieferung in die Klinik, das ich die vorklinische Phase nennen möchte; das Stadium des Klinikaufenthaltes – die klinische Phase; und die Phase nach der Entlassung aus der Klinik – falls dies geschieht –, nämlich die nachklinische Phase.[5] In dieser Studie sollen uns nur die ersten beiden Phasen interessieren.

---

5 Dieses einfache Bild wird kompliziert durch die etwas anders geartete Erfahrung etwa eines Drittels der Patienten – nämlich die Wiedereinlieferung in die Klinik; dies ist die rückfällige oder »abermalige klinische« Phase.

Die vorklinische Phase

Ein relativ kleiner Teil der vorklinischen Patienten gelangt freiwillig in die Heilanstalt – aufgrund ihrer eigenen Vorstellungen
von dem, was gut für sie ist, oder aufgrund wohlmeinender Ab-
sprachen mit relevanten Familienmitgliedern. Wahrscheinlich er-
tappten diese Kandidaten sich bei Handlungen, die ihnen zu beweisen schienen, daß sie im Begriff standen, den Verstand oder
die Kontrolle über sich selbst zu verlieren. Diese Erfahrung, die
ein Mensch mit sich machen kann, gehört offenbar zu den stärk-
sten Bedrohungen, die dem Selbst in unserer Gesellschaft widerfahren können, insbesondere da sie meist zu einem Zeitpunkt
eintritt, wo der Betroffene auf jeden Fall bereits in Sorge ist,
er könnte das bei sich selbst entdeckte Symptom auch nach außen
hin zeigen. Sullivan beschreibt:

Was wir im Selbst-System eines Menschen feststellen, der eine schizo-
phrene Veränderung oder einen schizophrenen Prozeß durchläuft, ist
also in seiner einfachsten Form eine stark durch Angst gekennzeichnete
Verwirrung, die durch den Gebrauch sehr verallgemeinerter und alles
andere als genau ausgearbeiteter Erinnerungsvorgänge bedingt ist, durch
welche er versucht, sein fundamentales menschliches Scheitern zu ver-
winden – nämlich das Scheitern seiner Bemühung, ein existenzberechtig-
tes Lebewesen zu sein.[6]

Mit der desintegrierenden Neubewertung seiner selbst ist für das
Individuum eine neue, beinahe ebenso eindringliche Erfahrung
verbunden: der Versuch, vor anderen das zu verbergen, was er
für die neuen, fundamentalen Tatsachen über seine eigene Person
hält, und herauszufinden, ob auch andere diese bereits entdeckt
haben.[7] Ich möchte hier betonen, daß das Gefühl, den Verstand
zu verlieren, auf kulturell derivierten und sozial verwurzelten
stereotypen Vorstellungen über die Bedeutung von Symptomen

6 Harry Stack Sullivan, *Clinical Studies in Psychiatry,* hrsg. von Helen Swick
Perry, Mary Ladd Gawel, and Martha Gibbon (New York, Norton, 1956),
S. 184–85.
7 Diese moralische Erfahrung steht im Kontrast zu der eines Menschen, der sich
zu einem Marihuana-Abhängigen entwickelt, dessen Entdeckung, daß er »high«
gehen und gleichwohl noch effektiv operieren kann, ohne entdeckt zu werden,
offensichtlich zu erneutem Gebrauch führt. Siehe Howard S. Becker, »Marihuana
Use and Social Control«, *Social Problems*, III (1955), S. 35–44; siehe besonders
S. 40–41.

wie dem Hören von Stimmen, dem Verlust der raum-zeitlichen Orientierung oder dem Gefühl, verfolgt zu sein, beruht, und daß viele der auffälligsten und überzeugendsten Symptome dieser Art manchmal, psychiatrisch gesehen, lediglich eine temporäre emotionelle Verwirrung in einer Stress-Situation anzeigen – wie beängstigend diese momentan für den einzelnen auch sein mögen. Ähnlich sind die aus dieser Selbstwahrnehmung resultierende Angst und die zur Verminderung dieser Angst entwickelten Strategien nicht Produkte einer abnormen psychischen Verfassung, sondern würden sich bei jedem in unserer Kultur sozialisierten Menschen zeigen, der die Befürchtung hegt, den Verstand zu verlieren. Interessanterweise unterscheiden sich die einzelnen Subkulturen der amerikanischen Gesellschaft deutlich hinsichtlich des Betrages an verfügbarer Symbolik und hinsichtlich der Unterstützung, die sie solchen Selbstauffassungen bieten, was zu einer unterschiedlichen Häufigkeit der Selbstanzeige führt; die Fähigkeit, diese desintegrierende Selbsteinschätzung ohne psychiatrische Hilfe zu ertragen, ist offenbar eines der fragwürdigen kulturellen Privilegien der Oberschichten.[8]

Für einen Menschen, der sich selbst – wie berechtigt auch immer – als seelisch unbalanciert ansieht, kann die Einlieferung in eine Heilanstalt manchmal Erleichterung bringen, die z. T. durch die plötzliche Transformation der Struktur seiner fundamentalen sozialen Situation bedingt ist; statt in seinen eigenen Augen ein fragwürdiges Individuum zu sein, welches versucht, eine Rolle voll aufrechtzuerhalten, kann er zu einem befragten Individuum werden, das sich selbst gar nicht fragwürdig erscheint. In anderen Fällen kann die Hospitalisierung die Dinge für den willigen Patienten verschlechtern, da sie durch die objektive Situation das bestätigt, was bis zu diesem Zeitpunkt eine Angelegenheit der privaten Selbst-Erfahrung war.

Sobald der willige Patient die Klinik betritt, durchläuft er wahrscheinlich dieselbe Routine von Erfahrungen wie derjenige, der unfreiwillig in die Anstalt gelangt ist. Auf jeden Fall will ich mich vor allem mit den letzteren befassen, denn diese sind gegenwärtig in Amerika weitaus zahlreicher.[9] Ihre Einstellung zur Klinik

8 Siehe Hollingshead and Redlich, op. cit., S. 187, Tabelle 6, wo die relative Häufigkeit der Selbstanzeige, nach sozialen Schichten gruppiert, angegeben wird.
9 Die hier getroffene Unterscheidung zwischen willigen und nicht willigen Patienten überschneidet sich mit der legalen Unterscheidung zwischen freiwil-

nimmt eine der drei klassischen Formen an: sie kommen, weil sie von ihrer Familie überredet oder mit der Verstoßung aus der Familie bedroht wurden, falls sie nicht »freiwillig« gingen; sie kommen unter Zwang und polizeilichem Geleit; sie kommen unter falschen Vorstellungen, die von anderen vorsätzlich geweckt wurden; dies trifft hauptsächlich für jugendliche vorklinische Patienten zu.

Die Karriere des vorklinischen Patienten kann als ein Modell des Ausschlusses aufgefaßt werden; anfangs hat er Beziehungen und Rechte, und schließlich, zu Beginn seines Klinik-Aufenthaltes, verfügt er kaum noch über das eine oder das andere. Die moralischen Aspekte dieser Karriere beginnen also typischerweise mit der Erfahrung des Verlassenseins, des Treuebruchs und der Verbitterung. Dies gilt auch dann, wenn es für andere offensichtlich war, daß er der Behandlung bedurfte, und auch, wenn er, einmal in der Klinik, dieser Auffassung bald beipflichtet.

Die Fallgeschichten der meisten Geisteskranken dokumentieren Verstöße gegen gewisse Gegebenheiten des unmittelbaren Zusammenlebens – den Haushalt, den Arbeitsplatz, eine halböffentliche Organisation wie z. B. eine Kirche oder eine Firma, einen öffentlichen Ort wie z. B. eine Straße oder einen Park. Oft gibt es auch Vermerke über einen Beschwerdeführer, eine Person, die diese Handlung gegen den Übertreter einleitet, welche schließlich zu seiner Hospitalisierung führt. Dies braucht nicht die Person zu sein, die den ersten Schritt unternimmt, aber es ist die Person, die den ersten effektiven Schritt macht. Hier liegt der soziale Anfang der Karriere des Patienten, gleichgültig wo man den psychologischen Beginn seiner geistigen Erkrankung lokalisieren will.

Die Arten von Übertretungen, die zu seiner Hospitalisierung führen, unterscheiden sich in ihrem Wesen von denen, die zu anderen ausschließenden Konsequenzen führen – zu Inhaftierung, Scheidung, Verlust des Arbeitsplatzes, Enteignung, Verbannung, ambulanter psychiatrischer Behandlung usw. Aber offenbar ist wenig über diese differenzierenden Faktoren bekannt; und wenn man die aktuellen Einlieferungen studiert, dann scheint es häufig so, als wären auch andere Resultate möglich gewesen. Darüber hinaus er-

ligen und eingelieferten Patienten, denn manche, die gerne in die Heilanstalt gehen, werden vielleicht legal eingewiesen, und unter denen, die nur aufgrund starker Nötigung von seiten der Familie kommen, werden einige sich als freiwillige Patienten eintragen lassen.

scheint es richtig, daß auf jede Übertretung, die zu einer wirk-samen Beschwerde führt, viele psychiatrisch ähnliche Fälle ent-fallen, die folgenlos bleiben. Es wird nichts unternommen; oder es erfolgt eine Handlung, die zu anderen ausschließenden Resul-taten führt; oder es wird eine unwirksame Maßnahme ergriffen, die zu einer bloßen Beruhigung oder Vertröstung dessen, der sich beschwert, führt. Wie Clausen und Yarrow anschaulich gezeigt haben, hatten also sogar Delinquenten, die schließlich in der Klinik landeten, oft eine lange Reihe von ineffektiven, gegen sie gerichte-ten Handlungen hinter sich.[10]

Trennt man jene Übertretungen, die als Gründe zur Hospitalisie-rung des Delinquenten hätten dienen können, von jenen, die als solche verwendet wurden, so findet man eine große Zahl von – wie die Berufssoziologen es nennen – Karriere-Zufällen.[11] Einige dieser Zufälle in der Karriere des Geisteskranken wurden bereits erwähnt, wenn nicht gar untersucht, wie etwa der sozio-ökono-mische Status, die Sichtbarkeit der Übertretung, die Nähe einer psychiatrischen Klinik, der Umfang der verfügbaren Behandlungs-möglichkeiten, das gesellschaftliche Ansehen der Art von Behand-lung, die in vorhandenen Kliniken möglich ist, usw.[12] Zur Infor-mation über andere Zufälle ist man auf Schauergeschichten ange-wiesen: ein Psychotiker wird von seiner Ehefrau toleriert, bis sie einen Liebhaber findet, oder von seinen erwachsenen Kindern, bis diese das Haus verlassen, um ein eigenes Appartement zu bezie-hen; ein Alkoholiker kommt in die Heilanstalt, weil im Gefängnis kein Platz frei ist, und ein Drogenabhängiger, weil er sich weigert, sich draußen psychiatrisch behandeln zu lassen; eine aufsässige halbwüchsige Tochter kann zu Hause nicht länger unter Kontrolle gehalten werden, weil sie im Begriff steht, eine Liaison mit einem unpassenden Freund einzugehen; entsprechend gibt es einen gleich wichtigen Satz von Zufällen, die den Menschen ein solches Schick-sal vermeiden lassen. Und sollte der Betreffende in die Klinik

10 Clausen and Yarrow, op. cit.
11 Eine explizite Anwendung dieses Begriffs auf den Bereich der seelischen Ge-sundheit findet sich bei Edwin Lemert, »Legal Commitment and Social Control«, *Sociology and Social Research*, XXX (1946), S. 370–78.
12 Zum Beispiel Jerome K. Meyers and Leslie Schaffer, »Social Stratification and Psychiatric Practice: A Study of an Outpatient Clinic«, *American Socio-logical Review*, XIX (1954), S. 307–10; Lemert, op. cit., S. 402–3; *Patients in Mental Institutions, 1941* (Washington, D. C., Department of Commerce, Bureau of the Census, 1941), S. 2.

kommen, so bewirkt wieder ein anderer Satz von Zufällen die Entscheidung, wann er entlassen werden soll – wie etwa der Wunsch seiner Familie nach seiner Rückkehr, das Vorhandensein einer leicht ausführbaren Arbeit usw. Die offizielle Auffassung der Gesellschaft ist, daß Insassen von psychiatrischen Kliniken in erster Linie dort sind, weil sie an einer Geisteskrankheit leiden. In dem Maße jedoch, wie die »seelisch Kranken« außerhalb der Kliniken zahlenmäßig diejenigen in den Kliniken erreichen oder übertreffen, könnte man behaupten, daß die Geisteskranken nicht an seelischen Krankheiten, sondern an Zufällen leiden.

Zufälle der Karriere treten in Verbindung mit einem zweiten Merkmal der Karriere des vorklinischen Patienten auf – der Kette von Agenten oder Agenturen, die schicksalhaft auf seinem Weg vom Status des Bürgers zum Status des Patienten mitwirken.[13] Dies ist ein Beispiel für jene zunehmend wichtige Klasse von sozialen Systemen, die sich aus Agenten und Agenturen zusammensetzen, welche dadurch, daß sie sich der Individuen annehmen und sie weiterleiten, einen systematischen Zusammenhang bilden. Einige dieser Agentenrollen sollen hier erwähnt werden, wobei vorausgesetzt wird, daß in jeder konkreten Kette eine Rolle mehr als einmal vertreten sein kann und daß ein und dieselbe Person mehr als eine Rolle übernehmen kann.

An erster Stelle steht der nächste Vertraute, also der Mensch, den der Patient unter denen, auf die er sich in Krisenzeiten meint verlassen zu können, für am geeignetsten hält; in diesem Falle also der letzte, der seine Gesundheit anzweifeln, und der erste, der alles tun sollte, um ihn vor dem ihm unweigerlich drohenden Schicksal zu bewahren. Der nächste Vertraute ist normalerweise der nächste Verwandte; er braucht dies aber nicht zu sein, und daher möchte ich diesen besonderen Terminus (*next-of-relation* = nächster Vertrauter) einführen. An zweiter Stelle steht der Beschwerdeführer, die Person, die, rückblickend, den Weg des vorklinischen Patienten in die Klinik ausgelöst zu haben scheint. Hierzu gehören die Polizeibeamten, Geistlichen, praktischen Ärzte, frei praktizierenden Psychiater, das Personal ambulanter Kliniken, die Anwälte, Sozialarbeiter, Schullehrer usw. Einer dieser Agenten wird legal befugt sein, die Einweisung anzuordnen, und er wird

13 Ein Beispiel für eine Kette von Agenten und ihren Einfluß auf die Laufbahnzufälle gibt Oswald Hall, »The Stages of a Medical Career«, *American Journal of Sociology*, LIII (1948), S. 327–36.

dies tun; daher werden die ihm in diesem Prozeß vorangehenden Agenten an etwas beteiligt sein, dessen Ergebnis noch nicht feststeht. Wenn die Vermittler sich vom Schauplatz zurückziehen, ist der vorklinische zu einem klinischen Patienten geworden, und der ausschlaggebende Agent ist nunmehr der Klinikleiter.

Während der Beschwerdeführer normalerweise in seiner Eigenschaft als Bürger, Arbeitgeber, Nachbar oder Verwandter handelt, sind die Vermittler meist Spezialisten und unterscheiden sich von denen, denen sie dienen, in mancherlei Hinsicht. Sie haben Erfahrung im Umgang mit Schwierigkeiten, und sie haben eine gewisse berufliche Distanz zu dem, womit sie beschäftigt sind. Außer im Falle des Polizisten und vielleicht einiger Geistlicher sind sie wohl stärker psychiatrisch orientiert als das Laienpublikum und werden die Notwendigkeit der Behandlung auch dort feststellen, wo die Öffentlichkeit dies nicht tut.[14]

Ein interessantes Merkmal dieser Rollen ist die funktionelle Wirkung ihres Ineinandergreifens. Z. B. werden die Gefühle des Patienten davon beeinflußt, ob die Person, welche die Rolle des Beschwerdeführers übernimmt, zugleich auch die Rolle des nächsten Vertrauten spielt – eine peinliche Kombination, die offenbar eher in den höheren als in den unteren Schichten der Gesellschaft vorkommt.[15] Nun sollen einige der daraus resultierenden Effekte untersucht werden.[16]

Auf seinem Weg von zu Hause in die Klinik kann der vorklinische Patient als Dritter an etwas beteiligt sein, was er als eine gegen sich gerichtete Entfremdungskoalition erfährt. Sein nächster Vertrauter zwingt ihn, einen Arzt, einen Psychiater oder irgendeinen anderen Berater »ins Vertrauen zu ziehen«. Weigert er sich, so wird ihm mitunter gedroht, er würde im Stich gelassen, verstoßen oder sonstwie mit legalen Sanktionen belegt, oder es wird der gemeinschaftliche und rein informative Charakter des Interviews

14 Siehe Cumming and Cumming, op. cit., S. 92.
15 Hollingshead and Redlich, op. cit., S. 187.
16 Eine Analyse einiger Konsequenzen, welche dieser Kreislauf für den klinischen Patienten zeitigt, findet sich bei Leila Deasy and Olive W. Quinn, »The Wife of the Mental Patient and the Hospital Psychiatrist«, *Journal of Social Issues*, XI (1955), S. 49–60. Eine interessante Illustration einer solchen Analyse bietet auch Alan G. Gowman, »Blindness and the Role of the Companion«, *Social Problems*, IV (1956), S. 68–75. Eine allgemeine Darstellung findet sich bei Robert Merton, »The Role Set: Problems in Sociological Theory«, *British Journal of Sociology*, VIII (1957), S. 106–20.

betont. Aber im Normalfall hat der nächste Vertraute das Interview im voraus vereinbart, indem er nämlich den Fachmann aussucht, den Zeitpunkt verabredet, dem Fachmann etwas über den Fall mitteilt, usw. Durch diesen Schritt gerät der nächste Vertraute meist in die Position des Verantwortlichen, dem sachdienliche Resultate mitgeteilt werden können, während der andere effektiv zum Patienten gemacht wird. Häufig geht der vorklinische Patient in der Meinung zum Interview, daß er als ein Gleichgestellter mit jemandem mitgeht, der ihm so eng verbunden ist, daß ein Dritter in fundamentalen Dingen nicht zwischen sie treten könnte; dies zumindest ist eine Art, wie enge Beziehungen in unserer Gesellschaft definiert sind. Bei der Ankunft in der Praxis stellt der vorklinische Patient fest, daß ihm und seinem Vertrauten nicht die gleichen Rollen zugedacht sind, und daß offenbar der Fachmann und der nächste Vertraute eine vorweggenommene Absprache gegen ihn vorgenommen haben. Im extremen, aber allgemein üblichen Fall spricht der Fachmann zuerst mit dem vorklinischen Patienten allein, in der Rolle des Examinators und Diagnostikers, und dann spricht er mit dem nächsten Vertrauten allein, unter vier Augen, in der Rolle des Beraters, während er sorgfältig vermeidet, mit beiden zusammen ernsthaft auf die Angelegenheit einzugehen.[17] Und selbst in jenen nicht-konsultativen Fällen, wo öffentliche Beamte jemanden mit Gewalt aus seiner Familie entfernen müssen, welche ihn tolerieren möchte, wird der nächste Vertraute zumeist überredet, sich der Amtshandlung zu fügen, so daß selbst in diesem Fall der vorklinische Patient das Gefühl bekommen kann, daß eine entfremdende Koalition gegen ihn gebildet wurde.

Die moralische Erfahrung, als Dritter einer solchen Koalition gegenüberzustehen, ist geeignet, den vorklinischen Patienten zu verbittern, besonders, da seine Schwierigkeiten wahrscheinlich bereits zu einer gewissen Entfremdung von seinem nächsten Vertrauten geführt haben. Nach der Aufnahme in die Klinik können wiederholte Besuche des nächsten Vertrauten beim Patienten zu der Einsicht führen, daß seinen eigenen wohlverstandenen Interessen gedient werde. Die ersten Besuche können jedoch zeitweilig das Gefühl des Verlassenseins verstärken; er wird meist den Besucher anflehen, ihn herauszuholen oder ihm wenigstens mehr

17 Ich verfüge über den Fallbericht eines Mannes, der angibt, er hätte geglaubt, seine Frau zum Psychiater zu bringen, und erst als es zu spät war, erkannt, daß seine Frau die Verabredung für ihn getroffen hatte.

Erleichterungen zu verschaffen und mit ihm in seiner ungeheuren Notlage Mitleid aufzubringen – worauf der Besucher normalerweise nur in der Form reagieren kann, daß er einen hoffnungsvollen Ton anschlägt, die Bitten überhört oder dem Patienten versichert, daß diese Dinge den medizinischen Instanzen bekannt seien und daß diese das für ihn medizinisch Beste täten. Der Besucher geht dann unbekümmert in eine Welt zurück, von der der Patient weiß, daß es in ihr von Freiheiten und Privilegien nur so wimmelt, und hinterläßt dem Patienten das Gefühl, daß sein nächster Vertrauter einen klaren Fall von verräterischem Im-Stich-Lassen lediglich mit einem frommen Schein bemäntelt.

Das tiefe Gefühl des Patienten, von seinem nächsten Vertrauten betrogen worden zu sein, wird anscheinend noch verstärkt durch die Tatsache, daß ein Dritter Zeuge dieses Betruges wird – ein Faktor, der offensichtlich in vielen Dreiersituationen von Bedeutung ist. Ein Mensch, der angegriffen wird, kann sich um des lieben Friedens willen nachsichtig und entgegenkommend gegenüber dem Angreifer verhalten, solange die beiden alleine sind. Die Gegenwart eines Zeugen allerdings scheint die Bedeutung des Angriffs irgendwie zu verstärken. Denn dann liegt es nicht mehr in der Macht des Angreifers und des Angegriffenen, das Vorgefallene zu vergessen, zu beseitigen oder zu verdrängen; der Angriff ist zu einer öffentlichen sozialen Tatsache geworden.[18] Wenn der Zeuge, wie dies manchmal der Fall ist, eine Kommission ist, welche die geistige Gesundheit des Betreffenden zu beurteilen hat, dann kann der unter Zeugen stattgefundene Betrug an eine »Demütigungszeremonie« heranreichen.[19] Unter diesen Bedingungen hat der angegriffene Patient oft das Gefühl, daß eine umfassende Wiedergutmachungsaktion am Platze wäre, bevor seine Ehre und sein soziales Ansehen wiederhergestellt sind.

Zwei weitere Aspekte des Gefühls, betrogen worden zu sein, sollen hier erwähnt werden. Erstens: wer die Einlieferung eines anderen in eine Heilanstalt in Betracht zieht, macht sich selten ein realistisches Bild von der Erschütterung, welche die Einlieferung für diesen bedeuten kann. Oft wird ihm vorgemacht, er würde notwendige ärztliche Behandlung und eine Erholung genießen

---

18 Frei zitiert nach Kurt Riezler, »Comment on the Social Psychology of Shame«, *American Journal of Sociology*, XLVIII (1943), S. 458.
19 Siehe Harold Garfinkel, »Conditions of Successful Degradation Ceremonies«, *American Journal of Sociology*, LXI (1956), S. 420–24.

und sicherlich in wenigen Monaten wieder entlassen werden. In manchen Fällen verheimlicht man vielleicht ihm bekannte Tatsachen, aber ich glaube, im allgemeinen sagt man das, was man für die Wahrheit hält. Denn es gibt einen recht bedeutsamen Unterschied zwischen Patienten und vermittelnden Fachleuten; mehr als die allgemeine Öffentlichkeit sehen die vermittelnden Fachleute Heilanstalten als kurzfristige medizinische Einrichtungen an, in denen man freiwillig die notwendige Erholung und medizinische Fürsorge erhalten kann, und nicht als Orte eines erzwungenen Exils. Wenn der vorklinische Patient schließlich eingeliefert wird, macht er meist recht schnell eine ganz andere Erfahrung. Er stellt dann fest, daß die Informationen, die ihm über das Leben in der Klinik gegeben wurden, ihn dazu bewogen haben, weniger Widerstand gegen die Einlieferung zu leisten, als er es getan hätte, wenn er die Tatsachen gekannt hätte. Welche Absichten diejenigen, die an seinem Übergang von einer bürgerlichen Person zu einem Patienten beteiligt waren, immer gehabt haben mögen – der Betroffene wird stets das Gefühl haben, in seine gegenwärtige, mißliche Situation hineinmanövriert worden zu sein.

Ich bin der Auffassung, daß der vorklinische Patient mit wenigstens einem gewissen Maß an Rechten, Freiheiten und Befriedigungen des Privatmannes beginnt, und daß er, dessen nahezu beraubt, auf einer psychiatrischen Station endet. Es fragt sich, wie diese Beraubung vonstatten geht. Dies ist der zweite Aspekt des Betruges, den ich erörtern möchte.

In den Augen des vorklinischen Patienten mag die Kette von relevanten Figuren wie eine Art Betrugs-Trichter funktionieren. Der Übergang vom Individuum zum Patienten kann bewirkt werden durch eine Reihe von miteinander verbundenen Stationen, deren jede von einem anderen Agenten gehandhabt wird. Während jede Stufe eine krasse Verringerung des freien Status des Erwachsenen mit sich bringt, wird jeder Agent die Täuschung aufrechtzuerhalten suchen, daß keine weitere Verschlechterung eintreten werde. Er kann es sogar fertigbringen, diesen Eindruck aufrechtzuerhalten, während er den vorklinischen Patienten an den nächsten Agenten überweist. Außerdem wird der vorklinische Patient von dem Agenten, mit dem er es gerade zu tun hat, stillschweigend aufgefordert, dauernd eine leichte Konversation in Gang zu halten, die taktvoll die administrativen Tatsachen der Situation verschweigt, während er mit jeder Stufe zunehmend in Widerspruch zu diesen Akten gerät. Die Gattin wird einen Gefühlsausbruch vermeiden, wenn sie den vorklinischen Patienten zu veranlassen sucht, einen Psychiater aufzusuchen. Psychiater werden eine »Szene« vermeiden, wenn der vorklinische Patient feststellt, daß er und seine Gattin getrennt und verschieden beurteilt werden. Die Polizei bringt einen vorklinischen Patienten selten in der Zwangsjacke in die Heilanstalt, da es im allgemeinen einfacher ist, ihm eine Zigarette und ein paar freundliche Worte zu schenken und ihm die Möglichkeit zu geben, sich im Fond des Streifenwagens zu entspannen; und schließlich glaubt der Psychiater in der Aufnahmestation, er könne seine Arbeit besser in der relativen Ruhe und Bequemlichkeit dieser Station leisten, wo als Nebenfolge der Eindruck erhalten bleibt, eine psychiatrische Klinik sei tatsächlich ein angenehmer Aufenthalt. Wenn der vorklinische Patient all diese stillschweigenden Anforderungen beachtet und sich vernünftig mit der ganzen Angelegenheit abfindet, dann kann er die ganze Kette von zu Hause bis in die Klinik zurücklegen, ohne daß jemand gezwungen wird, das Geschehen ins Auge zu fassen oder sich mit dem Gefühlsausbruch auseinanderzusetzen, den die ganze Situation wohl rechtfertigen würde. Seine Rücksichtnahme auf diejenigen, die ihn in die Heilanstalt bringen, erlaubt es ihnen, wiederum Rücksicht auf ihn zu nehmen, mit dem damit verbundenen Resultat, daß diese Interaktionen mit einer gewissen protektiven Harmonie durchgeführt werden können, welche für den normalen zwischenmenschlichen Verkehr charakteristisch ist. Aber sollte der neue Patient auf die Folge von Schritten zurückblicken, die zu seiner Hospitalisierung führten, dann mag er den Eindruck gewinnen, daß die gegenwärtige Bequemlichkeit aller Beteiligten emsig aufrechterhalten wurde, während sein langfristiges Wohlergehen untergraben worden ist. Diese Erkenntnis kann eine moralische Erfahrung darstellen, welche ihn für den Augenblick noch mehr von den Menschen der Außenwelt isoliert.[20]

20 Die Gepflogenheiten im Konzentrationslager bieten ein gutes Beispiel dafür, wie ein solcher Betrugstrichter dazu beiträgt, die Kooperationsbereitschaft zu fördern und Widerstand und Unruhe zu verringern, obgleich man hier nicht davon sprechen kann, daß die Vermittler im Interesse der Insassen handelten. Die Polizisten, welche die Menschen aus ihren Wohnungen abholten, machten manchmal gutgelaunte Späße und waren bereit zu warten, bis man Kaffee getrunken hatte. Die Gaskammern wurden wie Entlausungsstationen ausgestattet, und den Opfern, die ihre Kleidung ablegten, wurde gesagt, sie sollten sich

Ich möchte nun die Kette der Karriere-Agenten vom Standpunkt dieser Agenten selbst untersuchen. Die Vermittler beim Übergang eines Menschen vom Status des Bürgers zu dem des Patienten – wie auch seine Wärter, sobald er sich in der Klinik befindet – sind daran interessiert, einen nächsten Vertrauten als Sachwalter oder Beschützer des Patienten einzusetzen; sollte sich kein Kandidat für diese Rolle anbieten, so wird vielleicht jemand ausgesucht und in diese Rolle gedrängt. Während also jemand schrittweise in einen Patienten verwandelt wird, wird ein Vertrauter desselben schrittweise in einen Beschützer verwandelt. Steht ein solcher Beschützer zur Verfügung, so kann der ganze Transformationsprozeß reibungslos vonstatten gehen. Er ist zumeist mit den zivilen Angelegenheiten und Geschäften des vorklinischen Patienten vertraut und kann Schwierigkeiten beheben, die anderenfalls der Klinik zur Last fallen würden. Einige der bürgerlichen Rechte des vorklinischen Patienten können ihm übertragen werden, was dazu beiträgt, die legale Fiktion aufrechtzuerhalten, daß, während der vorklinische Patient diese Rechte tatsächlich nicht mehr besitzt, er sie in Wahrheit irgendwie doch nicht verloren habe.

Klinische Patienten empfinden, zumindest für eine gewisse Zeit, die Hospitalisierung als eine massive, ungerechte Deprivation, und mitunter gelingt es ihnen, einige Personen aus der Außenwelt davon zu überzeugen, daß dies tatsächlich der Fall ist. Oft ist es daher nützlich, wenn diejenigen Personen, die dem Patienten diese Entrechtung zufügen und ihm als solche bekannt sind, auf die Kooperation und Zustimmung eines Menschen hinweisen können, dessen Beziehung zu dem Patienten ihn über jeden Verdacht erhebt und ihn eindeutig als denjenigen definiert, dem am meisten am Wohle des Patienten gelegen sein sollte. Wenn der Beschützer mit dem, was dem klinischen Patienten widerfährt, einverstanden ist, so sollte es wohl auch die übrige Welt sein.[21]

---

merken, wo sie diese zurückgelassen hatten. Die zur Tötung selektierten Kranken, Alten, Schwachen oder Geistesgestörten wurden mitunter in Rotkreuzwagen in Lager gefahren, welche Bezeichnungen wie »Beobachtungsklinik« trugen. Siehe David Boder, *I Did Not Interview the Dead* (Urbana, University of Illinois Press, 1949), S. 81; sowie Elie A. Cohen, *Human Behavior in the Concentration Camp* (London, Jonathan Cape, 1954), S. 32, 37, 107.

21 Interviews, die von der Clausen-Gruppe am National Institute of Mental Health gemacht wurden, weisen darauf hin, daß, wenn die Rolle des Beschützers einer Ehefrau zufällt, die Verantwortung die vorhergehende Distanz zum Gatten

Anscheinend ist es nun so, daß, je mehr berechtigtes Interesse die eine Partei an der anderen nimmt, sie desto besser die Rolle des Beschützers für die andere übernehmen kann. Aber die sozialen Strukturen, die zu dem anerkannten Verschmelzen der Interessen zweier Menschen führen, ziehen weitere Konsequenzen nach sich. Denn die Person, an die der Patient sich um Hilfe, um Schutz gegen Bedrohungen wie etwa die unfreiwillige Einweisung wendet, ist ausgerechnet diejenige Person, von der die Klinikverwaltung sich autorisieren läßt. Es ist daher verständlich, daß manche Patienten – zumindest zeitweilig – den Eindruck gewinnen, daß die Enge einer Beziehung nichts über deren Vertrauenswürdigkeit besagt.

Aus dieser Rollenkomplementarität ergeben sich noch weitere funktionale Auswirkungen. Wenn der nächste Vertraute sich an den Vermittler um Unterstützung bei den Schwierigkeiten wendet, die er mit dem vorklinischen Patienten hat, dann beabsichtigt er vielleicht nicht dessen Hospitalisierung. Vielleicht hält er den vorklinischen Patienten nicht einmal für seelisch krank, oder falls er dies tut, so bleibt er vielleicht nicht auf die Dauer bei dieser Ansicht.[22] Es ist die Kette der Vermittler mit ihrem großen psychiatrischen Erfahrungsschatz und ihrem Glauben an den ärztlichen Charakter von psychiatrischen Kliniken, die häufig die Situation des nächsten Vertrauten definieren, indem sie ihm versichern, daß die Hospitalisierung eine mögliche und gute Lösung darstelle, daß sie keinen Verrat beinhalte, sondern vielmehr eine ärztliche Maßnahme zum Wohl des Patienten sei. Hier kann der nächste Vertraute erfahren, daß er, indem er dem vorklinischen Patienten gegenüber seine Pflicht erfüllt, dessen momentanes Mißtrauen, ja sogar seinen Haß auf sich ziehen könne. Aber die Tatsache, daß diese Handlungsfolge vielleicht von Fachleuten erläutert und angeordnet werden mußte und von ihnen zu einer moralischen Pflicht erklärt wurde, befreit den nächsten Vertrauten zum Teil von sei-

aufhebt, was entweder zu einer neuen Hilfs-Koalition mit diesem oder zu einer deutlichen Abwendung von ihm führt.
22 Eine Analyse dieser nicht-psychiatrischen Auffassung bieten Marian Radke Yarrow, Charlotte Green Schwartz, Harriet S. Murphy and Leila Deasy, »The Psychological Meaning of Mental Illness in the Family«, *Journal of Social Issues*, XI (1955), S. 12–24; Charlotte Green Schwartz, »Perspectives on Deviance-Wives' Definitions of their Husbands' Mental Illness«, *Psychiatry*, XX (1957), S. 275–91.

nen Schuldgefühlen.[23] Es ist eine pikante Tatsache, daß ein erwachsener Sohn oder eine Tochter in die Rolle eines solchen Vermittlers gedrängt werden können, so daß die Feindseligkeit, die sich andernfalls gegen die Ehegattin richten könnte, auf das Kind abgeleitet wird.[24]

Sobald der vorklinische Patient einmal in der Klinik ist, kann dieselbe Schuldübertragungsfunktion ein wichtiger Teil der Arbeit des Personals bezüglich des nächsten Vertrauten werden.[25] Diese Gründe für das Gefühl, daß er selbst nicht den Patienten verraten hat, auch wenn der Patient dies annimmt, können später dem nächsten Vertrauten, wenn er den Patienten in der Klinik besucht, eine vertretbare Position und eine Voraussetzung für die Hoffnung, daß die Beziehung nach dem Klinikaufenthalt wiederhergestellt werden könne, verleihen. Und natürlich kann diese Position, wenn der Patient sie akzeptiert, ihm Entschuldigungsgründe für den nächsten Vertrauten geben, falls er nach solchen suchen sollte.[26]

Während also der nächste Vertraute wichtige Funktionen für die Vermittler und Klinikadministratoren übernehmen kann, können diese umgekehrt wichtige Funktionen für ihn erfüllen. Daraus entsteht ein unbeabsichtigter Tausch oder eine Reziprozität der Funktionen, wobei diese Funktionen selbst oft nicht beabsichtigt sind.

Schließlich möchte ich im Zusammenhang mit der moralischen

23 Eine solche Übertragung der Schuld findet natürlich auch in anderen Rollenkomplexen statt. So werden, wenn ein mittelständisches Ehepaar sich scheiden läßt, die Anwälte beider Parteien es als ihre Aufgabe ansehen, ihre Mandanten auf alle potentiellen Rechte und Ansprüche, die sie haben, aufmerksam zu machen, und die Mandanten drängen, daß sie diese einklagen, statt auf die Rechte und Vorzüge des früheren Partners Rücksicht zu nehmen. Der Mandant kann dann guten Glaubens sich selbst und dem ehemaligen Partner gegenüber behaupten, er würde diese Forderungen nur aufstellen, weil der Anwalt dies für das beste hielte.

24 Berichtet in den von Clausen ermittelten Daten.

25 Darauf weisen hin Cumming and Cumming, op. cit., S. 129.

26 Darin liegt ein interessanter Gegensatz zur moralischen Karriere des Tuberkulosekranken. Julius Roth teilte mir mit, daß die Tuberkulosepatienten meist aus eigenem Willen in die Klinik kommen und mit ihren Anverwandten über die Behandlung einig sind. Im späteren Verlauf ihrer Klinik-Karriere, wenn sie erst erfahren, wie lange sie noch bleiben müssen und wie einschränkend und irrational manche der Klinikvorschriften sind, bemühen sie sich um die Entlassung, von der ihnen das Personal und die Verwandten abraten, und erst dann beginnen sie sich betrogen zu fühlen.

Karriere des vorklinischen Patienten noch ihren eigentümlich rückwirkenden Charakter diskutieren. Bevor ein Mensch tatsächlich in die Klinik gelangt, gibt es anscheinend keine Möglichkeit, sicher festzustellen, ob ihm, die determinative Rolle der Karriere-Zufälle vorausgesetzt, ein solches Schicksal bevorsteht. Und bis zum Zeitpunkt der Hospitalisierung werden er sich selbst und andere ihn nicht für jemanden halten, der sich zu einem Geisteskranken entwickelt. Da er jedoch gegen seinen Willen in der Klinik festgehalten wird, sind sein nächster Vertrauter und das Klinikpersonal um eine Rechtfertigung für die von ihnen verantworteten Härten dringend verlegen. Die Angehörigen des ärztlichen Personals werden immer noch einen Beweis für die fachliche Begründung ihres Tuns benötigen. Diese Probleme werden erleichtert – zweifellos unbeabsichtigt – durch die konstruierte Fallgeschichte, die für die Vergangenheit des Patienten zurechtgeschnitten wird, was den Effekt hat, zu demonstrieren, daß er die ganze Zeit schon krank war, und daß er schließlich ernstlich erkrankte und daß, wäre er nicht hospitalisiert worden, noch viel schlimmere Dinge auf ihn zugekommen wären – was alles natürlich zutreffen mag. Nebenbei bemerkt, wenn der Patient seinen Klinikaufenthalt als sinnvoll betrachten und – wie bereits festgestellt – sich die Möglichkeit offenhalten will, einmal wieder seinen nächsten Vertrauten als einen netten und wohlmeinenden Menschen zu akzeptieren, dann wird auch er Grund haben, einiges von der psychiatrischen Bearbeitung seiner Vergangenheit zu glauben.

Hierin liegt eine gewisse Schwierigkeit für die Soziologie der Karrieren. Ein wichtiger Aspekt jeder Karriere ist die Meinung, die der Mensch sich im Rückblick über seine Laufbahn zurechtlegt. In gewissem Sinne resultiert jedoch eine Karriere gänzlich aus dieser Rekonstruktion. Die Tatsache, die Karriere eines vorklinischen Patienten hinter sich zu haben, beginnend mit einer erfolgreichen Beschwerde, spielt eine bedeutsame Rolle für die Orientierung des Patienten, aber diese Rolle kann erst dann gespielt werden, wenn die Hospitalisierung den Beweis liefert, daß der Betreffende zwar eine Karriere als Patient durchlaufen hat, jedoch nicht länger durchläuft.

Die klinische Phase

Der letzte Schritt in der Karriere des vorklinischen Patienten kann durch die Erkenntnis markiert sein, daß er – berechtigt oder nicht – von der Gesellschaft ausgestoßen wurde und daß seine nächsten Mitmenschen ihn hintergangen haben. Interessanterweise gelingt es dem Patienten vielleicht, besonders bei der ersten Einlieferung, diesen Weg bis zu Ende zu gehen, auch wenn er sich nun tatsächlich in einer geschlossenen psychiatrischen Klinikstation befindet. Bei der Aufnahme in die Klinik verspürt er vielleicht sehr stark den Wunsch, niemandem als ein Mensch bekannt zu sein, der womöglich auf seine gegenwärtigen Umstände reduziert werden könnte, oder als jemand, der sich in einer Weise betragen hat, die zu der Einlieferung geführt hat. Folglich wird er es wahrscheinlich vermeiden, mit jemandem zu sprechen, womöglich versuchen, alleine zu bleiben, und sich vielleicht sogar »kontaktlos« oder »manisch« zu verhalten, um sich von jeder Interaktion fernzuhalten, die ihm eine höfliche reziproke Rolle abnötigen würde und ihn gewahr werden ließe, wie er in den Augen der anderen dasteht. Wenn sein nächster Vertrauter versucht, ihn zu besuchen, dann kann dieser durch Schweigen oder durch die Weigerung des Patienten, den Besuchsraum zu betreten, zurückgewiesen werden, wobei diese Strategien häufig den Schluß nahelegen, daß der Patient immer noch an einem Überrest von Vertrautheit mit denjenigen festhält, die zu seiner Vergangenheit gehörten, und daß er diesen Rest vor der schließlichen Destruktivität des Umgangs mit den neuen Menschen, zu denen jene nun geworden sind, bewahren will.[27]

Normalerweise gibt der Patient diese anstrengende Bemühung, anonym zu bleiben, auf und zeigt Bereitschaft, sich an der konventionellen sozialen Interaktion mit der Klinikgemeinschaft zu

27 Die ursprüngliche Strategie des Insassen, Kontakte zu vermeiden, ist z. T. für die relative Seltenheit einer Gruppenbildung unter Insassen öffentlicher Heilanstalten verantwortlich; auf diesen Zusammenhang machte mich William R. Smith aufmerksam. Der Wunsch, persönliche Bindungen zu vermeiden, welche dem anderen die Freiheit einräumen würden, biographische Fragen zu stellen, könnte ebenfalls dazu beitragen. Natürlich kann das Personal in Heilanstalten, wie auch in Gefangenenlagern, sich bewußt bemühen, sich anbahnende Gruppenbildungen zu zerstören, um kollektive Rebellionen und andere Ordnungsstörungen zu vermeiden.

beteiligen. Danach entzieht er sich lediglich in speziellen Formen – indem er stets seinen Spitznamen benutzt, indem er seine Beiträge in der Anstaltszeitung nur mit den Initialen signiert oder indem er die unverfängliche Deckadresse benutzt, die einige Kliniken taktvollerweise zur Verfügung stellen; oder er entzieht sich nur zu speziellen Gelegenheiten, wenn z. B. eine Gruppe Schwesternschülerinnen der Station einen Besuch abstattet, oder wenn er sich auf dem Anstaltsgelände bedingt frei bewegen darf und plötzlich bemerkt, daß er im nächsten Augenblick einer Zivilperson begegnen würde, die er zufällig von früher kennt. Die Wärter haben für dieses Zugänglichwerden des Patienten den Ausdruck »sich einleben« geprägt. Er kennzeichnet eine neue, vom Patienten eingenommene und aufrechterhaltene Einstellung und gleicht dem in anderen Gruppierungen auftretenden »Debut«.[28]

Sobald der vorklinische Patient sich einzuleben beginnt, verläuft sein Schicksal meist ähnlich wie in einer ganzen Reihe ähnlicher isolierter Anstalten – so z. B. in Gefängnissen, Konzentrationslagern, Klöstern, Arbeitslagern usw. –, in denen der Insasse seinen ganzen Lebensablauf auf dem Gelände zubringt und seinen vorgeschriebenen Tageslauf in unmittelbarer Gesellschaft einer Gruppe von Menschen seines eigenen institutionellen Status durchläuft.

Wie der Neuling in vielen dieser totalen Institutionen, findet sich der neue klinische Patient säuberlich aller seiner gewohnten Sicherheiten, Befriedigungen und Abwehrmechanismen beraubt und ist einem umfangreichen Satz von demütigenden Erfahrungen ausgesetzt: Einschränkung der Bewegungsfreiheit, Leben in der Ge-

---

28 Eine vergleichbare Form des Debuts findet sich im homosexuellen Milieu, wenn jemand sich in einer Versammlung von Gleichgesinnten nicht als Besucher vorstellt, sondern zu erkennen gibt, er sei »noch zu haben«. Siehe Evelyn Hooker, »A Preliminary Analysis of Group Behavior of Homosexuals«, *Journal of Psychology*, LXII (1956), S. 217–25; siehe besonders S. 221. Eine gute literarische Behandlung des Themas findet sich in James Baldwins *Giovanni's Room* (New York, Dial, 1956), S. 41–57. Ein vertrautes Beispiel dieses Debuts finden wir bei präpubertären Kindern in dem Augenblick, wenn einer der Beteiligten wieder in einen Raum zurückschleicht, den er in einer Anwandlung von Wut und verletzter *amour propre* verlassen hatte. Der Ausdruck Debut geht wahrscheinlich auf die rite-de-passage-Zeremonien zurück, welche einst von Müttern der oberen Schichten für ihre Töchter arrangiert wurden. Interessanterweise symbolisieren Patienten in großen Heilanstalten manchmal ein vollkommenes Debut bei Gelegenheit ihrer ersten Beteiligung an einer Klinik-Tanzveranstaltung.

meinschaft, diffuse Autorität einer Vielzahl von Menschen usw. An diesem Beispiel lernen wir erneut, in wie geringem Maße ein Begriff vom eigenen Selbst aufrechterhalten werden kann, sobald die gewohnten Hilfsmittel wegfallen.

Im Verlauf dieser demütigenden moralischen Erfahrungen lernt der klinische Patient sich innerhalb des »Stationssystems« zurechtzufinden.[29] In öffentlichen Heilanstalten besteht dieses Stationssystem normalerweise aus einer Reihe von abgestuften Lebensbedingungen innerhalb der Stationen, Pflegeleistungen genannten Verwaltungsakten und bedingten Freiheiten. Das »schlimmste« Niveau sieht häufig nichts weiter als mit Holzbänken möblierte Räume, ein undefinierbares Essen und den Bruchteil eines Zimmers als Schlafstelle vor. Zum »besten« Niveau gehört ein eigenes Zimmer, Regelurlaub auf dem Anstaltsgelände und in der Stadt, relativ nicht-destruktive Kontakte mit dem Personal und ein einigermaßen annehmbares Essen sowie ausreichende Freizeitmöglichkeiten. Für Ungehorsam gegenüber der Hausordnung sind schwere Strafen in Form des Verlustes von Privilegien vorgesehen; für deren Befolgung erhält der Patient schließlich die Erlaubnis zu einigen der kleineren Freuden, die er in der Außenwelt für gesichert hielt.

Die Institutionalisierung dieser radikal veränderten Lebensbedingungen verdeutlicht die Folgen sozialer Verhältnisse für das Selbst. Und dies wiederum bestätigt die Tatsache, daß das Selbst nicht nur aus den Interaktionen seines Trägers mit für ihn relevanten Anderen besteht, sondern auch aus den Arrangements, die eine Organisation für ihre Mitglieder entwickelt.

Es gibt Bedingungen, die ein Mensch mitunter nur widerstrebend als einen Ausdruck seiner selbst akzeptieren kann. Wenn ein Tourist die Slums aufsucht, so kann er an der Situation Vergnügen finden, nicht weil sie eine Widerspiegelung seiner selbst ist, sondern weil sie dies gerade mit so großer Bestimmtheit nicht ist. Es gibt andere Bedingungen, z. B. die gute Stube einer Wohnung, die jemand unterhält und benützt, um die Meinung der anderen über ihn selbst vorteilhaft zu beeinflussen. Und es gibt wiederum andere Gegebenheiten, wie den Arbeitsplatz, die den beruflichen Status des Angestellten ausdrücken, über die er jedoch letzten Endes keine

29 Eine gute Beschreibung des Stationssystems gibt Ivan Belknap, *Human Problems of a State Mental Hospital* (New York, McGraw-Hill, 1956), Kap. IX, besonders S. 164.

Kontrolle hat, da diese – wie taktvoll auch immer – seinem Arbeitgeber vorbehalten bleibt. Psychiatrische Kliniken sind ein Extremfall dieser letzteren Möglichkeit. Und dies geht nicht nur auf ihre einzigartig niedrigen Lebensbedingungen zurück, sondern auch auf die Einmaligkeit, mit der dem Patienten eindringlich, beharrlich und bestimmt deren Bedeutung für das Selbst vor Augen geführt wird. Einmal auf einer bestimmten Station untergebracht, wird der Patient mit Sicherheit belehrt, daß die von ihm vorgefundenen Einschränkungen und Entbehrungen nicht durch blinde Mächte wie Tradition oder Wirtschaftlichkeit bedingt sind – und daher nichts mit seinem Selbst zu tun haben –, sondern daß sie beabsichtigte Bestandteile seiner Behandlung, seiner gegenwärtigen Bedürfnisse und mithin ein Ausdruck des momentanen Zustands seines Selbst sind. Wiewohl er allen Grund hat, bessere Bedingungen zu fordern, wird er belehrt, daß entsprechende Schritte erst unternommen werden, sobald das Personal den Eindruck hat, er könne sich auf einem höheren Stationsniveau »zurechtfinden«, oder dieses täte ihm gut. Kurz, die Einweisung in eine bestimmte Station wird nicht als Belohnung oder Strafe dargestellt, sondern als Ausdruck seiner allgemeinen sozialen Funktionsfähigkeit, seines Status als Person. Angesichts der Tatsache, daß die niedrigsten Stationsniveaus einen Lebensablauf vorsehen, den klinische Patienten mit organischen Hirnschäden leicht absolvieren können, und daß diese recht beschränkten menschlichen Wesen vorhanden sind, um dies zu beweisen, kann man sich einige der Spiegeleffekte der Klinik vorstellen.[30]

Das Stationssystem ist also ein extremes Beispiel dafür, wie die physischen Gegebenheiten einer Anstalt bewußt eingesetzt werden können, um die Vorstellung, die jemand sich von sich selbst macht, zu beeinflussen. Darüber hinaus ermöglicht das offizielle psychiatrische Mandat der Heilanstalt auch noch direktere, eklatantere Angriffe auf das Selbstverständnis des Insassen. Je stärker sich eine Klinik an »ärztlichen« und fortschrittlichen Standards orientiert – je mehr sie therapeutisch zu arbeiten und nicht nur als

---

30 In dieser Hinsicht können Heilanstalten als Orte, an denen die Zeit »abgesessen« werden muß, schlimmer sein als Konzentrationslager und Gefängnisse; in den letzteren kann das Abstandhalten von den symbolischen Konsequenzen des Schauplatzes leichter fallen. Tatsächlich kann das Abstandhalten vom Klinikschauplatz so schwierig sein, daß die Patienten dazu Mittel einsetzen müssen, welche das Personal als psychotische Symptome interpretiert.

bloße Verwahrungsanstalt zu fungieren versucht –, desto eher besteht die Möglichkeit, daß der Patient mit hochgestellten Angehörigen des Personals konfrontiert ist, welche ihm suggerieren, seine ganze Vergangenheit sei ein einziges Scheitern gewesen, und die Ursachen hierfür seien in ihm selbst zu suchen; und daß er, will er als Mensch ernstgenommen werden, seine ganze Art, mit Menschen zu verkehren, sowie sein Selbstbild ändern müsse. Häufig wird der moralische Wert dieser Verbalinjurien dem Betreffenden dadurch oktroyiert, daß man ihn zwingt, ein solches psychiatrisches Bild von sich selbst in arrangierten Bekenntnis-Sitzungen einzuüben – entweder in privaten Konsultationen oder in der Gruppentherapie.

An dieser Stelle ist eine allgemeine Feststellung über die moralische Karriere des klinischen Patienten am Platze, die auch für andere moralische Karrieren zutrifft. Sobald jemand eine bestimmte Stufe seiner Karriere erreicht hat, läßt sich charakteristischerweise feststellen, daß er ein Bild seines Lebenslaufes – bestehend aus Vergangenheit, Gegenwart und Zukunft – konstruiert, welches die Geschehnisse so abstrahiert, auswählt und umformt, daß seine gegenwärtigen Verhältnisse in einem vorteilhaften Licht erscheinen. Ganz allgemein führt diese Vorstellung des Betreffenden von sich selbst dazu, daß er sich defensiv an die fundamentalen Werte seiner Gesellschaft anpaßt; man kann also von einer apologetischen Selbstdarstellung sprechen. Wenn es dem einzelnen gelingt, ein vorteilhaftes Bild seiner gegenwärtigen Situation zu entwerfen, welches das Wirken vorteilhafter persönlicher Eigenschaften in der Vergangenheit sowie eine günstige Zukunftserwartung aufweist, dann kann man von einer »Erfolgs-Story« sprechen. Wenn hingegen die Fakten der Vergangenheit und Gegenwart eines Menschen extrem trostlos sind, dann ist es gewiß für ihn am besten, wenn er zu beweisen sucht, daß er für das, was aus ihm geworden ist, nicht verantwortlich ist, und dann kann man von einer »traurigen Geschichte« sprechen. Es ist eine interessante Tatsache, daß ein Mensch, je mehr seine Vergangenheit ihn in Nicht-Übereinstimmung mit den zentralen Werten seiner Gesellschaft bringt, offenbar desto eher gezwungen ist, seine traurige Geschichte in jeglicher Umgebung zum besten zu geben. Vielleicht reagiert er damit auf das beim anderen vorausgesetzte Bedürfnis, dessen Bild von einem »sauberen« Lebenslauf nicht verletzt zu sehen. Auf jeden Fall erzählen Sträflinge, Alkoholiker und Prostituierte am bereitwilligsten solche Geschichten.[31] Im folgenden möchte ich mich mit den Wechselfällen der traurigen Geschichten von Geisteskranken befassen.

In der Heilanstalt wird dem Patienten unsanft klargemacht, daß er immerhin ein psychiatrischer Fall ist, der in der Außenwelt eine Art sozialen Kollaps erlitten hat und irgendwie total gescheitert ist, und daß er wenig soziales Ansehen genießt, da er kaum in der Lage ist, überhaupt wie ein vollzunehmender Mensch zu handeln. Diese Demütigungen werden wohl am einschneidendsten von Patienten aus der Mittelschicht empfunden, da ihre vorherrschenden Lebensbedingungen sie normalerweise gegen solche Beleidigungen abschirmen, aber in gewissem Maß sind alle Patienten gegen solche Degradierungen empfindlich. Genau wie jedes normale Mitglied seiner jeweiligen Subkultur in der Außenwelt, reagiert der Patient häufig auf diese Situation, indem er versucht, sich eine traurige Geschichte zurechtzulegen, die beweist, daß er nicht »krank« ist, daß die »kleinen Schwierigkeiten«, in die er geraten ist, in Wirklichkeit jemand anders verschuldet hat, daß sein vergangener Lebenslauf ehrbar und rechtschaffen war und daß die Klinik daher Unrecht tut, ihm den Status eines Geisteskranken aufzuzwingen. Diese Tendenz zur Selbstachtung ist inner-

31 In bezug auf Sträflinge siehe Anthony Heckstall-Smith, *Eighteen Months* (London, Allan Wingate, 1954), S. 52–53. In bezug auf Alkoholiker siehe die Abhandlung bei Howard G. Bain, »A Sociological Analysis of the Chicago Skid-Row Lifeway« (unpublizierte M. A.-These, Department of Sociology, University of Chicago, September 1950), besonders »The Rationale of the Skid-Row Drinking Group«, S. 141–46. Bains vernachlässigte Abhandlung enthält wertvolles Material über moralische Karrieren.
Eines der Berufsrisiken der Prostitution besteht offenbar darin, daß Kunden und andere Personen, mit denen die Dirne beruflich Kontakt hat, zuweilen ihre Sympathie dadurch bekunden, daß sie um eine vertretbare Erklärung für das moralische Straucheln des Mädchens bitten. Dafür, daß die Prostituierte sich eine traurige Geschichte zurechtlegen muß, sollte sie vielleicht mehr bedauert als verdammt werden. Gute Beispiele für traurige Geschichten von Prostituierten finden sich bei Henry Mayhew, *London Labour and the London Poor*, Bd. IV, *Those That Will Not Work* (London, Charles Griffin and Co., 1862), S. 210–72. Eine zeitgenössische Quelle ist *Women on the Streets*, hrsg. von C. H. Rolph (London, Secker and Warburg, 1955), besonders S. 6: »Nach einigen Bemerkungen über die Polizei fing das Mädchen jedoch fast immer an zu erklären, normalerweise in Form einer Selbstrechtfertigung, warum sie jetzt so lebte ...«
In jüngster Zeit erhielt das Gewerbe Unterstützung durch die Psychologen, welche allgemeinverbindliche traurige Geschichten konstruierten. Siehe z. B. Harold Greenwald, *The Call Girl* (New York, Ballantine Books, 1958).

halb der Patientengemeinschaft fest institutionalisiert, denn dort setzt die Aufnahme sozialer Kontakte charakteristischerweise voraus, daß die Beteiligten freiwillig Informationen über ihren gegenwärtigen Aufenthalt auf der Station und die bisherige Dauer ihres Aufenthaltes preisgeben, nicht aber die Gründe für diesen Aufenthalt – wobei solche Interaktionen in der Form alltäglicher Unterhaltung, wie in der Außenwelt auch, ausgetauscht werden.[32] Bei zunehmender Vertrautheit gibt normalerweise jeder Patient relativ akzeptable Gründe für seine Hospitalisierung an, während er die von den anderen Patienten angebotenen Informationen ohne direkte Fragen akzeptiert. Es werden Geschichten wie die folgenden erzählt und offenkundig akzeptiert:

Ich wollte im Abendstudium mein Diplom machen und ging tagsüber einer Beschäftigung nach, und diese Belastung wurde zuviel für mich.

Die anderen hier sind verrückt, ich dagegen leide an einer schwachen nervlichen Konstitution, und das löst diese Phobien bei mir aus.

Ich bin durch einen Irrtum hier hineingeraten, wegen einer Diabetesdiagnose, und ich werde in ein paar Tagen entlassen. (Der Patient war seit sieben Wochen in der Klinik.)

Als Kind war ich ein Versager, und später geriet ich in Abhängigkeit von meiner Frau.

Mein Problem ist, daß ich nicht arbeiten kann. Darum bin ich hier. Ich hatte zwei Arbeitsstellen und ein schönes Zuhause und Geld soviel ich wollte.[33]

Der Patient unterstreicht diese Geschichten häufig durch eine optimistische Darstellung seines beruflichen Status. Ein Mann, der einmal zur Probe als Rundfunkansager vorgesprochen hatte, gibt

---

32 Eine ähnliche Regel zum Zweck des Selbstschutzes wurde in Gefängnissen beobachtet. Etwa Alfred Hassler, *Diary of a Self-Made Convict* (Chicago, Regnery, 1954), S. 76, der eine Unterhaltung mit einem Mithäftling schildert: »Er äußerte sich nicht darüber, wofür er verurteilt war, und ich fragte ihn nicht danach, da dies das verbindliche Verhalten im Gefängnis war.« Eine literarische Variante aus der Heilanstalt findet sich bei J. Kerkhoff, *How Thin the Veil: A Newspaperman's Story of His Own Mental Crack-up and Recovery* (New York, Greenberg, 1952), S. 27.
33 Aus den Feldnotizen des Autors über informelle Interaktionen mit Patienten, Nachschrift so wörtlich wie möglich.

sich als Rundfunksprecher aus; ein anderer, der ein paar Monate lang als Korrektor gearbeitet hatte und der dann eine Chance als Reporter einer großen Wirtschaftszeitung erhielt, jedoch schon nach drei Wochen gefeuert wurde, gibt sich als Reporter aus.

Auf der Basis dieser wechselseitig aufrechterhaltenen Fiktionen kann eine ganze soziale Rolle innerhalb der Patientengemeinschaft konstruiert werden. Aber diese Liebenswürdigkeiten im zwischenmenschlichen Verkehr werden häufig durch den Klatsch hinter dem Rücken des Betreffenden korrigiert, und dieser pflegt den Tatsachen etwas näher zu kommen. Hierin zeigt sich sicherlich eine klassische soziale Funktion des Informationsnetzes unter Gleichgestellten: sie dienen sich gegenseitig als Publikum für Erzählungen, die das eigene Selbst unterstützen – Erzählungen, die ein wenig substantieller sind als bloße Phantasieprodukte und etwas unzuverlässiger als die Tatsachen.

Die apologetische Version des Patienten entsteht jedoch in einer einzigartigen Situation, denn es lassen sich kaum destruktivere Umstände für die Selbstdarstellung vorstellen als jene Geschichten, die bereits aufgrund psychiatrischer Informationen aufgebaut sind. Deren schädliche Wirkung beruht auf mehr als dem offiziellen Formular, welches bestätigt, daß der Patient geistesgestört ist und eine Gefahr für sich selbst und andere darstellt – übrigens eine Bestätigung, die offenbar den Stolz des Patienten tief verletzt, ja ihm sogar die Voraussetzungen, Stolz zu entwickeln, raubt.

Viele der Selbstdarstellungen, die die Patienten vorbringen, werden durch die erniedrigenden Umstände des Klinikschauplatzes Lügen gestraft, und die bloße Tatsache des Aufenthalts in der Heilanstalt widerlegt solche Erzählungen. Auch reicht natürlich die Solidarität unter den Patienten nicht immer aus, um zu verhindern, daß die Patienten sich gegenseitig diskreditieren, wie es auch häufig an »ausgebildeten« Wärtern fehlt, deren Vorhandensein verhindern würde, daß die Patienten durch die Wärter diskreditiert werden. So hielt ein Patient einem Mitpatienten fortgesetzt vor:

Wenn Sie schon so gescheit sind, wie zum Teufel sind Sie dann hier hereingekommen?

Der Schauplatz einer psychiatrischen Klinik ist jedoch noch verräterischer. Das Personal hat einigen Vorteil davon, wenn es die Geschichte des Patienten anzweifelt – welcher Grund für dieses

Anzweifeln auch immer vorgeschoben werden mag. Wenn die Verwaltung der Klinik bestrebt ist, den Tageslauf des Patienten reibungslos und ohne Schwierigkeiten zu verwalten, dann erweist es sich als nützlich, ihm klarzumachen, daß seine Behauptungen über sich selbst, mit denen er seine Ansprüche zu rechtfertigen sucht, falsch sind, daß er nicht das ist, was er zu sein vorgibt, und daß er in der Tat als Mensch ein Versager ist. Wenn den Psychiatern daran gelegen ist, ihn von ihrer Ansicht über seine Selbstdarstellung zu überzeugen, dann müssen sie ihm detailliert nachweisen können inwiefern ihre Meinung über seine Vergangenheit und über seinen Charakter stimmiger sind als seine eigene.[34] Wenn die Verwaltung wie auch das psychiatrische Personal den Patienten zur Mitarbeit bei den verschiedenen psychiatrischen Behandlungsmethoden bewegen wollen, dann erweist es sich wohl als nützlich, ihm seine irrige Auffassung über deren Vorhaben auszureden und ihn zu der Einsicht zu bringen, daß sie wohl wissen, was sie tun, und daß sie nur das tun, was ihm frommt. Kurz gesagt, die von einem Patienten verursachten Schwierigkeiten sind eng verbunden mit seiner eigenen Version von dem, was ihm widerfahren ist, und wenn diese seine Version angezweifelt wird, so trägt dies dazu bei, seine Kooperation zu gewährleisten. Vom Patienten wird »Einsicht« verlangt, und man erwartet, daß er sich die Meinung der Klinik über sich selbst zu eigen macht oder wenigstens so tut als ob.

Außer der Spiegelwirkung der Situation hat das Personal weitere ideale Möglichkeiten, die Rationalisierungen des Patienten abzuwerten. Die heute gültige psychiatrische Doktrin definiert Geisteskrankheit als einen in den frühen Lebensjahren des Patienten verursachten Zustand, dessen Anzeichen den ganzen Verlauf seines

---

34 Die psychiatrische Untersuchung einer Person mit darauf folgender Herabsetzung ihres Status ist in der Klinik- und Gefängnissprache als »aushorchen« bekannt, und dies unter der Annahme, daß man, sobald man dem Prüfer in die Hände fällt, entweder automatisch als verrückt bezeichnet wird oder durch die Prüfung selbst verrückt gemacht wird. So glaubt man auch häufig, das psychiatrische Personal sei nicht damit beschäftigt, herauszufinden, ob jemand krank ist, sondern damit, ihn krank zu machen; und der Satz: »Horchen Sie mich nicht aus, Mann«, kann so viel heißen wie: »Belästigen Sie mich nicht bis zu dem Punkt, wo ich mich vergesse.« Sheldon Messinger hat mich auf eine weitere umgangssprachliche Bedeutung des Terminus »aushorchen« (bugging) aufmerksam gemacht; gemeint ist die heimliche Unterbringung von Mikrophonen in Zimmern von Leuten, über die man sich diskreditierende Informationen beschaffen will.

Lebens durchziehen und der sich auf nahezu alle Aspekte seines gegenwärtigen Tuns auswirkt. Kein Sektor seines gegenwärtigen oder früheren Lebens ist also der Zuständigkeit und dem Mandat der psychiatrischen Beurteilung entzogen. Dieses äußerst weitreichende Mandat wird in Heilanstalten bürokratisch institutionalisiert, indem diese die Behandlung des Patienten formal auf die Diagnose und die psychiatrische Bewertung seines Vorlebens gründen.

Ein wichtiger Ausdruck dieses Mandats ist die Fallgeschichte. In der Regel dient dieses Dossier offenbar aber nicht dazu, diejenigen Fälle zu registrieren, in denen der Patient die Fähigkeit bewies, ehrenhaft und effektiv mit schwierigen Lebenssituationen fertigzuwerden. Sie dient auch nicht dazu, einen allgemeinen Querschnitt durch oder einen Überblick über sein bisheriges Verhalten zu geben. Vielmehr dient es dazu, zu beweisen, inwiefern der Patient »krank« ist und warum es richtig war, ihn in die Klinik einzuliefern und die Hospitalisierung aufrechtzuerhalten. Dabei wird so verfahren, daß aus seinem ganzen Lebenslauf eine Liste jener Vorfälle zusammengestellt wird, die »symptomatische« Bedeutung haben oder hätten haben können.[35] Dazu kann auch das widrige Geschick seiner Eltern oder Geschwister, soweit es krankhafte Züge indiziert, gezählt werden. Weit zurückliegende Handlungen, bei denen der Patient anscheinend eine schwache Urteilskraft oder emotionelle Störungen gezeigt hatte, werden festgehalten. Desgleichen Gelegenheiten, bei denen er in einer Weise handelte, die der Laie als unmoralisch, sexuell pervertiert, willensschwach, kindisch, unüberlegt, impulsiv oder verrückt bezeichnen würde. Mitunter werden Verfehlungen, die irgendjemand zum Anlaß für ein unmittelbares Einschreiten nahm, weil seiner Mei-

35 Zwar führen die verschiedensten Organisationen Akten über ihre Mitglieder, doch in fast allen Fällen kann auf gewisse sozial signifikante Attribute nur indirekt geschlossen werden, da sie offiziell irrelevant sind. Nachdem psychiatrische Kliniken jedoch den legitimen Anspruch erheben, den »ganzen Menschen« zu behandeln, gilt für sie offiziell keine Einschränkung hinsichtlich dessen, was sie als relevant erachten; eine solche Freiheit ist soziologisch interessant. Es ist eine merkwürdige historische Tatsache, daß gerade jene Leute, die auf anderen Gebieten des Lebens sich für bürgerliche Freiheiten einsetzen, dazu neigen, dem Psychiater eine unumschränkte Vollmacht über den Patienten zuzugestehen. Offenbar sind sie der Meinung, daß den Interessen des Patienten um so besser gedient sei, je mehr Macht in den Händen medizinisch ausgebildeter Administratoren und Therapeuten liegt. Soviel ich weiß, gibt es zu diesem Thema keine Umfragen unter Patienten.

nung nach »das Maß voll« war, detailliert aufgeführt. Hinzu kommt, daß der Fallbericht Angaben über seine Verfassung zum Zeitpunkt der Einlieferung enthält – zu dem er sich gewiß alles andere als unbeschwert und entspannt gefühlt hat. Auch kann der Bericht die falschen Angaben enthalten, die der Patient auf peinliche Fragen hin machte und die ihn als jemanden darstellen, der offensichtlich den Fakten widersprechende Behauptungen aufstellt:

Behauptet, sie wohne nur dann, wenn krank oder hilfsbedürftig, bei der ältesten Tochter oder bei der Schwester; sonst beim Ehemann. Dieser gibt an, sie lebe seit zwölf Jahren von ihm getrennt.

Im Gegensatz zu Berichten des Personals gibt er an, er würde nicht mehr hinfallen und nicht mehr morgens weinen.

... verheimlicht die Tatsache, daß die inneren Geschlechtsorgane entfernt wurden; behauptet, noch zu menstruieren.

Anfangs behauptete sie, sie habe keinerlei voreheliche sexuelle Erfahrung gehabt, aber auf die Frage nach Jim gab sie vor, es vergessen zu haben, weil es unangenehm gewesen sei.[36]

Wo dem Berichtschreiber keine gegenteiligen Fakten bekannt sind, wird die Möglichkeit, daß solche dennoch vorliegen, dezent offengelassen:

Die Patientin stritt jegliche heterosexuellen Erfahrungen ab, auch war sie nicht zu bewegen zuzugeben, daß sie je schwanger gewesen sei oder sexuelle Befriedigung irgendwelcher Art gefunden hätte – streitet auch Masturbation ab.

Auch unter erheblichem Druck war er nicht bereit, Projektion paranoider Mechanismen zuzugeben.

Bei dieser Gelegenheit war keinerlei psychotischer Inhalt aus ihr herauszubekommen.[37]

Wo diskreditierende Feststellungen nicht sachlich zu begründen sind, erscheinen diese häufig in der Schilderung des allgemeinen sozialen Verhaltens der Patienten in der Klinik:

Beim Interview war er höflich, scheinbar selbstsicher; seine verbalen Produktionen waren von hochtrabenden Verallgemeinerungen durchsetzt.

36 Wörtlich übernommen aus Klinik-Fallberichten.
37 Wörtlich übernommen aus Klinik-Fallberichten.

Mit einem recht angenehmen Äußeren und einem feschen Hitlerbärtchen ausgestattet, fügt sich dieser 45jährige Mann, der seit etwas über fünf Jahren in der Anstalt ist, sehr erfolgreich in das Anstaltsleben ein, und zwar in der Rolle eines lebensfrohen Dandys, der sich nicht nur seinen Mitpatienten in intellektueller Hinsicht überlegen fühlt, sondern auch bei Frauen seinen Mann steht. In der Unterhaltung gebraucht er komplizierte Wendungen, die er normalerweise auch sinngemäß richtig einsetzt, aber wenn er sich lange genug über ein Thema ausläßt, dann wird deutlich, daß sein Redefluß derart unkontrolliert ist, daß alle seine Äußerungen sinnlos erscheinen.[38]

Bei den in der Fallgeschichte berichteten Vorkommnissen handelt es sich also um solche, die der Laie als anstößig, diffamierend und diskreditierend bezeichnen würde. Meiner Meinung nach kann man von allen Dienstgraden des Personals behaupten, daß sie nicht imstande sind, dieses Material mit der bei ärztlichen Feststellungen und psychiatrischen Diagnosen gebotenen moralischen Neutralität zu behandeln und sich stattdessen – wenn auch nur im Tonfall und durch Gesten – der laienhaften Reaktion auf solche Sachverhalte anschließen. Dies ist sowohl bei Kontakten zwischen dem Personal und Patienten der Fall, als auch bei Zusammenkünften des Personals, bei denen Patienten zugegen sind.
In einigen Heilanstalten bleibt der Zugang zu den Fallberichten den Ärzten und höheren Dienstgraden des Pflegepersonals vorbehalten, aber selbst dort haben die unteren Dienstgrade entweder informell oder aus zweiter Hand Zugang zu solchen Informationen.[39] Außerdem wird dem Stationspersonal das Recht zugesprochen, diese Aspekte des früheren Verhaltens des Patienten kennen-

38 Wörtlich übernommen aus Klinik-Fallberichten.
39 In manchen Heilanstalten gibt es jedoch einen »heißen Aktenschrank«, der ausgewählte Berichte enthält, die nur mit besonderer Genehmigung entnommen werden dürfen. Es kann sich dabei um Unterlagen von Patienten handeln, die als Büroboten arbeiten und andernfalls einen Blick in ihre eigenen Akten werfen könnten, oder von Insassen, welche draußen in der Gesellschaft Elite-Positionen bekleideten; oder von Insassen, welche juristische Schritte gegen die Klinik unternehmen könnten und daher ein besonderes Interesse haben, ihre Unterlagen einzusehen. In manchen Kliniken gibt es sogar einen »heißen heißen Aktenschrank«, der im Büro des Direktors steht. Manchmal wird der akademische Titel des Patienten, besonders wenn es ein medizinischer ist, absichtlich vom Aktendeckel entfernt. All diese Abweichungen von der allgemeinen Regel des Umgangs mit Informationen zeigen selbstverständlich, daß die Institution sich gewisser Konsequenzen, die das Führen von Heilanstalten haben kann, bewußt ist. Ein weiteres Beispiel gibt Harold Taxel, »Authority Structure in a Mental

zulernen, die es – im Zusammenhang mit der Reputation, die er sich in der Klinik erwirbt – angeblich ermöglichen, ihn mit mehr Nutzen für ihn selbst und weniger Risiko für andere zu beaufsichtigen. Darüber hinaus sind normalerweise die auf der Station geführten Krankenblätter, in denen der Krankheitsverlauf jedes Patienten tagtäglich festgehalten wird, allen Personaldienstgraden zugänglich – und solche Informationen bedeuten für sein gegenwärtiges Verhalten dasselbe wie die Fallgeschichte für seine Vergangenheit.

Wie ich glaube, treffen die meisten in diesen Fallgeschichten enthaltenen Angaben im großen und ganzen zu; andererseits ist es ebenso richtig, daß der Lebenslauf fast eines jeden Menschen genügend ehrenrührige Tatsachen hergäbe, um die fallgeschichtliche Rechtfertigung für eine Hospitalisierung zu liefern. Wie dem auch sei, ich möchte hier nicht die Wünschbarkeit solcher Fallberichte oder die Motive des sie zusammenstellenden Personals in Frage stellen – vielmehr möchte ich feststellen, daß der Patient, falls diese ihn betreffenden Fakten wahr sind, gewiß nicht vom üblichen kulturellen Zwang, sie zu verheimlichen, befreit ist und daß er sich vielleicht um so stärker bedroht fühlt, als er weiß, daß sie ordentlich gesammelt vorliegen und er keinerlei Einfluß darauf hat, wem sie zur Kenntnis kommen.[40] Ein männlich wirkender Jugendlicher, der auf seine Einziehung zum Militär in der Weise

Hospital Ward« (unpublizierte M. A.-These, Department of Sociology, University of Chicago, 1953), S. 11–12.

40 Dies ist ein Problem der »Informationskontrolle«, unter dem viele Gruppen in unterschiedlichem Maß leiden. Siehe Goffman, »Discrepant Roles«, in *The Presentation of Self in Everyday Life* (New York, Anchor Books, 1959), Kap. IV, S. 141–66. Eine Darstellung dieses Problems in bezug auf Fallakten in Gefängnissen gibt James Peck in seiner Kurzgeschichte »The Ship that Never Hit Port«, in *Prison Etiquette*, hrsg. von Holley Cantine und Dachine Rainer (Bearsville, N. Y., Retort Press, 1950), S. 66:

»Die Schreiber halten im Umgang mit den Gefangenen natürlich alle Trümpfe in der Hand, denn sie können jederzeit eine Bestrafung eintragen. Jeder Verstoß gegen die Vorschriften wird in der Akte des Häftlings vermerkt, einem Ordner, der alle Einzelheiten über das Leben des Mannes vor und während der Gefangenschaft enthält. Allgemeine Berichte werden vom Arbeitsaufseher, vom Aufseher des Zellentrakts oder von irgendwelchen anderen Aufsehern geschrieben, die etwa eine Unterhaltung belauscht haben. Dazu gehören auch die Geschichten, die die Spitzel liefern.

Jeder Brief, der die Behörde interessiert, wandert in die Akte. Der Post-Zensor kann den ganzen Brief des Gefangenen fotokopieren oder nur einen Absatz daraus ablichten. Oder er kann den Brief an den Direktor weiterleiten. Oft

reagierte, daß er aus der Kaserne entwich und sich im Kleider-
schrank eines Hotelzimmers verbarg, wo er, nach seiner Mutter
schreiend, aufgefunden wurde; eine Frau, die von ihrem Wohnort
im Staate Utah bis nach Washington reiste, um den Präsidenten
von dem drohenden Weltuntergang zu warnen; ein Mann, der sich
vor drei jungen Mädchen entblößte; ein Knabe, der seine Schwester
aus dem Hause aussperrte und ihr zwei Zähne einschlug, als sie
versuchte, sich durch das Fenster Eingang zu verschaffen – all diese
Menschen haben etwas getan, was sie aus vernünftigen Gründen
vor anderen verheimlichen möchten, und sie haben guten Grund,
in diesem Punkt die Unwahrheit zu sagen.

Die formellen und informellen Kommunikationsmuster, welche
die Angehörigen des Klinikpersonals miteinander verbinden, verstärken meist noch die bloßstellende Wirkung des Fallberichts.
Eine entwürdigende Handlung, die ein Patient zu einem bestimmten Zeitpunkt des Tages an einer bestimmten Stelle der Klinikgemeinschaft begeht, wird sehr wahrscheinlich denen zu Ohren
kommen, die andere Sektoren seines Lebens überwachen und denen
gegenüber er den Eindruck wird aufrechterhalten wollen, daß er
nicht der Mensch ist, dem so etwas zuzutrauen wäre.

Hier wie in einigen anderen sozialen Institutionen ist die in zunehmendem Maß geübte Praxis der alle Dienstgrade umfassenden
Personalbesprechungen von Bedeutung, bei denen die Mitglieder
des Personals ihre Ansichten über die Patienten austauschen und
kollektive Beschlüsse hinsichtlich der Haltung der Patienten und
der Einstellung, die man ihnen gegenüber einnehmen sollte, fassen.
Ein Patient, der eine »persönliche« Beziehung mit einem Wärter
eingeht oder dem es gelingt, durch beredte und beharrliche Vor-
würfe einen Wärter in seinem Verhalten ihm gegenüber zu verunsichern, kann mit Hilfe der Personalversammlung in seine
Schranken verwiesen werden, indem der betreffende Pfleger verwarnt beziehungsweise in seiner Meinung bestärkt wird, daß der
Patient »krank« ist. Da in diesem Fall die unterschiedlichen Ein-
schätzungen, die ein Patient seitens der auf verschiedenen Ebenen
stehenden Personen seiner Umgebung erfährt, hinter seinem

wird ein zum Direktor oder Urlaubs-Sachbearbeiter vorgeladener Insasse mit
etwas konfrontiert, das er vor so langer Zeit geschrieben hat, daß es ihm völlig
entfallen ist. Dies kann von seinem Leben oder seinen politischen Ansichten
handeln – irgendein Fragment, das die Gefängnisbehörden für gefährlich hielten
und zur späteren Verwendung zu den Akten nahmen.«

Rücken sich zu einer gemeinschaftlichen Einstellung vereinigen, kann er den Eindruck einer gegen ihn gerichteten Verschwörung gewinnen – auch wenn diese aufrichtig zu seinem eigenen Besten gemeint ist.

Darüber hinaus wird die formale Überstellung eines Patienten von einer Station oder Abteilung in eine andere wahrscheinlich von einer informellen Schilderung seiner Charakterzüge sowie von Vermutungen über seine Kooperationsbereitschaft gegenüber dem nunmehr für ihn verantwortlichen Pflegepersonal begleitet sein.

Auf einer völlig informellen Ebene schließlich werden die jüngsten Taten der Patienten in der Form des Mittags- oder Kaffeepausenklatsches vom Personal besprochen, was in allen sozialen Institutionen um so mehr gilt, als stets angenommen wird, das alles, was den Patienten betrifft, irgendwie der rechtmäßigen Befugnis des Personals untersteht. Theoretisch gibt es anscheinend keinen Grund, weshalb dieser Klatsch den Betroffenen nicht auf- statt abwerten sollte – es sei denn man nähme an, daß Gespräche über nicht anwesende Dritte immer einen kritischen Charakter tragen müssen, damit der Zusammenhalt und das Prestige des Kreises, in dem das Gespräch stattfindet, aufrechterhalten werden. Daher setzen solche Gespräche – auch wenn die daran Beteiligten von freundlichen Motiven geleitet sind – typischerweise voraus, daß der Patient nicht als vollwertige Person anzusehen ist. So vertraute ein gewissenhafter Gruppentherapeut, der sich für seine Patienten einzusetzen pflegte, einmal am Kaffeetisch seinem Kollegen folgendes an:

Ich hatte drei Patienten, die die Gruppe störten, darunter besonders einen Mann – einen Rechtsanwalt (leise:) James Wilson, hoch befähigt –, der mir das Leben schwer machte. Aber ich sagte ihm immer, er solle sich zusammennehmen und etwas Sinnvolles tun. Na schön, mit der Zeit verzweifelte ich schon, und dann traf ich seinen Psychiater, der mir mitteilte, daß sich gerade hinter dem Getue und der Fassade dieses Mannes ein starkes Bedürfnis nach der Gruppe verberge, daß diese ihm wahrscheinlich mehr als alles andere bedeute; er sollte bald entlassen werden, er brauchte einfach diese Unterstützung. Schön, das änderte meine Meinung über ihn. Mittlerweile ist er entlassen.

In Heilanstalten werden also im allgemeinen gerade solche Informationen über den Patienten ausgetauscht, die dieser lieber verheimlichen würde. Und dieses Wissen wird in unterschiedlich abgestuften Details eingesetzt, um seine Behauptungen zu widerlegen. Bei der Aufnahme und bei diagnostischen Sitzungen werden ihm Fragen gestellt, auf die er falsche Antworten geben muß, wenn er seine Selbstachtung nicht verlieren will, woraufhin ihm die richtige Antwort entgegengehalten wird. Ein Wärter, dem er seine Version seines Vorlebens zusammen mit seiner Begründung, warum er in der Klinik ist, anvertraut, wird vielleicht ungläubig lächeln oder antworten: »Da habe ich aber etwas ganz anderes gehört«, was mit der psychiatrischen Praxis übereinstimmt, den Patienten in die sog. Realität zurückzuführen. Tritt der Patient auf der Station an einen Arzt oder Pfleger heran, um mehr Privilegien oder seine Entlassung zu fordern, so hält man ihm womöglich eine Frage entgegen, auf die er nicht wahrheitsgemäß antworten kann, ohne sich an eine Gelegenheit zu erinnern, bei der er sich unwürdig betragen hat. Trägt er während der Gruppentherapie seine Meinung über seine Situation vor, so wird der Therapeut – die Rolle des Inquisitors spielend – vielleicht versuchen, ihm seine Interpretationen, mit denen er sein Gesicht zu wahren sucht, auszureden und ihm stattdessen die Auffassung nahelegen, daß die Schuld bei ihm selber liege und er sein Verhalten ändern müsse. Wenn er dem Personal oder den Mitpatienten gegenüber beteuert, er sei gesund und niemals wirklich krank gewesen, so wird ihm vielleicht schwarz auf weiß nachgewiesen, daß er erst vor einem Monat wie ein junges Mädchen umherstolzierte oder behauptete, Gott zu sein, oder sich weigerte, zu sprechen und Nahrung zu sich zu nehmen, oder sich Kaugummi ins Haar klebte.

Jedesmal wenn die Behauptungen des Patienten durch Angehörige des Stabes zunichte gemacht werden, ist er durch seine Idealvorstellung von einem menschlichen Verhalten oder durch die unter Gleichgestellten herrschenden Spielregeln gezwungen, seine Geschichte neu zu rekonstruieren, und jedesmal wenn er dies versucht, werden administrative und psychiatrische Interessen das Personal veranlassen, diese wiederum in Zweifel zu ziehen.

Diese verbalen Auf- und Abwertungen des Selbstbildes finden vor dem Hintergrund einer ebenso gefährlich schwankenden institutionellen Basis statt. Entgegen der allgemeinen Auffassung gewährleistet das »Stationssystem« ein erhebliches Maß an interner sozialer Mobilität innerhalb der Anstalt, besonders im ersten Jahr des Aufenthalts. Während dieser Zeit wechselt der Patient wahrscheinlich einmal die Abteilung und drei- oder viermal die Station sowie mehrmals seinen Urlaubs-Status; und er wird sich wahrscheinlich zu seinem Vorteil wie zu seinem Nachteil verändern. Jede dieser Veränderungen bedingt einen sehr drastischen Wechsel der Lebensbedingungen und der zur Verfügung stehenden Möglichkeiten, sich durch bestimmte Tätigkeiten ein Selbstbild aufzubauen; dieser Wechsel ist durchaus einem Auf- oder Abstieg von einer Gesellschaftsschicht in die andere zu vergleichen. Hinzu kommt, daß seine Mitpatienten, mit denen er sich in gewissem Maße identifiziert hat, ebenfalls solche Veränderungen durchmachten, dies jedoch in verschiedenen Richtungen und in unterschiedlichem Maße, wodurch dem Patienten ein Gefühl des sozialen Wandels vermittelt wird, auch wenn er diesen nicht direkt an sich selbst erfährt.

Wie bereits festgestellt, können die psychiatrischen Lehrmeinungen diese soziale Fluktuation innerhalb des Stationssystems noch unterstützen. Nach Auffassung einer dieser modernen psychiatrischen Theorien ist daher das Stationssystem einer Art sozialem Treibhaus zu vergleichen, in dem die Patienten ihre Laufbahn als Kleinkinder beginnen und nach einiger Zeit auf der Rekonvaleszentenstation als resozialisierte Erwachsene enden. Diese Auffassung erleichtert es dem Personal ganz wesentlich, mit seiner Arbeit Stolz und Wichtigkeit zu verbinden, und sie bringt ein gewisses Maß an Blindheit – besonders bei höheren Dienstgraden – gegenüber anderen Betrachtungsweisen mit sich, z. B. der Auffassung des Stationssystems als eines Mittels zur Disziplinierung unbotmäßiger Charaktere durch Lohn und Strafe. Jedenfalls wird bei dieser Resozialisierungshypothese sowohl das Maß, in dem die auf der niedrigsten Station befindlichen Patienten zu sozialisiertem Verhalten unfähig sein sollen, als auch das Maß, in dem die auf der besten Station Befindlichen zum Einhalten der sozialen Spielregeln bereit und willig sind, weit übertrieben. Da das Stationssystem mehr als ein Resozialisierungskäfig ist, gibt es für die Insassen viele Gründe, eine »Unbotmäßigkeit« zu begehen oder Schwierigkeiten zu machen – und daher viele Gelegenheiten zum Abstieg auf weniger privilegierte Positionen innerhalb der Station. Solche Abstiege können offiziell als psychiatrische Rückfälle oder als moralisches Abgleiten interpretiert werden, auf daß die Auffassung von der Klinik als einer Resozialisierungsstätte gewahrt bleibe; eine solche Interpretation setzt voraus, daß ein bloßer Verstoß gegen die Regeln sowie der darauf folgende Abstieg ein fundamentaler

Ausdruck des Selbst des Übeltäters sei. Ähnlich kann ein Aufstieg, der lediglich wegen der Überbelegung der betreffenden Station oder wegen des Bedarfs an »arbeitenden Patienten« bzw. aus anderen psychiatrisch irrelevanten Gründen erfolgt, zu einem wesentlichen Ausdruck des Selbst des Patienten aufgebauscht werden. Mitunter erwartet der Stab persönliche Bemühungen des Patienten, damit er etwa binnen eines Jahres »wieder in Ordnung komme«, und daher kann der Patient beständig angehalten werden, den Erfolg oder das Scheitern seines Selbst im Auge zu behalten.[41]

Unter diesen Bedingungen werden einige Patienten vielleicht feststellen, daß moralische Statusverluste gar nicht so schlimm sind, wie angenommen. Immerhin ziehen solche zu einer Degradierung führenden Verstöße weder rechtliche Sanktionen noch die Reduktion auf den Status des Geisteskranken nach sich, da diese Gegebenheiten bereits existieren. Darüber hinaus erscheint kein früheres oder gegenwärtiges Delikt als solches so abscheulich, daß es die Verstoßung des Betreffenden aus der Gemeinschaft der Patienten rechtfertigen würde, und daher verlieren solche Abirrungen vom rechten Wege ihre stigmatisierende Wirkung.[42] Schließlich kann der Patient, indem er die Mißbilligung seines Fehltritts von seiten der Anstalt akzeptiert, dies zum Anlaß nehmen, »ein anständiges Leben zu beginnen«, und vom Personal fordern, daß es diese Bemühung durch Wohlwollen, Privilegien und Toleranz unterstützt.

Sobald der Patient lernt, unter Bedingungen zu leben, unter denen ihm dauernd die Bloßstellung droht und ihm weitgehend Achtung erwiesen oder vorenthalten werden kann – wobei er Gewährung oder Vorenthaltung nicht selbst beeinflussen kann –, hat er einen wichtigen Schritt zu seiner Sozialisierung getan, und dies sagt einiges darüber aus, was es bedeutet, Insasse einer Heilanstalt zu sein. Wenn die früheren Fehler und gegenwärtigen Fortschritte eines Menschen ständig moralisch überprüft werden, so führt dies zu einer besonderen Form der Anpassung, die nicht gerade als eine moralische Auffassung von Ich-Idealen anzusprechen ist. Die Versäumnisse und Erfolge eines Menschen gewinnen in seinem Leben

41 Für diesen und andere Hinweise bin ich Charlotte Green Schwartz zu Dank verpflichtet.
42 Siehe »Das Unterleben einer öffentlichen Institution«, in diesem Band S. 287, Fußnote 167.

eine zu zentrale und fluktuierende Bedeutung, als daß er sich viel um die Meinung anderer kümmern könnte. Der Versuch, fundierte Behauptungen über sich selbst aufrechtzuerhalten, hat wenig Sinn. Der Insasse wird die Erfahrung machen, daß den Erniedrigungen und Erhebungen seines Selbst nicht allzu viel Bedeutung beikommt, und gleichzeitig lernt er, daß Personal und Insassen bereit sind, eine Aufwertung oder Abwertung seines Selbst ziemlich gleichgültig aufzunehmen. Er lernt, daß man ein akzeptables Selbstbild als etwas außerhalb seiner selbst Stehendes ansehen kann, welches sich geschwind und ohne weiteres aufbauen, verlieren und wieder aufrichten läßt. Und er erfährt, daß es möglich ist, einen Standpunkt einzunehmen – und mithin ein Selbst zu entwickeln – unabhängig davon, was die Klinik einem geben oder vorenthalten kann.

Die Situation in der Heilanstalt erzeugt also anscheinend eine Art kosmopolitische Weisheit, eine Apathie hinsichtlich des eigenen bürgerlichen Status. Unter diesen unernsten und doch seltsam übertrieben moralischen Bedingungen wird das Aufbauen und Zerstören des Selbst zu einem schamlosen Spiel, und wenn der Patient lernt, diesen Prozeß als ein Spiel zu betrachten, dann leistet dies einer gewissen Demoralisierung Vorschub, denn es handelt sich um ein sehr elementares Spiel. In der Heilanstalt macht der Insasse also die Erfahrung, daß sein Selbst keine Festung ist, sondern vielmehr eine kleine offene Stadt; vielleicht ist er es bald satt, jubeln zu müssen, sobald sie von den eigenen Truppen gehalten wird, und sich zu empören, wenn der Feind sie überrennt. Sobald er erkennt, was es heißt, wenn die Gesellschaft einem ein lebensfähiges Selbst abspricht, verliert diese bedrohliche Definition – die Drohung, die einen Menschen auf das Selbst verpflichtet, das die Gesellschaft ihm zudiktiert – ihre Wirkung. Der Patient gewinnt neuen Boden unter den Füßen, sobald er die Erfahrung macht, daß es sich mit einem Verhalten, welches die Gesellschaft als selbstzerstörerisch ansieht, gut leben läßt.

Ich möchte diese moralische Lockerung und Ermüdung an einigen Beispielen illustrieren. Anscheinend wird in staatlichen Heilanstalten zur Zeit eine Art »Ehemoratorium« von den Patienten akzeptiert und vom Personal mehr oder minder toleriert. Gegen einen Patienten, der mit mehr als einem Klinik-Partner zur gleichen Zeit »herumspielt«, kann ein gewisser Gruppendruck mobilisiert werden, aber es zieht kaum negative Sanktionen nach sich, wenn er zeitweilig ein festes Verhältnis zu einem Angehörigen des anderen Geschlechts eingeht – auch wenn allgemein bekannt ist, daß beide Partner verheiratet sind, Kinder haben und sogar regelmäßig von diesen außenstehenden Angehörigen besucht werden. Kurzum, Flirts sind in Heilanstalten jederzeit statthaft, vorausgesetzt, daß sich daraus keine zu dauerhaften oder ernsthaften Verhältnisse ergeben. Ähnlich wie Schiffs- oder Urlaubsromanzen beweisen solche Techtelmechtel lediglich, in welchem Maße die Klinik von der Außenwelt abgeschnitten und eine eigene Welt für sich ist, ausschließlich zum Wohle der eigenen Bewohner eingerichtet. Und sicher drücken sich in einem solchen Moratorium die Entfremdung und Feindseligkeit der Patienten gegenüber den Außenstehenden aus, die ihnen doch verwandtschaftlich sehr nahe stehen. Darüber hinaus gibt es jedoch Hinweise, welche auflösenden Effekte ein Leben in einer solchen, in eine andere Welt eingelagerten Welt zeitigt, wobei noch die herrschenden Bedingungen eine ausschließliche Entscheidung für die eine oder die andere erschweren.

Das Stationssystem liefert ein weiteres Beispiel. Auf dem niedrigsten Stationsniveau kommen Diskreditierungen offenbar am häufigsten vor, z. T. wegen der beschränkten Möglichkeiten, z. T. wegen der Tatsache, daß Spott und Sarkasmus bei den an diesen Orten arbeitenden Wärtern und Pflegerinnen offenbar die berufliche Norm der sozialen Kontrolle darstellen. Mangelhafte Einrichtungen und fehlende Rechte bedingen es gleichzeitig, daß kaum Gelegenheit zur Entwicklung eines Selbst besteht. Der Patient wird daher andauernd ins Straucheln gebracht – allerdings tut er keinen sehr tiefen Fall. Auf manchen dieser Stationen herrschen anscheinend ein unbeschwerter Galgenhumor und eine erhebliche Freiheit, gegen das Personal aufzumucken und Beleidigungen mit Beleidigungen zu vergelten. Während diese Patienten bestraft werden können, ist es z. B. nicht ohne weiteres möglich, sie zu beleidigen, denn sie verfügen selbstverständlich kaum über das Feingefühl, das jemand besitzen muß, bevor man ihm subtile Kränkungen zufügen kann. Wie Prostituierte in sexueller Hinsicht, haben die Insassen dieser Stationen kaum Reputation oder Rechte zu verlieren und können sich daher einige Freiheiten herausnehmen. In dem Maße, wie jemand innerhalb des Stationssystems aufsteigt, wird es ihm zunehmend möglich sein, Vorkommnisse zu vermeiden, die seinen Anspruch, ein menschliches Wesen zu sein, herabsetzen, und sich die Voraussetzungen der Selbstachtung zu schaffen; wenn er dann schließlich doch zu Fall gebracht wird – und dies wird geschehen! – dann stürzt er viel tiefer. Z. B. lebt der privilegierte Patient in einer über die Station weit hinausgehenden Umwelt, in der es Freizeitpersonal gibt, welches auf Verlangen Kaffee und Kuchen, Spielkarten, Tischtennisbälle, Kinokarten und Schreibmaterial austeilt. Wo aber die soziale Kontrolle des Entgelts fehlt, die ein Empfänger normalerweise in der Außenwelt ausüben kann, da wird es dem Patienten mitunter geschehen, daß sogar eine freundliche Schwester ihm gelegentlich sagt, er möge warten, bis sie ihre Unterhaltung beendet hat, oder ihn scherzhaft fragt, wozu er das, worum er bittet, benötigt, oder auf seine Bitte mit Schweigen und einem kalten, abschätzigen Blick reagiert.

Der Auf- und Abstieg im Stationssystem bedeutet daher nicht nur eine Veränderung der Möglichkeiten, ein Selbst zu entwickeln, einen Wechsel in der Selbsteinschätzung, sondern auch ein verändertes Risiko-Kalkül. Die richtige Einschätzung der Risiken der Selbstachtung gehört zur moralischen Erfahrung eines jeden Menschen, aber die Einsicht, daß ein bestimmtes Maß an Risiko selbst nur ein soziales Arrangement ist, gehört zu den selteneren Erfahrungen, die eine desillusionierende Wirkung für den Betroffenen mit sich bringen.

Ein drittes Beispiel für die moralische Auflösung betrifft die Umstände, die häufig mit der Entlassung des klinischen Patienten verbunden sind. Oft wird er unter Aufsicht und Vormundschaft seines nächsten Vertrauten oder eines eigens ausgewählten und daher besonders aufmerksamen Arbeitgebers entlassen. Führt er sich unter deren Aufsicht schlecht, so können diese schnell wieder seine Einlieferung veranlassen. Er steht daher unter der besonderen Macht von Personen, die normalerweise keine solche Macht über ihn hätten, was noch dadurch erschwert wird, daß er vorher oft Ursache hatte, diesen Personen gegenüber verbittert zu sein. Um aus der Klinik hinauszugelangen, kann er jedoch seine Empörung über eine solche Regelung verheimlichen und, zumindest bis er den Anstaltsakten entronnen ist, die Bereitwilligkeit vortäuschen, diese Bevormundung zu akzeptieren. Solche Entlassungsprozeduren erteilen also eine Lektion, wie man nach außen hin und ohne jegliches innere Engagement eine Rolle spielen kann, und trennen den Betroffenen zusätzlich von der Welt, die die anderen ernst nehmen.

Im Verlauf seiner moralischen Karriere wird der einer bestimmten sozialen Gruppe angehörende Mensch also in standardisierter Folge mehrmals neu erlernen müssen, wie man ein Selbst – und, dies ist wichtig: auch sein eigenes – beurteilt. Diese halb verschütteten Entwicklungslinien lassen sich zurückverfolgen, indem man die moralischen Erfahrungen des Patienten untersucht – d. h. Ereignisse, die Wendepunkte in der Sicht der Welt und der Dinge eines Menschen markieren, auch wenn dies im einzelnen schwer festzustellen sein mag. Und man wird zur Kenntnis nehmen müssen, welche Richtungen oder Strategien ein Mensch einschlägt, d. h. welche Standpunkte er anderen gegenüber im einzelnen einnimmt, wie verborgen und unterschiedlich die innere Bindung an diese Darstellungen auch sein mag. Wenn man beachtet, welche moralischen Erfahrungen ein Mensch gemacht hat und welche persönlichen Standpunkte er offenkundig einnimmt, dann erhält man eine relativ objektive Skizze von relativ subjektiven Sachverhalten.

Jede moralische Karriere und darüber hinaus jedes Selbst entwickelt sich im Rahmen eines institutionellen Systems, sei dies eine soziale Institution, wie eine Heilanstalt, oder ein Komplex von persönlichen und beruflichen Beziehungen. Daher kann man behaupten, daß das Selbst definiert wird durch die in einem sozialen System für dessen Mitglieder verbindlichen Gegebenheiten. In diesem Sinne ist das Selbst nicht Eigentum der Person, der es zugeschrieben wird, sondern sitzt eher in den Mustern sozialer Kontrolle, nach denen sich der einzelne und die Personen seiner Umgebung verhalten. Ein institutionelles Arrangement dieser Art unterstützt das Selbst weniger, als daß es dieses konstituiert.

In diesem Beitrag wollte ich zwei dieser institutionellen Arrangements darstellen, indem ich nachwies, was dem Individuum widerfährt, wenn diese Regeln außer Kraft gesetzt werden. Das erstere betrifft das Loyalitätsgefühl gegenüber dem nächsten Vertrauten. Das Selbst des vorklinischen Patienten wurde beschrieben als eine sich aus dem Verhältnis dreier Rollen zueinander ergebende Funktion – es steht und fällt mit der Art der Verbindung, die zwischen dem nächsten Vertrauten und den Vermittlern besteht. Das zweite betrifft den Schutz, den der einzelne für die gegenüber anderen aufrechterhaltene Selbstdarstellung benötigt, sowie die Art, wie der Entzug dieses Schutzes einen systematischen, wenn auch unbeabsichtigten Aspekt der Arbeitsweise einer sozialen Anstalt bilden kann. Ich betone, daß dies nur zwei Arten von institutionellen

Regeln sind, aus denen für die Beteiligten ein Selbst entspringt; andere, die in diesem Aufsatz vernachlässigt wurden, sind nicht weniger wichtig.

Beim normalen Sozialisationszyklus des Erwachsenen erwartet man, daß auf Entfremdung und Erniedrigung ein neuer Glaube an die Welt und eine neue Sicht des eigenen Selbst und des der anderen folgen. Im Falle des hospitalisierten Geisteskranken gibt es zuweilen eine solche Wiedergeburt in der Form eines starken Glaubens an die psychiatrische Perspektive oder, zumindest kurzfristig, in Form der Hingabe an das soziale Anliegen einer besseren Behandlung für Geisteskranke. Die moralische Karriere des Geisteskranken ist jedoch von einmaligem Interesse; sie ist ein Beispiel für die Chance, daß der Mensch, der den Mantel seines alten Selbst von sich geworfen hat – oder dem er heruntergerissen wurde –, nicht mehr nach einem neuen Gewand oder nach einem neuen Publikum, vor dem er sich verbeugen könnte, zu suchen braucht. Stattdessen kann er, wenigstens für eine Zeit, lernen, vor allen Gruppen die amoralische Kunst der Schamlosigkeit zu praktizieren.

Das Unterleben
einer öffentlichen Institution[1]

Eine Untersuchung über die Möglichkeit, in einer Heilanstalt zu überleben

1 Eine gekürzte Fassung dieses Aufsatzes wurde auf der Jahresversammlung der American Sociological Society, Washington, D. C., im August 1957 vorgelegt.

Erster Teil: Einleitung

Handeln und Sein

I.

Die Bande, die den Einzelnen mit sozialen Entitäten verbinden, sind Allgemeingut. Gleichgültig, ob es sich bei einer solchen Entität um eine Ideologie, eine Nation, einen Berufsstand, eine Person oder nur um einen Dialog handelt – stets wird die Beteiligung des einzelnen dieselben allgemeinen Merkmale aufweisen. Er wird gewisse Verpflichtungen übernehmen müssen: kalte – hierzu zählen vorgeschriebene Alternativen, notwendige Arbeiten, Dienstleistungen, aufgewandte Zeit oder der Aufwand von Geld; und andere, warme – die ihm das Aufbringen von Zugehörigkeitsgefühlen, Identifikationen und emotionellen Bindungen abverlangen. Die Beteiligung an einer sozialen Entität beinhaltet daher sowohl Verpflichtung als auch Bindung.

Vernünftigerweise kann man nicht von den verpflichtenden oder bindenden Ansprüchen reden, die eine soziale Entität an ihre Mitglieder stellt, ohne zugleich an die diesen Ansprüchen gesetzten Schranken zu denken. Eine Armee verlangt von ihren Soldaten Tapferkeit, aber sie legt eine Grenze fest, jenseits welcher Tapferkeit über das dienstlich erforderte Maß hinaus geht; außerdem erhält der Soldat eventuell Sonderurlaub, wenn sein Vater stirbt oder wenn seine Frau ein Kind zur Welt bringt. Ähnlich kann eine Frau von ihrem Mann erwarten, daß er in der Öffentlichkeit zu ihr hält und eine sichtbare soziale Einheit mit ihr bildet – und dennoch muß sie ihn jeden Wochentag an die Arbeitswelt abtreten; und er seinerseits wird sich hin und wieder das Recht nehmen, einen Abend allein im Wirtshaus zu verbringen, mit den Kollegen Karten zu spielen oder sich irgendwelche anderen Freiheiten zu leisten.

Dieser Sachverhalt, die soziale Bindung und ihre Einschränkung, ist das klassische Doppelmotiv der Soziologie. Diese Doppeldeutigkeit drückt sich in der westlichen Kultur im Vertrag oder im formellen Abkommen aus, wobei die Beteiligten mit einem Federstrich sowohl das fesselnde Band als auch die anerkannten Grenzen der Bindung manifestieren.

Diese Doppelseitigkeit bedarf jedoch einer Ergänzung. Wie Durkheim schon lehrte, stehen hinter jedem Vertragsschluß nicht-vertragliche Annahmen über den Charakter der Beteiligten.[2] In der Übereinstimmung darüber, was sie einander schulden und was sie einander nicht schulden, einigen sich die Parteien stillschweigend über die allgemeine Gültigkeit vertraglicher Rechte und Pflichten, über die verschiedenen Modalitäten der Ungültigkeitserklärung sowie die Legitimität der möglichen Sanktionen im Falle des Vertragsbruchs. Die vertragschließenden Parteien kommen stillschweigend hinsichtlich ihrer Rechtsfähigkeit, der Grundsätze von Treu und Glauben sowie der Grenzen, innerhalb derer vertrauenswürdige Vertragspartner Vertrauen verdienen, überein. Mit seiner Einwilligung, bestimmte Dinge zu veräußern und andere sich vorzubehalten, setzt der einzelne stillschweigend voraus, daß er als Person in der Lage ist, diese Dinge zu veräußern oder zu beanspruchen, und daß er sich als Person für berechtigt hält, einen Vertrag zu schließen, der diese Dinge zum Gegenstand hat. Kurz, wer einen Vertrag schließt, setzt auch voraus, daß er ein Mensch von bestimmtem Charakter und Wesen ist. Ein pedantisch und eng abgefaßter Vertrag, der sorgfältig die Rechte und Pflichten des einzelnen aufführt, kann mithin auf einer sehr breiten Skala von Annahmen hinsichtlich des Charakters der Beteiligten beruhen.

Wenn es in einem formalen Vertrag für den einen wie den anderen Beteiligten solche selbst-definierenden Konsequenzen gibt – in einer Verbindung, die immerhin unter der Voraussetzung eingegangen wird, daß sie weitestgehend frei von persönlichen Marotten und Charakterzügen der Beteiligten bleiben sollte –, dann gründen andere Bindungen weniger eng umschriebener Art erst recht auf solchen implizierten Selbst-Definitionen. In Bindungen wie der Freundschaft oder der Verwandtschaft, bei denen zuweilen gilt, daß man um alles, was nicht ausdrücklich ausgeschlossen ist, bitten darf, ist es eine ganz wesentliche Voraussetzung, daß jemand nur dann ein guter Freund oder ein treuer Bruder sein kann, wenn er als Mensch in der Lage ist, ein guter Freund oder ein treuer Bruder zu sein. Wer den Unterhalt für seine Frau und seine vier Kinder schuldig bleibt, ist in dieser Hinsicht gewiß ungeeignet.

Wenn also jede Bindung dem sich bindenden Individuum einen

---

2 Emile Durkheim, *Leçons de sociologie physique des mœurs et du droit* (Paris, Presses Universitaires de France, 1962), S. 171–220.

breiten Spielraum gewährt, dann sollten wir die Frage stellen, in welcher Weise der einzelne sich selbst definiert.

Da gibt es extreme Möglichkeiten. Er kann seine Verpflichtungen offen vernachlässigen, sich von dem, woran er gebunden ist, trennen und auf die Mißbilligung seiner Mitmenschen pfeifen. Er kann die Konsequenzen, die die Bindung für sein Selbstverständnis hat, zurückweisen und diese Abkehr in allen seinen Handlungen verleugnen. Oder er kann für sich im Stillen zu den Konsequenzen der Bindung für sein Selbst stehen und in seinen eigenen Augen das sein, was die übrigen Beteiligten von ihm erwarten. Tatsächlich meidet der einzelne in der Praxis all diese Extreme. Meist steht er von der vollen Übernahme der Konsequenzen, die die Bindung für ihn hat, zurück und läßt diese Reserve sogar ein wenig durchblicken, während er seinen Verpflichtungen im wesentlichen nachkommt.

Hier möchte ich mich mit diesem Distanzgebaren und einigen damit zusammenhängenden Verhaltensmustern befassen. Dabei möchte ich einen Typus der sozialen Entität in den Vordergrund stellen, nämlich die »instrumentell-formale Organisation«, wobei ich mich weitgehend auf Fallmaterial aus einer psychiatrischen Klinik stützen werde, die ein Beispiel dieser Kategorie darstellt.

II.

Eine instrumentell-formale Organisation läßt sich definieren als ein System absichtsvoll koordinierter Aktivitäten, welches geschaffen wurde, um allgemeine, klar umrissene Ziele zu erreichen. Das bezweckte Produkt kann aus materiellen Erzeugnissen, Dienstleistungen, Entscheidungen oder Informationen bestehen, und die Beteiligten können auf die unterschiedlichste Art und Weise daran Anteil haben. Vor allem interessieren mich jene formalen Organisationen, die innerhalb der Mauern eines einzigen Gebäudes oder Gebäudekomplexes beheimatet sind, wobei ich eine solche umzäunte Einheit der Einfachheit halber als soziale Anstalt, Institution oder Organisation bezeichnen will.

Dieser traditionelle Ansatz bedarf einiger Erläuterungen. Formale Organisationen können eine Vielfalt konfligierender offizieller Ziele haben, deren jedes von bestimmten Anhängern verfolgt wird, wobei es häufig unklar ist, welcher Fraktion der Sprecher der Organisation angehört. Und während Ziele wie etwa die Kostensenkung in einem Wirtschaftsbetrieb oder die keimfreie Wundbehandlung in der ärztlichen Praxis als feststehender Maßstab für eine Reihe nachgeordneter Aktivitäten dienen können, die innerhalb einer Organisation anfallen, stellen die Ziele anderer Institutionen, wie etwa Clubs oder Gemeindehäuser, nicht solche klar definierten Maßstäbe dar, an denen die Details des Lebens innerhalb der Anstalt zu bewerten wären. Bei wieder anderen formalen Organisationen mag das offizielle Ziel geringe Bedeutung haben, während es hauptsächlich um die Erhaltung oder das Überleben der Organisation als solcher geht. Und schließlich kann die physische Umgrenzung einer Institution, etwa ein Zaun, sich bei genauerer Betrachtung als nebensächliches Merkmal erweisen, das nichts über deren Charakter aussagt.[3]

Eingezäunte Anstalten teilen dieses Charakteristikum mit einigen anderen sozialen Entitäten: es gehört zu den Pflichten des Individuums, sich zum richtigen Zeitpunkt *sichtbar* an den Aktivitäten der Organisation zu beteiligen, was die Mobilisierung von Aufmerksamkeit und Muskelkraft – die Hingabe an die gerade durchzuführende Handlung – erfordert. Diese Verpflichtung, sich den Aktivitäten der Organisation zu widmen, kann sowohl als Symbol für das Engagement und die Bindung eines Individuums als auch – tiefer reichend – als Symbol für die Anerkennung der Konsequenzen, die die Teilnahme für die Definition des Charakters des Betreffenden hat, gewertet werden. Will man untersuchen, wie die Individuen sich an die Tatsache, daß sie identifiziert und definiert werden, anpassen, so wird man darauf achten müssen, in welcher Form sie ihr Interesse für die Aktivitäten der Organisation bekunden.

III.

Eine instrumentell-formale Organisation erhält sich dadurch am Leben, daß es ihr gelingt, ihre Mitglieder zu nützlicher Beteiligung an ihren Aktivitäten zu veranlassen; dabei müssen stipulierte Mittel eingesetzt und stipulierte Ziele erreicht werden. Wie Chester Barnard feststellt, muß eine Organisation, vertreten durch ihr Management, Grenzen hinsichtlich des Maßes anerkennen, bis zu welchem von einem Mitglied erwartet werden kann, daß es in ge-

3 Auf diesen Sachverhalt machte mich Amitai Etzioni in einem Gespräch aufmerksam.

eigneter Form handelt.[4] Der Mensch ist ein schwaches Geschöpf; Kompromisse müssen geschlossen werden, es muß Rücksicht genommen werden und es müssen Schutzmaßnahmen ergriffen werden. Die besondere Art, wie diese Einschränkungen zum Nutzen der Beteiligten in einer bestimmten Kultur formuliert sind, ist offenbar ein sehr wichtiges Charakteristikum derselben.[5]

Die in unserer anglo-amerikanischen Kultur gültige Symbolik, mit der diese Schranken beschrieben werden, läßt sich – von der hier vertretenen Anschauung her, welche eine Organisation mit ihrem Management identifiziert – folgendermaßen darstellen.

Erstens: Während der Beteiligte sich den Aktivitäten der Organisation widmet, werden ihm bestimmte »Standards des Wohlergehens« garantiert, die über dem für das Funktionieren des menschlichen Organismus notwendigen Minimum liegen. Solche Standards sind etwa: ein bestimmtes Maß an Bequemlichkeit, Gesundheit und Sicherheit; Beschränkungen der Form und des Umfangs der verlangten Leistung; Rücksichtnahme auf die Zugehörigkeit des Mitglieds zu anderen Organisationen, die einen berechtigten Anspruch an ihn haben; Pensions- und Urlaubsregelungen; die Möglichkeit, Beschwerden vorzubringen und sogar legal Kritik zu äußern; und schließlich, wenigstens auf der Ebene der öffentlichen Verlautbarungen, ein Recht auf Würde, Selbstverwirklichung und Gelegenheiten zur schöpferischen Betätigung.[6] Diese Standards des Wohlergehens beinhalten eindeutig die Anerkennung der Tatsache, daß ein Mensch mehr ist als lediglich Mitglied einer bestimmten Organisation.

Zweitens: Die Symbolik unserer Gesellschaft sieht für das Mitglied einer Organisation die Möglichkeit der freiwilligen Kooperation vor, wodurch die Interessen der Organisation und die des einzelnen Mitgliedes in der Wirklichkeit wie im strategischen Sinne verschmelzen. In manchen Fällen wird es das Individuum sein, das sich mit den Zielen und dem Geschick der Organisation

4 Chester Barnard, *The Functions of the Executive* (Cambridge, Harvard University Press, 1947), Kap. XI, »The Economy of Incentives«.
5 Einen Überblick über die Verhältnisse in ökonomischen Institutionen geben Talcott Parsons and Neil J. Smelser, *Economy and Society* (Glencoe, Ill., The Free Press, 1956), Kap. III, »The Institutional Structure of Economy«. Eine detaillierte Behandlung dieses Sachverhalts in bezug auf Industriefirmen findet sich bei Reinhard Bendix, *Work and Authority in Industry* (New York, Wiley, 1956).
6 Bendix, op. cit., »Managerial Conceptions of ›The Worker‹«, S. 288–97.

identifiziert, so etwa wenn jemand auf seine Schule oder seinen Arbeitsplatz persönlich stolz ist. In anderen Fällen nimmt offenbar die Organisation am persönlichen Schicksal des einzelnen Mitglieds Anteil, so etwa wenn das Personal eines Krankenhauses sich über die Genesung eines Patienten freut. In den meisten Organisationen wirken gemeinsame Werte der einen wie der anderen Art zusammen, um das Mitglied zu motivieren.

Drittens: Zuweilen gilt, daß »Anreize« gegeben werden müssen, die aus Belohnungen oder Nebenverdiensten bestehen, welche offen an den einzelnen in seiner Eigenschaft als jemand appellieren, dessen Interessen nicht mit denen der Organisation identisch sind.[7] Manche dieser Anreize sind äußerer Art, Belohnungen, die der Empfänger aus dem Betrieb mitnehmen und nach eigenem Gutdünken ohne Einbeziehung anderer Mitglieder der Organisation verwenden kann; Geldzahlungen, Ausbildung und Zeugnisse – um nur die drei wichtigsten Beispiele zu nennen. Andere Anreize sind innerer Art, persönliche Vorteile, die nur auf dem Schauplatz der Organisation selbst wirksam werden; hierzu gehören Beförderungen und Verbesserungen der institutionellen Annehmlichkeiten, die jemand genießt. Bei den meisten Anreizen sind beide Bedeutungen kombiniert, z. B. im Fall von Organisationstiteln wie etwa »leitender Angestellter«.

Und schließlich ist es klar, daß die Beteiligten zur Kooperation bewogen werden können, indem ihnen andernfalls Buße und Vergeltung angedroht werden. Diese »negativen Sanktionen« bestehen manchmal aus einer spürbaren Minderung der üblichen Belohnung oder der üblichen Wohlfahrts-Standards, es spielt aber anscheinend noch etwas anderes als der bloße Entzug von Belohnung mit hinein. Der Gedanke, daß die Bestrafung ein effektives Mittel sein kann, um eine erwünschte Handlung zu erzielen, legt die Annahme nahe, daß die menschliche Natur doch anders beschaffen ist, als man voraussetzt, wenn man der Belohnung eine motivierende Wirkung zuschreibt. Durch die Furcht vor Bestrafung

---

7 Unser Denken unterscheidet ohne weiteres zwischen Organisationszielen und Entlohnung der Angestellten, während tatsächlich eine Koinzidenz beider Sachverhalte eintreten kann. Es ist möglich, das Ziel der Organisation als die Zuweisung von privat konsumierbaren Belohnungen an ihre Angestellten zu definieren, wobei der Lohn des Pförtners den gleichen Status eines Organisationszieles hat wie die Dividende des Aktionärs. Siehe R. M. Cyert and J. G. March, »A Behavioral Theory of Organizational Objektives«, in: Mason Haire, Hrsg., *Modern Organization Theory* (New York, Wiley, 1959), S. 80.

läßt der einzelne sich offenbar davon abhalten, bestimmte Handlungen zu begehen oder sie zu unterlassen; soll jedoch ein permanenter persönlicher Einsatz geleistet werden, so sind anscheinend positive Belohnungen notwendig.

Für unsere Gesellschaft, wie vermutlich auch für einige andere, trifft also zu, daß die formale instrumentelle Organisation nicht nur die Aktivität ihrer Mitglieder beansprucht. Die Organisation schreibt auch vor, was als offiziell anerkannter Maßstab des Wohlergehens, als gemeinsame Werte, als Anreiz oder als Strafe zu gelten hat. Dieses Konzept geht über einen bloßen Vertrag bezüglich der Beteiligung hinaus und betrifft die Natur oder das soziale Sein des Teilnehmers. Diese impliziten Imagines stellen ein wichtiges Element der von jeder Organisation aufrechterhaltenen Werte dar, unabhängig davon, wie leistungsorientiert oder unpersönlich diese sein mag.[8] Den sozialen Arrangements einer Organisation liegt also eine sehr umfassende Konzeption des Mitglieds zugrunde – und nicht nur in seiner Eigenschaft als Mitglied, sondern vielmehr in seiner Eigenschaft als Mensch.[9]

Solche Organisationsbegriffe vom Menschen lassen sich leicht bei radikalen politischen Bewegungen und missionierenden religiösen Gruppen feststellen, welche spartanische Wohlfahrts-Standards und stark wirksame, allumfassende gemeinsame Werte aufrechterhalten. Dort wird vom Mitglied erwartet, daß es sich den jeweiligen Bedürfnissen der Organisation unterwirft. Indem sie ihm sagt, was es tun soll und warum es dies tun soll, schreibt die Organisation dem Mitglied sein gesamtes Sein vor. Dabei gibt es die verschiedensten Abweichungen, und selbst dort, wo solche Abweichungen selten sind, herrschen mitunter starke Befürchtungen in dieser Hinsicht vor – was eindeutig auf die Fragen der Identität und der Selbst-Definition hinweist.[10]

Wir sollten jedoch nicht übersehen, daß, wenn eine Organisation offiziell äußere Anreize anbietet und offen zugibt, daß sie nur einen beschränkten Anspruch auf die Treue, die Zeit und den Geist

---

8 Diesen Sachverhalt in wirtschaftlichen Unternehmungen schildert Philip Selznick, *Leadership in Administration* (Evanston, Ill., Row, Peterson & Co., 1957).
9 Eine Fallstudie: Alvin Gouldner, *Wildcat Strike* (London, Routledge & Kegan Paul, 1955), besonders »The Indulgency Pattern«, S. 18–22, wo er die nicht dem Arbeitsvertrag unterliegenden Erwartungen der Arbeiter an das Unternehmen beschreibt.
10 Dies wird anschaulich dargestellt in Isaac Rosenfelds Kurzgeschichte »The Party«, aus *The Kenyon Review*, Herbst 1947, S. 572–607.

des Beteiligten erheben kann, dieser Beteiligte, der dies akzeptiert – gleichgültig, was er mit seiner Belohnung tut und wo seine wahren Interessen liegen – stillschweigend eine bestimmte Auffassung von seiner Motivation und daher von seiner Identität akzeptiert. Die Tatsache, daß er diese Annahmen hinsichtlich seiner Person als vollkommen natürlich und akzeptabel ansieht, lehrt uns, warum wir als Wissenschaftler diese selten erkennen, will aber nicht besagen, daß sie nicht existierten. Ein Hotel, das sich höflich aus nahezu allen Belangen des Gastes heraushält, und ein Gehirnwäsche-Lager, in dem die Auffassung herrscht, der Gast dürfe keinerlei private Angelegenheiten haben, gleichen sich in einer Hinsicht: In beiden gilt eine allgemein anerkannte Ansicht über den Gast, die für ihn bedeutsam ist und die zu akzeptieren man von ihm erwartet.

Extreme Situationen sind lehrreich, weniger im Hinblick auf die pathetischeren Formen von Treue und Verrat, als vielmehr hinsichtlich der unbedeutenden Alltagshandlungen. Erst am Beispiel der Memoiren konsequenter Idealisten, etwa inhaftierter Kriegsdienstverweigerer oder politischer Gefangener, die ernste Gewissensskrupel haben, inwieweit sie mit der Autorität kooperieren dürfen, sehen wir, welche Konsequenzen selbst das kleine Gib-und-Nimm innerhalb einer Organisation für die Definition des Selbst haben kann. Zum Beispiel kann die Frage, ob jemand auf eine höfliche Bitte, geschweige denn auf einen Befehl hin eine Körperbewegung ausführen soll, bereits eine teilweise Anerkennung des Standpunktes des anderen beinhalten. Wenn jemand im Gefängnis Privilegien wie den Hofrundgang oder Material für künstlerische Betätigung akzeptiert, dann akzeptiert er, zumindest teilweise, die Vorstellung der Gefängnisbehörde von seinen eigenen Wünschen und Bedürfnissen und bringt sich dadurch in eine Lage, in der er eine gewisse Dankbarkeit und Kooperationsbereitschaft (wenn auch nur, indem er das Gegebene annimmt) zeigen und damit das Recht der Gefängnisbehörde anerkennen muß, Annahmen über ihn zu hegen.[11] Er wird vielleicht die höfliche Bitte eines freundlichen Wärters, Besuchern seine Gemälde zeigen zu dürfen, zurückweisen müssen, damit nicht der Anschein erweckt wird, als würde er die Legitimität der Gefängnisverwaltung, und

11 Zum Beispiel siehe Lowell Naeve, »A Field of Broken Stones«, in: Holley Cantine and Dachine Rainer, Hrsg., *Prison Etiquette* (Bearsville, N. Y., Retort Press, 1950), S. 28–44.

schließlich die Legitimität von deren Vorstellungen über ihn, bestätigen.[12]

Obgleich ein politischer Gefangener, der angesichts der physischen Folter lautlos stirbt, vielleicht die Vorstellung seiner Schergen von dem, was ihn motiviert, und mithin von seiner menschlichen Natur widerlegt, vermittelt die Situation des Kriegsgefangenen ähnliche, wenn auch weniger augenfällige, so doch wichtige Aufschlüsse. So kann ein gebildeter Gefangener z. B. in einem subtilen Verhör den Eindruck gewinnen, daß sogar sein Schweigen auf gewisse Fragen Informationen geben und ihn wider Willen zum Kollaborateur machen kann, wodurch die Situation eine selbst-definierende Macht gewinnt, der er sich nicht durch bloße Standhaftigkeit und Wahrhaftigkeit entziehen kann.[13]

Moralisch eingestellte Gefangene sind natürlich nicht die einzigen mit einem empfindlichen Gewissen ausgestatteten Personen, deren Situation uns die selbst-definierenden Konsequenzen der geringeren Aspekte der Beteiligung in einer Organisation bewußt macht. Eine weitere wichtige Gruppe sind jene trainierten und militanten Nicht-Arbeiter, die in einer Stadt wie New York eine Existenz ohne finanzielle Gegenleistungen bestreiten. Auf ihrem Weg durch die Stadt untersuchen sie jede Situation auf ihre Möglichkeiten, sich freies Essen, freie Wärme, freie Schlafgelegenheiten zu verschaffen, und führen uns dadurch die Tatsache vor Augen, daß von normalen Leuten in diesen Situationen erwartet wird, daß sie sich um andere Dinge kümmern, da es ihre Natur ist, sich um diese anderen Dinge zu kümmern. Etwas über die impliziten Voraussetzungen des korrekten Gebrauchs der Einrichtungen einer Stadt erfahren heißt, die Natur ihrer Bürger und die Belange erkennen, die ihnen zugeschrieben und für sie als angemessen erachtet werden. Folgen wir einem einschlägigen Handbuch[14], so erkennen wir, daß die Grand Central Station tatsächlich für Leute da ist, die ein Reiseziel haben oder Freunde treffen wollen, nicht aber als Wohnstätte dient; daß ein Untergrundbahnwagen ein Verkehrsmittel, eine Hotelhalle ein Treffpunkt, eine Bibliothek ein Ort der Lektüre, eine Feuerleiter ein Mittel des Überlebens, ein

12 Ibid., S. 35.
13 Albert Biderman, »Social-Psychological Needs and ›Involuntary‹ Behavior as Illustrated by Compliance in Interrogation«, *Sociometry*, XXIII (1960), S. 120–47, besonders S. 126–28.
14 Edmund G. Love, *Subways Are for Sleeping* (New York, Harcourt Brace and Company, 1957).

Kino ein Ort für Filmvorführungen ist, und daß jeder Fremde, der diese Orte als Schlafraum benützt, nicht die an diesen Orten angemessene Motivation besitzt. Wenn wir von einem Mann hören, der einen ganzen Winter lang jeden Nachmittag in die chirurgische Abteilung eines Krankenhauses ging, um dort ein Mädchen, das er kaum kannte, zu besuchen, weil es im Krankenhaus warm war und er fror[15], dann werden wir zugeben, daß ein Krankenhaus bei seinen Besuchern ein bestimmtes Spektrum von Motiven voraussetzt, daß es aber wie jede andere soziale Entität ausgenützt, übervorteilt und, kurzum, auf eine Art benützt werden kann, die nicht mit dem Charakter übereinstimmt, den man von den Beteiligten erwarten sollte. Auch wenn wir erfahren, daß militante Taschendiebe kleine, aber gefährliche Ladendiebstähle begehen, weil ihre Selbstachtung es ihnen verbietet, für das Gewünschte zu bezahlen[16], können wir ermessen, welche Konsequenzen die alltäglichen kleinen Einkäufe für das Selbst haben.

Die Diskrepanz zwischen der offiziellen Meinung einer Organisation über ihre Mitglieder und den Anschauungen der Mitglieder selbst wird heute in der Industrie besonders deutlich, nämlich anhand der Frage des angemessenen Lohnes und des Begriffs des »festen Mitarbeiters«. Das Management glaubt oft, die Beschäftigten hätten den Wunsch, kontinuierlich zu arbeiten, um Ersparnisse zu erwirtschaften und sozial aufzusteigen. Angesichts der sozialen Realität mancher Arbeiter aus städtischen Unterschichten und vieler in Siedlungen an der Peripherie der Industriegesellschaft aufgewachsener Arbeiter erscheint der auf sie angewandte Begriff des »ständigen Mitarbeiters« als unzutreffend. Dies belegt ein Fall aus Paraguay:

Das Verhalten der Bauern im Lohnarbeits-Verhältnis ist aufschlußreich. Die offen vertretene, idealisierte Auffassung besagt, daß man jemandem, für den man arbeitet, einen persönlichen Gefallen tut; der dafür erhaltene Lohn stellt ein Geschenk oder ein Zeichen der Wertschätzung dar. Insgeheim wird die Lohnarbeit als Mittel angesehen, ein wenig Bargeld für einen bestimmten Zweck zu beschaffen. Die Arbeit gilt nicht als eine unpersönlich ge- oder verkaufte Ware, noch gilt lohnabhängige Arbeit als eine Möglichkeit, den Lebensunterhalt zu bestreiten. Die Fluktuation der Arbeitskräfte auf den wenigen Plantagen und in der Ziegelei ist hoch, weil der Arbeiter, sobald er einen kleinen Bargeld-

15 Ibid., S. 12.
16 David Maurer, *Whiz Mob*, Publication No. 24 of the American Dialect Society, 1955, S. 142.

betrag, wie er dies vorhatte, auf die Seite gelegt hat, kündigt. Aus-
ländische Arbeitgeber in Paraguay waren in einigen Fällen bereit, höhere
Löhne als die üblichen zu bezahlen, um die höchstqualifizierten Arbeitskräfte anzuziehen und um zufriedene Arbeiter zu haben, die länger bei
der Arbeit blieben. Aber der höhere Lohn hatte die gegenteilige Folge;
die Fluktuation der Arbeiter beschleunigte sich. Man hatte nicht bedacht,
daß die Leute, die für Lohn arbeiten, dies nur gelegentlich tun, um sich
einen bestimmten Geldbetrag zu beschaffen; je eher sie diesen Betrag
beisammen haben, desto eher kündigen sie.[17]

Nicht nur Industriefirmen machen die Erfahrung, daß einige ihrer
Mitarbeiter die Situation in unerwarteter Weise definieren. Auch
Gefängnisse sind ein Beispiel dafür. Wenn ein einfacher Insasse
in seine Zelle eingesperrt wird, erleidet er vielleicht den Verlust,
den die Verwaltung ihm zufügen möchte; doch für einen Englän-
der der oberen Mittelschicht, der unter den Bodensatz der britischen Gesellschaft geraten ist, kann die Einzelhaft eine unerwartete
Bedeutung gewinnen:

In den ersten fünf Wochen meiner Haft wurde ich – außer während
der je zwei Arbeitsstunden morgens und nachmittags und während der
Hofrundgänge – in meiner Zelle eingeschlossen, glücklicherweise alleine.
Die Mehrheit der Männer fürchtete die langen Stunden des Eingesperrt-
seins. Aber nach einiger Zeit begann ich mich auf das Alleinsein zu
freuen, denn es ersparte mir, von einem Beamten angebrüllt zu werden
oder dem endlosen, gemeinen Gerede der anderen Gefangenen zuhören
zu müssen. Diese einsamen Stunden verbrachte ich meist lesend.[18]

Ein französischer Beamter aus Westafrika führt einen in dieser
Hinsicht noch extremeren Fall an:

Die Völker Französisch-Westafrikas haben ganz verschiedene Auffassungen von der Gefängnishaft. Am einen Ort erscheint sie als ein in
keiner Weise entehrendes Abenteuer; am anderen bedeutet sie soviel
wie die Verurteilung zum Tode. Manche Afrikaner werden, wenn sie im
Gefängnis sitzen, zu so etwas wie Hausdienern und betrachten sich
schließlich als Familienmitglieder. Aber wenn man einen Fulani ein-
sperrt, so wird er sterben.[19]

17 E. R. and H. S. Service, *Tobati: Paraguayan Town* (Chicago, University of
Chicago Press, 1954), S. 126.
18 Anthony Heckstall-Smith, *Eighteen Months* (London, Allan Wingate, 1954),
S. 34.
19 Robert Delavignette, *Freedom and Authority in French West Africa* (London,
International African Institute, Oxford University Press, 1950), S. 86. Kurz,
steinerne Mauern machen noch kein Gefängnis aus, ein Thema, welches im ersten
Kapitel von Evelyn Waughs *Decline and Fall* behandelt wird.

In dieser Diskussion will ich mich nicht nur mit der expliziten, verbalen Ideologie des Managements von Organisationen bezüglich der menschlichen Natur ihrer Mitglieder befassen, obgleich dies sicher ein wichtiges Element der Situation ist.[20] Ich möchte auch das *Handeln* des Managements einbeziehen, insofern sich darin eine Vorstellung von den Personen, die das Handeln betrifft, ausdrückt.[21] Wiederum bieten Gefängnisse anschauliche Beispiele. Ideologisch können Gefängnisbeamte manchmal – und tun dies auch – die Auffassung vertreten, daß der Gefangene die Tatsache seiner Inhaftierung akzeptieren, ja sogar begrüßen sollte, denn Gefängnisse (zumindest die »modernen«) bieten dem Gefangenen eine Gelegenheit, der Gesellschaft gegenüber Buße zu leisten, Achtung vor dem Gesetz zu entwickeln, seine Sünden zu überdenken, einen anerkannten Beruf zu erlernen und, in manchen Fällen, die benötigte Psychotherapie zu erhalten. Was aber das Handeln betrifft, konzentriert sich die Gefängnisverwaltung weitgehend auf die Frage der »Sicherheit«, d. h. sie sucht Störungen und Fluchtversuche zu verhindern. Die Gefängnisleitung ist fest davon überzeugt, daß die Insassen, gibt man ihnen nur die kleinste Gelegenheit, versuchen werden, sich ihrer legalen Bestrafung zu entziehen. Ich möchte hinzufügen, daß der Fluchtwunsch der Insassen, der allerdings wegen der Wahrscheinlichkeit, gefangen und bestraft zu werden, unterdrückt wird, in Übereinstimmung steht (im Fühlen und Handeln, nicht in Worten) mit der seitens des Managements über sie gehegten Vorstellung. Ein großer Teil der Konflikte und der Feindseligkeit zwischen Management und Insassen basiert daher auf der Übereinstimmung hinsichtlich des Charakters der letzteren.

Zusammenfassend schlage ich daher vor, wir sollten der Mitgliedschaft in einer Organisation besonders Rechnung tragen. Es geht in Wirklichkeit nicht darum, was man von dem Beteiligten erwartet und was er tatsächlich tut. Es geht vielmehr um die Tatsache, daß die in Organisationen gehegte Handlungserwartung eine Vorstellung vom Handelnden impliziert und daß eine Orga-

20 Siehe Bendix, op. cit.
21 Über die Prämissen der ökonomischen Motivation siehe z. B. Donald Roy, »Work Satisfaction and Social Reward in Quota Achievement: An Analysis of Piecework Incentive«, *American Sociological Review*, XVIII (1953), S. 507–14, sowie William F. Whyte et. al., *Money and Motivation* (New York, Harper, 1955), besonders S. 2 ff., wo Whyte den der Arbeit nach Stücklohn zugrundeliegenden Begriff der Manager vom Charakter des Arbeiters behandelt.

nisation daher als ein Ort angesehen werden kann, an dem Annahmen über die Identität der Beteiligten gehegt werden. Indem
es die Schwelle der Anstalt überschreitet, übernimmt das Individuum die Pflicht, sich an der Situation zu beteiligen und sich in
ihr entsprechend zu orientieren und anzupassen. Indem er an
einer Aktivität in der Anstalt teilnimmt, übernimmt der einzelne
die Verpflichtung, sich in diesem Augenblick für diese Aktivität
zu engagieren. Durch diese Orientierung und durch diesen Aufwand an Aufmerksamkeit und Mühe paßt er seine Haltung sichtbar der Anstalt und der von dieser gehegten Vorstellung von ihm
selbst an. Die Beteiligung an einer bestimmten Aktivität und in
einem bestimmten Geist bedeutet, daß der Betreffende akzeptiert,
ein Mensch zu sein, der in einem bestimmten Milieu zu Hause ist.
Wenn daher jede soziale Institution als ein Ort angesehen werden
kann, wo systematisch Konsequenzen für das Selbst eintreten,
dann können wir sie folglich auch als einen Ort ansehen, an dem
der Teilnehmer sich systematisch mit diesen Konsequenzen aus-
einandersetzt. Vorgeschriebene Aktivitäten unterlassen oder sie
in unvorschriftsmäßiger Weise oder zu unvorschriftsmäßigen
Zwecken ausführen heißt, das offizielle Selbst und die ihm offiziell
verfügbare Welt ablehnen. Eine Handlung vorschreiben heißt,
eine Welt vorschreiben; sich vor einer Vorschrift drücken heißt, sich
vor einer Identität drücken.
Ich führe zwei Beispiele an. Von den Orchestermusikern eines
Broadway-Musicals wird erwartet, daß sie rechtzeitig, korrekt gekleidet, korrekt vorbereitet und mit der korrekten Aufmerksamkeit für die anstehende Aufgabe zum Dienst erscheinen. Wenn sie
ihren Platz im »Graben« eingenommen haben, erwartet man von
ihnen, daß sie sich aufmerksam und wohlanständig der Aufgabe
widmen, ihren Musikpart zu spielen oder auf ihre Einsätze zu
warten. Man erwartet von ihnen als Musikern, daß sie sich diszipliniert auf ihre musikalische Welt beschränken. Dies ist das Sein,
das der Orchestergraben und die Musik ihnen vorschreiben.
Sobald sie jedoch die Musik eines bestimmten Stückes beherrschen,
haben sie nichts weiter zu tun und sind darüber hinaus halb vor
den Blicken derer verborgen, die von ihnen erwarten, daß sie ausschließlich und vollständig ihrer Arbeit als Musiker ergeben seien.
Folglich schweifen Orchestermusiker häufig, obgleich physisch auf
der Stelle bleibend, von ihrer Arbeit ab und beweisen damit heimlich ihre Zugehörigkeit zu einem Selbst wie zu einer Welt, die vom

Publikum weit entfernt sind. Während sie darauf achten, nicht gesehen zu werden, schreiben sie vielleicht Briefe oder komponieren, lesen die Klassiker, lösen Kreuzworträtsel, werfen sich Zettel zu, spielen mit einem am Fußboden hin und her geschobenen Spielbrett Schach oder treiben derbe Späße mit Wasserpistolen. Wenn ein Musiker, der über einen Ohrhörer eine Sportsendung aus seinem Transistorradio verfolgt und plötzlich die Theaterbesucher in der ersten Reihe durch den Ausruf: »Snider – Tor!« schockiert[22], dann bewegt er sich nicht in der Eigenschaft und in der Welt, die für ihn programmiert wurden; die belegen die Publikumsbeschwerden.

Ein weiteres Beispiel entnehmen wir dem Leben in einem deutschen Kriegsgefangenenlager.[23] Ein Insasse, der einem Beamten begegnet und an ihm vorbeigeht, ohne daß dieser Anlaß hätte, ihn zu maßregeln, ist anscheinend ein Insasse, der im Gefängnis ein korrektes Betragen zeigt und seine Inhaftierung korrekt akzeptiert. Wie wir aber wissen, kann ein solcher Insasse zuweilen unter seinem Mantel ein paar Bretter verbergen, die zur Abstützung eines Fluchttunnels vorgesehen sind. Ein so ausstaffierter Insasse könnte vor einem Gefängnisbeamten stehen und dabei weder die Person sein, die der Beamte zu sehen glaubt, noch sich in der Welt befinden, die das Lager eigentlich für ihn sein sollte. Der Insasse wird im Lager festgehalten, doch er hat die Eigenschaften eines Menschen, der sich entfernt hat. Da ein Mantel den klaren Beweis für diese Entfernung verbergen kann und da eine persönliche Fassade, einschließlich der Kleidung, Bestandteil unserer Teilnahme an jeglicher Organisation ist, müssen wir darüber hinaus erkennen, daß die persönliche Erscheinung eines Menschen stets den Beweis verbergen kann, daß er sich im Geiste entfernt hat.

Jede Organisation setzt also eine Disziplin des Handelns voraus, doch hier interessiert mich die Tatsache, daß jede Organisation auch eine Disziplin des Seins beinhaltet – eine Verpflichtung, einen bestimmten Charakter zu haben und in einer bestimmten Welt zu leben. In diesem Zusammenhang möchte ich eine bestimmte Form des Absentismus untersuchen, die darin besteht, sich nicht einer vorgeschriebenen Handlung, sondern einem vorgeschriebenen Sein zu entziehen.

22 Albert M. Ottenheimer, »Life in the Gutter«, The New Yorker, 15. 8. 1959.
23 P. R. Reid, Escape from Colditz (New York, Berkeley Publishing Corp., 1956), S. 18.

I.

Nun kann ein Begriff neu eingeführt werden. Wenn ein Mensch auf kooperative Art und Weise eine verlangte Tätigkeit für eine Organisation leistet – in unserer Gesellschaft unterstützt durch die institutionalisierten Standards der Wohlfahrt, den durch Belohnungen und gemeinsame Werte geschaffenen Antrieb und durch die Androhung vorgesehener Strafen –, dann verwandelt er sich in einen Mitarbeiter; er wird zum »normalen«, »programmierten« oder zugehörigen Mitglied. In angemessenem Geist gibt und bekommt er das, was für ihn vorgesehen ist, gleich ob dies viel oder wenig von ihm selbst verlangt. Kurz, er stellt fest, daß von ihm offiziell verlangt wird, nicht mehr und nicht weniger als das zu sein, worauf er vorbereitet wurde, und in einer Welt zu leben, die ihm tatsächlich kongenial ist. Unter diesen Bedingungen möchte ich davon sprechen, daß das Individuum eine *primäre Anpassung* an die Organisation unternimmt, und dabei vernachlässige ich die Tatsache, daß es ebenso vernünftig wäre, davon zu sprechen, daß die Organisation eine primäre Anpassung an ihn durchmacht.

Ich habe diesen etwas umständlichen Begriff konstruiert, um zu einem zweiten zu gelangen, nämlich der *sekundären Anpassung.* Darunter verstehe ich ein Verhalten, bei welchem das Mitglied einer Organisation unerlaubte Mittel anwendet oder unerlaubte Ziele verfolgt, oder beides tut, um auf diese Weise die Erwartungen der Organisation hinsichtlich dessen, was er tun sollte und folglich was er sein sollte, zu umgehen. Sekundäre Anpassung stellt eine Möglichkeit dar, wie das Individuum sich der Rolle und dem Selbst entziehen kann, welche die Institution für es für verbindlich hält. Z. B. wird gegenwärtig in Amerika angenommen, daß Gefangene Menschen sind, denen eine Bibliothek zur Verfügung stehen sollte, da die Seelen der Gefangenen etwas sind, das vom Lesen profitieren kann und sollte. Angesichts dieser legitimen Bibliotheksaktivität können wir Donald Clemmers Befund vorwegnehmen, daß Gefangene häufig Bücher bestellen, nicht zum Zweck der Erbauung, sondern um die Urlaubskommission zu beeindrucken, um den Bibliothekar zu belästigen oder einfach um ein Päckchen zu erhalten.[24]

24 Donald Clemmer, *The Prison Community* (2. Auflage, New York, Rinehart, 1958), S. 232.

Es gibt soziologische Begriffe, die sich auf Formen der sekundären Anpassung beziehen, aber diese beziehen sich auch auf andere Dinge. Der Ausdruck »informell« könnte verwendet werden, sieht man davon ab, daß eine Organisation formell Zeit und Raum zur Verfügung stellen kann, wo ihre Mitglieder offiziell sich selbst überlassen sind und wo sie sich nach eigener Wahl Freizeitbeschäftigungen hingeben können, wobei sie im geschlossenen Raum ein informelles Verhalten zeigen: ein Beispiel dafür ist die Morgenpause in der Schule. Die Informalität ist hier ein Teil der primären Anpassung. Der Ausdruck »inoffiziell« könnte verwendet werden, sieht man davon ab, daß dieser Begriff sich normalerweise nur auf den offiziellen Teil der Aktivität in einer Organisation bezieht; jedenfalls kann der Ausdruck »inoffiziell« zutreffend auf all jene stillschweigenden Übereinkünfte und nicht kodifizierten Aktivitäten angewendet werden, durch die die offiziellen Ziele der Organisation gefördert werden können und durch welche die Beteiligten, soweit dies in der Situation möglich, sich primär anpassen.[25]

25 In der klassischen Hawthorne-Studie über informelle und inoffizielle Arbeitsgruppen war es anscheinend die Funktion der Solidarität unter den Arbeitern, der Auffassung des Managements von dem, was Arbeiter tun sollten und was sie sein sollten, entgegenzutreten; in diesem Falle würden sich sekundäre Anpassung und informelle Anpassung auf die gleiche Sache beziehen. Spätere Studien illustrierten jedoch die Tatsache, daß informelle Cliquenbildung bei der Arbeit Aktivitäten stützen kann, die mit der Rolle, welche das Management den Arbeitern zuweist, nicht nur vollkommen vereinbar sind, sondern dieser sogar entgegenkommen. Siehe Edward Gross, »Characteristics of Cliques in Office Organizations«, *Research Studies*, State College of Washington, XIX (1951), besonders S. 135; sowie »Some Functional Consequences of Primary Controls in Formal Work Organizations«, *American Sociological Review*, XVIII (1953), S. 368–73. Offensichtlich kann eine Bevorzugung der substantiellen Rationalität vor der formalen Rationalität – die Bevorzugung gewisser offizieller Ziele vor anderen, konfligierenden offiziellen Zielen – sowohl vom Management als von den Untergebenen getroffen werden. Siehe z. B. Charles Page, »Bureaucracy's Other Face«, *Social Forces*, XXV (1946), S. 88–94; A. G. Frank, »Goal Ambiguity and Conflicting Standards: An Approach to the Study of Organization«, *Human Organization*, XVII (1959), S. 8–13. Siehe auch die sehr bemerkenswerte Untersuchung von Melville Dalton, *Men Who Manage* (New York, Wiley, 1959), zum Beispiel S. 222:
»... informelles Handeln kann vielen Zielen dienen: der Veränderung und Erhaltung der Organisation, dem Schutz der Schwachen, der Bestrafung von Abweichlern, der Belohnung anderer, der Rekrutierung neuer Arbeitnehmer und der Aufrechterhaltung der Würde und Form sowie natürlich auch der Austragung von Machtkämpfen, und sie kann Zielen dienen, die wir alle mißbilligen würden.«

Ich möchte auf einige Schwierigkeiten bei der Verwendung des Ausdrucks sekundäre Anpassungen hinweisen. Es gibt sekundäre Anpassungen, wie die Praxis des Arbeiters, seine Familie mit dem Produkt, an dessen Herstellung er beteiligt ist, zu versorgen, die so sehr zum anerkannten Teil des Funktionierens einer Organisation werden, daß sie den Charakter von »Nebeneinkünften« annehmen, wobei sie zugleich weder offen gefordert noch offen in Frage gestellt werden.[26] Und einige dieser Aktivitäten sind nicht lediglich solche, die bald legitimiert werden, sondern eher solche, die inoffiziell bleiben müssen, wenn sie effektiv sein sollen. Wie Melville Dalton zeigte, müssen besondere Fähigkeiten eines Mitgliedes manchmal mit Belohnungen anerkannt werden, die kein anderer aus seiner Gruppe erhält. Und was das umworbene Mitglied glaubt heimlich davontragen zu müssen – eine sekundäre Anpassung –, kann ein gewissenhafter Beamter, der sich nur von dem Wunsch leiten läßt, die allgemeine Effektivität des Unternehmens aufrechtzuerhalten, ihm vorsätzlich gewähren.[27] Auch

26 Siehe z. B. die Abhandlung von Paul Jacobs, »Pottering about with the Fifth Amendment«, *The Reporter*, 12. Juli 1956.
27 Dalton, op. cit., besonders Kap. VII, »The Interlocking of Official and Unofficial Reward«. Dalton behauptet (S. 198–99), daß es in der Industrie, entsprechend der Vielfalt inoffizieller Belohnungen, eine Vielfalt inoffizieller Dienstleistungen gibt, welche der Vorgesetzte von seinen Untergebenen verlangen muß, damit das Unternehmen reibungslos funktioniert:
»Zwar wird die informelle Belohnung im Idealfall für Anstrengungen und Leistungen gewährt, welche über das hinausgehen, was von einem bestimmten Arbeitnehmer verlangt wird, doch wird sie auch für verschiedene andere, häufig nicht verlangte und formal tabuierte Zwecke gewährt, die gleichwohl wichtig für die Aufrechterhaltung des Unternehmens und das Erreichen seiner Ziele sind. Sie kann zum Beispiel gewährt werden: 1. anstelle einer Beförderung oder Gehaltserhöhung, die nicht möglich ist; 2. als Bonus für die Übernahme unangenehmer oder prestigeschädigender Aufgaben; 3. als Beruhigungsmittel zum leichteren Vergessen von Niederlagen bei Auseinandersetzungen um die Unternehmenspolitik oder bei Statuskämpfen; 4. als Preis der Beschwichtigung eines zornigen Kollegen oder für ein Abkommen mit einer anderen Abteilung; 5. als Sporteln für Schlüsselpersonen in Büro- oder höheren Angestelltengruppen zur Verhinderung von Arbeitsverlangsamungen und zur Unterstützung der Wachsamkeit gegenüber Fehlern während kritischer Perioden; 6. als offen zugestandenes Zusatzgehalt zu einem niedrigen, aber maximalen Gehalt; 7. für Verständnis und Hilfe bei der Durchführung und Verteidigung des inoffiziellen Anreizsystems; 8. für große persönliche Opfer. Selbstverständlich gibt es auch noch subtilere Unterstützungen, die vielleicht nicht artikuliert, aber dennoch intuitiv erkannt und, wo möglich, belohnt werden. Hierzu gehören: die Fähigkeit, die Gruppen- oder Abteilungsmoral aufrechtzuerhalten; Geschicklichkeit in der An-

mag, wie bereits gesagt, wenig Übereinstimmung darüber herrschen, wer die Sprecher einer Organisation sind, und wo darüber Übereinstimmung herrscht, hegen die Sprecher selbst vielleicht Zweifel, wo sie die Grenze zwischen primärer und sekundärer Anpassung ziehen sollen. Zum Beispiel würde es in vielen amerikanischen Colleges als verschroben angesehen, verlangte man vom Studenten, er solle den außerpflichtmäßigen, »sozialen« Teil der College-Erfahrung zu stark einschränken. Dies stimmt mit der geläufigen Ansicht überein, es sei notwendig, »allgemeingebildete« oder »all-round«-Studenten zu haben. Weniger Übereinstimmung besteht jedoch hinsichtlich der Frage, wie nun der Student seine Zeit im einzelnen zwischen akademischer und außerpflichtmäßiger Aktivität aufteilen solle. Ähnlich ist es verständlich und wird weitgehend anerkannt, daß Studentinnen ihren künftigen Ehemann auf dem College treffen und, sobald sie verheiratet sind, die Schule verlassen und sich nicht mehr um einen Abschluß bemühen. Doch die College-Dekane kümmern sich in verschiedenem Maße darum, wenn eine Studentin jedes Jahr ihr Fach wechselt, nachdem sie bei allen Männern, die in den Kursen zur Verfügung standen, ihr Glück versucht hat. Ähnlich mögen die Manager von Handelsfirmen es eindeutig für zulässig halten, wenn Angestellte und Sekretärinnen persönliche Beziehungen miteinander eingehen – vorausgesetzt, daß damit nicht zu viel Arbeitszeit vertan wird –, und es genauso eindeutig ablehnen, wenn Volontäre nur so lange bleiben, bis sie alle möglichen Flirts ausprobiert haben, und sich dann nach einem neuen Büro und einem neuen Revier umsehen. Doch das Management wird viel weniger eindeutig wissen, wo die Grenze zu ziehen sei zwischen der legitimen gelegentlichen Chance, die jemand in einer Firma wahrnimmt, und dem illegitimen Ausnützen einer Institution.

Ein weiteres, mit der Unterscheidung zwischen primärer und sekundärer Anpassung verbundenes Problem besteht darin, daß diese beiden Anpassungsmodi nicht alle Möglichkeiten umfassen; um das Bild abzurunden, müssen wir eine weitere Möglichkeit anführen. Ganz gleich in welche Richtung das Management die

werbung und im Umgang mit guten Untergebenen; die Fähigkeit, stillschweigend zu verstehen, was Vorgesetzte und Kollegen erwarten, aber manchmal nicht, nicht einmal inoffiziell, aussprechen wollen; sowie die Fähigkeit, das Gesicht der Vorgesetzten zu wahren und die Würde der Unternehmung auch unter widrigen Umständen zu erhalten.«

Mitglieder auch drängt, die Mitglieder können mehr Engagement und Verpflichtung für die Entität beweisen als vom Management erwünscht. Ein Pfarrkind kann zu viel in der und für die Kirche leben; eine Hausfrau kann ihr Reich zu sauber halten; ein Offizierskadett kann darauf bestehen, mit dem Schiff unterzugehen. Ich glaube nicht, daß dies ein großes soziales Problem ist, außer vielleicht im Falle jener Insassen von Gefängnissen, Heilanstalten, Kasernen, Colleges und elterlichen Heimen, die von ihrer Entlassung keinen Gebrauch machen wollen; analytisch müssen wir jedoch erkennen, daß es, genau wie die Leute, von denen man glaubt, daß sie für eine soziale Einheit nicht genügend begeistert sind, immer auch wenigstens einige geben wird, die eine Organisation vielleicht dadurch verwirren, daß sie sich zu sehr für sie begeistern.

Schließlich, wie wir später sehen werden, wird die offizielle Doktrin, nach der eine Institution sich ausrichtet, manchmal in der Praxis so wenig befolgt, und eine halb-offizielle Perspektive kann so fest und vollkommen gültig sein, daß wir die sekundären Anpassungen im Verhältnis zu diesem autorisierten, aber nicht ganz offiziellen System untersuchen müssen.

II.

Es sollte völlige Klarheit darüber herrschen, daß primäre und sekundäre Anpassungen eine Frage der sozialen Definition sind und daß eine Anpassung oder ein Anreiz, die zu einer Zeit in einer bestimmten Gesellschaft legitim sind, in einem anderen Zeitraum der Geschichte oder in einer anderen Gesellschaft vielleicht nicht legitim sind. Ein amerikanischer Häftling, dem es gelingt, im Gefängnis oder außerhalb eine Nacht mit seiner Frau zu verbringen, erreicht so etwas wie einen Gipfel der sekundären Anpassung[28], ein Gefangener in einem mexikanischen Gefängnis hält ein solches Arrangement für einen Teil der minimalen Wohlfahrtsstandards, eine primäre Anpassung an die Situation. In amerikanischen Internierungslagern galt der Besuch einer Prostituierten nicht als ein Bedürfnis, dem in der Anstalt Rechnung getragen werden müßte; andererseits besaßen einige deutsche Konzentrationslager diese großzügigere Auffassung von den wesentlichen

28 Siehe James Peck, bei Cantine and Rainer, op. cit., S. 47.

und charakteristischen Bedürfnissen eines Mannes.[29] Im neunzehnten Jahrhundert erkannte die amerikanische Marine die Trinkgewohnheiten ihrer Leute an und schenkte täglich Grog aus; heute würde dies als eine sekundäre Anpassung gelten. Andererseits berichtet uns Melville, daß in der Marine damals Freizeitspiele (wie Dame) in den dienstfreien Stunden als besonderes Privileg angesehen wurden[30]; heute gelten an Bord eines Schiffes solche Spiele als vollkommen natürliches Recht. In der britischen Industrie entspricht ein Acht-Stunden-Tag mit einer Stunde Mittagspause und zehn Minuten Frühstückspause den normalen Vorstellungen des arbeitenden Menschen. In den dreißiger Jahren des vorigen Jahrhunderts vertrat man in den Spinnereien die Auffassung, daß die Natur der Arbeiter keine frische Luft und kein Wasser zum Trinken verlangte, und die Arbeiter wurden bestraft, wenn sie bei heimlichen Handlungen ertappt wurden, die sie während der Arbeitszeit in den Genuß solcher Annehmlichkeiten bringen sollten.[31] Damals konnten sich manche Manager ihre Arbeiter offenbar nur in Streß-Situationen vorstellen und ließen sie so lange und so schwer arbeiten, daß sie gerade noch Kraft genug für die Mühen des folgenden Tages hatten.

Die körperliche Züchtigung ist ein gutes Beispiel für eine Praxis, die eindeutig Annahmen über das Selbst der bestraften Person voraussetzt, und eine Praxis, die stark schwankenden Beurteilungen ausgesetzt ist. Im sechsten Jahrhundert bestimmte der hl. Benedikt, als er erwog, was mit denen zu geschehen habe, die beim Oratorium falsch rezitierten, daß Knaben körperliche Strafen erhalten sollten.[32] Diese Vorstellung davon, wie man ungehorsame Jungen zum Gehorsam bringen könne, ist in der westlichen Gesellschaft bemerkenswert konstant geblieben. Erst in den letzten Jahrzehnten haben sich amerikanische Schulen zu der Definition durchgerungen, daß Knaben Objekte seien, die von niemand anderem als ihren Eltern zum Zweck der körperlichen Bestrafung berührt werden sollten. Im letzten halben Jahrhundert ist auch die Marine zu der Überzeugung gelangt, daß Matrosen, als »menschliche Wesen« mit einem Minimum an Menschenwürde, nicht der Auspeit-

---

29 Eugen Kogon, *Der SS-Staat. Das System der deutschen Konzentrationslager* (Frankfurt am Main, Europäische Verlagsanstalt, 1946), S. 194–196.
30 Herman Melville, *White Jacket* (New York, Grove Press, o. J.), S. 346.
31 Bendix, op. cit., S. 39.
32 *Die Regel des Heiligen Benedikt,* 45. Hauptstück.

schung als einer Form der Bestrafung ausgesetzt werden sollten. Gegenwärtig wird die in Gefängnissen übliche Bestrafung durch Einzelhaft ernsthaft überprüft, und es setzt sich immer mehr die Auffassung durch, daß unsere Natur so beschaffen sei, daß die Isolierung ihr widerspricht und daher nicht verhängt werden sollte.

Eine weitere interessante Beobachtung läßt sich anhand religiöser Bräuche machen. In unserer Gesellschaft gibt es keine Unterbringungsanstalt ohne Sonntagsgottesdienst, wobei man voraussetzt, daß die Natur des Menschen Zeit für das Gebet erfordert, gleichgültig was er getan hat; man glaubt, wir besäßen eine unveräußerliche Eigenschaft als religiöse Wesen. In der Wirtschaft und Industrie liegt diese Annahme dem freien Sonntag und einigen jährlichen religiösen Feiertagen zugrunde. In manchen Ländern Lateinamerikas müssen Arbeitsorganisationen das, was man für die religiöse Natur des Menschen hält, weitaus stärker berücksichtigen. Wer z. B. ecuadorianische Indianer beschäftigt, muß unter Umständen zulassen, daß ein Drittel des Jahres als freie Zeit für das alkoholische Begehen zahlreicher Fiestas und persönlicher Feiern von sakralem Charakter aufgewandt wird.[33]

Sogar innerhalb der gleichen Gruppe von Anstalten, in der gleichen Gesellschaft und zur gleichen Zeit kann es erhebliche Unterschiede hinsichtlich der Grenze geben, die zwischen primären und sekundären Anpassungen zu ziehen ist. Der Ausdruck »Randvergünstigungen« scheint zuzutreffen für Mittel und Zwecke, die die Menschen in dem einen Gebäude als ihnen legitim zustehend ansehen, während sie den Leuten auf der anderen Straßenseite offiziell vorenthalten werden. Und innerhalb derselben Anstalt gibt es im Laufe der Zeit merkliche Veränderungen. So wurde etwa im Nazi-Deutschland eine offiziell tabuierte Organisation zur Aufrechterhaltung der Ordnung im Konzentrationslager schließlich offiziell anerkannt[34], ungefähr in derselben Art, wie in den Vereinigten Staaten die Organisatoren geheimer Gewerkschaften in Betrieben und Fabriken schließlich offiziell als Betriebsräte anerkannt wurden. Jedenfalls leuchtet es ein, daß das, was in einer bestimmten Anstalt für die eine Gruppe von Mitgliedern eine

33 Siehe die brauchbare Abhandlung von Beate R. Salz, *The Human Element in Industrialization*, Memoir No. 85, American Anthropologist, LVII (1955), No. 6, Teil 2, S. 97–100.
34 Kogon, op. cit., S. 70–71.

primäre Anpassung ist, für die andere als sekundäre Anpassung gilt, so zum Beispiel wenn es dem Küchenpersonal in Armeekantinen in der Regel gelingt, sich bessere als die ihrem Dienstgrad zustehenden Mahlzeiten zu verschaffen, oder wenn ein Dienstmädchen verstohlen dem Haushalts-Cognac zuspricht, oder wenn eine Babysitterin an ihrem Arbeitsplatz eine Party feiert.

Es genügt nicht, diese Abweichungen festzustellen, wir müssen auch erkennen, daß die Organisationen dahin tendieren, diesen sekundären Anpassungen nicht nur mit einer Verschärfung der Disziplin, sondern auch durch eine selektive Legitimierung dieser Praktiken zu begegnen, da sie hoffen, auf diese Weise Kontrolle und Herrschaft wiederzuerlangen, selbst um den Preis, daß einige Pflichten der Mitglieder aufgegeben werden müssen. Haushalte sind nicht die einzigen Institutionen, in denen das frühere Leben in Sünde durch Heirat normalisiert wird. Wenn wir etwas mehr über die sekundären Anpassungen wissen, dann werden wir auch erkennen, welch gemischte Konsequenzen der Versuch, sie zu legitimieren, zeitigt.

III.

Wenn ich auch bisher die sekundären Anpassungen nur im Verhältnis zur formalen Organisation, an der das Individuum beteiligt ist, untersucht habe, so sollte doch klar sein, daß diese Anpassungsmechanismen in Verbindung mit der Versklavung des einzelnen durch soziale Gebilde anderer Art auftreten können und auftreten. In diesem Licht können wir das Trinken im Verhältnis zu den öffentlichen Normen in einer »trockenen« Stadt[35], Untergrundbewegungen im Verhältnis zum Staat, sexuelle Affären im Verhältnis zur Ehe und die verschiedenen Formen von kriminellen Vereinigungen im Verhältnis zur legalen Geschäftswelt und zu den Eigentumsverhältnissen[36] untersuchen. Ähnlich versuchen andere Gebilde als umzäunte Organisationen, die Kontrolle über die Beteiligten aufrechtzuerhalten, indem sie sekundäre Anpassungen zu primären legitimieren. Ein Beispiel aus der Stadtverwaltung veranschaulicht dies:

35 Siehe z. B. C. K. Warriner, »The Nature and Functions of Official Morality«, *American Journal of Sociology*, LXIV (1958), S. 165–68.
36 Eine bekannte Abhandlung zu diesem Thema in bezug auf politische Regimes ist David Riesmans »Some Observations on the Limits of Totalitarian Power«, *The Antioch Review*, Sommer 1952, S. 155–68.

Zu dieser Sommerzeit ist unsere (New York City-)Polizei, unterstützt von den Arbeitern der Stadtwerke, für gewöhnlich in umfangreiche Scharmützel mit den Kindern verwickelt, die Feuerhydranten aufdrehen, um sich dadurch Bade-Brunnen zu schaffen. Diese Sitte griff Jahr für Jahr um sich, und Strafen wie präventive Maßnahmen erwiesen sich größtenteils als unwirksam. Folglich versuchen die Polizei, die Feuerwehr und die Wasserversorgung einen wohlwollenden Kompromiß populär zu machen, mit dem sie die Kinder der Stadt zu beschwichtigen suchen, ohne die Wasservorräte ungebührlich zu gefährden. Dieser Plan sieht vor, daß jede »achtbare Person oder Gruppe« (Bewerber werden sorgfältig durch die Polizei überprüft) einen besonderen Hydranten-Sprühaufsatz beantragen kann, der dem Standardaufsatz gleicht, außer daß er orange gefärbt ist und fünfzig Löcher aufweist, damit der Hydrant wie eine Dusche Wasser verspritzen kann – in ordentlicher, beschränkter, aber, wie man hofft, zufriedenstellender Weise.[37]

Aber ganz gleich, mit welchem sozialen Gebilde wir sekundäre Anpassungen vergleichen wollen, werden wir größere Einheiten in Betracht ziehen müssen, denn wir müssen sowohl den Ort, an dem die sekundäre Anpassung stattfindet, als auch das »Rekrutierungsgebiet«, aus dem der Beteiligte stammt, untersuchen. Bei Kindern, die Süßigkeiten aus dem Einmachglas der Mutter stibitzen und sie im Keller verzehren, sind solche Unterscheidungen weder offensichtlich noch wichtig, denn der Haushalt ist gleichzeitig die involvierte Organisation, das Rekrutierungsgebiet der Mitglieder und, im allgemeinen, der Ort, an dem die Gepflogenheit stattfindet. Doch in anderen Fällen ist die Organisation selbst nicht die einzige relevante Einheit. So können sich die Kinder der ganzen Nachbarschaft in einem leerstehenden Haus versammeln, um sich Aktivitäten zu widmen, die in den Haushalten der Nachbarschaft verboten sind. Und der Schwimmteich vor den Toren der Kleinstadt kann der Ort verbotenen Tuns sein, der die Jugend der ganzen Stadt anzieht. In jeder Stadt gibt es ein Viertel, Vergnügungsviertel genannt, das die Ehemänner aus Haushalten in jedem Stadtviertel anzieht; und manche Städte, wie Las Vegas und Atlantic City, werden zu Vergnügungsbezirken für die ganze Nation.

Untersucht man den aktuellen Ort, an dem sekundäre Anpassungsformen praktiziert werden, sowie das Rekrutierungsgebiet, aus dem diejenigen, die sie praktizieren, stammen, dann ver-

37 *The New Yorker*, 27. August 1960, S. 20.

schiebt sich der Blickpunkt vom Individuum und seinen Handlungen auf kollektive Angelegenheiten. Im Falle einer formalen Organisation, etwa einer sozialen Institution, würde sich das Interesse entsprechend von der sekundären Anpassung des Individuums auf das ganze Repertoire solcher Anpassungsmechanismen verlagern, deren sich alle Mitglieder der Organisation je einzeln wie kollektiv bedienen. Zusammengenommen bilden diese Praktiken das, was man das *Unterleben (underlife)* einer Institution nennen könnte, und das für die soziale Anstalt dasselbe bedeutet wie die *Unterwelt* für eine Stadt.

Um nochmals auf die soziale Institution zurückzukommen: es ist ein wichtiges Merkmal der sekundären Anpassungsmechanismen, daß sie zur Stabilität der Institution beitragen: der Teilnehmer, der sich auf diese Weise der Organisation anpaßt, wird wahrscheinlich so lange teilnehmen, wie die Organisation dies von ihm wünscht, und sollte er die Organisation früher verlassen, so wird er dies in einer Form tun, die einen reibungslosen Übergang auf seinen Nachfolger ermöglicht. Dieser Aspekt der sekundären Anpassungsmechanismen läßt uns zwei Formen der sekundären Anpassung unterscheiden: zum einen *zerstörerische,* bei denen die realistischen Absichten darauf abzielen, die Organisation abzuschaffen oder ihre Struktur radikal zu verändern, und die jeweils zu einer Unterbrechung des reibungslosen Arbeitsablaufs der Organisation führen; und zweitens *gemäßigte* Formen, die mit den primären Anpassungsmechanismen insofern übereinstimmen, als sie sich in die bestehenden institutionellen Strukturen einfügen, ohne einen Zwang in Richtung einer radikalen Veränderung auszuüben[38], und die *de facto* die Funktion haben können, Bestrebungen abzulenken, die andernfalls zerstörerisch wären. Die gesetzten und etablierten Teile des Unterlebens einer Organisation bestehen daher hauptsächlich aus gemäßigten, nicht aus zerstörerischen Anpassungsmechanismen.

38 Diese definierende Eigenschaft gemäßigter sekundärer Anpassungen wurde festgestellt von Richard Cloward. Siehe Abschnitt Vier der *New Perspectives for Research on Juvenile Delinquency,* Hrsg. Helen L. Witmer and Ruth Kotinsky, U. S. Department of Health, Education and Welfare, Children's Bureau Publication No. 356 (1956), besonders S. 89. Siehe auch seinen Aufsatz »Social Control in the Prison«, in *Social Science Research Council Pamphlet No. 15, Theoretical Studies in Social Organization of the Prison* (1960), S. 20–48, besonders S. 43 ff., wo Cloward den »konservativen« Charakter der Anpassung der Elite-Insassen untersucht.

Zerstörerische sekundäre Anpassungsformen wurden anhand der dramatischen Vorgänge bei der Gleichschaltung oder Infiltration von Regierungen beobachtet. Da zerstörerische sekundäre Anpassung *per definitionem* eine temporäre Angelegenheit ist, wie etwa bei der Vorbereitung einer Meuterei, ist der Ausdruck »Anpassung« vielleicht nicht ganz passend.

Ich werde mich hauptsächlich auf gemäßigte sekundäre Anpassungen beschränken und sie der Einfachheit halber häufig nur als »Praktiken« bezeichnen. Obwohl diese häufig ähnliche Formen annehmen wie die zerstörerischen sekundären Anpassungsmechanismen, unterscheiden sie sich für gewöhnlich in den Zielen, und es besteht größere Wahrscheinlichkeit, daß nur eine oder zwei Personen beteiligt sind – da es eher um persönliche Vorteile als um konspirative Ziele geht. Für die gemäßigte sekundäre Anpassung sind die verschiedensten umgangssprachlichen Ausdrücke gebräuchlich, je nach der sozialen Entität, gegen die sie praktiziert werden. Bei der Erörterung dieser Praktiken stützen wir uns vor allem auf Untersuchungsmaterial aus dem Gebiet der Betriebssoziologie *(human relations in industry)* sowie auf Studien über die Gefängnisgemeinschaft, die dafür Ausdrücke wie »informelle Anpassung« oder »Unterschleif« verwenden.[39]

Wenn jemand sich der sekundären Anpassung bedient, so ist dies notwendig eine sozialpsychologische Angelegenheit, die ihm Vergünstigungen gewährt, welche ihm sonst nicht zustünden. Aber gerade für das, was der einzelne sich durch eine solche Praktik verschafft, interessiert der Soziologe sich nicht in erster Linie. Vom soziologischen Standpunkt aus lautet die erste Frage, die uns im Zusammenhang mit einer sekundären Anpassung interessiert, nicht: was bringt die Praktik dem ein, der sie praktiziert, sondern: unter welchen sozialen Verhältnissen kann sie eingeführt und aufrechterhalten werden. Dies bedingt einen strukturellen – im Gegensatz zum nachvollziehenden oder soziopsychologischen – Ansatz. Ein Individuum und einen seiner sekundären Anpassungsmechanismen vorausgesetzt, können wir mit der abstrakten Feststellung der Gesamtheit aller anderen, die an der Praktik beteiligt sind, beginnen und von dort aus dazu übergehen, systematisch die Merkmale dieser Gesamtheit zu untersuchen: ihren Um-

39 Clemmer, op. cit., S. 159–60; Norman S. Hayner and Ellis Ash, »The Prisoner Community as a Social Group«, *American Sociological Review*, IV (1939), S. 362–69.

fang, die Art der Bindung, die ihre Mitglieder beieinanderhält, und die Form der Sanktionen, die die Aufrechterhaltung des Systems sicherstellen. Ferner können wir, wenn die Gesamtheit der mit der sekundären Anpassung eines Individuums verbundenen Personen feststeht, zu der Frage übergehen, wie hoch der Anteil solcher Personen in der Anstalt ist und wie viele davon wiederum in ähnliche Gesamtheiten involviert sind, wodurch wir einen Maßstab für den »Sättigungsgrad« erhalten, der in bezug auf eine bestimmte Praktik erreicht werden kann.

IV.

Wir können unsere Untersuchung der sekundären Anpassungen – der Praktiken, die das Unterleben sozialer Institutionen ausmachen – auch mit der Feststellung beginnen, daß sie je nach dem Standort des sie Praktizierenden in der Hierarchie der Organisation verschieden häufig und in verschiedenen Formen auftreten. An der Basis großer Organisationen stehende Personen operieren meist im trüben Hintergrund, vor dem höhergestellte Mitglieder ihre inneren Antriebe realisieren und die Befriedigung genießen, sichtbare Vergünstigungen zu erhalten, die andere nicht bekommen. Niedriggestellte Mitglieder zeigen meist weniger Engagement und emotionelle Bindung an die Organisation als höhergestellte Mitglieder. Sie haben Jobs, und keine Karrieren. Folglich werden sie eher von sekundären Anpassungsmechanismen Gebrauch machen. Zwar sind die Leute an der Spitze von Organisationen meist weitgehend durch gemeinsame Werte motiviert, doch bringen ihre speziellen Aufgaben als Repräsentanten der Organisation auch meist Reisen, Vergnügungen und Zeremonien mit sich – jene besondere Kategorie der sekundären Anpassungsformen, die gelegentlich in Beschreibungen über das »Leben auf Spesenrechnung« publiziert wurden. Wahrscheinlich finden sich sekundäre Anpassungsmechanismen am wenigsten im mittleren Bereich der Organisationen. Vielleicht kommen die Leute hier dem am nächsten, was die Organisation von ihnen erwartet, und aus diesem Bereich stammen die Vorbilder guten Benehmens, die zur Erbauung und Anregung der Niedrigergestellten dienen sollen.[40]
Gleichzeitig werden natürlich die primären Anpassungsformen

40 Festgestellt durch Paul Wallin.

sich je nach dem Rang, den einer bekleidet, unterscheiden. Von den Arbeitern an der Basis wird man nicht erwarten, daß sie in der Organisation aufgehen oder sich voll mit ihr identifizieren, doch hohe Beamte sind meist zu solcher Identifikation verpflichtet. Beispielsweise mag ein Wärter in einer staatlichen Heilanstalt, der die Arbeit verläßt, sobald seine Schicht zuende ist, sich in einer für ihn legitimen Form verhalten und damit den Charakter beweisen, den die Organisation ihm zuschreibt; wenn ein Abteilungsleiter sich auf einen solchen Neun-bis-fünf-Standpunkt stellt, dann wird er jedoch wahrscheinlich vom Management als eine Niete angesehen werden – als jemand, der nicht die Normen der Hingabe erfüllt, die von einem wirklichen Arzt erwartet werden. Entsprechend wird man einem Pfleger, der während der Arbeitszeit auf der Station eine Zeitschrift liest, zugestehen, daß er sich im Rahmen seiner Rechte verhält, wenn keinerlei unmittelbare Pflichten ihn rufen; eine Schwester, die sich so benimmt, wird damit eher eine Regel übertreten, da dies ein nicht standesgemäßes Verhalten ist.

Das Unterholz der sekundären Anpassungsmechanismen unterscheidet sich auch im Umfang je nach dem Typ der Anstalt.

Je kürzer die Zeit ist, die ein bestimmter Mitgliedertyp ununterbrochen im Betrieb verbringt, desto eher wird es dem Management gelingen, ein Programm von Tätigkeiten und Motivationen durchzusetzen, das diese Teilnehmer akzeptieren. Daher werden in Unternehmen, die den Verkauf kleinerer standardisierter Artikel wie Zigaretten bezwecken, die Kunden den Kaufvorgang gewöhnlich abwickeln, ohne groß von der für sie programmierten Rolle abzuweichen – außer vielleicht, indem sie für einen Augenblick Geselligkeit beanspruchen oder ablehnen. Anstalten, die das Mitglied zwingen, »drinnen zu leben«, werden wahrscheinlich ein reiches Unterleben aufweisen, denn je mehr Zeit durch die Organisation verplant werden muß, desto geringer die Wahrscheinlichkeit, sie erfolgreich zu programmieren.

So können wir auch in Organisationen, bei denen die Rekrutierung unfreiwillig erfolgt, erwarten, daß, zumindest anfangs, der Rekrut nicht mit den Selbst-Definitionen harmoniert, die für Personen wie ihn offiziell vorgesehen sind, und sich daher auf nicht legitimierte Aktivitäten einstellen.

Und schließlich werden, wie bereits festgestellt, Institutionen, die keine nennenswerten äußeren Anreize anbieten, da sie sich nicht

auf das eingestellt haben, was als der Adam im Menschen bezeichnet wird, wahrscheinlich feststellen, daß inoffiziell einige
äußere Anreize geschaffen wurden.

Alle für ein aktives Unterleben förderlichen Bedingungen finden
sich in einer Institution, der heute viel Beachtung geschenkt wird:
der psychiatrischen Klinik. Im folgenden möchte ich einige der
wichtigsten Themen diskutieren, die sich aus den sekundären Anpassungsformen ergaben, die ich in einer sich über ein Jahr er-
streckenden Untersuchung feststellte, welche ich – nach der Methode
der teilnehmenden Beobachtung – in einer öffentlichen Heilanstalt
mit über 7000 Patienten, von nun an einfach »Central Hospital«
genannt, durchführte.[41]

Institutionen wie psychiatrische Kliniken gehören dem Typ der
totalen Institution an, in dem Sinne, daß der Insasse alle Bereiche seines Lebens im Anstaltsgebäude, in unmittelbarer Gesellschaft mit anderen, die ähnlich wie er von der Umwelt abgeschnitten sind, verbringt. In diesen Institutionen gibt es meist zwei große
und recht unterschiedlich gestellte Kategorien von Mitgliedern,
nämlich Stab und Insassen, und daher empfiehlt es sich, die sekundäre Anpassung dieser beiden Gruppen getrennt zu erörtern.

Über die sekundären Anpassungsmechanismen des Personals im
Central Hospital lassen sich einige Feststellungen treffen. So verwendete das Personal gelegentlich Patienten als Babysitter[42], Gärt-
ner oder allgemein als Hilfskräfte.[43] Patienten mit Ausgangsge-

---

41 Nähere Angaben siehe Vorwort.

42 Wo immer die Familien des Personals auf dem Anstaltsgelände wohnen, gibt
es Insassen, die als Babysitter arbeiten; siehe z. B. T. E. Lawrences schöne Arbeit
über das Leben in Armee- und Luftwaffenkasernen im England der zwanziger
Jahre, *The Mint* (London, Jonathan Cape, 1955), S. 40.

43 Vergleiche Kogons interessante Angaben über die private Ausnutzung der
Arbeit von Lagerinsassen durch die SS in Lagerschneidereien, Photowerkstätten,
Druckereien, Waffenschmieden, Töpfereien und Malerwerkstätten usw., beson-
ders während den Weihnachtszeit. Dalton (op. cit., S. 169), der die inoffiziellen
Belohnungen in einem amerikanischen Industriebetrieb untersucht, zitiert einen
Fall von Spezialisierung auf diesem Gebiet:

»Ted Berger, offiziell Vorarbeiter in Milos Schreinerei, war insgeheim ein Treu-
händer und Verfechter des Systems zusätzlicher Belohnungen. Unbezweifelbar
loyal, genoß er eine große Unabhängigkeit von formalen Pflichten, und zumindest die Abteilungsleiter erwarteten von ihm, daß er als Clearingstelle des
Systems fungiere. Seine eigene Belohnung war sowohl sozialer wie auch materieller Art, aber seine Art, mit dem System umzugehen, schuf unabsichtlich einen
sozialen Leim, welcher Menschen der verschiedensten Stufen und Abteilungen

nehmigung wurden manchmal von Ärzten und Schwestern auf Botengänge geschickt. Wärter nahmen sich das Recht, Klinikmahlzeiten zu essen, obwohl dies verboten war, und vom Küchenpersonal war bekannt, daß es Nahrungsmittel »organisierte«. Die Garage der Klinik wurde manchmal benutzt, um Privatfahrzeuge des Stabes instandzusetzen und mit Ersatzteilen zu versorgen.[44] Oft hatte ein Nachtschicht-Wärter eine Tagesbeschäftigung und rechnete realistisch damit, sich dann während seiner Schicht auszuschlafen, wobei er manchmal andere Wärter oder sogar entgegenkommende Patienten bat, ihn zu wecken, damit er dies ungestört tun konnte.[45] Vielleicht florierten ein oder zwei Rackets, die (wie ein Patient behauptete) sich an den Kantinenvorräten der stummen Patienten bereicherten.

Wie ich meine, kommt diesen sekundären Anpassungsformen der im Central Hospital Beschäftigten geringere Bedeutung zu. In vielen anderen Heilanstalten[46] und in Einrichtungen der Armee findet sich ein weitaus stärker entwickeltes Unterleben. Auch sollte man diese Praktiken im Central Hospital im Vergleich mit den zahlreichen Fällen bewerten, in denen Angehörige des Personals ihre Zeit und Aufmerksamkeit für Freizeitaktivitäten der Insassen aufwandten und dabei mehr Hingabe an ihre Arbeit zeigten, als die Leitung von ihnen erwartete. Daher möchte ich nicht ausführlicher auf die Standardformen der sekundären Anpassung eingehen, deren sich untergeordnete Beschäftigte in Arbeitsorganisationen bedienen, wie etwa das Drücken der Ausstoß-Norm[47],

miteinander verband. Da von ihm keine Arbeit an Maschinen verlangt wurde, verbrachte Berger mindestens sechs Stunden täglich damit, solche Gegenstände wie Babywiegen, Fensterläden, Garagenfenster, Puppenwagen, Schaukelpferde, Tische, Holzteller und Nudelwalzen herzustellen. Abnehmer für diese Gegenstände waren die verschiedenen Manager des Betriebs.

44 Ein Beispiel aus der Industrie findet man bei Dalton, op. cit., S. 202.

45 Die Nachlässigkeit in der Nachtschicht ist sicher ein Standardphänomen aller amerikanischen Arbeitsorganisationen. Siehe z. B. S. F. Lipset, M. A. Trow and J. S. Coleman, *Union Democracy* (Glencoe, Ill., The Free Press, 1956), S. 139.

46 Zum Beispiel der Einsatz des Elektroschocks für disziplinarische Zwecke. John Maurice Grimes, *Why Minds Go Wrong* (Chicago, Selbstverlag des Autors, 1951), S. 100, zitiert den bekannten »Seifenstrumpf« als wirksames Instrument des Wärters: er hinterläßt keine Spuren, ist leicht zu verbergen und tötet nie.

47 Ein grundlegender Aufsatz ist hier Donald Roys »Quota Restriction and Goldbricking in a Machine Shop«, *American Journal of Sociology*, LCII (1952), S. 427–42. Siehe auch O. Collins, M. Dalton and D. Roy, »Restriction of Output and Social Cleavage in Industry«, *Applied Anthropology* (jetzt: *Human Organization*), V (1946), S. 1–14.

»Scheinarbeit«, Arbeit für eigene Zwecke[48] oder betrügerische Korrektur der Produktionsberichte[49], die lediglich beweisen, daß die peinliche Sorgfalt, die Wissenschaftler wie Donald Roy und Melville Dalton in ihren Berichten über die Anpassungstechniken walten lassen, beispielhaft für Forschungen über andere Anstalten ist.

Bei der Behandlung der sekundären Anpassungsmechanismen der psychiatrischen Patienten im Central Hospital werde ich, wo dies möglich ist, Parallelbeispiele von in anderen Anstaltstypen üblichen Praktiken anführen und eine thematische Analyse leisten, die, wie ich glaube, auf alle Institutionen anwendbar ist. Dies macht eine formlose Kombination von Fallgeschichte und vergleichendem Ansatz erforderlich, wobei in einigen Fällen mehr Nachdruck auf Vergleiche als auf die untersuchten psychiatrischen Kliniken gelegt werden soll.

Vom Standpunkt der psychiatrischen Lehrmeinung aus sind anscheinend sekundäre Anpassungsformen für die Insassen nicht möglich: Alles, was ein Patient zu tun veranlaßt wird, kann als Teil seiner Behandlung oder der Verwaltungsmaßnahmen aufgefaßt werden; alles, was ein Patient von sich aus tut, läßt sich als Symptom seiner Krankheit oder seines Heilungsprozesses definieren. Einem Kriminellen, der sich »vor seiner Strafe drückt«, indem er sich entschließt, seine Zeit lieber in einer Heilanstalt als in einem Gefängnis zu verbringen, kann man gleichwohl unterstellen, daß er eine Therapie sucht, ebenso wie ein Simulant, der psychiatrische Symptome vortäuscht, tatsächlich krank sein kann, auch wenn er nicht an der Krankheit leiden mag, die er simuliert. Ähnlich kann man von einem Patienten, der sich mit seiner Unterbringung in einer Heilanstalt abfindet und das beste daraus zu machen sucht, annehmen, daß er nicht eine Behandlungsstätte mißbraucht, sondern wirklich krank ist, da er diese Form der Anpassung wählt.

Im allgemeinen arbeiten die staatlichen Heilanstalten nicht auf

48 Edward Gross, *Work and Society* (New York, Crowell, 1958), S. 521, teilt in einer Fußnote mit:
»Manchmal auch ›Hausarbeit‹ genannt und zur Bezeichnung für persönliche Arbeiten (zu Lasten der Firmen-Arbeitszeit) verwendet, wie die Reparatur des Tischbeines am Wohnzimmertisch, das Richten von Küchengeräten oder die Herstellung von Spielzeug für die Kinder, usw.«
49 Zum Beispiel Donald Roy, »Efficiency and ›The Fix‹: Informal Intergroup Relations in a Piecework Machine Shop«, *American Journal of Sociology*, LX (1954), S. 255–66.

der Basis der psychiatrischen Theorie, sondern aufgrund des »Stationssystems«. Die Insassen werden drastisch reduzierten Lebensbedingungen unterworfen, die durch mehr oder minder in der Sprache von Strafinstitutionen artikulierte Belohnungen und Bestrafungen durchgesetzt werden. Die Wärter und in erheblichem Maß auch das höhere Personal verwenden fast ausschließlich dieses System von Handlungen und Worten, vor allem im Zusammenhang mit den täglichen Problemen des Klinikbetriebes. Der disziplinarische Bezugsrahmen sieht eine relativ vollständige Sammlung von Mitteln und Zwecken vor, nach denen die Patienten legitimerweise streben können, und im Vergleich mit diesem autoritativen, aber nicht ganz offiziellen System erweisen sich eine Vielzahl von Patienten-Aktivitäten als *effektiv* verboten oder unzulässig. Manche Patienten auf bestimmten Stationen müssen ein so durchweg gegängeltes Leben führen, daß beinah jede Bewegung ihnen eine unvorgesehene Befriedigung verschafft.

Zweiter Teil: Das Unterleben der Klinik

Quellen

Ich möchte nunmehr untersuchen, aus welchen Quellen das Material stammt, welches die Patienten bei ihrer sekundären Anpassung verwenden.

1.

In erster Linie ist auf das Vorhandensein von Notbehelfen hinzuweisen. In jeder sozialen Institution benützen die Mitglieder die erreichbaren Artefakte in einer Weise und zu einem Zweck, die nicht offiziell beabsichtigt sind, und modifizieren daher die für sie vorgesehenen Lebensbedingungen. Dabei findet eine physische Bearbeitung oder lediglich ein illegitimer Gebrauch des Artefakts statt, und in beiden Fällen handelt es sich um eine hausbackene Version des Robinson-Crusoe-Motivs. Schlagende Beispiele finden wir im Gefängnis, wo z. B. ein Löffel zu einem Messer zurechtgehämmert wird, Zeichentinte aus den Druckseiten des Life-Magazins gewonnen wird[50], Übungshefte benützt werden, um Wettscheine auszuschreiben[51], oder Zigaretten mit den verschiedensten Hilfsmitteln angezündet werden – durch Funkenschlagen aus einer elektrischen Steckdose[52], mit selbstgemachtem Zunder[53] oder mit gevierteilten Zündhölzern.[54] Während dieser Umwandlungsprozeß in Form einer Reihe von komplexen Praktiken stattfindet, ist er am deutlichsten dort sichtbar, wo derjenige, der sich dieser Praktiken bedient, außerhalb des Zusammenhangs mit anderen steht (außer beim Lernen und Lehren der Technik) und das hergestellte Produkt alleine verbraucht.

Im Central Hospital wurden viele einfache Notbehelfe stillschweigend toleriert. Z. B. benützten die Insassen vielfach die freistehenden Heizungskörper, um eigene Kleidungsstücke zu trocknen, die sie selbst im Waschbecken der Toilette gewaschen hatten, wobei

---

50 Cantine and Rainer, op. cit., S. 42.

51 Frank Norman, *Bang to Rights* (London, Secker and Warburg, 1958), S. 90.

52 Ibid., S. 92.

53 George Dendrickson and Frederick Thomas, *The Truth About Dartmoor* (London, Gollancz, 1954), S. 172.

54 Ibid., S. 172–73.

sie einen privaten Wäschereibetrieb aufzogen, der offiziell Sache der Anstalt war. Auf Stationen mit harten Bänken führten die Patienten manchmal zusammengerollte Zeitungen mit sich, um diese, wenn sie sich auf den hölzernen Bänken hinlegten, als Kopfstütze zu verwenden. In derselben Art wurden zusammengerollte Mäntel und Handtücher verwendet. Die Patienten, die über Erfahrungen aus anderen freiheitsberaubenden Institutionen verfügten, benützten zu diesem Zweck ein noch wirksameres Mittel, nämlich einen Schuh.[55]

Bei der Überweisung von einer Station auf die andere trugen die Patienten mitunter ihre Habseligkeiten in einem zusammengeknoteten Kopfkissenbezug mit sich, ein Praktik, die in manchen Gefängnissen halb-offiziell ist.[56] Die wenigen alternden Patienten, die das Glück eines privaten Schlafraums hatten, legten manchmal ein Handtuch unter den Ständer ihrer Waschschüssel und verwandelten somit den Ständer in ein Lesepult und das Handtuch in einen Teppich, der ihre Füße vor dem kalten Fußboden schützte. Ältere Patienten, die keine Lust hatten oder unfähig waren zu gehen, entwickelten manchmal Strategien, um die Anstrengung eines Ganges auf die Toilette zu vermeiden: Auf der Station konnte man auf den heißen Zentralheizungskörper urinieren, ohne allzu dauerhafte Spuren zu hinterlassen; während der zweimal wöchentlich stattfindenden Rasur in dem im Keller gelegenen Frisiersalon wurde der für die gebrauchten Handtücher vorgesehene Kübel als Urinal benützt, wenn die Wärter nicht hinschauten. Zurückgebliebene Patienten aller Altersgruppen trugen manchmal Papptrinkbecher mit sich herum, die sie als tragbare Spucknäpfe oder Aschenbecher benützten, da die Wärter mehr Wert darauf legten, daß der Fußboden sauber blieb, als daß sie das Spucken oder Rauchen unterbunden hätten.[57]

55 Vergleiche das Äquivalent bei der Marine (Melville, op. cit., S. 189): »... der harte, unnachgiebige und schwere Segeltuchhut, welcher auf Kriegsschiffen der Marine vorgeschrieben ist, ist so steif, daß man darauf sitzen kann, und tatsächlich dient er manchmal, wenn nichts anderes da ist, dem einfachen Matrosen als Hocker.«

56 Für ein Beispiel aus England siehe Dendrickson and Thomas, op. cit., S. 66.

57 Im Central Hospital blieben viele Patienten völlig stumm, halluzinierten, waren inkontinent oder zeigten andere klassische Symptome. Aber soweit ich sehen konnte, besaßen nur wenige Patienten die Kühnheit, absichtlich und wiederholt Asche auf den Linoleumboden fallen zu lassen, desgleichen weigerten sich nur wenige, sich nach Essen anzustellen, sich zu duschen, zu Bett zu gehen

In totalen Institutionen wird meist auf bestimmten Gebieten konzentriert Gebrauch von Notbehelfen gemacht. Eines davon ist die
Pflege der eigenen Person – die Verfertigung von Geräten, die es
ermöglichen, sich anderen in schicklicher Aufmachung zu präsentieren. So wird z. B. behauptet, daß Nonnen hinter einer Glas-
scheibe eine schwarze Schürze befestigen, um einen Spiegel herzustellen – denn ein Spiegel ist ein Mittel der Selbstüberprüfung,
Korrektur und Anerkennung, das der Schwesternschaft gewöhnlich
vorenthalten wird.[58] Manchmal wurde im Central Hospital Toilettenpapier »organisiert«. Einige anspruchsvolle Patienten führten
es, sorgfältig in Stücke gerissen und gefaltet, mit sich – um es als
Kleenex zu benützen. So schnitten und nähten sich einige männliche Patienten auch während der heißen Sommermonate ihre
Anstalts-Khakihosen zu flotten Sommershorts zurecht.

II.

Die oben erwähnten einfachen Notbehelfe sind gekennzeichnet
durch die Tatsache, daß man, um sie zu verwenden, nur sehr wenig
Engagement für die und Orientierung an der offiziellen Welt der
Anstalt benötigt. Ich möchte nunmehr eine Reihe von Praktiken
untersuchen, die eine etwas größere Empfänglichkeit für die legitime Welt der Institution voraussetzen. Der Geist der legitimen
Aktivität wird dabei zwar beachtet, doch wird er über das vorgesehene Maß hinaus übertrieben; wir haben es mit einer Erweiterung und Verfeinerung der bestehenden Quellen legitimer Befriedigung oder mit der Ausbeutung eines ganzen Ablaufs offizieller Aktivitäten für private Zwecke zu tun. Dies will ich die
»Ausbeutung des Systems« nennen.
Die elementarste Art, das System auszubeuten, bewiesen im Central Hospital wohl jene Patienten auf rückständigen Stationen,
die sich krank meldeten oder sich weigerten, die Stationsdisziplin

oder zur rechten Zeit aufzustehen. Hinter dem psychotischen Anschein der
Station verbarg sich eine solide Stationsroutine, die recht weitgehend eingehalten
wurde.
58 Kathryn Hulme, *The Nun's Story* (London, Muller, 1956), S. 33. Norman,
op. cit., S. 87, stellt fest, daß im britischen Gefängnis in Camp Hill während
der Weihnachtsfeiertage, wenn die Disziplin nachließ, die Homosexuellen ihr
Gesicht mit weißem Zahnpulver puderten und ihre Lippen mit roter Farbe
schminkten, die sie durch das Anfeuchten von Buchumschlägen gewonnen hatten.

zu befolgen, offenbar um den Wärter oder Arzt dazu zu verführen, sie zu beachten und in eine soziale Interaktion zu verwickeln, und sei diese auch disziplinarischer Art.

Die meisten in der Klinik angewandten Techniken zur Ausbeutung des Systems schienen jedoch nicht unmittelbar mit der seelischen Erkrankung in Verbindung zu stehen. Ein Beispiel für solche Techniken bietet eine Reihe ausgeklügelter Praktiken, die im Zusammenhang mit der Nahrungsbeschaffung eingesetzt wurden. In einer großen Cafeteria, wo die 900 Patienten einer Station für chronisch erkrankte Männer[59] im Schichtbetrieb verpflegt wurden, brachten beispielsweise einige ihre eigenen Zutaten mit, um ihr Essen nach eigenem Geschmack zu würzen; Zucker, Salz, Pfeffer und Ketchup wurden zu diesem Zweck in kleinen Fläschchen in der Jackentasche mitgebracht. Wenn der Kaffee in Pappbechern serviert wurde, schützten die Patienten manchmal ihre Hände, indem sie ihren Becher in einen zweiten Pappbecher steckten. An Tagen, an denen es Bananen gab, entwendeten einige Patienten eine Tasse Milch aus dem Krug, der für diejenigen bestimmt war, die Milch für ihre Diät benötigten, und schnitten ihre Bananen hinein, streuten Zucker drüber und schwelgten bei einem »richtigen« Nachtisch. Gab es eine nicht nur beliebte, sondern auch transportable Mahlzeit, also wenn Frankfurter Würstchen oder Leber serviert wurden, wickelten einige Patienten diese in eine Papierserviette und gingen dann, um sich einen »Nachschlag« zu holen; die erste Ration sparten sie sich für einen nächtlichen Imbiß auf. Einige Patienten brachten, wenn es zum Essen Milch gab, leere Flaschen mit, um welche mit auf die Station zu bringen. Wenn von einem bestimm-

59 In bezug auf die Wohnordnung weisen amerikanische Heilanstalten typischerweise eine offizielle Organisation nach Stationen und Abteilungen auf. Eine Station besteht für gewöhnlich aus Schlafräumen (die häufig verschlossen werden können), einem Tagesraum, einem Schwesternzimmer mit Ausblick auf den Tagesraum, verschiedenen Betriebs- und Verwaltungsbüros, einem Flur mit Isolierungszellen und manchmal einem Speisesaal. Eine Abteilung besteht aus einer Reihe solcher Stationen und erstreckt sich über ein oder mehrere Gebäude, wozu auch eine allgemeine Verwaltung gehört, und weist manchmal eine Homogenität der Patienten auf – nach Alter, Geschlecht, Rasse, Krankheitstyp usw. Diese Homogenität ermöglicht es, in der Abteilung Stationen mit unterschiedlichen Merkmalen und Funktionen einzurichten, wodurch sich eine grobe Privilegienabstufung bildet, innerhalb welcher der Patient mit einem Minimum an bürokratischem Aufwand auf- und absteigen kann. Innerhalb der Klinik als ganzer wiederholt sich über die Abteilungen dasselbe Gefälle wie innerhalb der Abteilungen über die Stationen.

ten Teil des Menus mehr gewünscht wurde, bestand die Möglichkeit, nur diesen Teil zu essen, den Rest der Portion in den Abfalleimer zu kippen und (wenn dies erlaubt war) eine volle Portion
nachzufassen. Einige der Patienten mit Ausgangsgenehmigung, die
ihre Mahlzeiten in dieser Cafeteria einnahmen, pflegten bei den
Abendmahlzeiten im Sommer ihren Käse zwischen zwei Brot-
scheiben zu legen, das so entstandene Sandwich einzuwickeln und
es in Ruhe außerhalb der Patientenkantine zu verzehren, wobei sie sich eine Tasse Kaffee hinzuleisteten. Patienten mit Stadtausgangsgenehmigung krönten diese Mahlzeit manchmal mit
Kuchen und Eiskrem aus dem örtlichen Drugstore. In einem kleineren Speisesaal, in einer anderen Abteilung der Klinik, pflegten
Patienten, die (zu Recht) befürchteten, daß ein Nachfassen nur
kurze Zeit möglich wäre, ihre Fleischportion vom Teller zu nehmen und sie, zwischen zwei Brotschnitten, an ihrem Platz liegen-
zulassen und sich sofort wieder zum Nachfassen in die Schlange
einzureihen. Diese vorausschauenden Patienten mußten manchmal
bei der Rückkehr an ihren Platz feststellen, daß ein Mitinsasse
sich mit der ersten Portion davongemacht und mithin den Be-
trüger mühelos betrogen hatte.

Will man das System wirksam ausbeuten, dann muß man es genau
kennen[60]; es war leicht festzustellen, wie dieses Wissen in der
Klinik angewandt wurde. Z. B. war unter den Patienten mit Ausgangserlaubnis allgemein bekannt, daß nach Schluß der im
Theatersaal veranstalteten Wohltätigkeitsfeste Zigaretten oder
Süßigkeiten an die hinausgehenden Patienten verteilt wurden. Da
die Schau selbst sie langweilte, kamen einige Patienten erst kurz
vor Schluß, um mit den anderen hinauszudefilieren; wieder anderen gelang es, sich mehrmals unter die Hinausgehenden zu
mischen und dadurch das Ereignis mehr als lohnend zu gestalten.
Der Stab wußte selbstverständlich um diese Praktiken, und bei
manchen Tanzveranstaltungen in der Klinik wurden Zuspätkom-

60 Viele belletristische Fluchtgeschichten zeichnen sich durch eine Kenntnis
der Aufgaben des Wärters aus. Auch in der Wirklichkeit sind Verzweiflung und
Kenntnis der Aufgaben miteinander verbunden, wie Kogon (op. cit., S. 190)
in einem Bericht über die Reaktion der Häftlinge in Buchenwald auf die Kür-
zung und das Vorenthalten der Rationen illustriert: »... wenn ein Insasse in
den Baracken gestorben war, wurde diese Tatsache verheimlicht, und der Tote
wurde von einigen Männern zur Brotausgabestelle geschleift oder getragen, wo
die Rationen an die ›Helfer‹ verteilt wurden. Dann wurde der Leichnam einfach
irgendwo auf dem Appellplatz liegengelassen.«

mende nicht mehr eingelassen, da man annehmen konnte, daß sie gerade rechtzeitig zum Essen zu erscheinen suchten, um danach wieder zu verschwinden. Die Damen von der jüdischen Wohlfahrt servierten offenbar nach dem Wochengottesdienst ein großes Frühstück, und wie ein Patient behauptete, konnte man, indem man den richtigen Zeitpunkt abpaßte, »sich sattessen und sich vor dem Gottesdienst drücken«. Ein anderer Patient, dem die wenig bekannte Tatsache bekannt war, daß die Klinik zur Instandhaltung der Anstaltskleidung eine Gruppe von Näherinnen beschäftigte, brachte seine Kleidung dorthin und ließ sich Hemden und Hosen maßgerecht ändern, wobei er sich mit einigen Päckchen Zigaretten oder einem kleinen Geldbetrag erkenntlich zeigte.

Bei anderen Methoden, die Klinik auszubeuten, war das »Timing« wichtig. Z. B. lieferte jede Woche ein Lastwagen die vom Roten Kreuz gestifteten alten Zeitschriften und Taschenbücher beim auf dem Klinikgelände befindlichen Freizeitzentrum an, dessen Bibliothek diesen Lesestoff an die einzelnen Patienten und Stationen weiterverteilte. Einige passionierte Leser kannten genau den Fahrplan des Lieferwagens und erwarteten ihn bereits, um die erste Wahl zu haben. Einige Patienten, die den Zeitplan der Essenstransporte zwischen der Zentralküche und einer Abteilung für chronische Patienten kannten, hielten sich mitunter dort auf, wo der Verbindungsgang zu ebener Erde verlief, und hofften, aus den fahrbaren Bottichen eine Extra-Portion zu ergattern. Die in einer der großen Cafeterias servierten Mahlzeiten wurden zuerst an eine Gruppe von an die Station gebundenen alten Männern verteilt. Ambulante Patienten, die wissen wollten, ob es lohnte, in die Cafeteria zum Essen zu gehen oder ob sie sich lieber Sandwiches aus der Kantine holen sollten, spähten regelmäßig im rechten Augenblick durch das Fenster dieser Station, um herauszufinden, was auf dem Speisezettel stand.

Ein weiteres Beispiel, wie das System der Klinik ausgebeutet wurde, bot die Müllabfuhr. Kurz vor den Leerungen machten einige Patienten die Runde zu den in der Nähe ihrer Station stehenden Mülltonnen. Sie durchstöberten die oberen Schichten des in den großen Holzbottichen gesammelten Mülls und suchten nach Nahrungsmitteln, Zeitschriften, Zeitungen und anderen Abfällen, die durch ihre Knappheit oder durch die Tatsache, daß man, um sich solche Gegenstände regulär zu verschaffen, einen Wärter oder anderen Beamten demütig darum bitten mußte, für diese Sammler

wertvoll waren.[61] Die Untertassen, die das Personal in den Vor-
zimmern der Verwaltungsbüros verschiedener Abteilungen als
Aschenbecher benützte, wurden regelmäßig nach brauchbaren Zigarettenkippen abgesucht. Solche Müllsammler gibt es natürlich auch
in offenen Gemeinschaften, und offenbar bietet jedes größere System zur Sammlung und Zerstörung abgelegter Gegenstände einigen die Möglichkeit, sich durchzubringen.[62]
Einige Patienten taten sich bei der Ausbeutung des Systems besonders hervor und vollbrachten individuelle Großtaten, die kaum
noch als gewöhnliche sekundäre Anpassung zu bezeichnen waren.
In einer Abteilung mit zwei Rekonvaleszentenstationen, von denen
die eine geschlossen und die andere offen war, behauptete ein
Patient, es sei ihm gelungen, sich von der geschlossenen Station
auf die offene verlegen zu lassen, weil das Tuch auf dem Billardtisch in der offenen Station besser erhalten war; ein anderer Patient
berichtete, er habe seine Überweisung in umgekehrter Richtung
erreicht, da es auf der geschlossenen Station »geselliger zuging«,
weil einige der Insassen gezwungen waren, auf ihren Zimmern zu
bleiben. Ein weiterer Patient, der Stadtausgangserlaubnis hatte,
erhielt regelmäßig Urlaub von seinem Klinikjob und wurde im
Wagen in die Stadt mitgenommen, um Arbeit zu suchen; einmal in
der Stadt, so erzählte er, machte er es sich für den Nachmittag in
einem Kino gemütlich.
Ich möchte anmerken, daß Patienten, die über Erfahrungen in
anderen Entbehrungssituationen verfügten und in gewissem Sinne
geübte Schwindler waren, häufig sehr schnell bewiesen, daß sie
wußten, wie man das System ausbeutet. Ein Patient, der bereits
Erfahrungen in Lexington (Strafanstalt) gesammelt hatte, drehte
sich am ersten Morgen in der Klinik einen Vorrat Zigaretten,
organisierte Schuhkrem und ließ sich zwei Paar Schuhe reparieren,
machte einen Mitinsassen ausfindig, der einen großen Vorrat an
Detektivromanen besaß, verschaffte sich mit Hilfe von Instant-

---

61 Vergleiche die Erfahrung aus dem Konzentrationslager (Kogon, op. cit.,
S. 122): »... daß Hunderte in den Lagern immer wieder den Versuch gemacht
haben, aus Abfallhaufen genießbare Nahrungsreste herauszustochern, daß Kno-
chen gesammelt und ausgekocht wurden ...«
62 Das Material, aus dem kleine Jungen sich ihre Welt aufbauen, stammt zu
einem wesentlichen Teil aus Abfallschütten verschiedenster Art. Die psychoana-
lytische Interpretation dieser Kloakenaktivitäten ist interessant, aber beweist
manchmal große ethnographische Distanz zu den in Rede stehenden Müllver-
wertern.

Kaffee und dem Heißwasserhahn eine Portion Kaffee und besorgte sich einen Platz in der Gruppentherapie, wo er erst aufmerksam dasaß und einige Zeit ruhig abwartete, um dann eine aktive Rolle aufzubauen. Daher ist es verständlich, warum ein Wärter behauptete: »In spätestens drei Tagen weiß man, ob einer den Bogen heraus hat.«

Bisher wurden nur solche Möglichkeiten, das System auszubeuten, erörtert, bei denen der Akteur selbst oder ihm sehr nahestehende Personen profitierten. Praktiken, mit denen korporative Interessen verfolgt werden, finden sich in vielen totalen Institutionen[63], doch in psychiatrischen Kliniken sind kollektive Bemühungen, das System auszubeuten, nicht sehr verbreitet. Die kollektiven sekundären Anpassungsformen, die sich im Central Hospital feststellen ließen, wurden anscheinend von solchen Patienten getragen, die Absolventen gefängnisähnlicher Anstalten – des »Gefängnistrakts« innerhalb der Institution – waren, in denen diejenigen untergebracht wurden, die den Status des kranken Kriminellen besaßen. Z. B. wurde aus einer Station für ehemals inhaftierte Patienten eines der Mitglieder kurz vor der Essenszeit in die Zentralküche geschickt, um das Essen auf einem gedeckten Tablett zu holen, damit es nicht auf dem langsamen Transport durch den Verbindungstunnel zwischen den Gebäuden kalt wurde.

Untersucht man den Prozeß der »Ausbeutung des Systems«, dann muß man auch fragen, in welchen Formen die Hospitalisierung selbst ausgenutzt wurde. Z. B. behaupteten Patienten wie Personal öfter, daß manche Patienten in die Klinik kämen, um Arbeits- und familiären Verpflichtungen aus dem Wege zu gehen[64], um in

---

63 Zum Beispiel Kogon, op. cit., S. 148: »Es gibt kein Konzentrationslager, in dem die Politischen maßgebenden Einfluß hatten oder das sie beherrschten, wo sie den Häftlingskrankenbau, der ein schauerliches Wirkungsfeld der SS war, nicht gleichzeitig zur Rettungsstation für unzählige Kameraden gemacht hätten. Es wurden nicht nur die Kranken nach Möglichkeit wirklich geheilt, sondern auch Gesunde, die in der Gefahr von Todestransporten oder Todesurteilen standen, krankgeschrieben, um sie vor einem Zugriff der SS zu bewahren. In besonderen Fällen, wenn es keine andere Möglichkeit mehr gab, ließ man die Gefährdeten pro forma sterben und unter dem Namen wirklich Gestorbener weiterleben.«

64 In einer Abteilung der Klinik gab es eine ansehnliche Zahl männlicher Patienten, die zu einem Zeitpunkt eingeliefert worden waren, als Arbeitslosigkeit herrschte, und diese, da sie vom Gang der Ereignisse draußen ein wenig abgeschnitten waren, glaubten immer noch, sie würden in der Klinik einen vorteilhaften »Handel« machen. So stellte einer, als er seine kostenlose Nachspeise

den Genuß umfangreicherer chirurgischer oder zahnärztlicher Operationen zu gelangen oder um sich strafrechtlicher Verfolgung zu entziehen.[65] Für die Richtigkeit dieser Behauptungen kann ich mich nicht verbürgen. Es gab auch Fälle von Patienten mit Stadtausgangsgenehmigung, die behaupteten, sie würden die Klinik als Ausnüchterungsstation nach ihren Saufeskapaden am Wochenende benützen; dies wird offenbar durch den angeblichen Nutzen einer Behandlung des Alkoholkaters mit Psychosedativen ermöglicht. Und es gab Patienten mit Stadtausgangserlaubnis, die sich mit einem unter dem Existenzminimum liegenden Lohn für eine Beschäftigung in der freien Wirtschaft zufrieden geben konnten, da ihre Wettbewerbs-Situation durch freie Unterkunft und Verpflegung in der Klinik gesichert war.[66]

Darüber hinaus gab es Patienten, die das Kliniksystem in etwas ungewöhnlichen Formen ausbeuteten. Jede soziale Institution bietet ihren Mitgliedern bevorzugte Möglichkeiten des direkten zwischenmenschlichen Kontakts oder erhöht zumindest die Wahrscheinlichkeit solchen Kontakts, wodurch in der Heilanstalt, wie in anderen Institutionen, eine Grundlage für die sekundäre Anpassung geschaffen wird. Eine Gruppe von Patienten, die diese sozialen Chancen der Klinik ausbeuteten, waren die ehemaligen

erhielt, fest: »Draußen kriegt man keinen solchen Apfelkuchen für 25 Cents, nein, niemals.« Die Apathie und das Streben nach einem sicheren Winkel, so charakteristisch es für die Jahre der Depression war, konnte hier immer noch, wie in Bernstein konserviert, studiert werden.

65 Für einen Mann aus der Unterschicht, der bereits durch einen Aufenthalt in einer Heilanstalt stigmatisiert ist und nur Aussichten auf eine Arbeitsstelle hat, bei der berufliche Erfahrung und Dienstalter eine geringe Rolle spielen, bedeutet es keinen großen Verlust, wenn er in eine Heilanstalt kommt, wo er die Verhältnisse kennt und Freunde unter den Wärtern hat. Es wurde behauptet, daß einige dieser ehemaligen Patienten ein Papier bei sich führten, welches ihre Krankengeschichte bestätigte; wenn sie, aus welchen Gründen auch immer, von der Polizei aufgegriffen wurden, zeigten sie dieses Attest vor und veranlaßten dadurch ihre Einlieferung. Patienten, die ich kannte, behaupteten jedoch, daß die Hospitalisierung, außer im Falle einer Mordanklage, im allgemeinen ein schlechter Weg sei, sich einer Strafe zu entziehen: In Gefängnissen ist die Haftdauer begrenzt, es gibt die Möglichkeit, ein wenig Geld zu verdienen, und in zunehmendem Maße stehen gute Fernsehgeräte zur Verfügung. Ich glaube jedoch, daß dieser Standpunkt wesentlich als Bestandteil einer gegen das Personal gerichteten Moral anzusehen ist, außer in jenen Kliniken, die, wie das Central Hospital, besonders eingezäunte Gebäude für die kriminellen Kranken besitzen.

66 Wie bereits gesagt, lassen sich nach der militanten psychiatrischen Doktrin solche Motive zur Ausbeutung der Hospitalisierung als symptomatisch für ein »wirkliches« Bedürfnis nach psychiatrischer Behandlung interpretieren.

Gefangenen, die Absolventen des Gefängnistrakts. Diese Männer waren relativ jung und entstammten meist der städtischen Arbeiterschicht. Einmal in der Klinik, waren sie sehr erfolgreich, wenn es galt, sich angenehme Posten zu verschaffen oder die Aufmerksamkeit der als attraktiv geltenden Patientinnen auf sich zu lenken. Aus ihren Reihen kam die Mehrzahl der Leute, die man in anderen Institutionen als »Geschäftelhuber« bezeichnen würde. Eine weitere Gruppe waren die Neger: einige unter ihnen, die dies wünschten, konnten gewissermaßen die Klassen- und Rassenschranke überwinden und mit weißen Patienten Freundschaften und Flirts unterhalten[67] sowie mit dem psychiatrischen Personal eine mittelständische akademische Konversation treiben, die ihnen außerhalb der Klinik verwehrt gewesen wäre. Eine dritte Gruppe waren die Homosexuellen: wegen ihrer Neigung eingekerkert, fanden sie ein eingeschlechtliches Gemeinschaftsleben mit entsprechenden sexuellen Chancen vor.

Ein interessantes Mittel, durch das manche Patienten das Kliniksystem ausbeuteten, betraf die gesellige Verbindung mit Außenstehenden. Die Bemühungen um Interaktionen mit Außenstehenden ließen sich offenbar auf die kastenartige Position der Patienten in der Klinik und die mit dem Stigma der Verrücktheit verbundenen Mythen zurückführen. Zwar behaupteten einige Patienten, sie fühlten sich in der Gesellschaft von Nicht-Patienten nicht wohl, doch andere Patienten vertraten die Kehrseite der Medaille und meinten, der Umgang mit Nicht-Patienten sei eigentlich gesünder und stelle irgendwie eine Empfehlung dar. Auch reagierten Außenstehende meist weniger beleidigend als das Personal auf den Status des Patienten; sie wußten nicht, wie bescheiden die Position des Patienten war. Und schließlich behaupteten ein paar Patienten, sie seien es leid, sich über ihre Inhaftierung und ihren Fall mit anderen Patienten zu unterhalten, und sahen in der Konversation mit Außenstehenden eine Möglichkeit, die Patienten-

67 Oft hörte ich, wie sich konservative weiße Wärter und Patienten über den gelegentlichen Anblick eines Negers, der sich mit einer weißen Frau verabredete, empörten. Im Gegensatz zu dieser konservativen Gruppe und von ihr durch eine Art soziale Epoche getrennt, standen die Klinikverwaltung, welche die Aufnahme- und geriatrischen Stationen bereits desegregiert und mit der Desegregierung der übrigen Stationen begonnen hatte, sowie die tonangebenden Patientencliquen, deren Mitglieder jung waren und denen es mehr darauf ankam, ›hip‹ zu sein, als an der Rassentrennung festzuhalten.

Kultur zu vergessen.[68] Der Umgang mit Außenstehenden vermittelte ihnen das Gefühl, keine Geisteskranken zu sein. Daher fand auf dem Gelände und im Freizeitgebäude eine gewisse »Vermischung« statt, die wesentlich dazu beitrug, einem das Gefühl zu geben, daß man sich wirklich nicht von den Gesunden unterschied, und daß die Gesunden selbst in Wirklichkeit nicht übermäßig intelligent waren.

Im Sozialsystem der Klinik gab es mehrere strategische Punkte, an denen die Beteiligung mit Außenstehenden möglich war. Einige der heranwachsenden Töchter von Anstaltsärzten beteiligten sich als gesellige Partner an dem kleinen Kreis der männlichen Patienten mit Ausgangserlaubnis und Schwesternschülerinnen, die auf dem Tennisplatz der Klinik den Ton angaben.[69] Während und nach den Spielen pflegte diese Gruppe sich auf dem angrenzenden Rasen zu vergnügen, miteinander zu scherzen und dabei einen zwanglosen, nicht durch das Klinikmilieu bestimmten Umgangston einzuhalten. Ähnlich schlossen sich an Abenden, wenn wohltätige Organisationen von außerhalb ein Tanzvergnügen durchführten und ein paar junge Frauen mitbrachten, einige männliche Patienten diesen Damen an, wobei diese sie offenbar nicht als Klinikinsassen behandelten. Auch auf der Aufnahmestation, wo die Schwesternschülerinnen ihre psychiatrische Ausbildung absolvierten, spielten immer einige junge männliche Patienten mit ihnen Karten und andere Spiele, wobei eher die zwanglose Atmosphäre eines Rendez-vous als die einer therapeutischen Situation herrschte. Bei den »höheren« Formen der Therapie, wie dem Psychodrama oder der Gruppentherapie, hospitierten häufig Fachleute, um die neuesten Methoden zu studieren; auch diese Personen waren für die Patienten eine Quelle der normalen Interaktion. Und schließlich erfreuten sich die in der Baseball-Mannschaft der Klinik spielenden Patienten, wenn sie gegen Mannschaften von draußen

68 All diese Motive lassen sich selbstverständlich bei jeder stigmatisierten Gruppe feststellen. Wenn die Patienten sagen: »Wir sind einfach anders als die anderen, das ist alles«, dann erkennen sie, genau wie andere normale »Abweichler«, merkwürdigerweise nicht, daß es in jeder stigmatisierten Gruppe nur wenige so stereotype, vorhersagbare und anomale Gefühle gibt.
69 In sozialer Hinsicht war keine weibliche Patientin bereit, sich mit dieser Gruppe »einzulassen«. Nebenbei bemerkt, waren die Kinder der auf dem Gelände wohnenden Ärzte die einzige Kategorie von Nichtpatienten, die, wie ich feststellen konnte, keine deutliche Kasten-Distanz zu den Patienten einhielten; warum, ist mir nicht bekannt.

spielten, der besonderen Kameradschaft, die sich zwischen den bei einem Spiel gegeneinander antretenden Mannschaften entwickelt und die beiden Mannschaften gegen das Publikum abhebt.

III.

Die vielleicht wichtigste Form, in der die Patienten im Central Hospital das System ausbeuteten, bestand darin, einen »ausbeutbaren« Posten zu erlangen, d. h. eine bestimmte Arbeit, Freizeitbeschäftigung, Therapie oder Stationsaufgabe, die allein bestimmte sekundäre Anpassungsformen ermöglichte – und häufig eine ganze Reihe von ihnen. Dieses Thema klingt im Bericht eines ehemaligen Gefangenen über das British Prison in Maidstone an:

Dreimal im Jahr, jeweils zu Ende des Trimesters, stellten wir im Schulungsbüro einen Bericht für den Gefängnis-Kommissar über die in den verschiedenen Kursen gemachten Fortschritte an. Wir produzierten Zahlen über Zahlen, um zu zeigen, wie viele Patienten diese oder jene Kurse besucht hatten. Wir stellten z. B. fest, daß eine Diskussionsgruppe, die die »Tagespolitik« erörterte, einer der beliebtesten Kurse war. Wir verrieten nicht den Grund für diese Beliebtheit, der darin bestand, daß die wohlwollende Dame, die die Diskussion leitete, jede Woche ihren Schülern Tabak mitbrachte; der Kurs fand in einer blauen Rauchwolke statt, und während die Lehrerin ihre Schüler in der »Tagespolitik« auf dem laufenden hielt, machten diese – alles alte Knastschieber, Tippelbrüder und Schwachsinnige – es sich bei kostenlosen Zigaretten bequem.[70]

Manchmal werden solche Posten mit dem Hintergedanken an die Nutzungsmöglichkeiten gesucht, oder aber die Nützlichkeit zeigt sich erst, nachdem der Posten gewonnen wurde und fungiert dann als Grund, diesen beizubehalten. In beiden Fällen stellt die »Ausbeutung eines Postens« eine der wesentlichen Gemeinsamkeiten zwischen Heilanstalten, Gefängnissen und Konzentrationslagern dar. Mehr als bei den einfachen Notbehelfen gibt der Insasse den relevanten Beamten zu verstehen, daß er diesen Posten aus rechtschaffenen Motiven anstrebe – besonders dort, wo es sich um eine freiwillige Tätigkeit handelt, die eine relativ enge Zusammenarbeit zwischen Stab und Insassen mit sich bringt; denn dabei wird häufig eine »aufrichtige« Bemühung erwartet. In solchen Fällen kann der Insasse sich den Anschein geben, als würde er seine Aufgabe, und damit die Ansicht der Anstalt über ihn, aktiv begrüßen,

70 Heckstall-Smith, op. cit., S. 65.

während in Wirklichkeit seine besondere Art, von dieser Aufgabe zu profitieren, einen Keil zwischen ihn und die gesteigerten Erwartungen der Anstalt hinsichtlich seiner Person treibt. Die Übernahme einer Aufgabe, bei der die Möglichkeit bestanden hätte, sie zurückzuweisen, führt in der Tat dazu, daß Personal und Insassen einander wohlwollend umwerben, und das Personal entwickelt gegenüber dem Insassen eine Einstellung, die es dem Insassen erleichtert, durch entsprechende Manipulationen Entgegenkommen zu zeigen.

Als erstes läßt sich allgemein feststellen, daß, wie schon gesagt, der Arbeiter, wenn es bei einer Aufgabe um die Herstellung bestimmter Produkte geht, meist in der Lage ist, sich informell mit den Früchten seiner Arbeit zu versorgen. In der Klinik waren diejenigen, die Küchenposten innehatten, in der Lage, sich zusätzliche Nahrungsmittel zu verschaffen[71]; wer in der Wäscherei arbei-

---

71 Vergleiche einen Fall aus einer britischen Heilanstalt, beschrieben bei D. Mc-I. Johnson and N. Dodds, Hrsg., *The Plea for the Silent* (London, Christopher Johnson, 1957), S. 17–18:
»Bald hatte ich mich zwei einigermaßen gesunden Männern auf dieser mit über dreißig Leuten belegten Station angeschlossen. Der eine war der bereits erwähnte junge Mann; der Chef hatte nichts dagegen, daß ich in der Küche mithalf, und meine Belohnung bestand aus zwei zusätzlichen Tassen Tee pro Tag.«
Ein Beispiel aus dem Konzentrationslager gibt Kogon, op. cit., S. 122:
»Bei jedem Lager befanden sich Hundezwinger der SS, die für die Zucht und Pflege von Schutzhunden bestimmt waren. ... Die Tiere hatten Ställe mit eigenem Tagesraum, Schlafraum und Auslauf. Das Futter bestand aus Fleisch, Milch, Haferflocken und Kartoffeln; die Luxushunde erhielten außerdem frische Eier und Rotwein. Viele hungernde Häftlinge benutzten jede Gelegenheit, um in der Hundeküche zu arbeiten und dort etwas Hundefutter zu erwischen.«
Ein Beispiel aus dem Gefängnis enthält Don Devaults Beschreibung der McNeil-Insel, bei Cantine and Rainer, op. cit., S. 92:
»Es war sehr vorteilhaft für die Verpflegungslage, wenn man während der Obsternte in der Gartenkolonne arbeitete. Wir konnten so viel Obst essen, wie wir nur wollten, und brachten auch den anderen Insassen viel mit. Es war auch später sehr vorteilhaft, sich der Reparaturkolonne zuteilen zu lassen, denn wir konnten drüben beim Hühnerhaus den Drahtzaun reparieren und uns dabei ein Ei kochen oder in der Küche den Abfluß reparieren und uns dabei vom Koch einen Hamburger braten oder vielleicht sogar eine Flasche Milch zustecken lassen, wenn niemand hinschaute.«
Heckstall-Smith, ehemaliger Insasse des britischen Gefängnisses in Wormwood Scrubs, stellt fest, op. cit., S. 35:
»Die meiste Zeit verbrachte ich mit dem Anpflanzen von Kohl und dem Jäten der Zwiebelbeete. Da es bei uns nie frisches Gemüse gab, aß ich in den ersten Tagen so viele Zwiebeln, daß ich fürchtete, die Beamten würden die Lücken in den Reihen entdecken.«

tete, konnte häufiger seine Kleidung wechseln; Leuten, die in der Schuhmacherei arbeiteten, ermangelte es kaum an gutem Schuhwerk. So waren auch die Patienten, die den Tennisplatz, der dem Stab und dem Personal zur Verfügung stand, in Ordnung hielten, in der Lage, häufig selbst zu spielen, und zwar mit neuen Bällen; ein freiwilliger Bibliotheksgehilfe hatte als erster Zugang zu neuen Büchern[72]; und die Eiswagen-Arbeiter brauchten im Sommer kaum zu schwitzen; die in der zentralen Kleiderkammer beschäftigten Patienten konnten sich gut kleiden; Patienten, die den Wärtern Zigaretten, Süßigkeiten oder Getränke aus der Kantine holten, bekamen häufig einen Teil der Dinge, die sie geholt hatten, zugesteckt.[73]

Außer diesen direkten gab es auch viele beiläufige Möglichkeiten, einen Posten auszunutzen.[74] Zum Beispiel waren die Gymnastikstunden bei den Patienten sehr beliebt, denn in den Gymnastikräumen im Keller konnten sie zuweilen die weichen Turnmatten für ein Nachmittagsschläfchen benützen, was zu den großen Attraktionen des Kliniklebens gehörte. So freuten sich auch manche

---

72 So kann auch jemand, der sich für Filme begeistert, eine Arbeit als Platzanweiser im Kino annehmen und dadurch in den Genuß einer über den Lohn hinausgehenden Vergünstigung gelangen.

73 Dergleichen Bemühungen mögen zwar gewagt erscheinen, doch wie Dalton schildert, erfolgt die private Benützung von Materialien und Werkzeugen in einem Industriebetrieb oder Warenhaus in einem solchen Umfang und mit solcher Bravour, wie dies den Insassen von totalen Institutionen nie möglich wäre. Um noch großartigere Leistungen auf diesem Gebiet kennenzulernen, müßten wir uns der großen »Beschaffungs«-Operation der amerikanischen Besatzungsmacht in Paris gegen Ende des Zweiten Weltkriegs zuwenden.

74 Die Literatur über totale Institutionen bietet dafür anschauliche Beispiele. Häftlinge bevorzugen manchmal die Arbeit in der Landwirtschaft oder im Steinbruch sogar im Winter, wegen der frischen Luft und der körperlichen Übung (Dendrickson and Thomas, op. cit., S. 60); Fernlehrgänge in Architektur dienen manchmal zur Vorbereitung von Ausbrüchen aus dem Gefängnis (Thomas Gaddis, *Birdman of Alcatraz*, New York, New American Library, 1958, S. 31); und juristische Kurse sind eine Hilfe bei der Abfassung eigener Eingaben, während Malkurse beliebt sind, weil sie Gelegenheit bieten, das als Modell dienende frische Obst zu entwenden. (J. F. N. 1797, »Corrective Training«, *Encounter*, X (Mai 1958), S. 17.) Kogon, op. cit., S. 91 bemerkt über die Arbeit im Konzentrationslager:

»Bei allen Kommandos war das Interesse der Häftlinge auf zwei Grunddinge gerichtet: unter Dach zu kommen und an eine Feuerstelle zu gelangen. Für die schlechte Jahreszeit ergab sich daraus ein gewaltiger Ansturm auf bestimmte Kommandos, die diese Vorteile boten. Für Arbeitsplätze an Feuerstellen, selbst im Freien, wurden hohe Preise an bestechliche Kapos und Vorarbeiter bezahlt.«

Patienten in der Aufnahmestation auf die zweimal wöchentlich stattfindende Rasur, denn sie konnten sich manchmal, wenn ein Frisörsessel frei war, für einige Minuten bequem darin ausstrecken. (Die Gymnastiklehrer und Frisöre wußten, daß sie sich nur umzudrehen brauchten, damit einige Patienten die Gelegenheit ergriffen, einen Vorteil daraus zu ziehen, womit in der ganzen Klinik dauernd gerechnet wurde.) Die Männer, die in der Klinikwäscherei arbeiteten, konnten sich im Waschraum im Keller alleine rasieren – was in der Klinik als großes Privileg galt. Eine ältere Patientin, die im Gesellschaftsraum des Personals Hausmeisterdienste versah, konnte die bei Personalfesten übriggebliebenen Speisen und Getränke einsammeln und zu ruhigen Tageszeiten den PersonalFernseher benützen, der einer der besten in der Klinik war. Einige Patienten behaupteten mir gegenüber, sie bemühten sich, sich in die chirurgische Abteilung oder die Ambulanz schicken zu lassen, weil sie dort manchmal als Patienten behandelt wurden, was nach meinen eigenen Beobachtungen auch tatsächlich vorkam.[75] Interessanterweise gewannen einige Patienten sogar an der Insulinschock-Therapie Gefallen: Den behandelten Patienten war es gestattet, den ganzen Vormittag auf der Insulinstation im Bett zu bleiben, was auf den meisten anderen Stationen unmöglich war, und wurden dort von den Schwestern wie Patienten behandelt.

Wie zu erwarten, gaben viele Aufgaben den Patienten die Möglichkeit, mit Angehörigen des anderen Geschlechts in Kontakt zu treten, ein sekundäre Anpassung, die von vielen Freizeit- und religiösen Organisationen der bürgerlichen Gesellschaft ausgenützt und z. T. legitimiert wird. So gaben manche Aufgaben befreundeten Patienten, die in der Klinik voneinander abgeschnitten waren, die Möglichkeit, ein »Treffen« zu vereinbaren.[76] Z. B. erschienen

75 Die illegitime Benützung der Krankenstation ist in totalen Institutionen eine bekannte Tatsache. Melville berichtet über die Marine, op. cit., S. 313:
»Aber ungeachtet all dessen, ungeachtet der Dunkelheit und Enge der Krankenstation, in die der angebliche Kranke sich fügen muß, bis der Arzt ihn für gesund erklärt, kommt es häufig vor, besonders bei anhaltend schlechtem Wetter, daß die vorgeblichen Kranken diese trostlose Lazaretthaft auf sich nehmen, um der schweren Arbeit und den nassen Jacken zu entgehen.«
76 Norman, op. cit., S. 44, führt ein Beispiel aus einem britischen Gefängnis an (in seinen eigenen Worten): »Die Krankenparade ist der größte Spaß, weißt du, wenn es zwanzig Leute sind, die auf der Krankenliste stehen, dann fehlt vielleicht einem von denen etwas, doch die meisten Jungs bei der Krankenparade gehen entweder, weil sie keine Lust haben, an diesem Morgen zu arbeiten, oder sie sind mit jemandem verabredet, den sie treffen wollen, der sich aus einem

solche Patienten etwas vor der Zeit zu den Film- und Wohltätigkeitsveranstaltungen im Auditorium, tauschten einige Zärtlich-
keiten aus und versuchten sich dann als Platzanweiser zu betätigen,
um sich während der Vorstellung wieder einander widmen zu
können.[77] Auch das Urlaubnehmen bot die Möglichkeit zu solchen
Kontakten, wodurch der Abend einen Anflug von Kleinstadt-
Geselligkeit erhielt. Eine ähnliche Funktion hatten die Treffen der
Alcoholics Anonymous auf dem Anstaltsgelände, denn Patienten,
die wegen ihrer Saufeskapaden eingesperrt waren und sich inzwischen angefreundet hatten, konnten sich dort alle zwei Wochen
treffen, um miteinander zu plaudern und ihre Verbindung aufzu-
frischen. Ähnlich ließ sich der Sport ausnützen. Bei den Volleyball-
Turnieren, die zwischen den Abteilungen ausgetragen wurden, war
es nicht selten, daß einer der Spieler bei jedem Wechsel an den
Rand des Spielfeldes eilte, um mit seiner Freundin Händchen zu
halten, und diese wiederum, die angeblich nur als Zuschauerin von
ihrer Station zu dem Spiel geschickt worden war, war in Wirklichkeit nur gekommen, um ihren Freund zu sehen.

Unter den Klinik-Aufgaben, die ausgenutzt wurden, um geselligen
Umgang mit den Mitpatienten zu pflegen und »Verabredungen«
zu treffen, spielte die Therapie eine wichtige Rolle. Die wichtigsten,
im Central Hospital durchgeführten Formen der Therapie waren
Gruppentherapie, Tanztherapie und Psychodrama. Sie fanden in
einer relativ toleranten Atmosphäre statt und zogen meist jene
Patienten an, die an Kontakten mit dem anderen Geschlecht interessiert waren. Besonders gut eignete sich das Psychodrama, denn bei
der Vorstellung konnte die Beleuchtung verdunkelt werden; besonders geeignet war auch die Tanztherapie, denn sie beinhaltete Phasen des Gesellschaftstanzes mit einem selbstgewählten Partner.

In der Klinik war einer der häufigsten Gründe für die Übernahme
einer Aufgabe der Wunsch, aus der Station herauszukommen und
sich der dort herrschenden Aufsicht und den physischen Unan-

anderen Saal ebenfalls krank meldet. Das ist der einzige Weg, wie man mit
Sicherheit ein Treffen vereinbaren und einhalten kann. In sehr großen Gefängnissen kannst du einen Kumpel im einen Flügel haben, und du bist im anderen,
und es ist gut möglich, daß du ihn die ganze Zeit über nicht siehst und er dich
auch nicht, sogar wenn ihr beide jahrelang dort seid. Also muß man es so einrichten, damit man sich trifft.«

77 Gefängniskapellen sind offenbar Treffpunkte der Homosexuellen, die dabei
der Religion eins auswischen. Siehe z. B. Dendrickson and Thomas, op. cit.,
S. 117–18.

nehmlichkeiten zu entziehen. Die Station fungierte als eine Art Druckkammer, die die Patienten dazu trieb, von sich aus die Teilnahme an den verschiedensten Gemeinschaftsunternehmungen zu begehren, und diesen Unternehmungen einen Anschein von Erfolg verlieh.[78] Sobald ein Angehöriger des Personals eine Arbeitstherapie, Freizeitbeschäftigung oder sogar Ausbildungsgespräche anbot, konnte man mit einer Vielzahl von Bewerbern rechnen, einfach weil die vorgeschlagene Tätigkeit, ganz gleich worum es sich handelte, wahrscheinlich eine merkliche Verbesserung der Lebensbedingungen mit sich brachte. Wer sich für einen Kunst-Kursus einschrieb, konnte die Station verlassen und einen halben Tag in einem kühlen, ruhigen Kellerraum verbringen und unter der milden Aufsicht einer Dame aus der Oberschicht, die damit ihr wöchentliches Wohltätigkeitspensum absolvierte, zeichnen. Ein großes Grammophon spielte klassische Musik, und bei jeder Sitzung wurden Süßigkeiten und Markenzigaretten verteilt. Im allgemeinen marschierten daher die verschiedenen Hörerschaften der Klinik freiwillig in die Gefangenschaft.

Während Wärter, Schwestern und häufig auch Ärzte unumwunden Stationsaufgaben (wie das Polieren der Fußböden) als die wesentlichen Mittel des Aufstiegs zu besseren Lebensbedingungen anboten, wurde für gewöhnlich die Teilnahme an einer der verschiedenen Formen der Psychotherapie nicht als ein solches *quid pro quo* vom Stab definiert; daher können wir die Beteiligung an diesen »höheren« Therapieformen als eine sekundäre Anpassungsform bezeichnen, falls sie um des Aufstiegs willen erfolgt. Ob zu Recht oder nicht, glaubten viele Patienten, daß die Teilnahme an diesen Aktivitäten als ein Zeichen dafür gewertet würde, daß sie »behandelt« worden waren, und einige glaubten, daß bei der Entlassung aus der Klinik diese Teilnahme Arbeitgebern und der Verwandtschaft gegenüber als Beweis für eine tatsächlich stattgefundene Behandlung dargestellt werden könnte. Die Patienten waren auch der Meinung, daß ihre Bereitschaft, an solchen Therapien teilzunehmen, den Therapeuten veranlassen würde, sich bei ihrem Be-

---

78 Eine ähnliche Situation besteht in bezug auf Gefängniszellen, siehe z. B. Norman, op. cit., S. 32. Für manche Haushaltsvorstände haben Frau und Kinder den gleichen Kolben-Effekt und treiben die Männer hinaus zum Kegeln, Trinken, Fischen, auf Konferenzen sowie zur Verfolgung anderer Aktivitäten, die außerhalb der häuslichen Bindungen stattfinden. Isoliert betrachtet, ließe sich das Vergnügen, welches diese Aktivitäten bereiten, schwerer erklären.

mühen, ihre Lebensbedingungen in der Klinik zu verbessern, für sie einzusetzen.[79] So bemerkte z. B. ein Patient, der bereits als besonders geschickter Ausbeuter des Kliniksystems erwähnt wurde, gegenüber einem anderen Patienten, der ihn fragte, was er zu unternehmen gedächte, um entlassen zu werden: »Mann, ich mach' einfach überall mit.«

Es war zu erwarten, daß Mitglieder des Personals zuweilen mit dem unvorhergesehenen Gebrauch, der von ihrer Therapie gemacht wurde, unzufrieden waren. So stellte ein Psychodramatiker mir gegenüber fest:

Wenn ich sehe, daß ein Patient nur wegen der Geselligkeit oder um sein Mädchen zu treffen kommt und weder seine Probleme erörtern noch etwas unternehmen will, um gesund zu werden, dann spreche ich mit ihm darüber.

Ähnlich sahen sich die Gruppentherapeuten genötigt, ihre Patienten dafür zu tadeln, daß sie sich bei den Sitzungen über die Anstalt beklagten, statt ihre persönlichen emotionellen Probleme zu diskutieren.

Die Aufgaben wurden im Central Hospital nach dem Gesichtspunkt gewählt, welchen Kontakt sie mit dem höheren Personal boten. Angesichts der auf den Stationen üblichen Bedingungen verbesserte jeder Patient, der in der Umgebung höherer Personaldienstgrade arbeitete, sein Los und genoß meist die leichteren Lebensbedingungen des Personals. (Dies ist eine traditionelle Begründung für die Trennung zwischen Landarbeitern und dem Hauspersonal bzw. zwischen den Frontsoldaten und den in der Etappe mit Verwaltungsaufgaben betrauten Soldaten.) Eine Patientin, die gut Maschine schrieb, hatte daher die besten Voraussetzungen für einen angenehmen Arbeitstag, was so weit ging, daß sie sogar eine ehrenhafte Behandlung als Nicht-Patientin genoß, und dies – wie in solchen Fällen üblich – nur um den Preis, daß sie überhören mußte, wie das Personal über die Patienten sprach, wenn diese abwesend waren.

Ein Beispiel für diese Form der Anpassung fand sich auf den schlimmsten Klinikstationen, wo ein Patient mit relativ guter Kontaktfähigkeit und Selbstkontrolle es mitunter vorzog, auf dieser

---

79 Führend ist hier das Beispiel der Gefängnis-Insassen, die sich begeistert der Religion widmeten, als zum erstenmal Geistliche in amerikanischen Gefängnissen zugelassen wurden. Siehe H. E. Barnes and N. K. Teeters, *New Horizons in Criminology* (2. Auflage, New York, Prentice-Hall, 1951), S. 732.

Station zu bleiben und sich dort ein angenehmes Monopol über die guten Jobs und die damit verbundenen Vorrechte zu schaffen. So durfte z. B. ein Patient, dem es gelang, auf einer schlechten Station zu bleiben, indem er sich weigerte, mit dem Psychiater zu sprechen, am Abend das Pflegerzimmer benutzen, zu dem auch der kleine Nebenraum gehörte, wo dem Personal weiche Ledersessel, Zeitschriften und Bücher, ein Radioapparat, ein Fernseher und Blumen zur Verfügung standen.

Orte

I.

Wir haben einige Quellen der Anpassung im Central Hospital kennengelernt. Ich will mich jetzt der Frage des Schauplatzes zuwenden, denn wenn diese Aktivitäten des Unterlebens stattfinden sollen, dann müssen sie an einem Ort oder auf einem Gebiet stattfinden.[80]

Wie in vielen totalen Institutionen, so fand auch im Central Hospital der Insasse seine Welt in drei Teile geteilt, wobei für diejenigen, die den gleichen Privilegstatus innehatten, ähnliche Trennlinien gezogen waren.

Da gab es, erstens, den verbotenen oder unzugänglichen Raum. Hier war die bloße Anwesenheit die aktiv untersagte Verhaltensform – außer z. B. wenn der Insasse sich ausdrücklich »mit« einem autorisierten Agenten dort befand oder eine wichtige dienstliche Aufgabe versah. So war z. B. nach den Regeln, die in einer der Männerabteilungen galten, der Zutritt zum Gelände hinter einer Frauenabteilung untersagt – vermutlich als eine sittliche Maßnahme. Für alle Patienten außer den wenigen, die eine Stadtausgangserlaubnis hatten, war alles, was hinter den Anstaltsmauern lag, verboten. So war auch alles außerhalb einer geschlossenen Station für die dort untergebrachten Patienten verboten, und die

80 Das Studium der sozialen Bedeutung des Raumes ist kürzlich wiederbelebt worden durch die Arbeit von Tier-Ethologen wie H. Hediger und Konrad Lorenz. Siehe z. B. den sehr interessanten Aufsatz von Robert Sommer, »Studies in Personal Space«, *Sociometry*, XXII (1959), S. 247–60, sowie H. F. Ellenberger, »Zoological Garden and Mental Hospital«, *Canadian Psychiatric Association Journal*, V (1960), S. 136–49.

Station selbst war verboten für Patienten, die nicht dort lagen. Viele der Verwaltungsgebäude und -abteilungen innerhalb von Gebäuden, die Sprechzimmer der Ärzte und, mit einigen Abweichungen von der Regel, die Schwesternstationen waren für die Patienten verbotenes Gebiet. Ähnliche Verhältnisse werden selbstverständlich auch in anderen Untersuchungen über Heilanstalten berichtet:

Wenn der Verantwortliche (Wärter) in seinem Büro ist, dann ist der Zutritt zum Büro selbst sowie zu einer etwa 6 Quadratfuß breiten Zone außerhalb des Büros für alle verboten, außer für die Spitzengruppe unter den privilegierten Patienten. Die übrigen Patienten dürfen in dieser Zone weder stehen noch sitzen. Selbst die privilegierten Patienten werden unter Umständen abrupt fortgeschickt, wenn der Verantwortliche oder seine Gehilfen dies wünschen. Sobald dieser Befehl – gewöhnlich in einer väterlichen Form wie »Na, lauf schon« – ausgesprochen wird, muß sofort gehorcht werden. Der privilegierte Patient ist gerade deshalb privilegiert, weil er die Bedeutung dieses sozialen Abstands und die anderen Aspekte der Position des Wärters versteht.[81]

Zweitens gab es den *Aufsichtsraum,* ein Gebiet, indem der Patient sich ohne besondere Genehmigung aufhalten durfte, wo er aber der üblichen Autorität und den Restriktionen der Anstalt unterworfen war. Für jene Patienten, die sich aus ihrer Station entfernen durften, gehörte fast die ganze Klinik zu diesem Gebiet. Schließlich gab es noch den Raum, der in geringerem Maß als üblich der Autorität des Stabes unterstand; diese dritte Art von Raum möchte ich nun in ihren Erscheinungsformen untersuchen.

Das sichtbare Ausüben einer bestimmten sekundären Anpassungsform kann in einer Heilanstalt, wie auch in anderen Anstalten, ausdrücklich verboten sein. Wenn die Praktik doch stattfindet, muß sie vor den Augen und Ohren des Personals abgeschirmt werden. Dies kann in Form der bloßen Entfernung aus dem Gesichtskreis eines Angehörigen des Personals erfolgen.[82] Auch kann der In-

---

81 Ivan Belknap, *Human Problems of a State Mental Hospital* (New York, McGraw-Hill, 1956), S. 179–80.
82 Ein Beispiel aus einem amerikanischen Gefängnis ist nachzulesen bei Alfred Hassler, *Diary of a Self-Made Convict* (Chicago, Regnery, 1954), S. 123:
»Einige Augenblicke später führt der Wärter die Zählung durch, bei welcher jeder vollständig bekleidet an der Tür stehen muß. Da der Schreiber jedoch nur durch das Fenster schaut, kann man ganz einfach nur das Hemd überziehen und sich ganz nah an die Tür stellen, um den gewünschten Eindruck zu erwecken.«

sasse spöttisch grinsen, während er sich halb abwendet, einen Bissen kauen ohne sichtbare Kieferbewegungen, falls das Essen verboten ist, eine brennende Zigarette mit der Hand verbergen, falls das Rauchen nicht gestattet ist, oder die Spielmarken mit der Hand zudecken, wenn während eines Pokerspiels die aufsichtführende Schwester durch die Station geht. Dies waren die im Central Hospital üblichen Mittel der Geheimhaltung. Ein weiteres Beispiel erfahren wir aus einer anderen Heilanstalt:

Meine totale Ablehnung der Psychiatrie, die nach dem Koma zu einer fanatischen Heuchelei geworden war, ging nun in eine dritte Phase über – die der konstruktiven Kritik. Ich hatte den oberflächlichen Stumpfsinn und Verwaltungsdogmatismus der Klinikbürokratie kennengelernt. Mein erster Impuls war, sie zu verdammen; später lernte ich immer besser, mich frei innerhalb der schwerfälligen Stationspolitik zu bewegen. Um dies zu illustrieren: mein Lesestoff war einige Zeit überwacht worden, und schließlich hatte ich ein Mittel gefunden, mich auf dem laufenden zu halten, ohne die Schwestern und Pfleger unnötig zu alarmieren. Ich hatte einige Ausgaben von *Hound and Horn* auf meine Station geschmuggelt, indem ich so tat, als handele es sich um eine Jägerzeitschrift. Ich hatte Hoch und Kalinowskis *Schocktherapie* (ein in der Klinik streng geheimes Handbuch) in aller Offenheit gelesen, nachdem ich es in den Schutzumschlag von Anna Balakians *Literary Origins of Surrealism* eingeschlagen hatte.[83]

Außer diesen temporären Möglichkeiten, der Klinikaufsicht zu entgehen, kamen das Personal und die Insassen jedoch stillschweigend überein, umgrenzte physische Räume entstehen zu lassen, in denen das übliche Maß der Überwachung und Restriktion merklich verringert war – Räume, in denen der Insasse in relativer Sicherheit einer Reihe von tabuierten Aktivitäten nachgehen konnte. An diesen Orten war auch die übliche Populationsdichte der Patienten wesentlich geringer, was dazu beitrug, daß dort Ruhe und Frieden herrschten. Das Personal wußte nichts von der Existenz dieser Orte, oder es wußte davon, hielt sich jedoch fern oder verzichtete stillschweigend auf seine Autorität, wenn es sie doch betrat. Kurz, die Freiheit war geographisch begrenzt. Ich möchte diese Regionen Freiräume nennen. Wir können besonders dann mit ihrem Entstehen rechnen, wenn in einer Organisation die Autorität in einer langen Rangleiter des Personals gestaffelt und

83 Carl Solomon, »Report from the Asylum«, in G. Feldman and M. Gartenberg, Hrsg., *The Beat Generation and the Angry Young Men* (New York, Dell Publishing Co., 1959), S. 177–78.

nicht über ein System von Befehlspyramiden verteilt ist. Freiräume liegen im Vergleich zum normalen Schauplatz der Stab-
Insassen-Beziehungen hinter den Kulissen.

Im Central Hospital waren die Freiräume häufig Schauplatz bestimmter tabuierter Aktivitäten. Das kleine Wäldchen hinter der
Klinik diente manchmal als Tarnung für den heimlichen Alkoholkonsum. Das Gebiet hinter dem Freizeitzentrum und der Schatten
eines großen Baumes, etwa in der Mitte des Anstaltsgeländes,
waren die Orte, wo Poker gespielt wurde.

Manchmal dienten die Freiräume jedoch keinem anderen Zweck
als dem, für einige Zeit dem langen Arm des Personals und den
überfüllten, lärmenden Stationen zu entkommen. So führte ein
altes Karrengleis unter einigen Gebäuden hindurch, das einst dem
unterirdischen Transport der Mahlzeiten aus der Zentralküche
gedient hatte. Auf den Plattformen dieses Untergrund-Tunnels
hatten die Patienten Bänke und Stühle aufgestellt, und manche
Patienten verbrachten dort den ganzen Tag in der Gewißheit, von
keinem Wärter angesprochen zu werden. Der Untergrundtunnel
selbst wurde benützt, um von einem Teil des Geländes zum anderen zu gelangen, ohne dem Personal unter den Bedingungen des
üblichen Insassen-Personal-Verhältnisses zu begegnen. Überall an
diesen Orten herrschte offenbar ein Gefühl der Entspannung und
Selbstbestimmung, das sich deutlich von dem Gefühl der Unsicherheit abhob, das auf vielen Stationen herrschte. Hier war man sein
eigener Herr.[84]

84 Ein gutes Beispiel für die Verhältnisse auf einem Segler gibt Melville, op. cit.,
S. 305–7:

»Ungeachtet des häuslichen Kommunismus, zu dem die Seeleute auf einem
Kriegsschiff verdammt sind, sowie der öffentlichen Form, in der die geheimsten
und peinlichsten Dinge getan werden müssen, gibt es gleichwohl einige abgelegene Winkel, in die man sich zurückziehen und wo man für einige Augenblicke beinah mit sich alleine sein kann.

Mein Lieblingsplatz befand sich in den Wanten, wohin ich manchmal während
unserer vergnüglichen Heimfahrt über diese schwermütigen tropischen Breiten
eilte. Wenn ich es leid war, mir das wilde Garn, das auf unserem Deck gesponnen
wurde, anzuhören, dann streckte ich mich hier aus – falls mich niemand störte –
und braute mir heiter aus dem Gehörten meine Weisheit zusammen.

Die Wanten bezeichnen jene schmale Plattform außerhalb des Schiffsrumpfes,
am unteren Ende der dicken Trossen, die sich von den drei Mastspitzen zum
Schanzkleid spannen ... Hier konnte sich ein Marineoffizier nach getaner Arbeit
ausruhen und eine Zigarre rauchen, um den scheußlichen Pulverdampf aus seinem
Schnurrbart zu vertreiben ...

Wie bereits festgestellt, unterscheiden sich die Freiräume nach der Zahl der sie benützenden Personen und nach dem Rekrutierungsgebiet, d. h. den Orten, an denen ihre Benutzer untergebracht sind. Einige der Freiräume im Central Hospital rekrutierten ihr Publikum nur aus einer Station. Ein Beispiel dafür bot die Toilette mit ihrem Vorraum auf den Stationen für chronisch kranke Männer. Dort gab es einen Steinfußboden und keine Vorhänge an den Fenstern. Dorthin schickte man die Patienten, die rauchen wollten, und dort galt es als abgemacht, daß die Wärter kaum Aufsicht übten.[85] Ungeachtet des auf diesem Teil der Station herrschenden Gestanks zogen einige Patienten es vor, einen Teil des Tages dort

Aber obgleich die Achter-Galerie und die Heck-Galerie auf einem Kriegsschiff getrennt sind, bleiben die Wanten ausgespart. Auch kann man sich keinen angenehmeren Schlupfwinkel vorstellen. Die gewaltigen Blöcke und Taljereeps, welche die Podeste der Trossen bilden, unterteilen die Wanten in zahlreiche kleine Kapellen, Alkoven, Nischen und Altäre, wo man sich faul ergehen kann – außerhalb des Schiffs und gleichwohl an Bord. Oft, wenn ich gemütlich in einer dieser kleinen Grotten saß, in den Horizont hinaus starrte und an Cathay dachte, wurde ich von irgendeinem alten Geschützführer aus meiner Ruhe aufgeschreckt, der einen Luntenkasten frisch gestrichen hatte und ihn zum Trocknen aufstellen wollte.
Ein andermal kroch einer der Tätowierungskünstler, gefolgt von seinem Kunden, über die Wanten; und dann wurde ein entblößter Arm oder ein Bein ausgestreckt, und die widerliche Nadelstecherei begann direkt vor meinen Augen; oder eine Bande von Teerjacken überfiel mich in meiner Abgeschiedenheit mit ihren Seesäcken, Werkzeugtaschen und Bergen von alten Hosen, die zu flicken waren, bildete eine Nährunde und vertrieb mich mit ihrem Geschwätz.
Aber einmal, es war ein Sonntag-Nachmittag und ich lag vergnügt in einer besonders schattigen und abgeschlossenen kleinen Nische zwischen zwei Taljereeps, da hörte ich eine leise, flehende Stimme. Als ich durch den engen Spalt zwischen den Trossen spähte, erblickte ich einen alten Seemann auf seinen Knien, das Gesicht zur See gekehrt, mit geschlossenen Augen im Gebet versunken.«
85 Auch in anderen Institutionen haben die Toiletten eine ähnliche Funktion. Kogon, op. cit., führt ein Beispiel aus dem Konzentrationslager an: »Wenn ein Lager völlig eingerichtet war, wurden zwischen je zwei Barackenflügeln ein Waschraum und ein offenes Klosett installiert. Dorthin gingen die Gefangenen, um heimlich zu rauchen, falls sich ihnen die Gelegenheit bot, da das Rauchen in den Baracken streng verboten war.« (Nur in der engl. Übers., S. 51.)
Ein Beispiel aus dem Gefängnis findet sich bei Heckstall-Smith, op. cit., S. 28: »In der Sacknäherei, wie in allen Werkstätten des Gefängnisses, gab es Waschräume, in denen die Männer so viel Zeit wie möglich verbrachten. Dorthin gingen sie, um verstohlen eine Zigarette zu rauchen oder einfach um dort zu sitzen und sich vor der Arbeit zu drücken, denn man wird im Gefängnis schwerlich jemanden treffen, der auch nur das geringste Interesse für seine Arbeit aufbringt.«

zu verbringen, um zu lesen, aus dem Fenster zu schauen oder einfach auf den relativ bequemen Toilettensitzen zu hocken. Im Winter spielten die Freiluftterrassen einiger Stationen eine ähnliche Rolle, wobei manche Patienten lieber ein wenig froren und dafür relativ unbeaufsichtigt blieben.

Andere Freiräume rekrutierten ihre Benutzer aus einer ganzen psychiatrischen Abteilung, die sich aus einem oder mehreren Gebäuden zusammensetzte. Der unbenützte Zwischenkeller eines zur chronischen Männerabteilung gehörenden Gebäudes war informell durch Patienten besetzt worden, die ihn mit Stühlen und einer Tischtennisplatte ausgestattet hatten. Hier verbrachten einige Mitglieder der Abteilung ihren Tag völlig unbeaufsichtigt. Wenn Wärter zum Tischtennisspiel kamen, so taten sie dies in einer Form, als wären sie den Patienten gleichgestellt; Wärter, die nicht zu dieser Vorspiegelung bereit waren, hielten sich meist fern.

Außer den Freiräumen auf den Stationen und in den Abteilungen gab es auch Freiräume, die Patienten aus der ganzen Klinikgemeinschaft anzogen. Das baumbestandene Feld hinter einem der Hauptgebäude, das einen ausgezeichneten Rundblick auf die benachbarte Stadt bot, war ein solcher Platz. (Auch Familien, die nichts mit der Klinik zu tun hatten, kamen manchmal zum Picknick her.) Dieses Gebiet spielte in der Mythologie der Klinik eine wichtige Rolle, da man sich erzählte, daß dort ruchlose sexuelle Aktivitäten stattfanden. Ein anderer Freiraum der Gemeinschaft war, seltsam genug, das Wachhaus am Haupteingang des Klinikgeländes. Es war im Winter geheizt, von hier konnte man beobachten, wer das Klinikgelände betrat oder verließ, in der Nähe liefen zivile Straßen vorbei, und es war als Zielpunkt für Spaziergänge geeignet. Im Wachhaus führten keine Wärter, sondern Polizisten die Aufsicht, die, anscheinend weil sie etwas isoliert vom übrigen Klinikpersonal waren, zu geselligen Interaktionen mit den Patienten bereit waren; dort herrschte eine relativ freie Atmosphäre.

Der wichtigste Freiraum der Gemeinschaft war wohl das Gelände vor dem kleinen, freistehenden Kiosk, der als Patientenkantine diente; er wurde von der Blindenvereinigung geführt, und zu seiner Belegschaft gehörten einige Patienten. Hier verbrachten die Patienten und einige Wärter den Tag auf den Bänken im Freien, scherzten miteinander, tauschten Neuigkeiten aus, erörterten Klinikangelegenheiten, tranken Kaffee und Fruchtsäfte und verzehrten Butterbrote. Dieses Gebiet war nicht nur ein Freiraum, sondern hatte auch die Funktion des Dorfbrunnens, d. h. es war das informelle Zentrum des Informationsaustausches.[86]

Für einige Patienten stellte die Personal-Cafeteria einen Freiraum dar, ein Gebäude, zu dem die Patienten offiziell Zutritt hatten, sofern sie die Ausgangserlaubnis auf dem Gelände hatten (oder sich in Gesellschaft verantwortlicher Besucher befanden) und Geld hatten, um ihren Verzehr zu bezahlen.[87] Während viele Patienten Ehrfurcht vor diesem Ort empfanden und sich dort unsicher fühlten, machten andere sehr weitgehenden Gebrauch davon und nützten die stillschweigende Übereinkunft aus, daß ein Patient hier wie jeder andere behandelt wurde. Eine Handvoll Patienten trank hier nach jeder auf der Station eingenommenen Mahlzeit Kaffee, um den Geschmack einer Stationsmahlzeit hinunterzuspülen, um sich unter die Schwesternschülerinnen und Schwestern zu mischen und den Platz ganz allgemein als soziales Zentrum zu benützen – in einem solchen Umfang, daß ihnen von Zeit zu Zeit der Zutritt verwehrt wurde.

Es zeigte sich, daß die Patienten, wenn sie im Stationssystem zu höheren Privilegien aufrückten, meist auch Zugang zu Freiräumen bekamen, die ihre Besucher aus immer weiteren Regionen

86 Melville führt ein Beispiel aus der Marine an, op. cit., S. 363–64: »Auf Kriegsschiffen ist die Kombüse oder Küche auf dem Geschützdeck das große Klatsch- und Nachrichtenzentrum der Matrosen. Hier versammeln sie sich in Mengen, um die nach jeder Mahlzeit verstreichende halbe Stunde zu verschwätzen. Der Grund, warum gerade dieser Ort und diese Zeit gewählt werden, ist folgender: nur in der Nachbarschaft der Kombüse und nur nach den Mahlzeiten ist es den Männern auf einem Kriegsschiff erlaubt, zu rauchen.«
In amerikanischen Kleinstädten hat der Platz vor bestimmten Geschäften für Gruppen von Bürgern diese Funktion; eine gute Beschreibung gibt James West, *Plainville, U. S. A.* (New York, Columbia University Press, 1945), »Loafing and Gossip Groups«, S. 99–107.
87 Diese Vorschrift ist ein gutes Beispiel für die humane und liberale Politik, die im Central Hospital in bezug auf bestimmte Aspekte des Kliniklebens betrieben wurde. Man konnte eine Reportage über die Klinik ausschließlich aufgrund solcher Freiheiten zusammenstellen, und dies wurde auch tatsächlich von Journalisten getan. Aus Anlaß eines Vorausberichts über meine Untersuchung stellte der damalige Abteilungs-Chefarzt fest, daß er, ohne meine Aussagen im einzelnen zu kritisieren, dem allgemeinen Ergebnis ebenso zutreffende Aussagen gegenüberstellen könnte, die vorteilhaft für die Klinik wären. Und dies war tatsächlich der Fall. Es geht jedoch darum, ob ein liberaler Zug der Klinikverwaltung das Leben nur einer Handvoll Patienten in einigen wenigen Augenblicken berührt, oder ob er sich auf die wesentlichen, sich stets wiederholenden Aspekte des Sozialsystems bezieht, welches das Leben der Masse der Patienten regiert.

rekrutierten.[88] Auch war so etwas wie eine räumliche Statusord-
nung in das Stationssystem eingebaut, so daß ein Gebiet, das für
einen unfolgsamen Patienten verboten war, für einen folgsamen
Patienten schließlich zum Freiraum wurde.[89] Auch möchte ich feststellen, daß eine Station selbst zum Freiraum werden konnte, zumindest für die Angehörigen der einschlägigen Abteilung. So waren
zum Zeitpunkt der Untersuchung einige Stationen in einer chronischen Abteilung und eine Entlassungs- oder Rekonvaleszentenstation in der Aufnahmeabteilung für Männer »offen«. Tagsüber
arbeiteten keine oder nur sehr wenige Personalmitglieder auf diesen Stationen, und daher waren sie relativ unbeaufsichtigt. Da die
Station in der Aufnahmeabteilung auch noch mit einem Billard-
Tisch, Zeitschriften, Fernsehen, Spielkarten und Büchern ausgestattet war und sich dort Schwesternschülerinnen aufhielten, entwickelte sich eine sichere, ungezwungene und vergnügliche Atmosphäre, die manche Patienten mit der eines Freizeitzentrums der
Armee verglichen.

Manche Aufgaben boten den Patienten einen Freiraum, besonders
wenn unter der Anleitung eines Spezialisten statt eines Pflegers
gearbeitet wurde, denn bei diesen Gelegenheiten herrschte eine
Arbeitsatmosphäre, und dies bedeutete, im Vergleich zum Leben
auf der Station, eine merkliche Befreiung von Autorität und
Zwang. Dies war an den wichtigsten Stätten der Arbeitstherapie
sowie in der Wäscherei und in der Schuhmacherei der Fall. Eine
Aufgabe ließ sich also hauptsächlich dadurch ausbeuten, daß man
sich einen Freiraum schuf. Für einige Patienten bot der Beschäfti-
gungstherapie-Raum in der Aufnahme-Station, wo mit Holz gearbeitet wurde, einen Freiraum. Der Keller, wo die Tanztherapie
abgehalten wurde, hatte dieselbe Bedeutung, vor allem für jene
Gruppe von jungen Patienten, die bei ihren Mitpatienten und

---

88 In der bürgerlichen Gesellschaft kann ein Freiraum, wie bereits festgestellt,
Individuen aus einem sehr weiten Gebiet anziehen, wie dies bei Stadtparks der
Fall ist. In London schickte die Stadtverwaltung bis ins 18. Jahrhundert ertappte
Diebe in Freiräume, welche »Asyle« genannt wurden, was diese manchmal vor
dem Kerker bewahrte. Siehe L. O. Pike, *History of Crime in England* (2 Bde.,
London, Smith, Elder & Co., 1876), Bd. II, S. 252–54.
89 Es wäre hinzuzufügen, daß einige der für die Patienten verbotenen Orte,
etwa die Wohnquartiere der ledigen männlichen Bediensteten, kraft einer solchen
Vorschrift tatsächlich Orte waren, wo das Personal sich frei von dem Zwang,
welchen die Anwesenheit von Patienten auf ihr Verhalten ausübte, »entspannen«
konnte.

beim Personal hohes Ansehen genossen, weil sie eine Art Bühnentruppe bildeten, die dramatische und tänzerische Vorstellungen gab und unter der Aufsicht des beliebten Tanztherapeuten stundenlang trainieren und einstudieren durfte. Während der Zwischenpausen und einer kurzen Zeit nach den Tanz-Zusammenkünften gingen die Patienten z. B. in das Vorzimmer des Tanzsaales hinüber, bedienten sich mit Coca-Cola aus dem Automaten und Zigaretten, die der Therapeut meist beisteuerte, versammelten sich um ein Klavier, tanzten ein paar Schritte, machten bei kurzen Jitterbug-Einlagen einen Kontakt, plauderten miteinander – kurz, sie genossen das, was man draußen eine zwanglose Zusammenkunft nennen würde. Verglichen mit dem Leben, das viele dieser bevorzugten Patienten auf ihren Stationen führten, waren solche Augenblicke unglaublich gefühlvoll, harmonisch und frei vom Klinikzwang.

Viele Aufgaben boten solche Freiraum-Bedingungen zwar nur als Nebenaspekte, doch anscheinend stellten letztere bei manchen Arbeiten den Hauptgewinn dar. Z. B. gab es neben der an die Aufnahmestation einer Abteilung angrenzenden Insulinstation ein kleines Wartezimmer, wo die Schwestern sich ausruhen konnten und wo Verpflegung für die Patienten, die von der Schocktherapie kamen, vorbereitet wurde. Diejenigen Patienten, die sich einen Job als Hilfskräfte in der Insulinstation verschafft hatten, genossen den ruhigen, ärztlichen Umgangston, der dort herrschte, und konnten sich auch an den Erfrischungen, die die schockbehandelten Patienten bekamen, laben; in diesem Vorzimmer konnten sie aus der Patientenrolle heraustreten, sich entspannen, rauchen, ihre Schuhe putzen, mit den Schwestern schäkern und sich Kaffee kochen.

Es gab auch Freiräume, in denen kein fester Besitzanspruch galt, und paradoxerweise lagen einige davon in recht zentralen Teilen der Gebäude.[90] In einem der älteren Gebäude gab es einen großen, hohen und im Sommer kühlen Flur, auf den die Verwaltungsbüros hinausführten. Im Rechteck schloß sich daran ein etwa zwölf

90 Es ist eine merkwürdige soziale Tatsache, daß sich Freiräume häufig in der unmittelbaren Umgebung von Beamten befinden, zu deren Funktionen die Beaufsichtigung eines großen räumlichen Gebiets gehört. So versammeln sich in Kleinstädten die Wermutbrüder manchmal auf dem Rasen vor dem Gerichtsgebäude und genießen dort das Recht, in Gruppen herumzulungern, welches ihnen auf den Hauptstraßen verwehrt ist. Siehe Irwin Deutscher, »The Petty Offender: A Sociological Alien«, *Journal of Criminal Law, Criminology and Police Science*, XLIV (1954), S. 595, Fn.

Fuß breiter Flur an, der, durch eine verschlossene Tür, zu den Stationen führte. Zu beiden Seiten dieser dunklen Nische standen Bänke, es gab einen Coca-Cola-Automaten und eine Fernsprechzelle. Im Hauptflur und in der Nische herrschte meist eine amtliche Büro-Atmosphäre. Offiziell war es den Patienten untersagt, in dieser Nische »herumzulungern«, und in manchen Fällen wurden sie verwarnt, den Flur zu betreten. Einige Patienten, die dem Personal bekannt waren und irgendwelche Vertrauensposten bekleideten, durften jedoch in der Nische sitzen, und an heißen Sommernachmittagen machten sie sogar so weiten Gebrauch von ihrem Vorrecht, daß sie dort zum Kartenspiel zusammenkamen; obgleich mitten in der Klinik sitzend, waren sie ihr doch weitgehend entronnen.

Der stellvertretende Genuß von Freiräumen war eines der schlagendsten Beispiele für die in der Klinik verwendeten Notbehelfe. Eingeschlossene Patienten verbrachten ihre Zeit manchmal damit, durch das Fenster, falls dieses in ihrer Reichweite lag, oder durch den Spion in der Tür zu schauen und so stellvertretend zu beobachten, was auf dem Gelände oder in der Station vorging. Manche männliche Patienten auf rückständigen Stationen wetteiferten miteinander um einen Platz am Fenstersims; und sobald ein Patient das Fenster erobert hatte, hockte er sich auf den Sims, stemmte sich gegen die Gitterstäbe und spähte hindurch, wobei er nicht nur seine Nase, sondern gewissermaßen seinen ganzen Körper plattdrückte, um einen Eindruck von draußen aufzufangen, sich irgendwie aus der Station zu entfernen und ihren territorialen Restriktionen zu entgehen. Patienten mit Ausgangserlaubnis auf dem Gelände setzten sich mitunter auf die unmittelbar am Zaun stehenden Bänke und verbrachten ihre Zeit damit, zu beobachten, wie die Privatleute an der Klinik vorbeigingen und -fuhren, wodurch sie wenigstens einen schwachen Eindruck von der draußen herrschenden Freiheit bekamen.

Man darf wohl annehmen, daß, je unangenehmer die Umgebung, in der das Individuum zu leben gezwungen ist, desto leichter sich bestimmte Orte als Freiräume qualifizieren werden. So wurde auf einigen der schlimmsten Stationen, die bis zu sechzig Patienten beherbergten, von denen viele »regrediert« waren, das Problem des Personalmangels während der Abendschicht (von 16.00 bis 24.00 Uhr) dadurch gelöst, daß alle Patienten im Tagesraum zusammengetrieben wurden, woraufhin der Eingang verschlossen

wurde, so daß alle Patienten auf der Station von einem Augen-
paar beaufsichtigt werden konnten. Zum gleichen Zeitpunkt endete
der Dienst des ärztlichen Personals, brach die Dämmerung herein
(im Winter), was sehr einschneidend war, da die Stationen schlecht
beleuchtet waren, und häufig wurden dann auch die Fenster geschlossen. Langeweile breitete sich auf dem an sich schon lang-
weiligen Schauplatz aus, und die negativen Affekte, Spannungen
und Händel nahmen zu. Einige Patienten, meist diejenigen, die
bereit waren, den Boden zu kehren, die Betten zu machen und die
anderen Patienten zu Bett zu bringen, durften sich außerhalb dieses Pferchs aufhalten und sich frei in den leeren Fluren zwischen
dem Gemeinschaftsraum und den Personalbüros bewegen. Zu solchen Zeiten herrschte überall außer im Tagesraum eine ruhige
Atmosphäre, und das Personal sorgte für eine wenig feindselige
Situation. Alles, was für die Masse der Patienten verboten war,
wurde durch die gleiche Vorschrift zu einem Freiraum für einige
Auserwählte.

II.

Die bislang diskutierten Freiräume gehörten einer bestimmten
Kategorie an: der Patient, der sich dort aufhielt, mußte sich damit
abfinden, daß andere Patienten, zu denen er keinerlei engere Bindungen unterhielt, ebenfalls Zutritt hatten; Exklusivität oder Be-
sitzgefühle waren ausgeschlossen. In manchen Fällen jedoch verband eine Gruppe von Patienten mit einem ihr zugänglichen Freiraum das Eigentumsrecht, alle anderen Patienten fernzuhalten,
außer wenn sie ausdrücklich eingeladen waren. Wir können hier
von Gruppenterritorien sprechen.[91]

91 Ein bekanntes Beispiel eines solchen Territoriums war die Aufteilung Chicagos
in Zonen, deren jede von einer anderen Bande kontrolliert wurde. Siehe z. B.
John Landesco, *Organized Crime in Chicago* (Part III of The Illinois Crime
Survey, 1929), S. 931:
»Die schweren Opfer des Bierkrieges führten zwar nicht zu einer Dezimierung
der Verbrecher, wie manche gesetzestreue Bürger optimistisch annahmen, sondern
sie veranlaßten die Bandenführer, aus verschiedenen Gründen, friedliche Ab-
sprachen zu treffen, welche die Territorien festlegten, in denen die Banden und
Syndikate ohne Konkurrenz operieren durften und über deren Grenzen sie nicht
in die Territorien der anderen eindringen durften. Ein in letzter Zeit stärker
beachteter Typ des Territoriums ist die ›Bahn‹ jugendlicher Großstadtbanden.«
Ursprünglich stammt der Begriff des Territoriums aus der Ethologie, besonders
der Ornithologie. Er bezeichnet ein Gebiet, welches von einem Tier oder einer
Horde von Tieren verteidigt wird, für gewöhnlich gegen die Männchen derselben

Im Central Hospital waren Gruppenterritorien anscheinend sehr gering entwickelt und traten nur als Erweiterungen von Benutzungsrechten an einem bestimmten Raum auf, die dem Patienten legitim zustanden. Z. B. gab es in einer Dauerbehandlungs-Abteilung eine verglaste Veranda außerhalb der Stationen, die einen Billardtisch, einen Kartentisch, ein Fernsehgerät, Zeitschriften und andere Freizeitmaterialien enthielt. Hier vereinigten sich Wärter und wohletablierte Dauerpatienten vom Typ des älteren Diplomaten in egalitärer Geselligkeit, besprachen die Neuigkeiten aus der Klinik und verkehrten im Ton eines Offizierskasinos miteinander. So kam es vor, daß ein Wärter seinen Hund mitbrachte, um ihn den anderen Anwesenden vorzuführen oder sich manchmal mit Patienten, die eine Stadtausgangserlaubnis hatten, zum Fischen verabredete oder sich mit der ganzen Gruppe über Rennwetten unterhielt, wobei man sich vergnügt über die bereits abgeschlossenen oder noch abzuschließenden Wetten verständigte. Das Pokerspiel, zu dem Wärter und Patienten sich hier an den Wochenenden versammelten, gab den Patienten eine gewisse Macht über die Wärter, was auch durch die Tatsache bedingt war, daß ein Wärter sich hier sicher genug fühlen konnte, um in aller Offenheit Mahlzeiten zu verzehren, die er sich aus der Patientenküche hatte bringen lassen – was verboten war. Zwar konnten die Wärter aufdringliche Patienten maßregeln, doch konnten sie dies nur tun, wenn die anderen anwesenden Patienten mit ihnen einer Meinung waren. Es handelte sich hier eindeutig um einen Fall von Fraternisation, der in einem interessanten Kontrast zu jenen Beziehungen stand, die das ärztliche Personal Patienten, an denen es ein besonderes Interesse nahm, anbot. Und hier bemühten sich Wärter

Spezies. Die Ausdehnung dieses Gebietes ist unterschiedlich, vom einen Extrem, wo es sich nur auf das Nest oder die Lagerstätte des Tieres beschränkt, bis zum anderen, wo es ein ganzes Heimatrevier umfaßt, d. h. das Gebiet, auf dem das Tier sich regelmäßig bewegt. Innerhalb des Heimatreviers gibt es spezielle Orte: die Kinderstube, die Trinkstelle, den Badeplatz, den Fege- oder Reibepfosten usw. Siehe W. H. Burt, »Territory and Home Range Concepts as Applied to Mammals«, *Journal of Mammology*, XXIV (1943), S. 346–52; H. Hediger, *Studies of the Psychology and Behavior of Captive Animals in Zoos and Circuses* (London, Butterworths Scientific Publications, 1955), S. 16–18; C. R. Carpenter, »Territoriality: A Review of Concepts and Problems«, in A. Roe and G. G. Simpson, Hrsg., *Behavior and Evolution* (New Haven, Yale University Press, 1958), S. 224–50 (in der deutschen Teilausgabe dieses Werkes nicht enthalten). Ich bin Irven De Vore für Informationen zum Begriff des Territoriums dankbar.

und Patienten gemeinsam, Patienten aus anderen Abteilungen von diesem Raum, und besonders vom Pokerspiel, fernzuhalten.

Genau wie die Aufgaben, welche die Patienten in engen Kontakt mit dem Arbeitsmilieu des Personals brachten, diesen Patienten einen Freiraum bieten konnten, so konnte ein solcher Platz, der den wenigen ihm zugeteilten Patienten vorbehalten war, für diese zu einem Territorium werden.[92] Z. B. war eines der Büros im Freizeitgebäude einigen Patienten zugewiesen, die aktiv an der Herstellung der wöchentlich erscheinenden Klinikzeitschrift mitarbeiteten. Hier genossen sie nicht nur die Arbeitsbedingungen einer beliebigen kleinen Bürobelegschaft, sondern konnten auch erwarten, daß andere Patienten sie nicht ohne Grund belästigen würden. Häufig, wenn keine spezifische Aufgabe anstand, konnte ein Mitglied dieser Gruppe sich in einem bequemen Bürostuhl ausruhen, seine Füße auf den Tisch strecken und in Ruhe eine Zeitschrift durchblättern, eine Cola trinken, eine Zigarette rauchen oder sich sonstwie vom großzügigen Freizeitpersonal bewirten lassen. Ein solches Maß an Privatsphäre und Selbstbestimmung läßt sich nur im Vergleich mit den üblichen Klinikbedingungen bewerten.

Das Freizeitgebäude figurierte noch in anderer Hinsicht als Gruppenterritorium. Etwa sechs Patienten waren in diesem Gebäude mit Pförtner- oder Hausmeisteraufgaben betraut. Für diese Arbeit wurden ihnen stillschweigend bestimmte Rechte zugestanden. Am Sonntag, nachdem sie die Fußböden gescheuert und die Überbleibsel des letzten Abends aufgeräumt hatten und bevor sich die Pforten am späten Vormittag wieder öffneten, gehörte das Feld ihnen. Sie kochten sich Kaffee und nahmen aus dem Kühlschrank die Torten und Süßigkeiten, die sie sich von ihrem letzten Küchendienst aufgehoben hatten. Vom Schreibtisch des Managers konnten sie sich für ein paar Stunden die beiden Sonntagszeitungen ausborgen, die regelmäßig in dieses Gebäude geliefert wurden. Nach dem Saubermachen, während die anderen Patienten sich vor der Tür drängten und auf den Einlaß warteten, hatten diese Arbeiter für ein paar Stunden das luxuriöse Gefühl der Ruhe, Be-

---

92 Diese Arrangements wurden auch in Berichten über andere Heilanstalten erwähnt, z. B. Belknap, op. cit., S. 174: »Sowohl die Toilettenräume als auch die Kleiderkammern und Schränke waren für die meisten Patienten, außer zu festgelegten Zeiten, verbotenes Territorium. Einer ausgewählten Gruppe von Patienten war jedoch der Zutritt zu den Kleiderkammern und, unter gewissen Bedingungen, zur Besenkammer gestattet.«

quemlichkeit und Selbstbestimmung. Wenn einer von ihnen zu spät zur Arbeit erschien, durfte er sich durch die vor der Tür wartende Gruppe drängen, und nur er wurde dann von einem seiner Arbeitskameraden eingelassen.

Wie gesagt, war das Wächterhäuschen so etwas wie ein Freiraum für alle Patienten mit Geländeausgangserlaubnis, es gab noch andere Plätze, die ähnlich ihre Besucher aus der ganzen Klinik rekrutierten, die aber nicht allen Patienten offenstanden. Einer davon war das kleine Büro des Bediensteten, der das Gebäude verwaltete, in dem das Theater untergebracht war. Während der Proben für Bühnenstücke, Festspiele und dergleichen – also zu Zeiten, wenn der Bühnenboden des Theaters und das Parkett für die beteiligten Patienten zum Freiraum wurden, wurde dieses Büro von einer kleinen Gruppe von »Geschaftelhubern« als gut geschützter Ort benützt, wo sie ihre Mahlzeiten verzehren und miteinander plaudern konnten. Der Hausverwalter, der ähnlich wie die Polizisten starken Kontakt mit den Patienten und wenig Kontakt mit seinen Kollegen hatte, spielte eine Marginalrolle zwischen dem Personal und den Patienten, und zumindest die »Geschaftelhuber« behandelten ihn respektvoll und mit einer Vertraulichkeit, als gehörte er nicht zum Personal.

Auf einigen Stationen wurden die Territorialansprüche mancher Patienten stillschweigend vom Personal gebilligt. Auf diesen Stationen, wo die Mehrzahl der Patienten regredierte, senil oder organisch geschädigt waren, wurde den wenigen kontaktfähigen Patienten als Belohnung dafür, daß sie die Böden kehrten und für Ordnung sorgten, inoffiziell ein ganzer Flügel der Veranda zugeteilt, von dem die übrigen Patienten durch eine aus Stühlen gebildete Schranke ausgeschlossen waren.

Manche der von den Patienten beanspruchten territorialen Zuständigkeiten waren nur befristeter Natur. Z. B. hatten fünf Patienten in einer chronischen Männerabteilung die Aufgabe, den Patienten, die nicht imstande waren, den Weg von der Station zur Cafeteria zurückzulegen, Essen auszuteilen. Nachdem sie diese Patienten bedient hatten, zogen sich die arbeitenden Patienten mit dem leeren Geschirr in einen zur Station gehörenden Spülraum zurück. Kurz davor oder kurz danach erhielten sie jedoch selbst einen vollen Teller und ein Glas Milch serviert und durften diese Mahlzeit allein und, wann sie Lust hatten, in der Stationsküche verzehren. Sie nahmen den vom Frühstück übriggebliebenen schwarzen Kaffee aus dem Kühlschrank, wärmten ihn sich auf, zündeten sich eine »echte« Zigarette an und verbrachten etwa eine halbe Stunde in einer entspannten Atmosphäre, wobei ihnen niemand hineinredete. Es gab noch weitere befristete Gebietsansprüche. So z. B. in der Aufnahmeabteilung für Männer, auf der Station für Patienten mit Depressionen, Erregungszuständen oder Hirnverletzungen, wo einige relativ kontaktfähige Patienten sich hinter einer Stuhlreihe absonderten und sich auf diese Weise bemühten, die unter starken Symptomen leidenden Mitinsassen von einer Ecke des Tagesraumes fernzuhalten.[93]

III.

Ich habe von zwei Arten von Orten gesprochen, über die der Patient eine ungewöhnliche Kontrolle besitzt: Freiräume und Gruppenterritorien. Erstere teilt er mit allen Patienten, und letztere mit wenigen Auserwählten. Übrig bleibt ein dritter territorialer Anspruch, der dem Patienten bestimmte Annehmlichkeiten, Selbstbestimmung sowie stillschweigend geduldete Rechte beschert, die er mit anderen Patienten nicht zu teilen braucht, es sei denn, er selbst lüde sie dazu ein. In diesem Fall möchte ich von einem *persönlichen Territorium* sprechen. Die möglichen Erscheinungsformen bilden ein Kontinuum, vom wirklichen Heim oder Nest[94] auf der einen Seite, bis hin zur bloßen Unterbringung oder Zufluchts-

93 Gefängnisse sind selbstverständlich für solche Möglichkeiten berühmt. Ein Beispiel aus England gibt Heckstall-Smith, op. cit., S. 70: »Droben im Schulungsbüro hatte ich Gelegenheit genug, frei und offen mit den Gefängnisbeamten zu sprechen. Unsere Stellung dort war irgendwie einzigartig. Man brachte uns viel Vertrauen entgegen. Wir konnten kommen und gehen, wie wir wollten, und unterstanden keiner direkten Beaufsichtigung, arbeiteten alleine und hatten einen Schlüssel zum Büro. Dieses war nicht nur der komfortabelste Arbeitsplatz im Gefängnis – denn im Büro gab es ein Radio und im Winter ein prasselndes Feuer – ...«
94 Über den Begriff des »Nestbaues« siehe E. S. Russell, *The Behaviour of Animals* (2. Aufl., London, Arnold, 1938), S. 69–73; Hediger, op. cit., S. 21–22. Zwischen nestartigen persönlichen Territorien und Gruppenterritorien ist manchmal schwer eine Grenze zu ziehen. In der sozialen Welt kleiner Jungen in Amerika ist z. B. ein Baumhaus, eine Burg oder eine Höhle im Garten meist das persönliche Territorium des dort wohnenden Jungen, und seine Freunde sind auf seine Einladung hin beteiligt, die er ihnen wieder entziehen kann, wenn sich das Verhältnis verschlechtert; das gleiche Gebäude, auf freiem Gelände errichtet, ist meist kollektives Eigentum.

stätte[95] auf der anderen, wo das Individuum sich so sicher und zufrieden fühlen kann, wie dies unter den herrschenden Verhältnissen möglich ist.

In Heilanstalten und ähnlichen Institutionen ist die wichtigste Form des persönlichen Territoriums wohl das private Schlafzimmer, über das etwa fünf oder zehn Prozent der Stationspopulation verfügen. Im Central Hospital wurde ein solches Zimmer mitunter als Belohnung für die Übernahme von Stationsaufgaben zugewiesen.[96] Der Patient konnte, war er einmal im Besitz eines Privatzimmers, dieses mit Gegenständen ausstatten, die sein Leben bequemer, freundlicher und autonomer gestalteten. Pin-up-Bilder, ein Radio, ein Kasten voll Detektivromane, eine Tüte Obst, Kaffeegeschirr, Streichhölzer, ein Rasierapparat – das waren einige der Gegenstände, die die Patienten, manchmal verbotenerweise, auf ihre Zimmer brachten.

Wenn die Patienten einige Monate auf einer bestimmten Station verbracht hatten, gingen manche dazu über, Territorien im Tagesraum zu beanspruchen, zumindest in dem Umfang, daß einige Patienten bestimmte Sitz- oder Stehplätze bevorzugten und jeden, der diese okkupierte, zu vertreiben suchten.[97] So durfte auf einer Dauerbehandlungsstation – nach gegenseitiger Übereinkunft – ein älterer, kontaktfähiger Patient einen freistehenden Heizkörper be-

95 Zu den besonderen Örtlichkeiten innerhalb eines Heimatrevieres eines Tieres gehören auch Zufluchtsorte.

96 Außer der Tatsache, daß ein Privatzimmer durch Arbeit erkauft werden mußte, gab es noch weitere Nachteile. Auf den meisten Stationen blieben die Türen der privaten Zimmer während des Tages verschlossen, so daß der Patient jedesmal, wenn er Einlaß begehrte, darum bitten mußte. Und er mußte es sich gefallen lassen, von dem Bediensteten, der den Schlüssel hatte, abgewiesen zu werden oder einen ungeduldigen Blick einzustecken. Außerdem glaubten manche Patienten, diese Zimmer seien schlechter belüftet und stärkeren Temperaturschwankungen ausgesetzt als die Gemeinschaftsschlafsäle, und daher bemühten sich einige, während der heißen Jahreszeit vorübergehend aus ihren Privatzimmern dorthin verlegt zu werden.

97 Die aus der Unterhaltungsliteratur über Clubs wohlbekannten Sitz-Territorien werden auch in der Literatur über Heilanstalten erwähnt, z. B. Johnson and Dodds, op. cit., S. 72:
»Mehrere Monate lang lag ich in diesem Schlafraum. Tagsüber saßen wir in einem angenehmen Tagesraum, der groß, gepflegt und mit bequemen Sesseln ausgestattet war. Manchmal saßen wir stundenlang dort ohne zu sprechen. Außer einem gelegentlichen Gerangel, wenn eine der älteren Insassinnen dagegen protestierte, daß ein Neuankömmling den Sessel besetzt hielt, auf den sie ein Gewohnheitsrecht hatte, gab es kein Geräusch.«

anspruchen, auf den er sich, nachdem er einige Lagen Papier darauf ausgebreitet hatte, zu setzen pflegte; und dort saß er die meiste
Zeit des Tages. Hinter dem Heizkörper bewahrte er einige seiner
persönlichen Habseligkeiten auf, was diesen Ort noch mehr als
seinen Platz kennzeichnete.[98] Einige Meter von ihm entfernt hatte
ein arbeitender Patient in einer Ecke des Zimmers *quasi* sein Büro,
wobei das Personal wußte, daß er immer dort zu finden war,
wenn er gebraucht wurde. Er saß so lange in dieser Ecke, daß der
Wandverputz an der Stelle, wo sein Kopf ruhte, eine schmutzige
Vertiefung aufwies. Auf der gleichen Station beanspruchte ein
anderer Patient einen direkt vor dem Fernseher stehenden Stuhl;
obgleich einige Patienten um diesen Platz rivalisierten, konnte er
meist seinen Anspruch darauf durchsetzen.

Die Bildung von Territorien auf den Stationen steht in einer besonderen Beziehung zur seelischen Erkrankung. In vielen Situationen des bürgerlichen Lebens regiert eine egalitäre Norm wie:
»Wer zuerst kommt, mahlt zuerst«, während sich hinter einer gewissen Tarnung ein anderes Organisationsprinzip, etwa: »Dem
Stärkeren freie Bahn«, verbirgt. Bis zu einem gewissen Grade
galt letztere Regel auf den schlechten Stationen, während die
erstere auf guten Stationen galt. Es muß jedoch noch eine weitere
Dimension eingeführt werden. Viele Patienten auf rückständigen
Stationen paßten sich in der Weise an das Stationsleben an, daß
sie, aus welchen freiwilligen Gründen oder aus welcher unfreiwilligen Ursache auch immer, ruhig und ohne Protest jedem Tu-

98 Überall, wo Menschen einen festen Arbeitsplatz haben, etwa einen Schreibtisch, einen Billettschalter oder eine Drehbank, beginnen sie, nach und nach
ihren unmittelbaren Arbeitsbereich mit Gegenständen auszustaffieren, die ihrer
Bequemlichkeit und ihrem Besitzanspruch dienen und die normalerweise zu
einem Heim gehören. Wieder zitiere ich ein Beispiel aus dem Orchestergraben,
Oppenheimer, op. cit.: »Sobald eine Inszenierung in Routine übergegangen ist,
verbreitet sich im Orchestergraben eine behagliche, wohnliche Atmosphäre. Die
Männer schlagen Haken in die Wand, um ihre Trompeten aufzuhängen, und
bauen Gestelle und Bücherborde für Noten, Bücher und das übrige Drum und
Dran. Allgemein verbreitet ist der Brauch, einen kleinen Holzkasten mit Draht,
wie er für Mantelaufhänger benützt wird, am Notenständer zu befestigen, in
welchem sich bequem Papier, Bleistifte, Kaugummi und Brille unterbringen
lassen. Pin-up-Bilder, die innen an dem von der Balustrade herabhängenden
Vorhang (den Blicken des Publikums verborgen) befestigt wurden, schufen bei
der West-Side-Story eine besonders anheimelnde Atmosphäre in der Ecke der
Streichergruppe. Einige brachten sogar kleine, tragbare Radios mit – meist um
beliebte Sportsendungen zu hören.«

mult aus dem Wege gingen. Solch ein Patient ließ sich, ganz gleich wie groß oder kräftig er war, von seinem Platz oder seiner Sitzgelegenheit vertreiben. Daher gab es auf schlechten Stationen eine besondere Form der Hackordnung, bei der die Patienten, die sprechen konnten und kontaktfähig waren, den Nicht-Kontaktfähigen die bevorzugten Stühle und Bänke wegnahmen. Dies führte so weit, daß ein Patient einen Stummen von einem Fußschemel vertreiben konnte, so daß der sprechende Patient nunmehr einen Stuhl und einen Schemel hatte, während der Stumme völlig leer ausging; dieser Unterschied ist nicht belanglos, bedenkt man, daß die Patienten auf diesen Stationen den ganzen Tag, mit Ausnahme der Unterbrechungen zu den Mahlzeiten, mit nichts anderem verbrachten, als auf einer Stelle zu sitzen oder zu stehen.

Die Mindestfläche, die ein persönliches Territorium einnahm, war die Bettdecke des Patienten. Auf einigen Stationen trugen etliche Patienten ihre Decken tagsüber mit sich herum, und in einem Akt tiefster Regression rollten sie sich auf dem Fußboden zusammen und bedeckten sich vollkommen mit ihrer Decke; auf dem bedeckten Raum verfügte jeder dieser Patienten über einen Rest Selbstbestimmung.[99]

Wie zu erwarten, kann ein persönliches Territorium sich innerhalb eines Freiraums oder Gruppenterritoriums entwickeln. Z. B. nahm im Freizeitraum einer Abteilung für chronisch erkrankte Männer ein geachteter, älterer Patient einen der beiden großen hölzernen Lehnstühle in Anspruch, der an einer günstigen Stelle in der Nähe der Lampe und des Heizkörpers stand, wobei die Patienten wie auch das Personal ihm ein Recht darauf zugestanden.[100]

99 Ökologische Verstecke, wie etwa Türrahmen oder Zelte aus Decken, finden wir auch bei autistischen Kindern, wie berichtet bei Bruno Bettelheim, »Feral Children and Autistic Children«, *American Journal of Sociology*, LXIV (1959), S. 458: »Andere wiederum bauen sich Höhlen in dunklen Winkeln oder Schränken, schlafen nirgendwo anders und verbringen am liebsten den ganzen Tag und die ganze Nacht dort.«

100 Um ein Experiment zu machen, wartete ich ab, bis eines Abends der zweite gute Sessel in eine andere Ecke des Zimmers gerückt worden war und setzte mich dann, bevor dieser Patient eintraf, in seinen Sessel, wobei ich so zu tun versuchte, als würde ich ganz unschuldig lesen. Als er zu seiner gewohnten Zeit eintraf, warf er mir einen langen, ruhigen Blick zu. Ich versuchte wie jemand zu wirken, der nicht weiß, daß er angeschaut wird. Nachdem es ihm nicht gelungen war, mich damit von meinem Platz zu vertreiben, sah der Patient sich im Zimmer nach dem anderen guten Sessel um, fand ihn und brachte ihn zurück auf seine normale Stelle, unmittelbar neben dem Sessel, auf dem ich saß. In höflichem,

Ein besonders eindrucksvolles Beispiel der Territorienbildung in einem Freiraum fand sich im Central Hospital im unbenützten Keller eines der Dauerbehandlungsgebäude. Dort wurden einige der besser erhaltenen Räume von niedrigen Personaldienstgraden als Vorratsräume benützt. So gab es dort einen Raum für Farben und einen anderen, in dem Gartengeräte gelagert wurden. In jedem dieser Räume übte ein Patient als Gehilfe ein halboffizielles Regiment. Dort gab es Pin-up-Bilder, ein Radio, einen relativ weichen Sessel und Vorräte an Anstaltstabak. Einige der verbleibenden, weniger nutzbaren Räume hatten sich ältere, eingesessene Patienten mit Ausgangserlaubnis angeeignet, von denen jeder sein Nest irgendwie verschönert hatte, wenn auch nur mit einem zerbrochenen Stuhl und Stößen alter *Life*-Nummern.[101] Wenn einer dieser Patienten, was selten vorkam, während des Tages von einem Mitglied des Personals benötigt wurde, so wurde die Nachricht direkt in sein Kellerbüro, und nicht auf die Station geschickt.

In manchen Fällen bot eine Arbeitsaufgabe ein persönliches Territorium. Z. B. war es den Patienten, die die Kleider- und Vorratskammer der Station in Ordnung hielten, erlaubt, sich in diesem Raum aufzuhalten, wenn es keine Hausarbeiten zu verrichten gab; und dort konnten sie auf dem Boden sitzen oder liegen – fern vom Tumult oder der Langeweile des Tagesraumes.

Einrichtungen

Nunmehr möchte ich zwei weitere Elemente des Unterlebens untersuchen, die wiederum physische Arrangements beinhalten.

I.

Im täglichen Leben werden die für die primäre Anpassung verwendeten Besitztümer normalerweise, wenn sie nicht in Gebrauch sind, an besonders gesicherten Orten gelagert, die jederzeit er-

keineswegs feindseligem Ton bat er dann: »Hätten Sie was dagegen, mein Sohn, sich mir zuliebe in diesen Sessel zu setzen?« Ich wechselte den Platz und beendete damit das Experiment.
101 Etliche Patienten versuchten, sich solche Nester an baumbestandenen Stellen des Geländes einzurichten, doch diese Bauwerke wurden offenbar schnell vom Personal wieder demontiert.

reichbar sind, z. B. in Truhen, Schränken, Vitrinen, Schreibtisch-
schubladen oder Tresoren. Diese Lagerplätze schützen das Objekt
vor Beschädigung, Mißbrauch und widerrechtlicher Aneignung
und erlauben es dem Inhaber, seinen Besitz vor anderen zu verbergen.[102] Noch bedeutsamer ist, daß diese Plätze eine Erweiterung des Selbst und seiner Autonomie darstellen können, wobei sie
in dem Maß, wie das Individuum andere Quellen seines Selbstgefühls verliert, immer wichtiger werden. Wenn jemand nichts für
sich selbst behalten darf und alles, was er benützt, auch von anderen benützt wird, dann gibt es kaum einen Schutz vor der sozialen
Kontamination durch andere. Außerdem handelt es sich bei einigen
der Dinge, die er abgeben muß, gerade um solche, mit denen er
sich besonders identifiziert und die er zu seiner Selbst-Identifizierung gegenüber anderen benötigt. So wird ein Mann in einem
Kloster auf seinen einzigen Privatbesitz, seinen Briefkasten[103], und
ein Mann auf einem Segelschiff auf seinen Seesack aufpassen.[104]

Wo dergleichen private Lagerplätze nicht erlaubt sind, da ist es
klar, daß sie verbotenerweise angelegt werden. Außerdem wird
jemand, der unerlaubterweise einen Gegenstand besitzt, auch den
Ort, an dem er ihn lagert, verheimlichen müssen. Ein persönlicher
Lagerplatz, der verheimlicht und/oder verschlossen wird, um nicht
nur illegitime Eindringlinge, sondern auch illegitime Autorität abzuwehren, wird häufig *Depot* genannt; wir wollen diesen Ausdruck hier ebenfalls verwenden.[105] Es sei festgestellt, daß diese

102 Natürlich ist die sichere Unterbringung persönlicher Gegenstände nicht nur
in unserer Kultur üblich. Siehe z. B. John Skolle, *Azalaï* (New York, Harper &
Bros., 1956), S. 49: »Die Tuareg trugen ihre Habseligkeiten in Lederbeuteln
mit sich herum. Diejenigen, die Wertgegenstände enthielten, wurden mit Schlös-
sern einheimischer Bauart verschlossen, wobei manchmal drei Schlüssel nötig
waren, um die Kombination zu betätigen. Als Vorsichtsmaßnahme erschien dieses
System sehr ineffektiv, da jedermann einen Dolch bei sich trug und, wenn er
gewollt hätte, das Schloß hätte ignorieren und den Lederbeutel aufschlitzen
können. Aber niemand dachte daran, dies zu tun. Das Schloß wurde allgemein
als Symbol des Privateigentums respektiert.«
103 Thomas Merton, *The Seven Storey Mountain* (New York, Harcourt, Brace
and Company, 1948), S. 384.
104 Melville, op. cit., S. 47.
105 Ein Beispiel aus einem amerikanischen Gefängnis findet sich bei Hassler,
op. cit., S. 59–60:
»Direkt mir gegenüber ist der prominenteste Schlafsaalbewohner untergebracht –
›Nocky‹ Johnson, einst politischer Führer von Atlantic City und, wenn ich mich
recht erinnere, Konzessionär der meisten schmutzigen Geschäfte auf diesem Sektor. Nocky ist ein großer, kräftig gebauter Mann um die sechzig. Seine Stellung

unerlaubten Lagerplätze organisationsmäßig eine komplexere Angelegenheit sind als einfache Notbehelfe, denn ein Depot kann für
gewöhnlich mehr als eine Art illegitimer Besitztümer sichern. Ich
möchte hinzufügen, daß auch der (tote oder lebendige) menschliche
Körper ein wichtiges, deponierbares Objekt darstellen kann, was
sich in besonderen Redewendungen wie »verstecken« oder »ver-
stauen« (im Fall des blinden Passagiers) sowie in den bekannten,
unvermeidlichen Szenen in Kriminalromanen ausdrückt.

Wenn Patienten ins Central Hospital eingeliefert wurden, besonders wenn sie bei der Aufnahme erregt oder depressiv waren,
wurde ihnen verboten, ihre Sachen an einem privaten, für sie zugänglichen Ort unterzubringen. Ihre Zivilkleidung z. B. wurde in
einem Raum gelagert, den sie nicht nach eigenem Gutdünken
betreten durften. Ihre Barschaft wurde im Verwaltungsgebäude
aufbewahrt und war ohne die Erlaubnis ihres medizinischen oder
legalen Vertreters nicht erreichbar. Wertgegenstände oder zer-
brechliche Dinge, wie falsche Zähne, Brillen, Uhren usw., die häufig ein integraler Bestandteil des Körper-Images sind, wurden
außerhalb der Reichweite des Besitzers verschlossen. Amtliche
Papiere, die der Selbst-Identifizierung dienten, wurden ebenfalls
von der Anstalt einbehalten.[106] Kosmetika, die dazu dienten, sich
anderen gegenüber korrekt zu präsentieren, waren kollektiviert
und den Patienten nur zu bestimmten Zeiten verfügbar. Auf Rekonvaleszentenstationen gab es Nachtschränke, aber da diese nicht
verschließbar waren, konnten sie von anderen Patienten und vom
Personal bestohlen werden, und zudem befanden sie sich oft in
Räumen, die den Patienten tagsüber verschlossen waren.

Wenn der Mensch kein Selbst hätte oder haben dürfte, dann wäre
es in der Tat logisch, ihm keinen privaten Lagerraum zur Ver-

---

in der Gefängnishierarchie offenbart sich auf den ersten Blick in Form eines
halben Dutzends guter Wolldecken, die auf seiner Pritsche gestapelt sind (wir
anderen haben nur zwei von viel schlechterer Qualität) und eines Schlosses an
seinem Blechspind – definitiv unerreichbar für das geringere Pack. Mein Nachbar,
der wegen Unterschlagung sitzt, erzählt mir, daß die Schreiber niemals Nockys
Sachen untersuchen, so wie sie es bei jedem anderen tun. Der Blick, den ich
in seinen Schrank werfen konnte, zeigte mir, daß er mit Zigarettenstangen voll-
gestopft war – dem wichtigsten Tauschmittel in diesem bargeldlosen Asyl.«

106 Ich möchte eindeutig feststellen, daß es viele schlagkräftige klinische und
administrative Gründe gibt, um bestimmten Patienten ihre persönliche Habe
vorzuenthalten. Die Frage, ob eine solche Verweigerung wünschenswert ist,
steht hier nicht zur Debatte.

fügung zu stellen, wie ein ehemaliger Geisteskranker aus England feststellt:

Ich suchte nach einem Schrank, aber ohne Erfolg. Anscheinend gab es in dieser Klinik keinen; der Grund dafür leuchtete mir sehr bald ein; Schränke waren einfach unnötig – wir hatten nichts, was wir darin hätten aufbewahren sollen, da alles gemeinsam benutzt wurde, sogar das einzige Gesichtshandtuch, welches auch noch zu anderen Zwecken benützt wurde, eine Tatsache, die mich mit starkem Abscheu erfüllte.[107]

Aber jeder hat ein Selbst. Angesichts der Beschränkung, die das Fehlen von Plätzen zur Unterbringung der persönlichen Habe mit sich brachte, ist es verständlich, daß die Patienten im Central Hospital sich selbst solche Plätze schufen.
Es ist offenbar typisch für das Klinikleben, daß solche Depots, die der Betreffende überallhin mit sich herumtragen konnte, am weitesten verbreitet waren.[108] Bei Patientinnen diente eine große Handtasche zu diesem Zweck; die parallele Technik bei Männern bestand darin, daß sie ein Jackett mit geräumigen Taschen trugen und dieses sogar bei heißestem Wetter nicht ablegten. Während solche Behältnisse im bürgerlichen Leben allgemein üblich sind, war ihr Inhalt in der Klinik besonders reichhaltig: Bücher, Schreibmaterial, Waschlappen, Obst, kleinere Wertsachen, Schals, Spielkarten, Seife, Rasierzeug (bei Männern), Salz-, Pfeffer- und Zuckerdosen, Milchflaschen – dies waren nur einige der Gegenstände, die die Patienten mit sich führten. Diese Praxis war so verbreitet, daß die ausgebeulten Taschen eines der zuverlässigsten Symbole für den Status des Patienten darstellten. Ein anderes tragbares Depot bestand aus zwei ineinandergeschobenen Einkaufsbeuteln. (Wenn es teilweise gefüllt war, diente dieses sehr gebräuchliche Depot auch als Kopfkissen oder Rückenstütze.) Bei Männern bestand ein kleines Depot manchmal aus einem langen Strumpf. Wenn sie das offene Ende verknoteten und um ihren Gürtel wickelten, dann konnten die Patienten unauffällig eine Art Geldbörse in ihr Hosenbein hinabhängen lassen. Solche tragbaren Behältnisse gab es auch in individuellen Variationen. Ein junger Ingenieur

107 Johnson and Dodds, op. cit., S. 86.
108 Aus der Unterhaltungsliteratur über Verbrechen sind tragbare Depots wohlbekannt: hohle Absätze, Koffer mit doppeltem Boden, Rektalsuppositorien usw. In dieser Form werden hauptsächlich Juwelen und Drogen deponiert. Fantastischere Depots werden in Spionageromanen beschrieben.

verfertigte aus altem Öltuch eine Tasche, in die er gut aufgeteilte
Fächer für Kamm, Zahnbürste, Spielkarten, Schreibpapier, Blei-
stift, Seife, Gesichtstuch und Toilettenpapier einnähte – das ganze
war mit einem unsichtbaren Haken an der Unterseite des Gürtels
befestigt. Derselbe Patient hatte sich auch eine zusätzliche Tasche
an der Innenseite seiner Jacke eingenäht, um darin ein Buch unterzubringen.[109] Ein anderer Patient, eifriger Zeitungsleser, trug
stets eine Anzugjacke, offenbar um seine Zeitungen zu verbergen, die er zusammengefaltet in den Gürtel steckte. Wieder ein
anderer Patient bediente sich sinnvoll eines sauberen Tabakbeu-
tels, um Nahrungsmittel zu transportieren; ganze, ungeschälte
Früchte konnten leicht in die Tasche gesteckt werden, um sie aus
der Cafeteria mit auf die Station zu nehmen, aber gekochtes

109 Ein Parallelbeispiel führt Brendan Behan in *Borstal Boy* (London, Hutchin-
son, 1958) an, wo er beschreibt, wie sich ein Häftling in einem britischen Ge-
fängnis in der Häftlingsküche Nahrungsmittel organisiert:
»Das eine sage ich dir, sagte Joe, kappte den Wurstzipfel und tat ihn in sein
Versteck, das aus einem in sein Hemd eingenähten Stück Segeltuch bestand,
So etwas kriegst du nicht alle Tage.«
Im Hinblick auf viele Aspekte des Unterlebens ist auch hier Herman Melville
unerschöpflich (op. cit., S. 47):
»Auf einem Kriegsschiff hast du außer deinem Seesack und deiner Hängematte
nichts, wo du etwas verstecken könntest. Wenn du etwas hinlegst und dich für
einen Augenblick umdrehst, dann ist es, ich wette zehn zu eins, verschwunden.
Als ich nun meinen ersten Plan entwarf und den Grundstein zu dieser meiner
berühmten weißen Jacke legte, hatte ich für all diese Unannehmlichkeiten ein
wachsames Auge und beschloß, ihnen aus dem Weg zu gehen. Ich fand, meine
Jacke sollte mich nicht nur wärmen, sondern sie sollte auch so eingerichtet sein,
daß man ein paar Hemden, eine Hose und diverse andere Kleinigkeiten –
Nähzeug, Bücher, Kekse und ähnliches – darin unterbringen konnte. Zu diesem
Zweck hatte ich sie dementsprechend mit einer großen Anzahl Taschen, Vorrats-
kammern, Fächern und Schubladen ausgestattet. Die Hauptkammern, zwei an
der Zahl, waren in den Rockschößen untergebracht, mit einem geräumigen,
gastlichen Eingang von der Innenseite. Zwei von geringerer Kapazität wurden
zu beiden Seiten auf der Brust untergebracht und hatten aufeinander abgestimmte
Klappen, so daß die beiden Taschen im Notfall, wenn sie sperrige Gegenstände
aufnehmen sollten, zu einer vereinigt werden konnten. Auch gab es mehrere
unsichtbare Verließe hinter der Tapete; so war meine Jacke, eine wie altes Schloß,
voll von Wendeltreppen, geheimnisvollen Kammern, Krypten und Kabinetten;
und wie ein Sekretärschreibtisch war sie ausgestattet mit heimlichen, kleinen,
entlegenen Lagern und Verstecken zum Unterbringen von Wertsachen.
Hinzu kamen noch vier geräumige Taschen an der Außenseite; ein Paar, in
denen ich meine Bücher verschwinden ließ, wenn ich plötzlich bei meinem Studium in der Hauptrah gestört wurde; und das andere Paar für die dicken Fäust-
linge, in die ich auf einer kalten Nachtwache meine Hände schob.«

Fleisch trug man besser in einem aus fettabstoßendem Material gefertigten Depot.

Ich möchte wiederholen, daß es für diese unförmigen Tragbehälter gute Gründe gab. Viele kleinere Annehmlichkeiten des Lebens wie Seife, Toilettenpapier oder Spielkarten, die in der bürgerlichen Gesellschaft reichhaltig zur Verfügung stehen, sind für die Patienten nicht in gleicher Weise zugänglich, so daß man für den täglichen Bedarf vorsorgen mußte, bevor der Tag begann.

Es wurden nicht nur tragbare, sondern auch feste Depots verwendet; solche fanden sich häufig in den Freiräumen und Territorien. Einige Patienten versuchten, ihre Wertsachen unter ihren Matratzen aufzubewahren, aber wie bereits gesagt, verbot die allgemeine Hausordnung der Klinik tagsüber den Zutritt zu den Schlafräumen, was die Brauchbarkeit dieser Methode herabsetzte. Mitunter wurden die halb verdeckten Leisten der Fenstersimse benützt. Patienten, die über ein privates Zimmer und freundschaftliche Beziehungen zum Wärter verfügten, benützten ihre Zimmer als Depots. Patientinnen versteckten mitunter Streichhölzer und Zigaretten in der Puderdose, sobald sie ihre Zimmer verließen.[110] Und eine in der Klinik häufig erzählte, exemplarische Geschichte berichtete von einem Mann, der sein Geld, 1200 Dollar, in einer Zigar-

110 Es ist erstaunlich, wie gut solche Verstecke in totalen Institutionen geplant werden. Ein Beispiel stammt von einem Wehrdienstverweigerer in Einzelhaft (Cantine and Rainer, op. cit., S. 44):
»Die Männer schmuggelten mir Speisen aus der Offiziersmesse zu – Offizierseier, Offizierskäse. Sie steckten mir Kuchen und Süßigkeiten zu. Einige Male roch ein Wärter den Duft von scharfem Käse und durchsuchte die Zelle. Ein unter der Tischplatte befestigtes Brett verbarg den Käse. Der überraschte Wärter schnüffelte und stöberte. Das verborgene Brett und der Käse wurden nie entdeckt.«
Ein Häftling aus einem britischen Gefängnis beschreibt den Ausbruchsversuch eines Schlagzeugers, der sich zum Schlosser entwickelt hatte (Dendrickson and Thomas, op. cit., S. 133):
»Jacobs rannte zur Werkstatt und schob den Schlüssel ins Schloß. Der Aufseher nahm die Verfolgung auf. Als Jacobs den Schlüssel herumdrehte, legte sich eine schwere Hand auf seine Schulter. Schmählich wurde er in seine Zelle zurückgeführt.
Daraufhin wurde alles mit nie dagewesener Gründlichkeit umgekrempelt, und schließlich wurde ein lange gewahrtes Geheimnis von Dartmoor gelüftet – nämlich das Geheimnis seines Verstecks. Feilen, Sägeblätter, Meißel, Schlüsselblanketten, ein Hammer und manches andere Gerät, all dies wurde unter der inneren Saitenbespannung seiner Trommel gefunden.«

renschachtel in einem Baum auf dem Klinikgelände versteckt haben sollte.

Es ist einleuchtend, daß auch manche Arbeiten das Anlegen eines Depots ermöglichten. Einige Patienten, die in der Wäscherei arbeiteten, benützten die individuellen Spinde, die offiziell nur jenen Arbeitern zustanden, die nicht Patienten waren. Die in der Küche des Freizeitgebäudes Beschäftigten verschlossen die Speisen und Getränke, die sie sich von den verschiedenen Geselligkeiten und anderen günstigen Gelegenheiten aufheben konnten, in den Küchenschränken und im Kühlschrank.

II.

Wenn ein festes Versteck benützt wird, dann muß offenbar ein Weg gefunden werden, um das Objekt zum Depot bzw. vom Depot zum Verbrauchsort zu bringen. Wenn sekundäre Anpassungsmechanismen wirksam eingesetzt werden sollen, dann muß es auf jeden Fall ein inoffizielles, normalerweise heimliches Transportmittel für die betreffenden Gegenstände geben – kurzum, ein Transportsystem. Alle legitimen Transportsysteme können als Teil des Unterlebens Verwendung finden, denn bei jedem System gibt es Vorschriften, wer es benützen darf und zu welchem Zweck es benützt werden darf, und daher besteht die Möglichkeit des Mißbrauchs. Wo das Individuum eine gewisse Bewegungsfreiheit hat, wie dies bei Patienten mit Ausgangsgenehmigung der Fall ist, da fungiert natürlich ein tragbares Versteck auch als Transportmittel. Wenigstens drei verschieden definierbare Arten von Objekten können durch ein Transportsystem befördert werden: Körper, Werkzeuge oder Gegenstände und geschriebene oder verbale Nachrichten.

Berühmte Fälle des verbotenen Transports von Personen finden wir in Kriegsgefangenenlagern[111] und bei (im Verhältnis zur gesamten Gesellschaft) im Untergrund arbeitenden Fluchtorganisationen. In beiden Fällen geht es weniger um eine einmalige Anstrengung als vielmehr um die Einrichtung einer regulären Fluchtroute. Alltägliche Beispiele für den Menschentransport liefert nicht die Flucht, sondern der alltägliche Verkehr. Um ein Beispiel aus dem Central Hospital anzuführen: da das eingezäunte Gelände

111 Siehe z. B. Reid, op. cit., sowie Eric Williams, *The Wooden Horse* (New York, Berkeley Publishing Corp., 1959).

der Klinik sich über mehr als 120 Hektar erstreckte, wurden Busse eingesetzt, um die Patienten innerhalb der Anstalt – von und zum Arbeitsplatz, von und zu ärztlichen oder chirurgischen Ambulanzen usw. – zu befördern. Patienten mit Geländeausgangsgenehmigung, die den Busfahrplan kannten, warteten manchmal auf einen Bus und versuchten, sich eine Fahrt zu einem anderen Teil des Geländes zu erschnorren, um nicht laufen zu müssen.[112] Verbotene Transportsysteme für Objekte sind selbstverständlich weit verbreitet und dürfen bei keiner Untersuchung über sekundäre Anpassungsformen vernachlässigt werden. Hervorragende Beispiele liefert die ehrenwerte Schmuggelkunst, und es lassen sich viele verbotene Transportmechanismen aufzählen, ganz gleich ob im Rahmen eines Staates[113] oder einer sozialen Institution.[114]

112 Ich glaube, daß es kaum Transportsysteme gibt, die nicht von irgendjemandem als illegales Transportmittel benützt werden. Ein überzeugendes Beispiel ist die große amerikanische Tradition der Güterwagentramps. Ein weiteres wichtiges Beispiel ist das Anhalter-Fahren. Bevor auf dem Lande in größerem Umfang Lastwagen verwendet wurden, war für die Burschen das Hauptverkehrsmittel bei weiteren Reisen im Winter im nördlichen Kanada die von Pferden gezogene Schlittenkutsche, an der sie sich festhielten. Ein interessantes Merkmal all dieser verbreiteten Formen von Transport-Parasitentum ist der Umfang der sozialen Entität, welche in die sekundäre Anpassung einbezogen wird: eine Stadt, ein Distrikt oder sogar eine ganze Nation.

113 Siehe z. B. Neville Williams' Monographie *Contraband Cargoes* (Toronto, Longmans, 1959).

114 Über die Techniken des Alkoholschmuggels an Bord eines Seglers informiert Melville, op. cit., S. 175–76. Die Beispiele aus dem Gefängnis sind selbstverständlich zahlreich; z. B. Dendrickson and Thomas, op. cit., S. 103:
»Die gespannte Lage hinsichtlich des Lesestoffes wird jedoch in Dartmoor ein wenig aufgelockert durch eine kleine Armee von Büchern, die als ›Vagabunden‹ bekannt sind. Dies sind Bücher, die irgendwie aus der Bibliothek hinausgelangt sind, ohne daß ein Häftling sie auf seinen Namen ausgeliehen hätte, und manche wurden von draußen in das Gefängnis eingeschmuggelt. Diese Bücher – in der Hauptsache Werke des verstorbenen Peter Cheyney – führen eine verstohlene Untergrundexistenz, wie Gauner auf der Flucht. Sie gehen von Hand zu Hand und verbergen sich unter Hemden oder Jacken. Sie flattern einem geheimnisvoll in die Zelle, wenn der Kalfaktor des Stockwerks vorbeigeht; bei den Mahlzeiten kriechen sie unter dem Tisch hervor; und sie verstecken sich im stillen Örtchen auf dem Wasserbehälter. Und im Falle einer unerwarteten Untersuchung stürzen sie sich häufig lieber Hals über Kopf aus dem Zellenfenster, als sich erwischen und verhaften zu lassen. Eine Situation, an der ihr Schöpfer wahrscheinlich sein Vergnügen gehabt hätte.«
Ähnlich beschreibt Howard Schoenfeld, bei Cantine and Rainer, op. cit., S. 23, seine Erfahrungen in der Isolierzelle: »Ich freute mich jedesmal auf die Essenszeit, zu der ein Insasse, dem die Anwesenheit eines Aufsehers es verwehrte,

Aus Heilanstalten gibt es charakteristische Beispiele, einschließlich jener inoffiziell weitgehend tolerierten Methoden. Im Central Hospital z. B. hatten die von der Kantine relativ weit entfernten Stationen ein informelles System der Bestellung und Auslieferung von Bestellungen entwickelt. Zwei- oder mehrmals am Tage stellten die Patienten und das Personal einer solchen Station eine Liste zusammen und sammelten das nötige Geld ein; ein Patient mit Ausgangserlaubnis ging dann zur Kantine, kaufte ein und brachte die Waren in einer Zigarrenkiste mit, welche das auf den Stationen übliche Standardgerät für diesen Zweck war.

Außer solchen relativ institutionalisierten kollektiven Praktiken gab es auch viele individuelle. Auf fast allen geschlossenen Stationen gab es einen oder mehrere Patienten mit Ausgangserlaubnis auf dem Gelände. Und auf jeder offenen Station gab es Patienten mit Stadtausgangserlaubnis. Diese privilegierten Patienten eigneten sich hervorragend als Kuriere, und häufig erfüllten sie diese Funktion, sei es aus Sympathie, Verpflichtung, Furcht vor Schwierigkeiten oder wegen versprochener Belohnungen. Die Patientenkantine und die Geschäfte in der Nachbarschaft waren daher vielen Patienten indirekt zugänglich. Wenn auch manche der auf diese Art transportierten Objekte unwichtig erscheinen, so konnten sie im Kontext von Entbehrungen erhebliche Bedeutung gewinnen. So gab es in der Klinik einen Suizid-Patienten, der die Station nicht verlassen durfte und in tiefer Depression lebte; er glaubte, die Tage nur überstehen zu können, wenn er seine Lieblingsbonbons lutschen konnte; und tatsächlich war er demjenigen, der sie für ihn einkaufen ging, sehr dankbar. Briefmarken, Zahnpasta, Kämme usw. konnten ebenfalls ohne weiteres in der Kantine gekauft und mühelos transportiert werden, und häufig stellten sie für den Empfänger eine große Wohltat dar.

Nicht weniger wichtig als die Beförderung von Körpern und Materialien ist die Verbreitung von Nachrichten. Geheime Kommunikationssysteme sind offenbar ein universelles Merkmal totaler Institutionen.

Eine Form der Geheimkommunikation findet in direktem Kontakt von Mensch zu Mensch statt. In Gefängnissen haben die Insassen eine Sprechtechnik entwickelt, bei der sie weder die Lippen be-

mit mir zu sprechen, ein Tablett in meiner Zelle abstellte. Eines Abends fand ich eine Zigarette und Streichhölzer säuberlich mit Klebband an der Unterseite des Tabletts befestigt.«

wegen noch die Person, mit der sie sprechen, direkt ansehen.[115] In religiösen Institutionen, in denen es wie in Gefängnissen und Schulen ein Schweigegebot gibt, entwickelt sich offenbar eine Gebärdensprache, die so vielseitig ist, daß die Insassen sie sogar dazu benützen, um miteinander zu scherzen.[116] In dieser Hinsicht bieten auch Heilanstalten interessantes Anschauungsmaterial.

Wie bereits festgestellt, bezogen viele Patienten auf rückständigen Stationen im Central Hospital eine Haltung, bei der sie auf normale, offene kommunikative Annäherungen weder eingingen noch selbst solche unternahmen. Wurden sie angesprochen, so reagierten sie entweder verzögert oder in einer Form, die zum Ausdruck brachte, daß das Gesagte nicht wirklich verstanden worden war. Die Haltung dieser Patienten wurde offiziell als zurückgezogenes Schweigen bezeichnet – vermutlich war sie ein Abwehrmechanismus gegen lästige Wärter und Mitpatienten und wurde widerwillig als legitimes psychiatrisches Symptom akzeptiert. (Sie wurde akzeptiert, da es sehr schwierig war, diese Form der Anpassung an die Station vom unfreiwilligen Symptom jener Patienten zu unterscheiden, die massive, irreversible neurologische Schäden hatten.) Natürlich verpflichtete eine solche Rückzugshaltung, nahm der Patient sie einmal ein, ihn zu einer Reihe besonderer Einschränkungen. Stumme Patienten mußten ärztliche Eingriffe über sich ergehen lassen, ohne verbal Furcht zu äußern; sie mußten widerspruchslos Kränkungen erdulden und sie durften keinerlei Interesse für das oder Orientierung an dem, was auf der Station vorging, zeigen. Auf viele der kleinen, alltäglichen Gib-und-Nimm-Transaktionen mußten sie verzichten.

Um das einmal gewählte stumme Verhalten beibehalten und dennoch die damit verbundenen Beschränkungen der Kommunikation umgehen zu können, bedienten sich einige Patienten auf rückständigen Stationen untereinander eines besonderen Systems von Kommunikationsregeln. Wenn sie von einem Mitpatienten etwas haben oder ihm etwas geben wollten, dann blickten sie ihm zuerst ins Gesicht, dann auf die Sache, um die es ging, z. B. eine Zeitung, ein Kartenspiel oder einen benachbarten Sitzplatz auf der Stationsbank, und richteten ihren Blick dann wieder zurück auf den Patienten. Dieser konnte dann die Kommunikation abbrechen, was Nein

115 Ein Beispiel aus England gibt Jim Phelan, *The Underworld* (London, Harrap & Co., 1953), S. 7, 8, 13.
116 Siehe Merton, op. cit., S. 382; Hulme, op. cit., S. 245.

bedeutete, oder sich von dem Objekt abwenden, was seine Bereitschaft anzeigte, es herzugeben, oder, wenn er nicht der Besitzer war, sich dem Objekt nähern, um seinen Wunsch und seine Bereitschaft, es in Empfang zu nehmen, zu signalisieren. So konnten die Patienten sich über Bitten und Angebote, Annahme und Verweigerung verständigen, ohne ihr Gesicht als jemand, der sich an keiner Kommunikation beteiligt, zu verlieren. Während dieses Kommunikationssystem sehr beschränkt erscheint, konnten doch eine ganze Reihe von Kommunikationen und Objekten auf diese Weise ausgetauscht werden. Auch muß festgestellt werden, daß es vorkam, daß ein Patient, der die Rolle des Kontaktlosen spielte, gelegentlich eine bevorzugte Person wählte, der gegenüber er nicht kontaktlos war.[117] Diese Möglichkeit war, nebenbei bemerkt, der Hintergrund mancher exemplarischer Berichte über das »Kontaktherstellen«, welche Mitglieder des Personals über ihre eigenen therapeutischen Fähigkeiten oder die ihres Lieblingspsychiaters zu erzählen wußten.

Außer der Anwendung heimlicher Mittel der direkten Kommunikation entwickeln die Insassen totaler Institutionen mittelbare Systeme[118] — etwa das Kassiberschmuggeln oder den Klopfcode im

117 Ein anonymer autobiographischer Bericht, abgedruckt bei Johnson and Dodds, op. cit., S. 62, enthält ähnliche Implikationen: »Auf dieser Station gab es über vierzig Patienten, von denen nur zwei in der Lage waren, eine längere Unterhaltung zu führen. Es gab eine Alkoholikerin, die schon 13 Jahre dort war, und eine Verkrüppelte, die ihr ganzes Leben in der Anstalt verbracht hatte. Ich merkte sofort, daß die beiden Schwestern geschickte und wohlwollende Frauen waren. Schon nach zwei Tagen gaben sie ihre Gewohnheit auf, mir auf meine Fragen alberne Antworten zu geben, und in der Folge behandelten sie mich wie eine Gleiche und waren bereit, sich mit mir zu unterhalten, als ob ich gesund wäre.«

118 Ein Beispiel dafür gibt James Peck in einem Kapitel bei Cantine and Rainer, op. cit., S. 68, wo er beschreibt, wie streikende Häftlinge miteinander kommunizierten:

»Aber die spaßigste Eintragung [im Berichtbuch des Wärters, in welches Peck zufällig einen Blick werfen konnte] war folgende: ›Ich entdeckte ein sinnreiches Gerät, welches sie benützten, um Zeitschriften von Zelle zu Zelle zu befördern, und ich stellte es sicher.‹

Bis dahin hatten wir diese Apparate als Kuriere bezeichnet, doch daraufhin änderten wir den Namen sofort in ›sinnreiches Gerät‹. Wir hatten sie am ersten Tag des Streiks erfunden. An den Zuleitungsrohren der Dampfheizung, dort wo die Rohre in die Wand eintreten, waren jene Metallscheiben befestigt, wie sie sich in jeder Wohnung an den Leitungsrohren befinden. Da sie dünn genug waren, um unter der Tür hindurchgeschoben werden zu können, zogen wir sie ab und befestigten sie an vier Meter langen Schnüren. Zuerst knoteten wir

Gefängnis –, und mitunter werden auch die bereits gebräuchlichen offiziellen Systeme ausgenützt.[119]
Im Central Hospital bemühten die Patienten sich auch, die etablierten Kommunikationssysteme in gewissem Umfang auszunützen. Ein Patient, der in der Personal-Cafeteria arbeitete oder Freunde hatte, die dort arbeiteten, konnte mitunter das Anstaltstelefon in der Küche benützen, um seine eigene, auf einem entfernten Teil des Geländes gelegene Station zu informieren, daß er

unsere Schnüre aus den Schleifen der Bull-Durham-Tabaksbeutel zusammen, die im Gefängnis frei verteilt wurden. Später fiel uns eine alte Landkarte in die Hände, die uns für die Folgezeit mit Fäden versorgte.
An das andere Ende der Schnur banden wir die Zeitungen oder Nachrichten, die wir befördern wollten. Dann legten wir uns auf den Boden und schnippten das Metallstück unter der Tür hindurch über den Flur in die gegenüberliegende Zelle oder in eine der neben der gegenüberliegenden Zelle gelegenen Zellen. Der Mann in dieser Zelle zog dann an der Schnur die Botschaft zu sich herüber. So konnten wir im Zickzack über die ganze Länge des Korridors hin jeden der Streikenden erreichen.«
119 In Gefängnissen, wo das Briefeschreiben in bezug auf Häufigkeit, Inhalt und Empfänger Einschränkungen unterliegt, können die Botschaften verschlüsselt werden. Don Devault, ein Häftling aus McNeil Island, berichtet (Cantine and Rainer, op. cit., S. 92–93):
»Die meisten Briefe wurden nur dann zensiert, wenn sie gegen einen der zehn auf dem Ablehnungsformular aufgeführten Punkte ausdrücklich verstießen. Zum Beispiel wurde mir ein Brief zurückgegeben, weil ich darin meine Mutter gebeten hatte, meine Briefe zu kopieren und sie an meine Freunde weiterzuleiten. Der Zensor sagte, dies würde gegen die Vorschriften verstoßen, da es einen Versuch darstellte, über autorisierte Briefpartner mit nicht-autorisierten in Verbindung zu treten. Als ich aber den Brief nochmals schrieb, berichtete ich meiner Mutter, daß ich dadurch, daß ich diesbezügliches in einem Brief geschrieben hatte und dieser abgelehnt worden war, erfahren hatte, daß es mir nicht gestattet war, meine Briefe von ihr abschreiben und an andere weiterschicken zu lassen, und daß ich die Vorschriften nicht übertreten wollte usw. Dieser Brief passierte die Zensur ohne weiteres! Auch meine Mutter zitierte dauernd an mich gerichtete Briefe, die ihr geschickt worden waren, in aller Offenheit, und alle wurden durchgelassen. Ich antwortete, indem ich einfach über diese nicht-autorisierten Briefpartner sprach, statt zu sagen: ›Bitte schreibe an . . .‹ Aus solchen Gründen nahmen wir in McNeil die Postzensur nicht besonders ernst . . .«
Einen anderen Ausweg berichtet Hulme, op. cit., S. 174, in ihrem Bericht über die Einteilung des Jahres:
»Und dann die vier Briefe, die sie im Jahr an ihre Familie schreiben durfte, jeder vier Seiten lang und keinen Satz mehr, außer mit besonderer Genehmigung, welche sie selten einholte; stattdessen ließ sie ihre energische, raumgreifende Handschrift zu spinnwebfeinen Strichen zusammenschrumpfen, damit mehr auf eine Seite ging, und schließlich schrieb sie dieselbe winzige Schrift wie alle anderen Missionsschwestern.«

nicht zum Essen käme – denn ein Patient mit Ausgangsgenehmigung war berechtigt, eine Mahlzeit zu überspringen, vorausgesetzt, er informierte seine Station vorher. Patienten, die an der Tanztherapie teilnahmen, konnten das Telefon im kleinen Büro neben dem Kellerraum, in dem die Therapie stattfand, benützen; und diejenigen, die an den verschiedenen Bühnenaufführungen teilnahmen, konnten das hinter der Kulisse stehende Anstaltstelefon ebenfalls beliebig gebrauchen. Natürlich mußte der Empfänger des Anrufs ebenfalls eine Vorschrift übertreten, um sich Zugang zu einem Telefon zu verschaffen, und so trugen Telefonate, die in der Anstalt zwischen zwei Patienten oder zwischen einem Patienten und einem wohlwollenden Wärter oder anderen Beamten zustandekamen, den Beteiligten eine gewisse Berühmtheit als geschickte »Ausbeuter« der Klinik ein. Auch die öffentlichen Fernsprecher, die sich auf dem Gelände befanden, wurden mitunter »ausgebeutet«. Wenn ein Patient mit Ausgangsgenehmigung sich jeden Tag um dieselbe Zeit bei einem bestimmten Münztelefon aufhielt, dann konnte er sich täglich von seiner Freundin anrufen lassen, gleichgültig wo es ihr gelang, ein Telefon zu benützen.[120]

Verbotene Transportsysteme – egal ob sie zur Beförderung von Personen, Gegenständen oder Nachrichten verwendet werden – haben einige bemerkenswerte gemeinsame Merkmale. Sobald ein Beförderungssystem einmal eingerichtet ist, besteht für seine Benützer die Möglichkeit, nicht nur eine Sorte von Objekten zu transportieren. Wie Gresham feststellt, bedeutet dies aus der Sicht der Anstaltsmanager, daß etwas, das als recht geringfügige Übertretung von Vorschriften beginnt, sich zu einer wirksamen Voraussetzung zur Beförderung höchst tabuierter Konterbande entwickeln kann.[121]

Ein weiterer gemeinsamer Aspekt der Transportsysteme besteht darin, daß jeder Insasse, dessen Aufgaben ihn zu Rundgängen

120 Dies ist eine anspruchslose sekundäre Anpassung in bezug auf die Benützung einer Telefon-Sprechzelle. In seiner bekannten Untersuchung über das Jollity Building, ein Bürogebäude am Broadway, beschreibt A. J. Liebling, wie extensiv die Münzfernsprecher als Büros zur Abwicklung von Börsengeschäften benützt wurden. Siehe sein *The Telephone Booth Indian* (New York, Penguin Books, 1943), S. 31–33. Er berichtet, daß diese Zellen aufgrund gegenseitiger Übereinkunft zeitweilige persönliche Territorien für die mittellosen Makler wurden, welche sie besetzten.

121 Gresham Sykes, »The Corruption of Authority and Rehabilitation«, *Social Forces*, XXXIV (1956), S. 259.

durch die Anstalt zwingen, sich ganz von selbst als Kurier anbietet und schließlich, ob von sich aus oder unter dem Zwang der Insassen, seinen Job in dieser Form ausbeuten wird.[122] Ähnlich sind Bedienstete niedriger Dienstränge, zu deren Dienstpflichten regelmäßige Besuche in den Nachbargemeinden gehören, und Außenstehende, die regelmäßigen Kontakt mit Insassen haben, gezwungen, Schmuggelgüter zu transportieren.[123]

122 Siehe z. B. Bernard Phillips, bei Cantine and Rainer, op. cit., S. 103–4: »Die Nachrichtenübermittlung und die allgemeine Koordination werden dem Reihen-Kalfaktor übertragen, der mehrere Zellen in einer Reihe bedient und Tausch und Handel arrangiert. Hochgradig sozialisierte Personen bemühen sich um solche Jobs und andere Tätigkeiten wie das Austragen von Büchern, die Postverteilung oder die Bestellung dienstlicher Nachrichten. Man ist nicht auf enge Freunde angewiesen: fast jeder, der so viel Freiheit hat, daß er zu einem an die Zelle kommen kann, verrichtet Botengänge und Arbeiten, die man draußen nur nahen Freunden anvertrauen würde. Wenn er dies nicht täte, würde er nicht lange auf seinem angenehmen Posten bleiben, ohne in Schwierigkeiten zu geraten.«

Hayner und Ash, op. cit., S. 367, führen ein ähnliches Beispiel aus dem Washington State Reformatory in Monroe an: »Es wird ein Fond gebildet, bei dem viele Insassen ihre Beiträge einlegen. Der Gewinner erhält eine ansehnliche Summe, aber auch der Promoter profitiert davon. Burschen, die für das Ausbildungsbüro arbeiten, können sich leicht als Promoter betätigen. Da sie jeden Abend die Runde durch sämtliche Reihen machen müssen, um die Unterlagen für das Heimstudium zu verteilen oder bei den Aufgaben behilflich zu sein, sind sie in der Lage, jeden Insassen zu besuchen und ihn zu fragen, ob er sich an dem Fond beteiligen will. Die Auszahlung an den Gewinner findet in ähnlicher Form statt.«

Ein Beispiel aus einem englischen Gefängnis findet sich bei Dendrickson and Thomas, op. cit., S. 93: »Die Arbeit des Reihen-Kalfaktors unterschied sich erheblich von der normalen täglichen Arbeitsroutine. Hauptsächlich bestand sie aus Botengängen für den Reihen-Aufseher, dem Aufstellen von Listen und der Entgegennahme von Eingaben an den Direktor oder den Geistlichen usw. Damit verbunden war eine beträchtliche Freiheit innerhalb der Reihen sowie reichlich Gelegenheit, die Nase oder Bücher in andere Zellen zu stecken, sowie eine allgemeine Auflockerung der monotonen Routine.«

123 Zum Beispiel Hayner and Ash, op. cit., S. 367: »Den Männern dieser Gruppe [Häftlingen, die in der Landwirtschaft eingesetzt werden und über Nacht auf der Farm bleiben] bietet sich die Gelegenheit, am Straßenrand Gegenstände einzusammeln, die dort während der Nacht von Autofahrern liegen gelassen wurden. Der Ort des Verstecks wird vorher anläßlich eines Besuchs bei einem Gefangenen in der Besserungsanstalt vereinbart. Ein Mitglied der ständigen Farmbelegschaft kann das Geld aufsammeln und es einem Angehörigen der Mannschaft zustecken, die nur tagsüber auf der Farm arbeitet.«

Bei der Untersuchung geheimer Transportsysteme stellten wir fest, daß der Konsument des transportierten Objekts und der Transporteur auch identisch sein können. Aber in vielen Fällen bedient sich der Empfänger der nicht-autorisierten Lieferung regulär der Dienste eines anderen. Durch das reguläre Einordnen der Bemühungen eines anderen in die eigenen Zwecke kann der einzelne Grad und Umfang seiner sekundären Anpassung wesentlich steigern, einschließlich jener Formen, die nicht primär auf Transportsysteme angewiesen sind. Da diese Benützung eines anderen einen wichtigen Aspekt des Unterlebens der Insassen ausmacht, müssen wir versuchen herauszufinden, in welchen Formen sie stattfindet und welche Elemente der sozialen Organisation letzteren zugrunde liegen.

I.

Eine Möglichkeit, die Dienste eines anderen für die eigenen Ziele zu beanspruchen, basiert auf ungerechtfertigtem Zwang oder, wie man es nennen könnte, privater Nötigung: in diesem Fall hilft der Helfende nicht, um seine Situation zu verbessern, sondern weil es ihn, falls er nicht tut, was verlangt wird, so teuer zu stehen kommen kann, daß er seine Bereitschaft als unfreiwillig erkennt; und die Hilfe fordernde Person liefert in diesem Fall keine legitime Begründung ihrer Forderung.[124] Ohne zu berücksichtigen, inwiefern eine solche Nötigung auch bei anderen, »freiwilligen« Formen der Kooperation hineinspielt, möchte ich feststellen, daß die unbeschönigte private Nötigung in totalen Institutionen einen wichtigen Bestandteil des Unterlebens der Insassen darstellt. Offene Enteignung, Erpressung, brutales Sich-Durchsetzen des Stärkeren, erzwungene sexuelle Unterwerfung – dergleichen Methoden können ohne Rechtfertigung dazu eingesetzt werden, die Handlungen eines anderen den eigenen Zwecken dienstbar zu machen.[125] Wann

124 In Heilanstalten ist der Einsatz physischer Gewalt von seiten des Personals zu Zwecken, die als legitim dargestellt werden, ein wesentliches Merkmal des Lebens der Patienten; einige ihrer Formen, etwa die zwangsweise Fütterung, die Verhinderung von Selbstmordversuchen und die Bewahrung eines Patienten vor den Angriffen eines anderen, sind nicht ohne weiteres zu verurteilen.
125 Eine brauchbare Darstellung zu diesem Thema findet sich bei Gresham Sykes, *The Society of Captives* (Princeton, Princeton University Press, 1958), S. 91–93; er stellt fest, daß eine der informellen Rollen im Gefängnis, die des »Gorilla«, auf der Möglichkeit basiert, ausbeuterische Nötigung zu begehen.

solche Nötigung zur Routine wird, wie lange sie unverhüllt bestehen kann und wie bald sie durch das Eintreten einer Wechselwirkung oder durch die moralische Rechtfertigung zur Regel wird, das sind andere, interessante Fragen.

Wie bereits in bezug auf die Sitzgelegenheiten festgestellt, schuf im Central Hospital die von vielen auf rückständigen Stationen untergebrachten Patienten eingenommene kontaktlose Haltung eine Situation, die der privaten Nötigung Vorschub leistete; oft konnte man erwarten, daß solche Patienten nicht protestierten und daher nach Belieben ausgebeutet werden konnten. Wenn z. B. ein Patient, aus welchen Gründen immer, seine Beine nicht als Bestandteil seines Körpers definierte, dann bot er einem Mitinsassen die Möglichkeit, sie beiseite zu stoßen, um sich den Schemel, auf dem sie ruhten, zu nehmen; oder ein anderer Insasse konnte sie ohne Erlaubnis als Kopfkissen benützen. Verständlicherweise amüsierten sich die Wärter zuweilen über die »Svengali«-Rolle, die ein Patient, der sich auf die kaltblütige Ausbeutung anderer spezialisiert hatte, spielte; so wurde z. B. von einem Patienten im Central Hospital berichtet, daß er, wenn er sich ein Glas Wasser holen und dabei seinen guten Platz vor dem Fernseher nicht verlieren wollte, einen anderen Patienten in den bequemen Sessel setzte, um diesen zu belegen, während er selbst sich sein Getränk holte, und ihn dann, wenn er zurückkehrte, wegstieß.

II.

Die wichtigste Form, in der ein Individuum einen anderen benützen kann, besteht darin, mit ihm ein offenes wirtschaftliches Tauschverhältnis einzugehen, wobei ein Verkauf oder Handel stattfindet. Lediglich kraft einer vorherigen, ausdrücklichen Vereinbarung darüber, was er als Gegenleistung erhält, gehorcht der einzelne den Erwartungen eines anderen; von wem er die Gegenleistung erhält, ist unerheblich – ein Verkaufsautomat oder ein Versandhaus erfüllen die gleiche Funktion wie eine natürliche Person. Die für diese Art Kooperation erforderlichen Bedingungen setzen ein gewisses Maß an gegenseitigem Vertrauen hinsichtlich der Realität dessen voraus, was jede Seite anbietet, eine gewisse Übereinstimmung darüber, was als ungerechtfertigt hoher Preis zu gelten habe, gewisse Mechanismen zur verbindlichen Regelung von Angebot und Nachfrage sowie den Glauben an die Richtigkeit einer solchen

Benützung von Menschen und Gütern. Der Vollzug eines wirtschaftlichen Tausches läßt sich definieren als »Ausdruck« dieser sozialen Bedingungen in dem Sinn, daß er ihr Vorhandensein beweist oder andeutet. Ich werde später auf die Tatsache eingehen, daß der ökonomische Tauschvorgang in jeder aktuellen sozialen Situation durch den Einfluß zusätzlicher sozialer Arrangements modifiziert wird, und will hier nur feststellen, daß im Falle des unerlaubten oder geheimen Tausches ein verhältnismäßig großes Vertrauen in den Kontrahenten notwendig ist, da dieser sich als ein verkappter Beamter oder als jemand entpuppen könnte, der später bei den Behörden Anzeige erstattet, bzw. als jemand, der nicht korrekt liefert, indem er sich darauf verläßt, daß der Geheimcharakter der Transaktion ihn vor offiziellen Korrektivaktionen bewahren wird.

Im Central Hospital, wie in den meisten anderen modernen totalen Institutionen, war es den Insassen erlaubt, in der Patientenkantine und in den verschiedenen Süßigkeiten-Verkaufsautomaten Geld auszugeben. Wie in anderen totalen Institutionen waren solche Konsum-Käufe jedoch stärker eingeschränkt als in der Außenwelt. Erstens unterlagen Herkunft und Höhe des verfügbaren Geldbetrages gewissen Vorschriften. Bei der Einlieferung mußte der Patient auf sein gesamtes Bargeld sowie auf das Recht, frei über seine Ersparnisse zu verfügen, verzichten; dafür erhielt er die Erlaubnis, kleine, festgesetzte Beträge von dem seine Barmittel verwaltenden Anstaltsbüro in Empfang zu nehmen.[126] Um die Erlaubnis zu erhalten, vom Klinikkonto Extrabeträge abzuheben oder – im Fall der Veteranen – die monatliche Überweisung von 10 auf 20 Dollar zu erhöhen, war eine offizielle, von einem Abteilungsleiter unterschriebene Anweisung notwendig. Da alle »Bedürfnisse« des Patienten angeblich von der Klinik befriedigt wurden, war es ihm offiziell untersagt, sich durch Klinikarbeit Geld zu verdienen.[127] Außerdem war die Skala der käuflichen Artikel

126 In manchen totalen Institutionen, besonders in Gefängnissen, verlangen die Vorschriften manchmal, daß die Insassen in der Kantine anstelle von Geld Gutscheine benützen oder auf Kredit kaufen; beide Arrangements werden als Einschränkung empfunden.

127 Patienten mit Gefängniserfahrung behaupteten zuweilen, es sei ein großer Vorzug des Gefängnisses, daß man dort für gewöhnlich kleinere Geldbeträge verdienen könne. Einige Heilanstalten haben mit Lohnzahlungen experimentiert, und einige Psychiater vertreten die Auffassung (der ich mich nachdrücklich anschließe), daß dadurch das Leben in der Klinik wesentlich erträglicher würde.

im Vergleich zur Außenwelt beschränkt: die Patientenkantine durfte z. B. keine Streichhölzer, Spirituosen, Rasierklingen oder Verhütungsmittel verkaufen, und offenbar bestanden für größere Kleidungsstücke zu geringe Absatzchancen, um diese vorrätig zu halten. Und schließlich durften Patienten ohne Ausgangserlaubnis die Kantine offiziell nur dann betreten, wenn sie in einer Gruppe dorthin geführt wurden oder wenn sie den Gang in die Kantine mit der Teilnahme an einer Veranstaltung im benachbarten Freizeitzentrum verbanden.

Nach unseren Erfahrungen aus anderen Institutionen stand zu erwarten, daß die Patienten Mittel und Wege fanden, diese Beschränkung ihrer Verfügung über Geld zu umgehen.[128] Die Patienten versuchten, ihre Geldmittel der Kontrolle der Verwaltung zu entziehen, z. T. deshalb, weil man glaubte, daß die Beamten Stichproben machten, wobei den Patienten je nach ihrer Zahlungsfähigkeit ein Teil der Pflegekosten aufgebürdet würde. Ein Patient, der eine monatliche Veteranenrente erhielt, gab an, er könne diese vor dem Zugriff der Klinik retten, indem er sie seiner ehemaligen Vermieterin zur Aufbewahrung übergab. Einige Patienten benützten Postsparbücher, um ein ihnen allein zugängliches Konto einzurichten. Einige neue Patienten übertraten in aller Stille die Klinikvorschriften und stellten aus der Klinik weiterhin Schecks auf örtliche Banken aus. Ein Patient behauptete, mehrere Personen hätten versucht, ihr Geld auf dem Anstaltsgelände zu vergraben. Manchmal bediente sich ein Patient eines anderen Patienten als Bankhalter, zuweilen gegen eine Gebühr.

Im Central Hospital waren die Gegenstände und Dienstleistungen, die von den Patienten verbotenerweise gekauft wurden, sowie die Geldquellen, über die sie verbotenerweise verfügten, in verschiedener Hinsicht verboten.

So herrschte ein striktes Verbot, Alkohol, der auf das Gelände geschmuggelt worden war, zu kaufen oder zu verkaufen. Die Patien-

128 In gesellschaftlichem Maßstab dokumentiert dies anschaulich E. W. Bakke, *The Unemployed Worker* (New Haven, Yale University Press, 1940); er schildert, wie während der großen Depression die Arbeitslosen die Auszahlung der Wohlfahrtsunterstützung in kleinen Raten umgingen. Siehe »Loss of Function in Spending«, S. 355–59. Dostojewski macht in *Erinnerungen aus einem Totenhaus* interessante Angaben über die Art, wie sich die Insassen in einem sibirischen Gefängnis Geld beschafften und es verwendeten; er meint: »Geld ist in Münzen geprägte Freiheit und daher einem Mann, der aller anderen Freiheiten beraubt ist, zehnmal so teuer.«

ten behaupteten, man könne regelmäßig Alkohol zu einem bestimmten Preis bekommen, und obwohl ich etliche Male auf dem Gelände mit Wärtern wie mit Patienten getrunken habe, habe ich persönlich keine Kenntnis von einem Markt für diese Ware. Auch schienen sich einige junge Damen gelegentlich für weniger als einen Dollar zu prostituieren, aber dafür besitze ich keinen schlüssigen Beweis. Auch kann ich nicht bezeugen, daß es einen Markt für Drogen gegeben hätte. Etliche Patienten waren bei den Mitpatienten und beim Personal dafür bekannt, daß sie Geld an Patienten und Wärter zu einem relativ hohen Zins ausliehen, der sich bei kurzfristigen Darlehen auf 25 % belaufen sollte. In solchen Fällen war der Verleiher anscheinend mehr an der sozialen Rolle, die ihm dieses Geschäft eintrug, als an der Rückzahlung des Geldes interessiert.

Andere Dienstleistungen, die gegen Bezahlung zu haben waren, waren weniger tabuiert. Patienten berichteten, daß sie für 25 Cents ein Paar Hosen bügeln lassen konnten. Einige ehemalige Frisöre sorgten gegen ein paar Zigaretten oder Geld für einen »guten« Haarschnitt; dieser Markt wurde durch den sehr schlechten Haarschnitt ins Leben gerufen, den die Patienten für gewöhnlich erhielten.[129] In einer der Abteilungen hatte ein Uhrmacher sich so gut in seinem Gewerbe etabliert, daß viele Bedienstete wie auch Patienten seine Dienste in Anspruch nahmen, und dies zu einem Preis, der um die Hälfte niedriger war als draußen. Einige Patienten arbeiten als Zeitungsverkäufer, und zumindest einer unter ihnen heuerte Patienten als Gehilfen an. Ein Patient ohne Stadtausgangsgenehmigung bezahlte 35 Cents an einen Patienten mit Ausgangsgenehmigung, der ihm einen Mantel in die Reinigung brachte und wieder abholte (für diesen Dienst bestand zwar eine Nachfrage, aber wahrscheinlich kein fester Preis), und er entlohnte einen Arbeiter in der Schuhmacherei dafür, daß er ihm die Absätze seiner privaten Schuhe erneuerte.

Zwar wurden alle diese Dienstleistungen gekauft und verkauft,

---

[129] Ein sehr populärer Patient, von Beruf Frisör, behauptete, er könne in seinem Beruf in der Klinik bis zu 80 Dollar im Monat verdienen. Er kam aus der besonders gesicherten Strafabteilung und wurde manchmal für Vergehen, die er beging, während er Ausgangserlaubnis hatte, dorthin zurückgeschickt. Er meinte, diese periodische Verbannung bringe insofern berufliche Nachteile mit sich, als er jedesmal seine Kundschaft verliere und sie wieder zurückgewinnen müsse, wenn er wieder in die eigentliche Klinik zurückkomme.

aber sie wurden nicht von allen Patienten gekauft und verkauft. Eine der verbreitetsten Handelsaktivitäten betraf Zündhölzer, für die zwar ein formelles Verbot bestand, bei denen jedoch, außer bei Patienten, denen man im Zusammenhang mit Feuer mißtraute, ein Auge zugedrückt wurde. Ein Patient war in der ganzen Klinik als Zündholzverkäufer bekannt – pro Schachtel 1 Cent –, und den ganzen Tag kamen Patienten, die er nicht kannte, mit einem Penny in der Hand zu ihm, um Zündhölzer zu kaufen.

Die wichtigste Einkommensquelle für Patienten – abgesehen von den erlaubten oder von Verwandten mitgebrachten Beträgen – war offenbar die Autowäscherei. Alle Dienstgrade des Personals waren Kunden, entweder auf »regulärer« Basis zu einem Preis von 2 Dollar monatlich oder bei einmaliger Autowäsche zu einem Preis von 50 oder 75 Cents. (Der handelsübliche Preis für eine Wäsche betrug draußen 1,25 bis 1,50 Dollar.) Gelegentliche Besucher auf dem Anstaltsgelände wurden von dienstwilligen Autowäschern als potentielle Kunden angesprochen. Einige Patienten polierten auch Autos, aber dies erforderte genügend Kapital, um die Autopolitur im voraus zu bezahlen, sowie einen Kontakt nach draußen, um die Politur zu kaufen. Anders als in den meisten anderen Kliniken hatte das Autogeschäft zu einer gewissen unternehmerischen Arbeitsteilung geführt: Ein Patient verkaufte Wasser in großen Kannen für 5 Cents; ein anderer gab an, er würde andere Patienten zum Autowaschen anstellen, während er selbst nur Aufträge hereinholte; ein anderer berichtete, er erhielte 50 Cents Vermittlungsprovision für das Ausfindigmachen von Polier-Jobs.

Solche Patienten waren der Auffassung, daß das Autowaschen ihr legitimes Vorrecht wäre und daß die Klinik kein Recht hätte, gegen das Geldverdienen einzuschreiten. Manchmal wurden inoffizielle Vereinbarungen getroffen, damit ein Patient seinen Klinik-Job verrichten konnte und trotzdem noch Zeit für das hatte, was er mitunter seine »eigentliche Arbeit« nannte. Obgleich auch etliche Patientinnen Autos wuschen, sei festgestellt, daß diese wie auch die meisten anderen Einkommensquellen in der Klinik den Männern vorbehalten waren.

Geringere Verdienstmöglichkeiten bestanden darin, daß manche Patienten sowohl für Wärter als auch für andere Patienten Schuhe putzten, daß etliche Patienten bei Abteilungsfesten mit Profit Fruchtsäfte verkauften oder daß auf einigen Stationen die Patienten in der Kantine Brausepulver kauften und daraus Limonade herstellten und sie verkauften. Ein oder zwei Patienten pflückten Beeren von den Sträuchern auf dem Gelände und verkauften sie, wenn sie konnten, an auf dem Gelände wohnende Personalgattinnen.

Mitunter wurde Material, das von den verschiedenen Dienststellen der Klinik an die Patienten ausgegeben wurde, verkauft. Manchmal verkauften die Patienten die Preise, die sie beim Bingo gewonnen hatten, sobald sie aus dem Freizeitgebäude, wo diese Spiele stattfanden, zurückkehrten. Markenzigaretten, die bei geselligen Veranstaltungen der Klinik ausgeteilt wurden, wurden ebenso verkauft wie die Speisen, die die Küchenhelfer an dem Abend erhielten, an dem eine bestimmte Wohlfahrtsorganisation aus der benachbarten Stadt ihren regelmäßigen Tanzabend für die Patienten im Freizeitgebäude abhielt. Manchmal verkauften die Patienten auch Anstalts-Kleidungsstücke; die in der Anstalt verteilten Tabakrationen brachten mitunter fünf Cents ein.

Etliche Patienten bezogen offenbar Geld aus einer Quelle, die in der Anstalt wie draußen als verboten galt; es handelte sich also um kleinere Gaunereien. Es wurde behauptet, daß die Münztelefone auf dem Gelände in der Vergangenheit mit Kaugummi präpariert worden waren, so daß sie die Münzen wieder zurückgaben. Auch wurde behauptet, daß Bücher aus der Bücherei gestohlen und verhökert wurden und daß einige Sportgeräte an Personen aus der Nachbargemeinde verkauft worden waren.[130]

Wenn ein Insasse einer Institution unkorrekterweise für bestimmte Güter oder Dienste Geld an jemanden bezahlt, der als Repräsentant der Organisation die Verfügung über solche Güter und Dienstleistungen und deren Verwaltung innehat, dann spricht man von Bestechung. Es wurde behauptet, daß diese gelegentlich im Zusammenhang mit der Zuweisung eines Privatzimmers an einen Patienten stattfand, aber das weiß ich nur vom Hörensagen, und ich glaube nicht, daß dies allgemein üblich war. In Gefängnissen ist die Bestechung der Wärter selbstverständlich weit verbreitet.[131]

---

130 In europäischen Kriegsgefangenenlagern war manchmal der Verkauf von Lagervorräten an Außenstehende von Bedeutung, besonders wenn die Nahrungsmittelpakete des Roten Kreuzes Artikel enthielten, die, wie etwa Kaffee, einen hohen Schwarzmarktwert besaßen. Siehe R. A. Radford, »The Economic Organisation of a P. O. W. Camp«, *Economica*, XI (1945), S. 192.

131 Die verschiedenen Bezeichnungen des Gefängnisjargons für die Korruption

Bislang habe ich die Rolle beschrieben, die das offiziell in der Gesellschaft verwendete Papier- und Metallgeld im Unterleben der Klinik spielte. Bekanntlich besitzt dieses Tauschmittel einen erheblichen fiduziarischen Wert: Es nimmt wenig Platz ein; es verdirbt nicht durch Gebrauch oder Lagerung; es kann schwer nachgemacht werden, und innerhalb einer Kategorie wird eine Münze für die andere akzeptiert; es läßt sich zum Zählen und Messen von Werten benützen; sein eigentlicher oder Warenwert ist zu gering, um eine störende, zu große Nachfrage zu verursachen. Für die Patienten hatte die offizielle Währung, während sie nicht leicht zu lagern war, noch einen zusätzlichen Wert; wenn er Geld in der Tasche hatte, konnte der Insasse Güter von außerhalb der Klinik beanspruchen – er konnte eine Sprache sprechen, wiewohl diese ihm offiziell untersagt war, die draußen verstanden wurde.

In totalen Institutionen taucht häufig ein inoffizielles Ersatztauschmittel auf. Aus einem Kriegsgefangenenlager erfahren wir, daß Papier- oder »als-ob«-Geld hergestellt wurde.[132] Für gewöhnlich besteht das geheime Zahlungsmittel jedoch aus einer allgemein begehrten Ware und besitzt nur beschränkte Geld-Eigenschaften. Typischerweise ist die Lagerung problematisch, wie vielfach dann, wenn Zigaretten als Tauschmittel Verwendung finden.[133] Die

des Aufsichtspersonals beschreiben Dendrickson and Thomas, op. cit., S. 25. Ibid., S. 91–94 werden die Möglichkeiten geschildert, einen korrumpierten Aufseher auszunützen.

132 Radford, op. cit., S. 196 ff. Dieser Aufsatz verfolgt Schritt für Schritt die Entwicklung eines geschlossenen »Schwarzmarktes«, und ich verdanke ihm viele Anregungen. Diese Arbeit ist beispielhaft für die Untersuchung des Unterlebens.

133 Dies bedeutet, daß eine breite Skala von Gütern und Dienstleistungen für Zigaretten erhältlich sein muß und daß Nichtraucher gleichwohl bereit sein müssen, dieses Zahlungsmittel zu akzeptieren, da sie andere Dinge dafür kaufen können. Zum Beispiel schreibt Radford über deutsche Kriegsgefangenenlager (op. cit., S. 193):

»Tatsächlich gab es in Ansätzen einen Arbeitsmarkt. Sogar wenn die Zigaretten nicht knapp waren, gab es meist irgendeinen Unglücklichen, der gewillt war, dafür zu arbeiten. Die Wäschereiarbeiter boten eine Wäsche für 2 Zigaretten an. Für 12 Zigaretten konnte man seinen Kampfanzug reinigen und bügeln lassen und erhielt inzwischen leihweise ein paar Ersatzhosen. Ein gutes Pastell-Porträt kostete 30 Zigaretten oder eine Büchse Tabak. So hatten auch die Schneider- und anderen Arbeiten ihren Preis.

Es gab auch unternehmerische Aktivitäten. So gab es einen Kaffeestand-Besitzer, der Tee, Kaffee oder Kakao für zwei Zigaretten je Tasse verkaufte; er kaufte sein Rohmaterial zu Marktpreisen und engagierte Arbeitskräfte für die Zubereitung der Getränke.«

Gleichwertigkeit verschiedener Marken kann strittig sein; es kann leicht durch Verdünnen entwertet werden; und der Verbrauch als Ware kann bei dieser Form von Geld erhebliche Wertschwankungen verursachen.

Einige charakteristische Beschränkungen der Ersatztauschmittel zeigten sich deutlich im Unterleben der Klinik. Beim Poker wurden manchmal sowohl Münzen als auch Zigaretten als Spielmarken verwendet; aber wer Zigaretten gewann, rauchte sie meist selbst. Während der Gemeinschaftstanzveranstaltungen im Freizeitgebäude ging ein Patient manchmal für einen anderen in die Kantine, um ihm für ein paar Zigaretten ein Getränk oder eine Schachtel Zigaretten zu holen. So konnte auch auf einigen rückständigen Stationen ein Patient, der eine Markenzigarette besaß und es vermeiden wollte, einen Wärter um Feuer zu bitten, einen anderen Patienten veranlassen, mit der Zigarette zum Wärter zu gehen und ihn um Feuer zu bitten, und dafür erhielt derjenige, der diese Arbeit übernahm, die versprochenen Züge aus der Zigarette. In solchen Fällen tauschten die an der Transaktion beteiligten Personen nicht Gefälligkeiten aus, sondern das Ganze hatte eher den Charakter eines kaltblütig ausgehandelten Abkommens. Aber nur wenige Patienten wollten anscheinend solche Dienste kaufen, und nur von wenigen Patienten war bekannt, daß sie bereit waren, solche Dienste zu verrichten.

Die Verwendung von Ersatzgeld (sowie eine besonders hohe Bewertung der amtlichen, in der Gesellschaft gültigen Währung) konnte sich im Central Hospital nicht sehr weit entwickeln, da

---

Heckstall-Smith berichtet über das britische Gefängnis in Wormwood Scrubs: »Jetzt, wo die Gefangenen ihren Verdienst nicht mehr in Bargeld, sondern in Form von Waren aus der Kantine ausgezahlt erhalten, gelten Tabak und Zigaretten als Zahlungsmittel. Wenn man im Gefängnis seine Zelle reinigen lassen will, dann bezahlt man jemanden, der diese Arbeit übernimmt, mit Selbstgedrehten. Man kann sich dafür auch zusätzliche Brot- und Zuckerrationen kaufen. Man kann sich das Hemd waschen lassen oder in der Gefängnis-Schneiderei den Sträflingsanzug ändern lassen.
Mit der schlanken, selbstgedrehten Zigarette läßt sich alles kaufen, sogar der Körper eines Mitgefangenen. So nimmt es kaum wunder, daß es in jedem Gefängnis dieses Landes einen blühenden schwarzen Markt für Tabak gibt...«
Die Situation in Dartmoor, wo aufgrund von Rundfunkübertragungen von Pferderennen Wetten abgeschlossen werden, wobei der Einsatz Tabak ist, beschreiben Dendrickson and Thomas, op. cit., S. 95–96. Eine amerikanische Variante schildern Hayner and Ash, op. cit., S. 366.

Geld wie Güter bei weitem nicht so knapp waren wie in manchen Gefängnissen und Kriegsgefangenenlagern.[134] Es gingen so viele Besucher aus und ein, daß in Form von Verwandten-Geschenken dauernd Geld und Gebrauchsgüter hereinflossen. Auch konnten Patienten mit Stadtausgangserlaubnis solche Güter mitbringen, ohne zu stark befürchten zu müssen, daß sie an der Pforte kontrolliert wurden, und selbst Patienten, die sich nur auf dem Gelände frei bewegen durften, waren, wenn sie Streifzüge nach draußen unternahmen, relativ sicher vor Entdeckung.[135] Die Zigaretten-Tauschwirtschaft war dadurch zusätzlich eingeschränkt, daß die Klinik relativ großzügig Tabak und Zigarettenpapier an diejenigen verteilte, die regelmäßig arbeiteten oder vorgaben, sich sonstwie »nützlich« zu machen. Manchmal wurden diese »Utensilien« in regelmäßigen Abständen verteilt, egal ob die Patienten dafür gearbeitet hatten oder nicht. Obwohl anscheinend niemand die aus diesem Material hergestellten Zigaretten besonders schätzte, begrenzten die Selbstgerollten den Wert der Markenzigaretten nach oben, denn Markenzigaretten bedeuteten nicht Rauchen schlechthin, sondern lediglich gutes und Prestige verleihendes Rauchen.

Schließlich ist noch eine geheime Geld- und Warenquelle zu er-

134 Radford, op. cit., beschreibt die Entwicklung eines einheitlichen Marktes mit stabilem Preisgefüge, regelmäßigen Preisänderungen, Prolongierung, Arbitrage, Geldschöpfung, Vermittlerrollen, Festpreisen zur Vermeidung des Feilschens und anderen Feinheiten eines Wirtschaftssystems. Wo die Wirtschaft der Kriegsgefangenen mit der örtlichen freien Wirtschaft verflochten war, gab es offenbar auch feste Markttage. Die Schwarzmarktwirtschaft des Central Hospital konnte sich solcher Errungenschaften nicht rühmen.

135 Im Central Hospital war die Bewachung der Pforte human geregelt. Patienten ohne Stadtausgangserlaubnis konnten in der Tat hinausschlendern und zurückkehren, wobei es unwahrscheinlich war, daß sie von den Wachtposten angehalten wurden. Wenn es ganz offensichtlich war, daß ein Patient ohne Stadtausgangserlaubnis das Gelände verließ, traten die Posten bei seiner Rückkehr manchmal freundlich an ihn heran und fragten ihn diskret nach seinem Status. Wollte ein Patient ausrücken, so konnte er an mehreren Stellen leicht die Steinmauer übersteigen, und auch dort, wo die Mauer nicht hinreichte, war der Drahtzaun leicht zu überwinden. Eine Route, den Patienten wie dem Personal bekannt, führte über einen ausgetretenen Pfad und durch ein Wäldchen zu einer großen Lücke im Zaun. In dieser Hinsicht unterschied sich die Klinik wesentlich von einem Gefängnis. Interessanterweise behaupteten etliche Patienten, daß sie, auch wenn sie die Stadtausgangserlaubnis erhielten und berechtigt waren, durch die Hauptpforte zu gehen, dabei Unsicherheit und Schuldgefühle empfanden. Dieses Gefühl habe ich auch selbst erfahren.

wähnen – das Glücksspiel.[136] Die kleinen Gruppen, die in der Klinik an solchen Aktivitäten beteiligt waren, wurden bereits beschrieben. Hier möchte ich lediglich nochmals betonen, daß, wenn eine solche gegenseitige Ausnutzung möglich sein soll, bestimmte soziale Vereinbarungen, die das Entstehen eines Marktes ermöglichen, vorhanden sein müssen. Es bleibt nur noch hinzuzufügen, daß die Bereitschaft, ein Individuum als tragbaren Partner beim Poker oder 17 und 4 zu akzeptieren, mitunter recht unabhängig davon war, ob er gleichzeitig psychotische Symptome zeigte. (Besonders wenn der Einsatz im Vergleich zu den Mitteln der Beteiligten erheblich war.)

Die Verwendung von »wirklichem« oder Ersatzgeld ist lediglich eine Form der wirtschaftlichen Aktivität, wenn auch vielleicht für große Gruppen die effektivste. Das entgegengesetzte Extrem ist der »direkte« Tausch. Hier wird das, was der eine gibt, vielleicht nur vom anderen, der es empfängt, begehrt, und das, was er im Tausch dafür gibt, ist vielleicht für jemand anderen nur von geringem Wert. Wir haben es hier mit einem Handel, nicht mit »Handel« zu tun. Diese Form des Tausches, ohne die Zwischenschaltung einer Einheit, die, wie Zigaretten, anschließend weitergetauscht werden konnte, war im Central Hospital an der Tagesordnung. Z. B. wurde frisches Obst, das manchmal als Nachspeise zu den Mahlzeiten serviert wurde, gegen andere begehrte Gegenstände eingetauscht; auch wurde mitunter Anstaltskleidung getauscht.

III.

Ich habe festgestellt, daß der Handel oder Tausch sowie die solche Wirtschaftsaktivitäten implizierenden Elemente einer sozialen Organisation ein wichtiges inoffizielles Mittel des Einander-Benützens für die Insassen darstellten. Es gab jedoch, wie überhaupt wohl

---

136 In manchen totalen Institutionen können Wetten und Glücksspiele wesentlich zur Strukturierung des Lebens beitragen. Siehe zum Beispiel Hayner and Ash, op. cit., S. 365: »Besonders beliebt ist in der Besserungsanstalt das Glücksspiel... Den Insassen dient alles als Vorwand zum Spielen... Jede Dienstleistung oder Ware, die unter den Insassen ausgetauscht werden kann, eignet sich als Einsatz bei solchen Wetten. Häufig zahlt ein Zellengenosse seine Wettschulden ab, indem er für eine vereinbarte Zeit die notwendigen Reinigungsarbeiten in der Zelle übernimmt.«

in vielen totalen Institutionen, ein wichtigeres Mittel, durch welches Objekte und Dienstleistungen ausgetauscht wurden, eine noch wichtigere Methode, die inoffiziellen Bemühungen des einzelnen durch die Vereinnahmung nützlicher inoffizieller Handlungen von seiten anderer zu multiplizieren.

Wenn die einzelnen sich gemeinsam mit ihrer Zwangslage oder ihrer Situation identifizieren, kann der eine freiwillig dem anderen helfen oder ihm eine zeremonielle Demonstration der Rücksichtnahme anbieten, wobei der Wissenschaftler im ersteren Fall ein Zeichen der Solidarität, im letzteren ein Symbol der Solidarität feststellt. Solche Zeichen und Symbole der Rücksichtnahme auf den anderen werden für gewöhnlich irgendwie erwidert, denn derjenige, zu dem jemand in einer solchen Hilfsbeziehung steht, steht häufig wiederum zu diesem in einer Hilfsbeziehung. Daher findet *effektiv* ein Austausch des Gewünschten statt, und im Falle einer egalitären Beziehung ist der Austausch auch häufig genau ausgewogen.[137] In analytischer Hinsicht unterscheidet sich dieser wechselseitige Transfer, man könnte ihn auch als sozialen Austausch bezeichnen, recht erheblich von einem offen ökonomischen Austausch. Die vorherige Vereinbarung über das, was ausgetauscht werden soll, kennzeichnet zwar den ökonomischen Tausch; einen sozialen Austausch könnte sie jedoch gefährden, denn was im ersteren Fall offen bezweckt wird, muß sich im letzteren ganz beiläufig ergeben. Wer bei einem ökonomischen Tausch in Verzug gerät, kann gezwungen werden, seinen Verpflichtungen nachzukommen; wenn jemand es versäumt, eine Gefälligkeit oder eine Geste der Rücksichtnahme zu erwidern, so kann man ihm nur eine schlechte Gesinnung vorwerfen und sich verärgert von ihm abwenden. (Sollte der Beleidigte sich mit einer unmittelbareren Aktion revanchieren wollen, so wird er häufig die wirkliche Ursache seiner Beschwerde verheimlichen und eine andere Kränkung zum Anlaß nehmen, und zwar eine solche, die sich juridisch-ökonomisch definieren läßt und dabei beide Bezugssysteme erfüllt.) Was im

137 Diese Probleme der Reziprozität behandeln Marcel Mauss, *Die Gabe* (deutsch von Eva Moldenhauer, Frankfurt, Suhrkamp, 1968); Lévi-Strauss, *Les structures élémentaires de la parenté* (Paris, Presses Universitaires, 1949); G. Homans, »Social Behavior as Exchange«, *American Journal of Sociology*, LXIII (1958), S. 597–606; sowie Alvin Gouldner (dem ich Anregungen zu diesem Thema verdanke), »The Norm of Reciprocity«, *American Sociological Review*, XXV (1960), S. 161–78. Siehe auch M. Deutsch, »A Theory of Cooperation and Competition«, *Human Relations*, II (1949), S. 129–52.

Tausch gegeben wird, muß sofort bezahlt werden – oder der Aufschub der Zahlung muß bezahlt werden; aber obgleich eine soziale Gefälligkeit erwidert werden muß, wenn die Beziehung dies verlangt, muß sie doch nur erwidert werden, *falls* die Beziehung dies verlangt, d. h. wenn der mutmaßliche Empfänger diese Gefälligkeit braucht oder wenn sein ritueller Rang eine zeremonielle Achtungsbezeugung verlangt. Beim sozialen Austausch besteht die Notwendigkeit, die Beziehung zu stabilisieren, und eine substantielle Gefälligkeit, die von einer Person geleistet wird, kann von der anderen mit einer rein zeremoniellen Geste adäquat ausgeglichen werden; denn beide Akte sind gleich geeignet, die korrekte Rücksichtnahme auf den anderen auszudrücken.[138] Beim ökonomischen Tausch andererseits genügt die Dankbekundung allein wohl kaum, um den Gebenden zu befriedigen; er muß einen äquivalenten materiellen Wert dafür erhalten. Bezeichnenderweise kann ein ökonomischer Anspruch manchmal an einen Dritten veräußert werden, der dann das Recht hat, die Forderung einzuklagen; der Anspruch auf Solidaritätsbekundungen und -zeichen von seiten eines anderen kann jedoch nur in sehr beschränkter Form auf einen Dritten übertragen werden, wie z. B. in der Form eines Empfehlungsschreibens. Wo von einem anderen Kooperation verlangt wird, müssen wir daher zwischen ökonomischer und sozialer Belohnung unterscheiden.

Der Unterschied zwischen ökonomischer und sozialer Belohnung zeigt sich deutlich am doppelten Gebrauch des Geldes im Central Hospital. Die für das Autowaschen empfangene Bezahlung war nur ein Teil dessen, was die gleiche Arbeit draußen einbringen würde, und wurde sehr oft lediglich als finanzielle Angelegenheit, als Teil des Marktsystems aufgefaßt. So gehörte die billige Autowäsche für einen Teil des Personals zu den Vergünstigungen, die die Arbeit in der Klinik mit sich brachte. Das Geld wurde jedoch

---

138 Ein interessantes Problem des sozialen Austausches besteht darin, daß es als Ausdruck der Mißachtung des anderen und als Charakterfehler gewertet wird, wenn in einer egalitären Beziehung die Hergabe eines angemessenen Äquivalents für das Erhaltene unterbleibt; doch die ausdrückliche Bemühung, das exakte Äquivalent für das Erhaltene zu geben oder das exakte Äquivalent für das Gegebene zu verlangen, verletzt die Voraussetzungen einer solchen Aktivität und verschiebt die Angelegenheit auf eine ökonomische Ebene. Man muß irgendwie ein Äquivalent für das erhalten, was man gibt, und dies muß sich dennoch als unbeabsichtigte Folge freiwilliger Hilfsbereitschaft für andere sowie der freiwilligen Hilfsbereitschaft der anderen für einen selbst ergeben.

auch in rein ritueller Form benützt. Ein Patient, der für ein Mitglied des Personals arbeitete, erwartete, hin und wieder 25 Cents geschenkt zu bekommen, und zwar nicht als angemessene wirtschaftliche Gegenleistung für irgendeinen Dienst, sondern lediglich als Ausdruck der Wertschätzung. So pflegten die Patienten nicht nur manchmal für einen Freund einen Drink aus der Kantine zu holen, sondern drückten ihm auch von sich aus schon mal fünf oder zehn Cents in die Hand und sagten: »Da hast du, kauf dir 'ne Cola.« Wie Trinkgelder, konnten diese Belohnungen normalerweise zwar erwartet, nicht aber verlangt werden, und sie wurden als Maßstab der *Wertschätzung* eines Bekannten, nicht jedoch als Tauschwert für eine *geleistete Arbeit* verstanden.

In jeder sozialen Institution entwickeln sich unter Gruppen von Mitgliedern Bande der Solidarität. In Haushalten oder geselligen Institutionen sind manche dieser Bande als spezifischer Teil der primären Anpassung der Beteiligten vorgeschrieben. In anderen Fällen, z. B. bei den nur mäßiges Engagement erfordernden Freizeitcliquen, die sich in manchen Handelsbüros bilden, impliziert die primäre Anpassung die Entscheidung, ob jemand sich an diesen Strukturen beteiligt oder nicht. Vielfach fungiert die Bindung jedoch als Teil des Unterlebens einer Institution, und dies in zweifacher Hinsicht. Zum einen sind die dadurch bedingte emotionelle Unterstützung und das Gefühl der persönlichen Bindung zuweilen nicht Bestandteil der offiziellen Zwecke der Organisation. Am deutlichsten zeigt sich diese Form an der sogenannten Büro-Affäre oder, in der Heilanstalt, in der »Irrenhausromanze«, denn ein solches Engagement kann, wie schon gesagt, einen großen Teil der Zeit der Beteiligten absorbieren und die Welt, in der sie leben, weitgehend ausfüllen. Zum anderen, und dies ist von größerer Bedeutung, bieten diese Substrukturen mitunter die Voraussetzung sowohl des ökonomischen als auch des sozialen Austausches, wobei dieser auf den unberechtigten Transfer von Gütern und Dienstleistungen hinausläuft. Wollen wir untersuchen, welche Rolle der soziale Austausch im Central Hospital spielte, so müssen wir mithin die dort vorhandenen Formen der Solidarität untersuchen.

Wie in vielen anderen totalen Institutionen, so gab es auch im Central Hospital einige Standardformen der Bindung. Es gab »Kameradschafts«-Beziehungen, bei denen zwei Individuen ein nicht-sexuelles Verhältnis miteinander eingingen und sich bis zu einem gewissen Grad mit den Belangen des anderen identifizierten.[139] Es gab amouröse Beziehungen, bei denen zwei Personen, für gewöhnlich beiderlei Geschlechts, ein spezielles, sexuell getöntes gegenseitiges Interesse füreinander bekundeten[140]. Und es gab Cliquenbeziehungen, in denen drei oder mehrere Personen – oder zwei oder mehrere Paare – die Gesellschaft der jeweils Beteiligten bevorzugten und sich gegenseitig behilflich waren. Und es gab Gruppenbeziehungen, bei denen zwei Insassen, da sie einander als Insassen kannten, Anzeichen gegenseitiger Rücksichtnahme bewiesen. Und schließlich gab es Patronatsbeziehungen, die zwischen einem Angehörigen des Personals und einem für ihn arbeitenden Patienten bestanden.

Ich schlage vor, Kameradschafts-, Flirt- und Cliquenbeziehungen gemeinsam unter der allgemeinen Kategorie von privaten Beziehungen zu behandeln. Diese waren in der Klinik im großen und ganzen nicht verboten, obgleich Liebespaare, da sie nicht heiraten durften, verwarnt wurden, nicht »zu weit« zu gehen; homosexuelle Beziehungen waren offiziell verboten, wenn auch Cliquen von Homosexuellen, die Ausgangserlaubnis hatten, in aller Stille ihre besondere Solidarität auf dem Gelände pflegten.

Insassen, die privat miteinander bekannt waren, liehen einander

139 Das entscheidende Merkmal der Kameradschaftsbeziehung in totalen Institutionen besteht darin, daß es sich um eine exklusive reziproke Beziehung handelt (wie im Fall eines Eheverhältnisses): Man hat nur einen Kameraden und ist nur der einzige Kamerad eines anderen. Im britischen Cockney-Milieu wird der melodiöse Slangausdruck »china plate« (für Kamerad), gewöhnlich zu »china« verkürzt, weitgehend in diesem Sinn gebraucht. In britischen Gefängnissen ist die Kameradschaftsbeziehung so fest in der Häftlingsgesellschaft institutionalisiert, daß ein argloser Insasse sich schon durch eine Freundlichkeit gegenüber einem Mitinsassen kompromittieren kann, mit dem er im Lauf des Tages zufällig spricht. Heckstall-Smith, op. cit., S. 30, berichtet: »So verabschiedest du dich am Ende der Übungsstunde mit einem leicht hingeworfenen ›Dann bis morgen‹. Und morgen ist er dann wieder an deiner Seite. Morgen und übermorgen und über-übermorgen. Dann sehen die anderen Häftlinge ihn bereits als deinen ›Kameraden‹ an. Und was noch schlimmer ist, entsprechend den Gefängnisbräuchen werden sie versuchen, sich aus dieser sich anbahnenden Freundschaft herauszuhalten, und du wirst erkennen, daß du abgetrennt bist.«
Gutes Anschauungsmaterial zur Kameradschaftsbeziehung findet sich bei Behan, op. cit.
140 In vielen totalen Institutionen sind die Geschlechter nicht nur nachts getrennt, sondern die Insassen bestehen nur aus Frauen oder Männern. In vielen großen Anstalten existiert daher das, was manche Wissenschaftler als homosexuelles Interesse bezeichnen, wenn nicht gar homosexuelle Aktivität. Die führende Dokumentation zu diesem Thema ist, wie ich glaube, immer noch Clemmer, op. cit., Kap. X, »Sexual Patterns in the Prison Community«.

Geld, Zigaretten, Kleidungsstücke und Bücher; sie waren einander behilflich, von einer Station auf die andere zu gelangen; sie kauften füreinander in gewissem Umfang Schmuggelwaren von draußen; und sie versuchten, für diejenigen, die sich etwas hatten zuschulden kommen lassen und auf eine geschlossene Station gekommen waren, Liebesgaben einzuschmuggeln. Sie erteilten einander Ratschläge, wie man die verschiedenen Privilegien erlangen konnte, und sie hörten einander zu, wenn sie ihren Fall schilderten.[141]

Wie in allen Heilanstalten, so gab es auch im Central Hospital offenbar eine interessante Spielart der Kameradschaftsbeziehung: das »Helfer«-Muster. Ein Patient, der häufig selbst von den anderen für ziemlich krank gehalten wurde, übernahm die Aufgabe, einem bestimmten anderen Patienten regelmäßig zu helfen, der, nach den Maßstäben des Personals, noch kränker war als sein Helfer. Der Helfer kleidete seinen Kameraden an, rollte ihm seine Zigaretten und gab ihm Feuer, beschützte ihn gelegentlich vor Auseinandersetzungen, führte ihn in die Cafeteria, half ihm beim Essen usw.[142] Viele Dienste, die der Helfer leistete, standen den Patienten zwar ohnehin zu, doch der betreffende Patient hätte sie häufig ohne seinen Helfer nicht im vollen Umfang erhalten. Interessant ist dabei die Tatsache, daß diese Beziehung für den oberflächlichen Betrachter einseitig war: Derjenige, dem geholfen wurde, erwiderte dies in keiner sichtbaren Form.[143] Da beide Beteiligten zumeist relativ in sich zurückgezogen waren, wurde die Zeit zwischen den spezifischen Dienstleistungen nicht mit geselligen, kameradschaftlichen Interaktionen ausgefüllt, obgleich es dafür reichlich Gelegenheit gegeben hätte.

Der soziale Austausch in der Klinik war dadurch gekennzeichnet, daß die Patienten nur über dürftige Mittel verfügten, um ihre gegenseitige Rücksichtnahme auszudrücken und einander beizu-

141 Eine gute Beschreibung der gegenseitigen Hilfeleistung findet sich in William Caudills frühem Aufsatz. Siehe William Caudill, F. Redlich, H. Gilmore and E. Brody, »Social Structure and Interaction Processes on a Psychiatric Ward«, *American Journal of Orthopsychiatry*, XXII (1952), S. 314–34.
142 Eine weitere Abhandlung über diese Beziehung: Otto von Mering and Stanley King, *Remotivating the Mental Patient* (New York, Russell-Sage Foundation, 1957), »The Sick Help the Sicker«, S. 107–9.
143 In einigen Fällen beobachtete ich, daß der Helfer versuchte, die Person, der er half, zu einem homosexuellen Entgegenkommen zu veranlassen, ich habe jedoch keinen Hinweis darauf, daß dies üblich gewesen wäre.

stehen. Dies war eine wesentliche Härte der reduzierten Lebensbedingungen in der Klinik, der offiziell in der Weise Rechnung
getragen wurde, daß im Freizeitgebäude Weihnachtskarten und
Valentinsgrußkarten an die Patienten verteilt wurden, damit sie
etwas hatten, um anderen eine Freude zu machen. Wie zu erwarten, dienten daher manche der in der Klinik praktizierten Anpassungsformen der Herstellung von Gütern, die an andere weiter-
gegeben werden konnten – also rituellen Artikeln.[144] Der Speisesaal der Patienten und die Cafeteria dienten als eine Quelle solcher
ritueller Artikel, denn wenn es transportables Obst gab, z. B.
Orangen oder Bananen, verzehrten es die Patienten manchmal
nicht, sondern nahmen es mit auf die Station, und zwar nicht nur
für sich selbst und als wirtschaftliches Tauschmittel, sondern auch
um Freunde zu beschenken. So kam es vor, daß ein Mann beim
Bridge-Spiel im Freizeitgebäude eine Markenzigarette geschenkt
bekam und sich mit einer Orange revanchierte, ein fairer ökonomischer Tausch, der jedoch zwischen Leuten stattfand, die keineswegs eine solche Krämer-Fairness im Sinn hatten. Auch fragte
manchmal ein Patient, wenn er sich Nachschlag holen ging, seine
Tischkameraden, ob er ihnen etwas mitbringen dürfe. Diese wiederum reichten vielleicht Salz, Pfeffer oder Zucker herum, den sie
mitgebracht hatten. So kam es auch vor, wenn bei den abendlichen
Geselligkeiten im Freizeitgebäude Kuchen und Süßigkeiten verteilt wurden, daß ein Patient etwas davon einwickelte und für
einen Freund mitnahm, der die Station nicht hatte verlassen dürfen. Auch der Anstaltstabak fand in dieser Form Verwendung.
Kurz, das Kliniksystem wurde zur Beschaffung ritueller Artikel
ausgebeutet.
Besonders interessant war die rituelle Funktion der Zigaretten.
Manche Patienten, besonders solche, die neu in die Klinik gekommen waren, konnten es sich leisten, Markenzigaretten anzubieten,
so wie das draußen üblich ist, wenngleich sich dadurch Probleme
ergaben: häufig bediente sich ein Patient, der eine eigene Packung
besaß, jedesmal wenn ein anderer eine Packung herumreichte. (Ich
kannte einen jungen Mann, der stolz darauf war, andere um Zigaretten zu erleichtern, indem er sich immer dann, wenn ein gut-

---

144 Der bereits erwähnte Brauch, Freunden kleinere Geldbeträge zu schenken,
läßt sich teilweise im Zusammenhang mit dem Bedürfnis nach rituellen Artikeln
erklären.

mütiger Mitpatient welche anbot, eine nahm.)[145] Eine häufige freundliche Geste bestand darin, daß man einem Kameraden ein paar Züge aus der Zigarette oder den aufgerauchten Stummel schenkte. (Zigarettenstummel gehörten ebenfalls zu den wichtigen rituellen Artikeln, mit denen die Wärter den Patienten eine Freude machten.)

In Stationen, auf denen regredierte alternde Patienten lagen, galten unterschiedliche Maßstäbe für den rituellen Wert. Hier war es recht unwahrscheinlich, daß jemand, außer vielleicht ein Wärter, einem Patienten eine ganze Markenzigarette schenkte. Einige Patienten konnten sich nicht selbst ihre Zigaretten rollen und waren auf fähigere Patienten angewiesen, die sie ihnen drehten; das Zigarettendrehen war ein Entgegenkommen, das manchmal erbettelt wurde, indem sich der Betreffende mit den »Utensilien« vor seinem Helfer aufstellte, und das mitunter auch spontan, ohne vorherige Bitte, gewährt wurde. Manche Patienten baten um den Stummel einer Selbstgedrehten oder erhielten einen angeboten, während diese zeremonielle Währung in anderen Teilen der Klinik kaum von Wert war. Im allgemeinen wurde der Stummel einer Markenzigarette höher bewertet als eine Selbstgedrehte, und letztere wurde weggeworfen, sobald einem der erstere angeboten wurde. Es gab eine Form der karitativen Beziehung, bei welcher Wärter und Patienten einen Empfänger bevorzugten, dem sie ihre Zigaretten schenkten. Wenn ein stummer Protégé rauchen wollte, näherte er sich seinem Protektor und blieb vor ihm stehen, sobald letzterer sich eine Markenzigarette ansteckte oder bereits rauchte. Der Geber pflegte dann zu rauchen, bis die Zigarette weit genug herabgebrannt war, um sie fortzugeben. Der Empfänger selbst protegierte manchmal einen anderen Patienten, dem er den erhaltenen Zigarettenstummel weiterreichte, wenn er

145 Dies steht im Kontrast zur sozialen Bedeutung der Zigaretten in manchen Kriegsgefangenenlagern. Vergleiche Radford, op. cit., S. 190–91:
»Sehr bald nach der Gefangennahme erkannten die Leute, daß es angesichts des beschränkten Umfangs und der Gleichheit der Mittel unerwünscht und unnötig war, Zigaretten- oder Nahrungsmittelgeschenke zu machen oder anzunehmen. Der ›Goodwill‹ entwickelte sich zum Handel als einem gerechteren Mittel, die Befriedigung des einzelnen zu maximieren.«
Ich möchte hinzufügen, daß die alltägliche Gepflogenheit, um ein Streichholz zu bitten oder Feuer anzubieten, in der Klinik stark eingeschränkt war. Worum man bitten durfte, war das Feuergeben mit einer brennenden Zigarette, auch wenn es sehr wahrscheinlich war, daß die Leute Streichhölzer besaßen.

glaubte, ihn weit genug heruntergeraucht zu haben. Der dritte Empfänger mußte dann meist schon eine Nadel oder Klammer benützen, um sich nicht an der Zigarette zu verbrennen. Nachdem der Stummel zu Boden geworfen war, wurde er manchmal noch von einem Patienten aufgehoben, der ihn zwar nicht weiterrauchte, für den er aber noch groß genug war, um den Tabak herauszubröseln. Einige rückständige Stationen waren so organisiert, daß eine einzige Zigarette regelmäßig durch drei oder vier Hände ging.

Wollen wir die Rolle, die die Zigaretten spielten, voll ermessen, so müssen wir jedoch über die privaten Kameradschafts- und Freundschaftsbindungen hinausgehen und den Patientenstatus als solchen untersuchen, besonders jene Ansprüche, die zwei Personen einfach kraft der Tatsache, daß beide Patienten waren, aneinander stellen durften. Fast alle Patienten in der Klinik, mit Ausnahme der wenigen Halbwüchsigen, bildeten eine einheitliche Zigaretten-Ordnung, welche das Recht implizierte, von einem anderen zu verlangen, daß er mit der brennenden Zigarette Feuer gab, und diesen verpflichtete, einer solchen Bitte nachzukommen.[146] Interessanterweise befolgten sogar jene Patienten diese Ordnung, die auf den schlimmsten Stationen lagen und so krank waren, daß sie jahrelang schwiegen, so feindselig waren, daß sie sogar eine angebotene Zigarette zurückwiesen, und so verwirrt waren, daß sie vergaßen, eine brennende Zigarette, die bereits ihre Hand ver-

146 Dieses Geben und Empfangen von Feuer zog eine besondere Beziehung nach sich, denn die Geste, durch welche zum Ausdruck gebracht wurde, daß es eine Beziehung gab, war anscheinend die einzige Substanz der Beziehung, was eine Art ritueller Beziehung konstituierte. Etwas kleiner als der Zigaretten-Kreislauf war das Netz derjenigen Patienten, welche sich »einen Blick zuwarfen«, wenn sie einander auf dem Klinikgelände begegneten. Wenn Patienten beiderlei Geschlechts und jeglichen Alters auf dem Gelände aneinander vorbeigingen, und wenn jeder durch das Äußere erkennen konnte, daß der andere ein Patient war, dann fand manchmal eine Begrüßung statt – ein Kopfnicken oder ein »Hallo« oder ein zugewandter, lächelnder Blick. Dieses Nick-Arrangement ist typisch für ländliche Gegenden der westlichen Gesellschaft, mit dem Unterschied, daß in ländlichen Gegenden alle Kategorien von Personen sich beteiligen dürfen, während in der Klinik nur Patienten beteiligt waren. Wenn zwei nicht miteinander bekannte Patienten sich außerhalb des Klinikgeländes begegneten und einander als Patienten erkannten, weil einer den anderen bereits auf dem Gelände gesehen hatte, dann erhob sich die Frage, ob die beiden das Recht und die Pflicht hatten, einander zu grüßen. Die getroffene Entscheidung schien zum Teil davon abhängig zu sein, ob Dritte anwesend waren, welche auf die Voraussetzung des Grüßens hätten neugierig werden können.

sengte, zu löschen. Diese Ordnung hatte natürlich die Funktion, die Patienten davor zu bewahren, daß sie einen Wärter um Feuer bitten mußten.

Bei der Ausbeutung des Kliniksystems und der Klinikarbeiten ging es natürlich nicht nur um Dinge, die persönlich konsumiert oder verkauft werden konnten, sondern auch um solche, die aus einem Gefühl der Solidarität heraus verschenkt wurden. Der Mann, der in der Gärtnerei arbeitete, konnte den Mitgliedern des Personals, denen er zugetan war, Blumen schenken. Patienten, die in der Küche arbeiteten, konnten ihren Freunden Essen auf die Station mitbringen; der Mann, der gute Tennisbälle als Belohnung dafür erhielt, daß er den Tennisplatz in Ordnung hielt, konnte diese seinen besten Freunden weitergeben. Auf Stationen, wo der ausgeschenkte Kaffee bereits mit Milch gemischt war, was für jene, die ihn schwarz bevorzugten, von erheblichem Nachteil war, waren die Patienten, die in der Küche arbeiteten, in der Lage, ihren Kameraden Kaffee nach deren Geschmack zu besorgen. Patienten, die halfen, Erdnüsse in Tüten abzufüllen, die bei Ballspielen außerhalb des Geländes an die zuschauenden Patienten verteilt werden sollten, wurden am Tag nach dem Spiel von ihren Freunden um Gaben gebeten.

Bleibt noch eine weitere Quelle ritueller Artikel zu erwähnen: die Zigaretten, Nahrungsmittel und Geldbeträge, die die Patienten von Verwandten mitgebracht bekamen. Auf den wenigen Stationen, die eine hohe innere Moral besaßen, wurden die Geschenke der Verwandten häufig sofort an die Mitinsassen verteilt, wodurch die Station für kurze Zeit mit Bonbons und Schokoladeriegeln überflutet wurde.

Ich habe festgestellt, daß die niedrigen Lebensbedingungen der Patienten im Central Hospital einen Mangel an rituellen Artikeln beinhalten und dazu führten, daß diese Artikel aus dem Material, das vorhanden war, hergestellt wurden. Dabei fällt ein Paradoxon auf: Kriminologen haben festgestellt, daß Vorschriften die Möglichkeit von Übertretungen und folglich von Bestechungen hervorrufen. So gilt auch, daß Beschränkungen ein aktives Bedürfnis hervorrufen und aktive Bedürfnisse wiederum dazu führen, daß Mittel zu ihrer Befriedigung geschaffen werden. Diese Mittel können privat konsumiert oder gehandelt werden. Sie können jedoch auch als Ausdruck der Rücksichtnahme an andere verschenkt werden. Beispielsweise erhielten auf vielen geschlossenen

Stationen einige Patienten eine Tageszeitung. Nachdem er sie gelesen hatte, trug der Besitzer sie meist unter dem Arm mit sich herum oder versteckte sie auf der Station. Am Vormittag konnte er sie dann großzügig für kurze Zeit seinen Freunden leihen. Der auf der Station herrschende Mangel an Lesestoff verhalf ihm zu einem rituellen Artikel. So konnte auch ein Patient, der sich die Erlaubnis verschafft hatte, sich mit dem Rasierzeug der Station außerhalb der dafür vorgesehenen Zeiten zu rasieren, es so einrichten, daß er den Apparat lange genug behielt, um auch einem Kameraden eine Rasur zu ermöglichen.

Ein Beispiel dafür, wie Beschränkungen das Gewähren von Gefälligkeiten fördern, finden wir in den Werbungs-Bräuchen im Central Hospital. Wenn einer der beiden Partner eingesperrt war, konnte der freie Partner ihm Nachrichten, Zigaretten und Süßigkeiten zukommen lassen, indem er sich der Hilfe eines Stationskollegen des eingesperrten Partners bediente. Auch war es manchmal möglich, visuellen Kontakt vom Fenster eines Gebäudes zum Fenster des anderen herzustellen, indem man sich in ein Gebäude in der Nähe der Station einschlich, in dem der Partner eingesperrt war. Wußte der freie Partner, wann der eingeschlossene Partner Gruppenausgang hatte, dann konnte er manchmal neben diesem hergehen, wenn er oder sie aus der Station in ein anderes Gebäude geführt wurde. Wenn jedoch beide Partner ihre Ausgangserlaubnis verloren oder noch nicht erreicht hatten, dann konnte man die allerkompliziertesten Kontakt-Ketten beobachten. So sah ich z. B. einmal, wie ein eingeschlossener männlicher Patient sich eines Standardmittels bediente, welches darin bestand, daß er durch das Fenster etwas Geld, in einer Papiertüte verpackt, einem unten stehenden Freund zuwarf. Weisungsgemäß ging der Freund in die Patientenkantine, kaufte *pommes frites* und Kaffee und brachte beides in einer Tüte zu einem ebenerdig gelegenen, vergitterten Fenster, durch welches die Freundin des Absenders diese Gaben erreichen konnte. Wie man sieht, stellte die Klinik für die wenigen Patienten, die in einer solchen Lage waren, eine Art Spielsituation dar, in der sie sich gegen die Autorität auflehnen konnten, und manche Verhältnisse florierten z. T. nur deshalb, weil die Patienten Vergnügen an den Intrigen fanden, zu denen sie greifen mußten, um sie aufrechtzuerhalten.

Die Übermittlung eines Geschenks zwischen zwei Personen konnte durch die Hilfe einer weiteren oder sogar mehrerer Personen zustande kommen, doch die Vermittlungsketten schienen im Central Hospital über diesen Umfang nicht hinauszugehen. Wenn auch kleinere Freundesgruppen als Transportsysteme fungierten und die meisten Patienten mit Ausgangsgenehmigung als Teilnehmer infrage kamen, so bildeten doch die Patienten in ihrer Gesamtheit in dieser Hinsicht kein einheitliches informelles System, da außer im Fall des Zigarettenanzündens jeder nur einige, bestimmte Mitpatienten beanspruchen konnte, nicht aber jeden Mitpatienten schlechthin.

Ich stellte fest, daß Beschränkungen dahin wirken, daß nicht nur der einzelne sie zu umgehen sucht, sondern auch seinen Freunden dabei behilflich ist. Noch in einer anderen Form rufen restriktive Lebensbedingungen ihren eigenen Bedarf an sozialem und ökonomischem Austausch hervor: Dort, wo Menschen die Kenntnisse dessen vorenthalten wird, was ihnen bevorsteht, und wo sie nicht informiert sind, wie man sich in einer Situation »durchsetzen« kann, während dieses Durchsetzen psychologisch lebenswichtig sein kann, wird die Information als solche zu einem wichtigen Gut, und derjenige, der sie zu geben vermag, findet sich innerhalb der ökonomischen und sozialen Tauschsysteme in einer günstigen Position.[147] Verständlicherweise sind daher in allen totalen Institutionen Kameraden einander behilflich, indem sie einander »aufklären«. Nicht weniger verständlich ist die Tatsache, daß im Central Hospital wie auch in Gefängnissen auf seiten des Personals der Wunsch besteht, neue Insassen von den alten zu trennen, damit die neuen nicht durch Freundschaft oder ökonomischen Tausch die Tricks der Zunft erlernen.

IV.

Die bisher behandelten privaten Bindungen stellten die eine wichtige Kategorie von Beziehungen dar, die die Grundlage für den inoffiziellen sozialen Austausch boten. Bleibt noch die andere, bedeutsame Form der Patronatsbeziehungen zu untersuchen. In den meisten Fällen, so glaube ich, waren diese Patronatsbeziehungen stabiler als die privaten.

147 Dieses Thema wird dargestellt und systematisch abgeleitet in einem sehr nützlichen Aufsatz von Richard McCleery, »Communication Patterns as Bases of Systems of Authority and Power«, in S. S. R. C. Pamphlet No. 15, op. cit., S. 49–77.

Im Central Hospital gab es zwei fundamentale offizielle Organi-
sationsformen, denen der Patient unterstand. Eine davon war das
»Stationssystem«, welches sich aus dem Unterbringungsort, der
dort herrschenden Aufsicht sowie den verschiedenen Stationen zusammensetzte, aus denen der Patient kam und auf die er überstellt
werden konnte. Die andere war das »Arbeitssystem«, durch das
der Patient die Station verlassen konnte und das ihn den ganzen
oder einen Teil des Tages der Aufsicht eines Mitglieds des Personals
unterstellte, für das er arbeitete oder von dem er eine der verschiedenen Formen der Therapie erhielt.

Wie bereits festgestellt, besagte die Klinik-Theorie, daß, da die
Anstalt für alle Bedürfnisse der Patienten sorgte, kein Grund vor-
lag, die Patienten für die von ihnen geleistete Klinikarbeit zu
entlohnen. Die Bereitschaft, umsonst für die Klinik zu arbeiten,
wurde tatsächlich als Anzeichen der Besserung definiert, als Anzeichen des Interesses an sozial konstruktiver Aktivität – wie auch
die Arbeit selbst als therapeutische Maßnahme definiert wurde.
Aber sei es, weil sie in Übereinstimmung mit den zivilen Normen
handeln wollten, oder um dadurch disziplinierend und motivie-
rend auf die Patienten einzuwirken, fühlten sich die Mitglieder des
Personals, denen Patienten unterstellt waren, verpflichtet, sich
»ihren« Patienten erkenntlich zu zeigen. Und ein Bediensteter,
der keine solche Rücksichtnahme auf seine Klienten zeigte, mußte
womöglich am Ende des Jahres berichten, daß die Zahl der Patienten, die sich an seiner Arbeit oder Therapie beteiligten, zurück-
ging.

Die wichtigste Vergünstigung für diejenigen, die arbeiteten, war
das Recht, die Station jeden Tag für die Dauer der Arbeitszeit –
von einer halben bis zu sechs Stunden – zu verlassen, sowie das
Recht, sich während der Arbeitszeit gelegentlich freizunehmen,
um in die Kantine oder zu den geselligen Veranstaltungen im
Freizeitgebäude zu gehen. In der Klinik herrschte die traditionelle
Regel, daß nur jene Patienten eine Ausgangserlaubnis auf dem
Gelände erhielten, die dafür durch ihre Arbeit bezahlten. (Zum
Zeitpunkt dieser Untersuchung änderte sich dieses Gesetz, sehr
zum Mißfallen einiger Bediensteter, die annahmen, sie verlören
dadurch die Möglichkeit, ihre Schützlinge zu disziplinieren. Die
Patienten auf der Aufnahmestation erhielten offenbar die Aus-
gangserlaubnis auf dem Gelände, ohne darüber hinaus irgendwelche Arbeit leisten zu müssen, und die chronischen Patienten

erhielten zunehmend die Geländeausgangserlaubnis, ohne dafür einen Klinikjob übernehmen zu müssen.)

Die offizielle Grundlage dieses Protektionssystems lieferte die Klinikverwaltung, indem sie an Personen, die Patienten zu beaufsichtigen hatten, Tabak und Zigarettenpapier verteilte, was diese ein- oder zweimal in der Woche an ihre Schutzbefohlenen weitergaben. Auch erhielten die Bediensteten mitunter an Weihnachten Party-Material und kleine Geschenke, so daß jene Patienten, die mit einer Aufgabe betraut waren, fest damit rechnen konnten, daß derjenige, für den sie arbeiteten, wenigstens einmal im Jahr eine Party veranstalten würde, bei der es Erfrischungen und Geschenke gab. Zu solchen Gelegenheiten konnte das Personal offiziell Eiskrem, Fruchtsaftkonzentrat und Kuchen aus der Klinikbäckerei bestellen, ohne selbst die Kosten dafür tragen zu müssen, aber meist fühlte der Protektor sich verpflichtet, diese Gaben zu vervollständigen, indem er von sich aus noch etwas dazukaufte. Die Qualität dieser Nahrungsmittel wurde von den Patienten sehr scharf beurteilt: bessere Eiskrem oder größere Tortenstücke von draußen wurden von diesen kritischen Konsumenten vergleichsweise hoch bewertet; der Standard-Fruchtsaft aus der Klinik brachte dem Patron, der ihn servierte, eine schlechtere Note ein.

Außer diesen halb-offiziellen Gefälligkeiten steuerte der Patron von sich aus noch Geschenke bei, mit denen die Patienten rechnen konnten. Besonders gute Arbeiter eines Patrons erhielten hin und wieder eine Schachtel Markenzigaretten, eine Cola aus dem Automat, bei Einkäufen in der Kantine das Wechselgeld und manchmal einen »Nickel« oder »Quarter«.[148] Neben diesen materiellen Zuwendungen erwarteten die regulären Arbeiter oder regulären Therapiepatienten zuweilen, daß ihr Patron für sie Schwierigkeiten aus dem Weg räumte, ihnen bei der Schlafplatzbeschaffung behilflich war, ihnen einen freien Tag in der Stadt verschaffte oder für eine mildere Bestrafung sorgte, wenn sie bei der Übertretung einer Regel ertappt worden waren. Eine weitere erhoffte Vergünstigung bestand darin, daß man auf die Teilnehmerliste für lokale Tanzveranstaltungen, Kinovorstellungen oder außerhalb der Klinik stattfindende Baseballspiele gesetzt wurde. (Das bloße

---

148 Ein Patient, der einen der »besten« Jobs in der Klinik innehatte und Nachrichten vom zentralen Verwaltungsgebäude in andere Teile der Klinik überbrachte, stand in dem Ruf, sogar 8 Dollar im Monat an Trinkgeldern zu verdienen, doch habe ich hierfür keinen schlüssigen Beweis.

Wissen, daß ein Mitglied des Personals einem bestimmten Patienten bei der Übertragung einer Aufgabe Vertrauen entgegenbrachte, beeinflußte wohl auch das Verhalten anderer Stabsmitglieder diesem Patienten gegenüber.) Schließlich erwarteten die Patienten manchmal auch eine Verringerung der sozialen Distanz zwischen sich und ihrem Patron sowie mehr Unmittelbarkeit und Gleichheit im Umgang mit ihm, als sie dies von ähnlich gestellten Mitgliedern des Personals erwarten konnten.

Wichtig war in diesem Zusammenhang der Automobil-Komplex. Eines der zuverlässigsten Statussymbole, das die Mitglieder des Personals von den Patienten mit Ausgangserlaubnis unterschied, war die Tatsache, daß sie ein Auto fuhren. Dies war jedem, der den Patientenstatus bekleidete, äußerst streng verboten. Aufgrund dieser Voraussetzung konnte man von jedem, der am Steuer eines Kraftwagens saß, annehmen, daß er kein Patient war. Infolgedessen – vielleicht war dies aber auch die Ursache – ging das Personal sehr wenig zu Fuß und benützte für alle Wege auf dem Gelände, außer den allerkürzesten, den Wagen.[149] Eine besondere Vergünstigung, die ein Mitglied des Personals einem Patienten gewähren konnte, bestand nun darin, sich von ihm innerhalb des Geländes von einem Punkt zum anderen chauffieren zu lassen; für den Patienten bedeutete dies nicht nur eine große Zeitersparnis vor seiner nächsten planmäßigen Aufgabe, sondern auch den Beweis, daß dieser Bedienstete ihm Vertrauen und Intimität

149 Jeder Platz und jede Sache innerhalb einer psychiatrischen Klinik scheint mit den schlimmsten Stationen ein spürbares Odium der Isolation, Verbannung und rituellen Krankheit zu teilen. Ein Auto scheint ein weltliches Requisit zu sein, welches durch die Örtlichkeit nicht wesentlich befleckt wird und eindeutig auf die Zuverlässigkeit von jemandes Verbindung zur normalen Außenwelt hinweist. Vielleicht läßt sich das merkwürdige Interesse der im Central Hospital Beschäftigten, ihre Autos strahlend sauber zu halten, weder durch die Handelsquoten, die auf dem Gelände herrschten, noch durch den mitleidigen Wunsch des Personals, den Patienten etwas Geld zukommen zu lassen, gänzlich erklären. Eine der Entlassungsphantasien, welche sich manchmal bei Patienten feststellen ließ, bezog sich auf den Erwerb eines neuen, guten Autos nach der Entlassung, mit dem sie auf das Gelände zurückkehren wollten, um alte Kameraden und Patrone zu besuchen. Diese Phantasie wurde gelegentlich verwirklicht, aber, wie es mir schien, nicht so häufig, wie sie hätte verwirklicht werden können. Außerdem gab es zwar eine Verbindung zwischen kostspieligen Autos (anderen als Cadillacs) und den vier oder fünf obersten Leitern der Verwaltung sowie der milden Belustigung einiger Personalmitglieder, die alte Autos fuhren, über die neueren, besseren Autos einiger Wärter, doch gab es offenbar keine allgemeine Verbindung zwischen Personalrang und Neuheit oder Marke des Autos.

schenkte. Vom Fahrersitz eines Autos konnte dieser Beweis aller Welt mitgeteilt werden, denn es wurde eine sehr niedrige Geschwindigkeitsbegrenzung auf dem Gelände eingehalten, und die Patienten mit Ausgangserlaubnis pflegten sehr genau darauf zu achten, wer mit wem wohin ging.

Ein Teil der Protektion, die die Patienten erhielten, war selbstverständlich Nebenprodukt der Selbstbestimmung, die man jemandem einräumen mußte, damit er in der Lage war, seinem Patron behilflich zu sein. So hatte der Patient, der für den Kellerraum, in dem inoffiziell die Gartengeräte gelagert wurden, verantwortlich war, dort nicht nur seinen eigenen Tisch und Stuhl, sondern verfügte selbst über einen Vorrat an Tabak, den er an die Patientenriege verteilen konnte, die inoffiziell unter ihm arbeitete. Er war daher selbst in der Position eines Patrons. So besaß auch der vertrauenswürdige Patient, der bei geselligen Veranstaltungen im Freizeitgebäude die Teeküche verwaltete, einen Schlüssel und damit die Befugnis, andere Patienten vom unberechtigten Betreten der Küche fernzuhalten. Er war daher in der Lage, seine Freunde im voraus zu einer Kostprobe in die Küche einzuladen. Hier liegt allerdings eine besondere Form der Ausbeutung einer Arbeitsaufgabe vor.[150]

Während die Patienten immer mit Recht erwarten konnten, daß sich aus der Arbeit für ein bestimmtes Mitglied des Personals einige Vergünstigungen ergeben würden[151], gelang es etlichen Patienten, diese üblichen Gegebenheiten darüber hinaus »auszubeuten«. In der Weihnachtszeit beteiligten sich manche Patienten, die in der Klinik gut Bescheid wußten, enthusiastisch an einer Reihe von Aufgaben und kombinierten mehrere Jobs und mehrere Therapien miteinander. Wenn dann die Festsaison kam, waren ihnen viele Geschenke und eine Reihe von Partys gewiß – so daß der Ausdruck »Saison« im gesellschaftlichen Sinne durchaus berechtigt war. (Die Protektoren hatten natürlich gegen diese Ausbeutung ihrer Freigebigkeit nichts einzuwenden, denn eine Weihnachtsfeier, an der sich zu wenige Patienten beteiligten, beeinträchtigte die Funktion, die eine solche Arbeit oder Therapie erfüllen sollte, und außerdem

---

150 Sykes, op. cit., S. 26–61, »Corruption of Authority«, analysiert diese Frage unter dem Titel »Corruption by Default« (Korruption durch Versäumnis).
151 Vergleiche das »Gläschen«-System, welches für die Beziehung einer amerikanischen Herrin und ihrer Magd, besonders der Herrin aus den Südstaaten und der schwarzen Magd, charakteristisch ist.

rief ein Name mehr auf der Teilnehmerliste, wie bereits gesagt, einen guten Eindruck bei der Verwaltung hervor.) So übernahmen auch einige chronische Patienten, die glaubten, sie könnten die Ausgangserlaubnis auf dem Gelände nur dadurch erhalten, daß sie sich freiwillig für eine Daueraufgabe meldeten, einen Job, erreichten dadurch den Status eines Patienten mit Ausgangsgenehmigung und erschienen dann immer seltener zur Arbeit, da sie annehmen konnten, daß dies nicht sofort nach oben gemeldet würde oder daß sie, falls es doch gemeldet wurde, nicht sofort wieder auf der Station eingeschlossen würden. Andere wiederum blieben eine gewisse Zeit bei einer Arbeit, stellten gute Beziehungen zum verantwortlichen Mitglied des Personals her und begannen dann, für jemand anderen zu arbeiten, wobei sie jedoch hin und wieder ihren früheren Patron aufsuchten, um ihn um Tabak oder kleinere Geldbeträge zu bitten, wobei sie eher den Mann als die Arbeit auszubeuten suchten.

Auf den rückständigen Stationen, wo viele Patienten eine ausgeprägte Abneigung gegen gewöhnliche soziale Umgangsformen zeigten, hatten die Wärter ein oder zwei »arbeitende Patienten«, die ihnen regelmäßig behilflich waren, die Station zu führen. In solchen Fällen konvergierten die beiden Systeme, das Stations- und das Arbeitssystem, und der Patient arbeitete für dieselbe Person, die ihn an seinem Aufenthaltsort beaufsichtigte. In solchen Situationen konnte der arbeitende Patient mit laufenden Vergünstigungen rechnen, denn die Beschränkungen des Lebens auf rückständigen Stationen schufen eine Vielfalt potentieller Vorteile.[152] Arbeitende Patienten hatten meist das Recht auf ein privates oder halb privates Zimmer; Einkäufe, die sie für die Wärter in der Kantine tätigten, wurden mit einer Zigarette belohnt oder falls sie Getränke holten, mit den leeren Flaschen, die in der Kantine zwei Cents einbrachten; die Wärter konnten einem Patienten das Recht einräumen, einen Rasierapparat und Zündhölzer auf seinem Zimmer zu haben und seine Kleidung über Nacht zu behalten; wenn er um Feuer gebeten wurde, konnte der Wärter dieser Bitte sofort nachkommen und, als besonderen Vertrauensbeweis, dem Patienten sein Feuerzeug in die Hand drücken, um den mit der Bitte um Feuer verbundenen Anschein der Unterwürfigkeit abzuschwächen; zusätzliche Möglichkeiten, Vergünstigun-

152 Ein gutes Beispiel für Stations-Freiheiten findet sich bei Belknap, op. cit., S. 189–90.

gen zu gewähren, erhielt der Wärter durch die Kontrolle über die Bekleidungsvorräte und die Teilnehmerlisten für Freizeitveranstaltungen.

Hinzu kommt, daß das Protektionsverhältnis nicht nur die Voraussetzung für zwischen Stab und Patienten ausgetauschte Gefälligkeiten schuf; es gab auch private Kameradschaftsbeziehungen, die nichts mit der Arbeit zu tun hatten, und dies offenbar vorzugsweise zwischen jungen männlichen Wärtern und jungen männlichen Patienten, wobei die Solidarität des Alters, des Geschlechts und der Zugehörigkeit zum Arbeiterstand manchmal zusammenwirkte, um die organisationsbedingten Unterschiede aufzuheben.[153] Die meisten männlichen Wärter mußten es sich gefallen lassen, daß manche männlichen Patienten sie mit dem Vornamen ansprachen und andere sie duzten, wobei Sportlehrer, Raumpfleger, Feuerwehrleute, Wachleute und Polizisten häufig zu Scherzen mit männlichen Patienten, die Ausgangserlaubnis hatten, aufgelegt waren. Ich gebe ein Beispiel aus meinen Feldnotizen wieder:

Kino-Abend. Die Polizeistreife fährt langsam am Theatergebäude vorbei, während die Patienten herausströmen und ordentlich Aufstellung nehmen. Das Auto verlangsamt die Fahrt, hält an, und der Polizist beobachtet die Gruppe männlicher Patienten, die zu den Frauen hinüberschauen, und spricht einen allgemein bekannten und beliebten Patienten mit Ausgangsstatus an. Der Patient dreht sich um und grüßt den Polizisten wie einen guten Freund.

PATIENT: Hallo, Mann.

POLIZIST: Hab dich gestern abend gesehen (beim Patientenball). Hättste noch länger getanzt, dann hättste dir einen abgebrochen.

PATIENT (sich verabschiedend): Was du nicht sagst, Mann.

Angesichts der Tatsache, daß der Wärter die meisten der von den Patienten benützten Artikel nach eigenem Ermessen kontrollierte, stand zu erwarten, daß die Solidarität zwischen Wärter und Patient (abgesehen von der Patronatsbeziehung) die Voraussetzung

153 Dies sind die Anforderungen dessen, was John Kitsuse als »die männliche Allianz« bezeichnet hat. Eine brauchbare Darstellung zu dieser Frage findet sich bei Sykes, »Corruption of Authority«, op. cit., »Corruption through Friendship«, S. 259–60. Siehe auch Harold Taxel, »Authority Structure in a Mental Hospital Ward« (unpublizierte M. A.-These, Department of Sociology, University of Chicago, 1953), der berichtet (S. 62–63), daß Patienten, wenn sie Vorschriften umgehen wollen, sich an die Wärter wenden, während Schwestern zur Aufrechterhaltung der Vorschriften dienen, und (S. 83) daß eine stillschweigende Übereinkunft besteht, daß Wärter für die Patienten Vorschriften übertreten, wenn dies möglich ist.

dafür schuf, daß Gefälligkeiten ausgetauscht wurden; dafür ein
Beispiel aus meinen Feldaufzeichnungen:

Ich esse mit einem befreundeten Patienten in einer der großen Patienten-
Cafeterias. Er sagt: »Das Essen ist hier ganz gut, aber ich mag keinen
(Konserven-)Lachs.« Dann entschuldigt er sich, kippt seinen vollen Teller
in den Abfalleimer und geht zur Diät-Theke hinüber. Dann kommt er
mit einem Eiergericht zurück. Er lächelt belustigt und konspirativ und
sagt: »Ich spiele mit dem zuständigen Wärter Billard.«[154]

Zwar waren viele dieser privaten oder durch ein Protektionsverhältnis begründeten Gefälligkeiten ein wenig unvorschriftsmäßig,
doch manche, wie etwa das schnelle Feuergeben oder Aufschließen
einer Tür, standen dem Patienten sogar offiziell zu, wenn sie ihm
auch selten erwiesen wurden. In Stationen, wo die Patienten dreimal täglich zu den Mahlzeiten in die zentrale Cafeteria gehen
mußten, meinten die Wärter am besten dadurch für einen geord-
neten Abmarsch sorgen zu können, daß sie die Patienten 15 Minuten vor dem Glockenschlag an der Tür in Reih und Glied aufstell-
ten, auch wenn die Patienten dadurch gezwungen waren, eine
Viertelstunde lang in Reih und Glied zu stehen, ohne daß etwas
geschah. Arbeitende Patienten oder solche, die besondere private
Beziehungen mit den Wärtern unterhielten, waren davon ausgenommen und konnten nach den anderen zum Essen erscheinen
oder durften den übrigen vorausgehen, wobei ihnen das Warten
erspart blieb.

v.

Ich habe drei Arrangements aufgezählt, durch die jemand von den
Gütern oder Dienstleistungen eines anderen Gebrauch machen
kann: private Nötigung, ökonomischen Austausch und sozialen
Austausch. Jedem dieser Arrangements liegen bestimmte Annahmen und bestimmte erforderliche soziale Bedingungen zugrunde.
Dies ist natürlich ein analytisch vereinfachtes Bild. Jedes einzelne
dieser Arrangements schreibt zwingend vor, wie das Individuum
seine Aktivität anderen gegenüber darzustellen habe. In der Pra-

154 Der gleiche Patient behauptete, er könne, wenn er mit Stadtausgangsgenehmigung in die Stadt ginge, in der Anstalts-Khaki-Kleidung gut gekleidet
erscheinen, da er sich jedesmal ein paar neue Hosen zuteilen ließ, denn diese
Hosen hatten vor der ersten Wäsche einen Glanz, der sie nach besserer Qualität
aussehen ließ, und eine Festigkeit, welche gewährleistete, daß die Bügelfalte
hielt.

xis kommt es jedoch häufig vor, daß von mehreren Formen der Benützung eines anderen gleichzeitig und regelmäßig Gebrauch gemacht wird, wobei lediglich die Verpflichtung besteht, den äußeren Anschein der Aktivität so einzurichten, daß es so aussieht, als wäre das Geschehen durch ein einziges der drei Modelle bestimmt.

Im Kontext der Protektionsbeziehungen war es z. B. gewöhnlich leicht, zwischen ökonomischen und sozialen Vergütungen zu unterscheiden. Aber es gab auch Fälle, die interessante Probleme aufwarfen. Ich war Zeuge, wie ein Wärter mit einem Patienten darüber verhandelte, wieviel Arbeit pro Tag ein angemessener Gegenwert für das Recht sei, sich jeden Tag selbst rasieren zu dürfen, wobei die Verhandlung stattfand, bevor die Beteiligten sich einigten; doch diese Art Austausch wurde nach einiger Zeit zu einem unbeabsichtigten Ausdruck gegenseitiger Rücksichtnahme. Auch wenn ein Patron wünschte, daß eine neue oder als unzumutbar geltende Aufgabe übernommen werden sollte, wurden besondere Vergünstigungen und Vergütungen vorher ausgehandelt und festgelegt, wobei ein unpersönlicher ökonomischer Vertrag auf eine marktfreie Beziehung aufgepfropft wurde.[155]

Die Unterscheidung zwischen ökonomischen und sozialen Vergütungen wirft einige weitere Probleme auf. Die Erwartung des Patienten, daß sein Patron einen rein wirtschaftlichen Vertrag hinsichtlich des Autowaschens mit ihm einginge, führte manche Bedienstete dazu, das Waschen eines sauberen Wagens zu honorieren, wobei sie eine ökonomische Praktik verwendeten, um einer Bindung Rechnung zu tragen. Männliche Patienten, von denen man glaubte, sie hätten von Patientinnen sexuelle Gefälligkeiten käuflich erworben, wurden verurteilt, genau wie die mutmaßlichen Verkäuferinnen, denn man war der Ansicht, daß sexuelle Betätigungen eine ausschließliche Bindung ausdrücken[156] und nicht dem

155 Das Gegenteil, nämlich die Beschränkung des ökonomischen Austausches auf die Mitglieder einer auf Unterstützung beruhenden Beziehung, wird häufig in Studien über ländlich-traditionelle Gesellschaften berichtet. Siehe zum Beispiel C. M. Arensberg, *The Irish Countryman* (New York, Peter Smith, 1950), S. 154–57; Service, op, cit., S. 97. In den Gemeinden der Shetland-Inseln tätigen manche Einwohner in jedem Geschäft wenigstens etliche Käufe, um dem Geschäftsinhaber keine persönliche Kränkung zuzufügen. In einem Geschäft am Orte nichts zu kaufen, bedeutet, sich mit dem Besitzer zu »überwerfen«.

156 Es sei hinzugefügt, daß die Prostitution und das, was man unter »Nymphomanie« versteht, in psychiatrischen Kliniken einen ähnlich desorganisierenden

offenen Handel unterliegen sollte.[157] Außerdem herrschte ein gewisses Maß an Unsicherheit. Die einmal gewährte Geste der Rücksichtnahme konnte mit der Zeit zur normalen Erwartung werden, so daß so etwas wie ein rückläufiger Prozeß einsetzte – jede neue Form der Achtungsbekundung verfiel der Routine und wurde daher als Zeichen der Rücksichtnahme unwirksam und mußte durch zusätzliche Vergünstigungen aufgebessert werden. Und sobald eine Vergünstigung vollkommen als gesichert galt, konnte ihre Zurücknahme direkte und offene Kritik auslösen. Wenn z. B. eine Tanzgesellschaft im Freizeitgebäude alle Süßigkeiten und Torten, die für diesen Anlaß zubereitet worden waren, aufaß, beklagten sich die Küchenhelfer ganz offen beim Personal, daß der ihnen zustehende Anteil ihnen entgangen sei. Um des Friedens willen war es den Küchenarbeitern daher gestattet, die Überbleibsel bereits beiseite zu räumen, bevor die Mahlzeit serviert wurde.

Es fanden sich noch weitere, stillschweigende Kombinationen von Zwang, ökonomischem Tausch und sozialem Austausch. Die Tatsache, daß Geldzuwendungen nicht bloß zu ökonomischen, sondern auch zu rituellen Zwecken erfolgten, korrespondierte mit dem Phänomen der Bettelei – eine für die Tauschsysteme mancher Gesellschaften sehr wichtige Gepflogenheit. Die Patienten warteten nicht nur darauf, bis ihnen kleinere Geldbeträge oder Zigaretten geschenkt wurden, sondern führten dies auch selbst herbei. Ein Patient näherte sich dabei einem von ihm bevorzugten Wärter oder manchmal auch einem anderen Patienten und bat ihn, ihm fünf oder zehn Cents für eine Cola »zu leihen«, oder er bat um die paar Pennys, die ihm zum vollen Kaufpreis fehlten. Die Form, in der diese Bettelei häufig erfolgte – und die voraussetzte, daß derjenige, der gebeten wurde, irgendwie »spießig« war oder als unverbesserlich ehrenhaft galt –, legte den Schluß nahe, daß dies ein Mittel war, sich von der eigenen Situation zu distanzieren und die eigene Ärmlichkeit zu etwas Ehrenhaftem hochzustilisieren.

Einfluß auf die Gültigkeit der Sexualität als eines Symbols der reziproken Exklusivität einer Beziehung ausüben kann: in beiden Fällen erhält ein sozial unpassender Mensch, und aus den falschen Gründen, die Gunst einer bestimmten Frau.
157 Sykes, *Society of Captives*, S. 93–95, stellt fest, daß es im Gefängnis eine ganze Reihe von Dingen gibt, die womöglich heimlich verkauft werden, obgleich die Insassen glauben, sie sollten nicht verkauft werden, und daß derjenige, der einen solchen Marktmißbrauch treibt, sozial typisiert wird: »... der Häftling, der verkauft, wo er geben sollte, wird als Händler oder Hausierer bezeichnet.«

Was immer es bedeuten mochte, solches Betteln diente dem Zweck, andere zu einer Sympathiebekundung zu bewegen, bevor sie selbst dazu bereit waren.

Aber noch in anderer Form wurden die verschiedenen Möglichkeiten, einen anderen auszunützen, kombiniert. Wie in anderen ähnlichen Institutionen, so kam es auch im Central Hospital vor, daß ein Patient, indem er einem Wärter gegenüber anscheinend selbstlos die Verpflichtung übernahm, andere Patienten, die man als eine Gefahr für sich selbst und andere ansah, zu beaufsichtigen und zu gängeln, einen geeigneten Vorwand fand, private Nötigung auszuüben. Ökonomische wie soziale Vergütungen erfolgten auch in Fällen, die weder mit dem einen noch mit dem anderen etwas zu tun hatten. Wenn ein Patient sich mit einer Zigarette oder einem Zug aus einer Zigarette von einem anderen eine Dienstleistung erkaufte, dann wurde diese Transaktion vom Käufer zuweilen in so herrischer Manier gehandhabt, daß es den Anschein hatte, als machte ihm die Tatsache, einen anderen Patienten zu einer demütigenden Handlung zu veranlassen, mehr Vergnügen als die Dienstleistung selbst. Paternalistische Wärter der alten Schule, die im Begriff standen, einem Patienten Süßigkeiten zu geben, die sie über das Küchenkonto des Patienten gekauft hatten, hielten dieses Geschenk häufig neckischerweise so lange zurück, bis der Patient sich zu einer Bettelgeste herabließ oder zum Ausdruck brachte, daß er das, was der Wärter ihm geben wollte, tatsächlich begehrte. Auch das Verschenken von Zigarettenkippen wurde von Wärtern wie von Patienten manchmal benützt, um den Empfänger zu demütigen. Auch wenn eine Wohltätigkeitsorganisation zu Besuch kam, um für die Patienten eine größere gesellige Veranstaltung im Freizeitgebäude zu arrangieren, und einige Mitglieder in den Pausen durch den Saal gingen, um an alle Patienten ein paar Zigaretten zu verteilen, hatte der Empfänger häufig den Eindruck, als bekäme er bloße Almosen von jemandem, den er nicht kannte und der ihm nichts schuldete. Der starke Wunsch nach Markenzigaretten veranlaßte fast alle Patienten, diese Gaben anzunehmen; handelte es sich jedoch um neue Patienten, oder waren sie in der Begleitung von Besuchern, dann zeigten die ablehnenden, halb spöttischen oder verlegenen Blicke an, daß es kein, zumindest kein mit der Selbstachtung vereinbares, Bezugssystem gab, dem solche Handlungen zugeordnet werden konnten.[158]

158 Ich kannte zwei langfristige weibliche Patientinnen, die keinen Bedarf an

Schließlich verwundert es nicht, daß alle anerkannten Methoden, nach denen jemand sich der Güter oder Dienste eines anderen bedienen konnte, zuweilen vollkommen schikanös und arglistig eingesetzt wurden, so daß ein Glücksspieler sich betrogen sah, ein Käufer geprellt wurde und ein Freund sich ausgenützt fühlte. (Theoretisch kann jemand natürlich, auch wenn er glaubt, er würde in keiner Weise den Zielen eines anderen dienen, und dies bewußt auch nicht täte, sich unbewußt den Plänen eines anderen zur Verfügung stellen.)

Auf jedem Sektor des gesellschaftlichen Lebens, und besonders in jeder sozialen Anstalt, tragen die Arrangements, durch die die Menschen einander ausnützen, ein bestimmtes Gepräge, und hinter dem äußeren Anschein verbergen sich charakteristische Kombinationen dieser Arrangements.[159] Diese strukturellen Einheiten der Erscheinung und der Wirklichkeit sind es, die wir untersuchen müssen.[160] Ich möchte hinzufügen, daß wir unter der Voraussetzung einer bestimmten sozialen Entität als Bezugsrahmen eine Beziehung, eine soziale Institution, eine Gruppe – den totalen inoffiziellen Anspruch, den jeder einzelne Beteiligte an andere stellt, untersuchen können.

Zwei allgemeine Fragen über das Unterleben im Central Hospital sollen erörtert werden.

Erstens ist es wohl klar, daß eine Beschreibung des Unterlebens in einer Anstalt ein systematisch verfälschtes Abbild des Lebens in

Zigaretten hatten, die aber freundlich genug waren, solche Gaben bescheiden anzunehmen, um den Spender nicht zu verletzen.
159 Die stabilen Kombinationen von zwangsweiser, ökonomischer und sozialer Bezahlung müssen sehr eingehend studiert werden, damit wir einen Bezugsrahmen verwenden können, um die Ähnlichkeiten und Unterschiede zwischen diesen Bezahlungen zu betrachten, als da sind: Pfründen, Zehntel, Bestechungen, Trinkgelder, Tribute, Gefälligkeiten, Geschenke, freundliche Zuweisungen, Honorare, Handgelder, Gratifikationen, Beute, Bonus und Lösegeld. Man sollte sich daran erinnern, daß in den meisten Gesellschaften nicht der Tausch die wichtigste Form ist, in der Gelder, Güter und Dienste übereignet werden.
160 Eine nützliche Fallgeschichte bezüglich der verschiedenen Grundlagen des sozialen Austausches findet sich bei Ralph Turner, »The Navy Disbursing Officer as a Bureaucrat«, *American Sociological Review*, XII (1947), S. 342–48. Turner unterscheidet zwischen drei Grundlagen der Erteilung von Gefälligkeiten: Freundschaftsmuster, simulierte Freundschaft und, die gefühlsärmste Form: einfacher Austausch von Gefälligkeiten; bei allen drei Mustern mußten jedoch die Begriffe des formalen Anspruchs, der unpersönlichen Bezahlung und der Bestechung offen abgelehnt werden. Siehe auch Sykes, »Corruption of Authority«, op. cit., S. 262 Fußnote.

ihr geben kann. In dem Maß, wie die Mitglieder sich primärer Anpassungsformen bedienen (sei es, weil sie zufrieden oder unfähig
sind, eine eigene Welt aufzubauen), kann das Unterleben unrepräsentativ und sogar unerheblich sein. Darüber hinaus können die
am häufigsten beobachteten sekundären Anpassungsformen durchaus komplex und farbig sein und, wie im Central Hospital der
Fall, hauptsächlich von einer Handvoll informeller Führer, die
über gute Beziehungen verfügen, praktiziert werden. Ihr Verhalten kann für den Wissenschaftler von großer Bedeutung sein, wenn
er herausfinden will, wie die betreffende Institution ausgebeutet
werden kann und wie Institutionen im allgemeinen ausgebeutet
werden können; untersucht er jedoch Form und Umfang der
sekundären Anpassung, dann übersieht der Wissenschaftler vielleicht, wie das Durchschnittsmitglied lebt. Die vorliegende Untersuchung konzentriert sich notwendig auf die Aktivität jener Patienten, die Ausgangserlaubnis und daher einen Handlungsspielraum haben, und zeichnet daher ein zu rosiges Bild vom Leben
der Gesamtheit der Patienten im Central Hospital und von der
Wirksamkeit ihrer Techniken, mit denen sie inoffiziell ihre Lebensbedingungen zu verbessern suchten.
Die zweite allgemeine Frage, die ich erörtern möchte, betrifft die
soziale Kontrolle und das Eingehen von Bindungen.
Die sozialen Arrangements, die den ökonomischen und sozialen
Austausch ermöglichen, geben dem Individuum offenbar die Möglichkeit, die Anstrengungen anderer seinen eigenen Zielen nutzbar
zu machen, wodurch vielfach die Wirksamkeit der sekundären
Anpassungsmechanismen, die es selbst zu seinem Vorteil einsetzt,
gesteigert wird. Wenn also diese sozialen Arrangements aufrechterhalten werden sollen, dann muß in gewissem Umfang soziale
Kontrolle ausgeübt werden, damit die Leute sich ordentlich verhalten, damit sie ihre Verträge erfüllen und ihrer Pflicht nachkommen, anderen Gefälligkeiten und Zeremonien zu erweisen. Diese
Form der sozialen Kontrolle konstituiert eine besondere Klasse
sekundärer Anpassungsmechanismen – nämlich solche Anpassungsformen, die den breiten Komplex der übrigen, inoffiziellen und
geheimen Praktiken unterstützen und stabilisieren. Und aus der
Perspektive des Unterlebens der Insassen totaler Institutionen muß
diese Kontrolle sowohl über die Insassen als auch über das Personal ausgeübt werden.
In totalen Institutionen erfolgt die Kontrolle über das Personal

in traditionellen Formen, so z. B. durch das Arrangieren von Un-
fällen, in die Mitglieder des Personals verwickelt werden[161], durch
massenhafte Zurückweisung bestimmter Speisen[162], durch verlang-
samtes Arbeitstempo oder durch die Sabotage der Wasserleitungs-,
Licht- und Kommunikationssysteme, die leicht durch die Insassen
zu stören sind.[163] Andere Sanktionen, die die Insassen gegen das
Personal ergreifen können, finden in Form »kollektiver« oder
individueller Hänseleien und in den feineren Formen der rituellen
Insubordination statt, etwa beim Militär dadurch, daß ein mißliebiger Offizier aus zu großer Entfernung, mit zuviel Präzision
oder zu langsam gegrüßt wird. Eine gegen das ganze System der
geheimen Arrangements gerichtete Drohung des Personals kann
mit extremen Aktionen, wie Streiks und Aufständen, beantwortet
werden.

Man nimmt allgemein an, daß die Insassengruppe eine starke und
wohlorganisierte Kontrolle über ihre Mitglieder ausübe, wie dies
etwa im Fall des »Känguruh-Gerichts«* geschieht. In Gefängnissen ist die Vertrauenswürdigkeit eines Insassen hinsichtlich der
sekundären Anpassung anderer Insassen eine wichtige Voraussetzung der sozialen Typologie.[164] Alle Anzeichen deuten aber darauf
hin, daß die soziale Kontrolle, die von Insassen über andere Insassen ausgeübt wird, schwach ist. Das Unterleben im Central
Hospital war durch das Fehlen geheimer Reglementierungsaktio-
nen gekennzeichnet[165]; eine teilweise Ausnahme bildete lediglich
der Gefängnistrakt.[166]

---

* Känguruh-Gericht: In Gemeinschaftszellen, Schulklassen, »Gangs« usw. übliches
Scheingericht, durch das eine von der Gruppe gegen eines ihrer Mitglieder ver-
hängte Sanktion (z. B. Wegnahme von Tabak, Züchtigung, Verpflichtung zu
bestimmten Arbeiten) eine Gruppenlegitimation erhält. (Anm. d. Übers.)

161 Zum Beispiel Dendrickson and Thomas, op. cit., S. 130.

162 Cantine and Rainer, op. cit., S. 4.

163 Ibid., S. 10.

164 Siehe zum Beispiel Morris G. Galdwell, »Group Dynamics in the Prison
Community«, *Journal of Criminal Law, Criminology and Political Science,*
XLVI (1956), S. 651, der den Begriff des »richtigen Kerls« behandelt, und
Gresham Sykes and Sheldon Messinger, »The Inmate Social System«, S. S. R. C.
Pamphlet No. 15, op. cit., besonders S. 5–11.

165 Ich erörtere nicht die soziale Kontrolle, welche die Wärter in bezug auf
ihre eigene sekundäre Anpassung ausüben. Zum Beispiel behauptete ein ehemaliger Gefängnis-Trakt-Patient, daß die Wärter dort Bestechungsgelder für
bestimmte Dienste annehmen konnten und sich nicht vor Verrätern zu fürchten
brauchten, weil sie die Stationspapiere eines jeden, mit dem sie verbotene Ge-

Wenn ein Patient auf der Station unangenehm auffiel, mußten die anderen Patienten dieser Station zusätzliche Entbehrungen auf sich nehmen, und wenn ein Patient mit Ausgangsgenehmigung entwich und draußen ein abscheuliches Verbrechen beging, dann wurden die Ausgangsvorschriften natürlich für viele Patienten zeitweilig eingeschränkt; aber selbst in solchen Fällen, wo die Handlungen des einzelnen die Beziehungen aller anderen Patienten zum Personal verschlechterten, wurden offenbar gegen den Übeltäter keinerlei Vergeltungsmaßnahmen ergriffen.[167] Darüber hinaus war die »Sicherheit« des Unterlebens offenbar gering. Ein Insasse, der die Flucht plante, konnte dies wohl ungefährdet einem oder zwei Freunden mitteilen, doch eine Clique von fünf oder sechs Personen war bereits ein unzuverlässiger Geheimnisträger. Dies ging z. T. auf die Tatsache zurück, daß die Anstaltspsychiater der Meinung waren, daß der Patient ihnen im Interesse seines eigenen Therapie-Erfolgs alles berichten sollte; und in sonderbarer Auslegung dieses Prinzips glaubten viele Patienten, sie könnten

schäfte machten, bearbeiteten; ein Informant müßte dann damit rechnen, daß seine eigene Schuld in seinen Fallbericht eingetragen würde. Selbstverständlich äußerten die Patienten in beiden Teilen der Klinik den Eindruck, daß das Stationspersonal, sollten sie einen Wärter der Grausamkeit oder des Diebstahls bezichtigen, zusammenhalten würde, egal worum es ginge. Interessant ist in diesem Zusammenhang ein Vergleich mit dem Material über eine andere Gruppe, zu deren Pflicht die Ausübung von Zwang gehört, nämlich der Polizei, sowie mit den Ergebnissen, die belegen, wieviel heimliche Unterstützung Polizisten einander zuteil werden lassen. Siehe William Westley, »Violence and the Police«, *American Journal of Sociology,* LIX (1953), S. 34–41, und »Secrecy and the Police«, *Social Forces,* XXXIV (1956), S. 254–57.
166 Vom Gefängnistrakt im Central Hospital behaupteten einige Patienten, er sei in der extensiveren Art der Gefängnisse für Gesunde »organisiert«. Hier, so behaupteten sie, konnte man einen Wärter bestechen, damit er einen Brief transportierte oder Schmuggelware hereinbrachte, es gab einen Buchmacher, »Knastpolitik« wurde betrieben, eine Clique von Insassen beherrschte den Schauplatz, und es wurde ein Patientenstreik organisiert, um Druck auf mißliebige Beamte auszuüben. Über diese Dinge besitze ich keine Informationen aus erster Hand.
167 Im Verlauf der Untersuchung überredete ein Patient, der allgemein als »ungehobelt« galt, zwei sehr beliebte Schwesternschülerinnen, mit ihm in die Stadt zu gehen, um etwas zu trinken. Die Mädchen wurden ertappt und vor Beendigung ihres Kurses nach Hause geschickt, und der Patient wurde auf eine Strafstation versetzt. Ich hatte im Stillen vorausgesagt, er würde für seine Handlung von den anderen Patienten geächtet werden; doch während zwar viele Patienten sich in seiner Abwesenheit abfällig über ihn äußerten, gab es von seiten der Mitpatienten keinerlei gegen ihn gerichtete Aktionen.

ihren eigenen psychiatrischen Status dadurch verbessern, daß sie Freunde verpetzten. Es war also kaum überraschend, wenn eine Freizeithelferin in resigniertem, aber freundlichem Ton berichtete:

Wissen Sie, sie sind einfach wie Kinder, sobald jemand etwas anstellt, kommen die anderen und erzählen es mir.

Auch nicht, wenn einer der erfolgreichsten Unternehmer unter den Patienten sagte:

Wenn die Serien gezogen werden, kann man hier vor der Kantine jede Summe setzen. Ich spiele hier nie, weil es zu viele Spitzel gibt, weiße wie schwarze, und man weiß ja nie ... Wenn ich auf eine Nummer setzen will, dann rufe ich einfach an, und am Nachmittag kommt dann jemand vorbei und macht es perfekt.

Sowohl der Mangel an informeller sozialer Kontrolle als auch das bereits erwähnte Fehlen weitergehender Kooperation unter den Patienten kann als Beweis für eine schwache informelle soziale Organisation unter den Patienten gewertet werden. Die Psychiatrie erklärt dies damit, daß Geisteskranke *per definitionem* unfähig seien, die übliche Ordnung und Solidarität aufrechtzuerhalten – eine Erklärung, die für die Anomie in Gefängnissen und Konzentrationslagern weniger zutrifft. Jedenfalls ist es interessant, mögliche weitere Erklärungen heranzuziehen. Eine besagt, daß die Patienten im Central Hospital wenig reaktive Solidarität zeigten: anstatt zusammenzuhalten und ihren Patientenstatus gegen die traditionelle Welt zu verteidigen, versuchten sie in Cliquen und Zweiergruppen, sich gegenseitig als normal und die vielen anderen anwesenden Patienten als verrückt zu definieren. Kurz gesagt, nur wenige Patienten waren stolz darauf, Patienten zu sein.[168] Darüber hinaus wurde die reaktive Solidarität durch die Tatsache geschwächt, daß das Personal sich nicht insgesamt als restriktiv und hart definieren ließ, auch wenn dies durchweg für die Lebensbedingungen auf den Stationen zutraf.

VI.

Durch die Beschreibung des Spielraums der sekundären Anpassung, der den Patienten im Central Hospital zur Verfügung stand, habe

168 Dies stellte William R. Smith fest, der eine nicht publizierte Arbeit über die Solidarität unter den Insassen angefertigt hat.

ich versucht, Begriffe zu entwickeln, die auf die sekundäre Anpassung in anderen Anstalten ebenfalls zutreffen. Die Einheit der Beschreibung war nicht durch dramatische Gesichtspunkte, sondern durch die Bedürfnisse der komparativen Analyse bestimmt. Folglich wurde der Ablauf der Aktivitäten, die die Patienten im Central Hospital ausübten, zum Zweck der Klassifizierung in kleine Bruchstücke unterteilt. Es kann dadurch der Eindruck entstehen, daß die Patienten sich den ganzen Tag unregelmäßig mit kindischen Tricks und verwegenen Gesten beschäftigten, um ihr Los zu verbessern, und daß dieses traurige Bild völlig mit unseren traditionellen Vorstellungen von der »Verrücktheit« psychiatrischer Patienten übereinstimmte. Demgegenüber möchte ich feststellen, daß die Patienten in der Praxis alle die von mir referierten sekundären Anpassungsformen im Stil intelligenter, wirklichkeitsbezogener Zielstrebigkeit einsetzten, so daß ein Außenstehender, sobald ihm die Zusammenhänge bekannt waren, durchaus das vertraute Gefühl haben konnte, sich in einer Gemeinschaft zu befinden, die mehr Gemeinsamkeiten mit anderen ihm bekannten Gemeinschaften aufwies, als daß sie sich von ihnen unterschieden hätte. Es ist eine hergebrachte Redensart, daß es zwischen Geisteskranken und normalen Menschen keine klare Grenze gebe; demnach läge eher ein Kontinuum vor, wobei der wohlangepaßte Bürger am einen Ende steht und der voll ausgeprägte Psychotiker am anderen. Dagegen muß ich einwenden, daß mir nach einer gewissen Zeit der Akklimatisierung in der Heilanstalt die Vorstellung von einem Kontinuum ein wenig vermessen erschien. Eine Gemeinschaft ist eine Gemeinschaft. Mag sie auch denjenigen, die ihr nicht angehören, bizarr erscheinen, so ist sie doch für denjenigen, die sie von innen erleben, eine natürliche, wenn auch nicht erwünschte Angelegenheit. Die Umgangsformen, die die Patienten untereinander entwickeln, stellen nicht einen Extremfall von irgend etwas dar, sondern bieten eher ein Beispiel der menschlichen Vergesellschaftung, das man zwar tunlich vermeiden sollte, das aber nichtsdestoweniger vom Wissenschaftler in seine Sammlung all der anderen Vergesellschaftungsformen, die er feststellen konnte, eingereiht zu werden verdient.

Dritter Teil: Schlußfolgerungen

I.

In jeder sozialen Institution gibt es offizielle Erwartungen hinsichtlich dessen, was der Beteiligte der Anstalt schuldig ist. Selbst in den Fällen, wo keine bestimmten Aufgaben zu verrichten sind, wie bei einigen Nachtwächter-Jobs, verlangt die Organisation eine bestimmte Geistesgegenwart, eine Kenntnis der vorliegenden Situation und einige Bereitschaft für unvorhergesehene Ereignisse; solange die Institution verlangt, daß ihre Mitglieder bei der Arbeit nicht schlafen, erwartet sie von ihnen, daß sie für bestimmte Dinge wach bleiben. Und wo das Schlafen erwartet wird, wie in einer Wohnung oder einem Hotel, da wird es stets Limitierungen geben, die besagen, wann und wo mit wem und unter Einhaltung welcher Gepflogenheiten geschlafen werden soll.[169] Über diese an den einzelnen gestellten Ansprüche hinaus, sie mögen groß oder klein sein, haben die Manager jeder Institution sehr umfassende Vorstellungen davon, welche Eigenschaften der Einzelne mitzubringen habe, damit er diesen Ansprüchen gerecht werde.

Sobald wir uns einer sozialen Institution zuwenden, finden wir ein Gegenstück zu diesem ersten Motiv: wir stellen fest, daß die Beteiligten sich irgendwie weigern, die offizielle Auffassung darüber, was sie der Institution schulden und was diese ihnen schuldet, und darüber hinaus, welches Selbst und welches Milieu sie für sich akzeptieren sollten, zu übernehmen. Wo man Begeisterung erwartet, findet man Apathie; statt Treue findet man Unzuverlässigkeit; statt Gegenwart Abwesenheit, statt Robustheit Krankheiten aller Art; wo etwas getan werden sollte, findet man die verschiedensten Formen der Muße. Wir stellen eine Vielzahl alltäglicher kleiner Geschichten fest, deren jede einen Schritt in Richtung Freiheit bedeutet. Wann immer ein bestimmtes Milieu erzeugt werden soll, entwickelt sich das Unterleben.

169 Im Mittelalter, als Reisende mit der Postkutsche manchmal gezwungen waren, im Gasthaus das Bett mit einem Fremden zu teilen, regelten Höflichkeits-Bücher das korrekte Verhalten im Bett. Siehe Norbert Elias, *Über den Prozeß der Zivilisation* (2 Bde., Basel, Verlag Haus zum Falken, 1934), Bd. II, S. 219 bis 221, »Über das Verhalten im Schlafraum«. Zur Soziologie des Schlafes bin ich den unpublizierten Schriften von Wilhelm Aubert und Kaspar Naegle verpflichtet.

Die Untersuchung des Unterlebens in restriktiven totalen Institutionen wirft besonders interessante Fragen auf. Sobald die Existenz bis auf das Gerippe entblößt wird, erkennt man, was die Menschen unternehmen, um ihr Leben auszustaffieren. Verstecke, Transportsysteme, Freiräume, Territorien, Materialien für den wirtschaftlichen und sozialen Austausch – dies sind offenbar die minimalen Voraussetzungen, um ein Leben aufzubauen. Für gewöhnlich gelten diese Bedingungen als gesicherter Bestandteil der primären Anpassung; sobald sie einem durch Vertrag, Intelligenz, Gewalt oder List offiziell aberkannt werden, erkennt man erst, wie wichtig sie sind. Auch vermittelt das Studium der totalen Institutionen die Erkenntnis, daß formale Organisationen an bestimmten Punkten verletzlich sind: Dazu gehören Vorratsräume, Krankenstationen, Küchen oder Plätze mit komplizierter technischer Apparatur. Dies sind die Wetterecken, in denen sich die sekundären Anpassungsformen entwickeln und die Anstalt zu verunsichern beginnen.

Heilanstalten sind ein Sonderfall jener Institutionen, in denen das Unterleben zu entstehen pflegt. Geisteskranke sind Menschen, die in der Außenwelt irgendwelche Schwierigkeiten verursacht haben, so daß jemand, der ihnen physisch oder auch sozial nahe stand, zu einer psychiatrischen Aktion gegen sie veranlaßt wurde. Häufig gingen diese Schwierigkeiten damit einher, daß der »vorklinische Patient« sich irgendeine momentane Ungehörigkeit leistete, daß er ein in der betreffenden Situation unangebrachtes Verhalten zeigte. Solches Fehlverhalten zieht die moralische Ablehnung der Gemeinschaften, Institutionen und Verwandten, die Anspruch auf die Ergebenheit eines Menschen haben, nach sich.

Diese Vergehen gegen den Anstand werden durch die Stigmatisierung als geisteskrank und durch die unfreiwillige Hospitalisierung geahndet. Wenn das Individuum nach dem Eintritt in die Klinik weiterhin Symptome zeigt und in seiner ersten Reaktion auf die Klinik noch zusätzliche Symptome entwickelt, so ist dies kein geeignetes Mittel mehr, um seine Unzufriedenheit auszudrücken. Wenn der Patient sich weigert, mit dem Personal oder seinen Mitpatienten auch nur ein Wort zu wechseln, so kann dies von seinem Standpunkt aus ein zureichender Beweis sein, daß er die Auffassung der Institution darüber, was und wer er ist, ablehnt; das höhere Management kann jedoch diesen Ausdruck der Entfremdung gerade als ein Symptom der Art auslegen, zu dessen Behandlung die Institution eingerichtet wurde, und darin den besten Beweis sehen, daß der Patient korrekterweise dorthin gehört, wo er sich nunmehr befindet. Kurz gesagt, durch die Hospitalisierung wird der Patient überlistet, indem er der üblichen Ausdrucksformen beraubt wird, durch welche der einzelne sich dem Zugriff der Organisation entziehen kann: Respektlosigkeit, Schweigen, *sotto voce* geäußerte Bemerkungen, unkooperatives Verhalten, mutwillige Zerstörung von Einrichtungsgegenständen usw; solche Zeichen des Sich-Ausschließens werden nun als Anzeichen der rechtmäßigen Zugehörigkeit des Urhebers gewertet. Unter solchen Bedingungen sind alle Anpassungsformen primär.

Außerdem liegt hier ein *circulus vitiosus* vor; wer auf einer »schlechten« Station untergebracht ist, wird feststellen, daß ihm nur wenige Ausrüstungsgegenstände irgendwelcher Art zur Verfügung stehen; so werden ihm vielleicht jeden Abend die Kleider abgenommen, Freizeitmaterial wird ihm vorenthalten, und die Möblierung besteht nur aus hölzernen Stühlen und Bänken. Für Feindseligkeiten gegen die Institution stehen nur beschränkte, schlecht geeignete Mittel zur Verfügung; so kann der Patient lediglich einen Stuhl auf den Boden stoßen oder mit einer Zeitung laute, explosionsartige Geräusche verursachen. Je weniger diese Ausstattung geeignet ist, die Ablehnung der Klinik auszudrücken, desto mehr erscheint ein solcher Akt als psychotisches Symptom, und desto wahrscheinlicher ist es, daß das Management sich für berechtigt hält, den Patienten auf eine schlechte Station zu legen. Wenn ein Patient nackt und ohne handgreifliche Ausdrucksmöglichkeiten eingesperrt ist, bleibt ihm nichts anderes übrig, als, wenn er dies kann, seine Matratze zu zerreißen oder mit Fäkalien Parolen an die Wand zu schreiben – lauter Akte, die das Management davon überzeugen, daß die Einschließung des Betreffenden gerechtfertigt ist.

In diesen Kreislauf sind auch die kleinen verbotenen, talismanartigen Besitztümer einbezogen, die die Insassen symbolisch benützen, um sich von der ihnen zugedachten Position zu distanzieren. Ein meines Erachtens typisches Beispiel aus der Literatur über Gefängnisse soll dies belegen:

Die Gefängniskleidung ist anonym. Alles, was man besitzt, ist eine Zahnbürste, ein Kamm, eine Bettstelle und eine Decke, die halbe Fläche eines niedrigen Tisches, ein Rasierapparat. Das Bedürfnis, Besitz aufzuhäufen, nimmt im Gefängnis absurde Formen an. Steine, Schnur, Messer – alles, was von Menschenhand gemacht und von den Institutionen verboten ist: ein roter Kamm, eine etwas anders aussehende Zahnbürste, ein Gürtel, all dies wird emsig gesammelt, eifersüchtig versteckt oder triumphierend vorgezeigt.[170]

Aber wenn ein Patient, dem allabendlich seine Kleider fortgenommen werden, seine Taschen mit Schnurenden und zusammengerollten Papierschnitzeln anfüllt, und wenn er darum kämpft, diese Besitztümer behalten zu können, obwohl er damit denjenigen zur Last fällt, die regelmäßig seine Taschen durchsuchen müssen, dann wird er für gewöhnlich als jemand angesehen, der das einem sehr kranken Patienten angemessene Symptomverhalten zeigt, nicht aber als jemand, der versucht, sich von der ihm zugedachten Situation zu distanzieren.

Meist definiert die offizielle psychiatrische Doktrin solche distanzierenden Akte als psychotisch – eine Auffassung, die durch die Tatsache gestützt wird, daß jener Kreislauf die Patienten dazu treibt, ihre Distanzierung in immer grotesskeren Formen auszudrücken. Aber nach dieser Theorie kann eine Klinik nicht geführt werden. Die Klinik kann nicht darauf verzichten, von ihren Angehörigen das zu verlangen, worauf auch andere Institutionen insistieren; die psychiatrische Theorie ist zwar geschmeidig genug, nicht aber die Anstalten. Angesichts der Normen, die in der die Institution umgebenden Gesellschaft gelten, muß ein Minimum an Ordnung aufrechterhalten werden, um die Patienten füttern, waschen und betten zu können und um sie vor physischen Beschädigungen zu bewahren. Um diese Ordnung einzuhalten, müssen die Patienten veranlaßt und ermuntert werden, ihr zu gehorchen. Es müssen Forderungen gestellt werden, und wenn ein Patient die in ihn gesetzten Erwartungen nicht erfüllt, wird Enttäuschung gezeigt. Da das Personal, nachdem der Patient eine bestimmte Zeit auf der Station war, eine psychiatrische Besserung sehen will, wird es ihn zu einem »angemessenen« Verhalten ermuntern und seine Enttäuschung ausdrücken, wenn er in die »Psychose« zurückfällt. So wird der Patient wiederhergestellt als jemand, auf den andere sich verlassen können und der wissen sollte, wie man korrekt handelt.

170 Cantine and Rainer, op. cit., S. 78. Man vergleiche die Dinge, welche kleine Jungen in ihren Taschen deponieren; manche dieser Gegenstände scheinen einen Keil zwischen den Jungen und den Haushalt zu treiben.

Manche Formen ungebührlichen Verhaltens, etwa Schweigen oder Apathie, die die Stationsordnung nicht stören, sondern sogar entlasten, werden vielleicht weiterhin ganz natürlich als Symptome aufgefaßt, doch insgesamt geht die Klinik von der halb-offiziellen Annahme aus, daß der Patient sich anstandslos zu verhalten und Respekt für die Psychiatrie aufzubringen habe, wobei derjenige, der dies tut, durch eine Verbesserung seiner Lebensbedingungen belohnt wird, und derjenige, der dies nicht tut, durch den Entzug bestimmter Annehmlichkeiten bestraft wird. Während solche normalen Organisationspraktiken halb-offiziell wieder eingeführt werden, stellt der Patient fest, daß viele der traditionellen Formen der Beurlaubung aus einer Situation ohne psychische Entfernung aus ihr weiterhin gültig bleiben; dadurch wird die sekundäre Anpassung möglich.

III.

Unter den vielen verschiedenen Formen der sekundären Anpassung sind einige von besonderem Interesse, weil sie das Motiv von Engagement und Unzufriedenheit, das für all diese Praktiken charakteristisch ist, beleuchten.

Eine besondere Form der sekundären Anpassung bilden die »Zerstreuungen« (oder »Kicks«), nämlich solche Unternehmungen, die es dem Individuum ermöglichen, sich darin zu verlieren und zeitweilig das Gefühl für seine Umwelt auszulöschen, mit der und in der es sich abfinden muß. Ein beispielhafter Fall aus einer totalen Institution war Robert Stroud, der »Vogelmann«, der eine einzigartige Geschicklichkeit darin bewies, sich heimlich und unter Verwendung vieler Notbehelfe ein wissenschaftliches Laboratorium aufzubauen und schließlich ein führender Ornithologe wurde, und all dies im Gefängnis.[171] Ähnliche Erleichterungen bieten Sprachkurse in Kriegsgefangenenlagern und Malkurse in Gefängnissen.[172]

Im Central Hospital standen den Insassen mehrere solcher Fluchtwelten zur Verfügung.[173] Eine davon war der Sport. Etliche Base-

171 Gaddis, op. cit.
172 J. F. N., op. cit., S. 17–18.
173 Hinter der informellen sozialen Typisierung und der informellen Gruppenbildung in Gefängnissen läßt sich oft eine Zerstreuungsaktivität feststellen. Caldwell, op. cit., S. 651–53, gibt einige interessante Beispiele von Gefangenen, die sich mit solchen Hobbys beschäftigten: manche beschafften sich und benützten Drogen; manche machten Lederarbeiten, um sie zu verkaufen; es gab jene »Spar-

ball- und Tennisspieler gingen so vollständig in ihrem Sport und den täglichen Erörterungen ihrer Wettkampferfolge auf, daß dies, zumindest in den Sommermonaten, zu ihrer ausschließlichen Beschäftigung wurde. Beim Baseball wurde dies noch dadurch unterstützt, daß jene Patienten, die Ausgangserlaubnis hatten, die nationalen Baseballspiele ebenso gut verfolgen konnten wie manch einer draußen. Etliche junge Patienten, die, wenn es ihnen gestattet wurde, keine in ihrer Abteilung oder im Freizeitgebäude stattfindende Tanzveranstaltung ausließen, lebten in der ständigen Erwartung, eine »interessante« Bekanntschaft zu machen oder jemanden, der sie interessierte, wiederzutreffen – nicht viel anders als College-Studenten, die ihre Studienzeit überstehen, indem sie sich auf die neuen »Flirts« freuen, die die außerakademische Aktivität für sie bereithält. Das im Central Hospital herrschende Ehemoratorium, das einen Patienten tatsächlich von seinen Verpflichtungen gegenüber einem Nicht-Patienten befreite, war dieser Zerstreuung ebenfalls zuträglich. Eine Handvoll Patienten fand wirksame Zerstreuung in den halbjährlichen Bühnenaufführungen: Proben, Kostümschneiderei, Bühnenbildnerei, die Aufführungen selbst, das Schreiben und Umschreiben der Stücke – all dies ermöglichte es den Beteiligten, nicht weniger als in der Außenwelt, sich ihr eigenes Milieu zu schaffen. Übertriebene Religiosität war für manche Patienten ein weiteres Hobby – das jedoch den Klinik-Geistlichen einige Ungelegenheiten bereitete. Für wieder andere Patienten erfüllte das Glücksspiel diese Funktion.[174]

Im Central Hospital waren die beweglichen Mittel, mit denen man sich in eine andere Welt versetzen konnte, sehr beliebt: Kriminalromane[175], Spielkarten und sogar Laubsäge-Puzzlespiele trugen

---

taner«, die sich ganz der Verherrlichung ihrer Körper hingaben, wobei die Gefängniszelle offenbar als Muskelstrand diente; die Homosexuellen; die Glücksspieler, usw. Das Wesentliche bei all diesen Aktivitäten ist, daß sie um die Person herum, die sich mit ihnen beschäftigt, eine Welt aufbauen und dadurch das Gefängnis verdrängen.

174 Melville, op. cit., widmet ein ganzes Kapitel (LXXIII) dem verbotenen Glücksspiel an Bord seines Seglers.

175 Die Entrückungsfunktion des Lesens im Gefängnis wird gut bei Behan beschrieben, op. cit.; siehe auch Heckstall-Smith, op. cit., S. 34: »Die Gefängnisbücherei bot eine leidlich gute Auswahl an Büchern. Aber mit der Zeit las ich nur noch, um die Zeit totzuschlagen – und las alles und jedes, was mir in die Hände fiel. Während jener ersten Wochen war das Lesen für mich ein Schlafmittel, und an jenen langen Frühsommerabenden schlief ich oft über meinem Buch ein.«

die Leute mit sich herum. Dadurch konnten sie sich nicht nur inner-
lich aus der Station und aus der Klinik entfernen, sondern wenn sie
etwa eine Stunde auf einen Beamten oder die Ausgabe einer Mahlzeit oder die Öffnung des Freizeitgebäudes warten mußten, dann
ließen sich die durch eine solche Unterordnung bedingten nachteiligen Folgen für das Selbst unmittelbar dadurch beseitigen, daß
man die Versatzstücke seiner eigenen kleinen Welt hervorholte.

In Einzelfällen nahm diese Schaffung einer eigenen Welt erstaunliche Formen an: Ein depressiver, suizidverdächtiger Alkoholiker,
offenbar ein guter Bridge-Spieler, verschmähte beinah alle anderen
Patienten als Mitspieler und vertrieb sich dadurch die Zeit, daß er
sein Taschen-Bridgespiel überallhin mitnahm und gegen sich selber
spielte. Gab man ihm seinen Lieblingskaugummi und sein Transistorradio, dann konnte er beliebig der Klinikwelt entschweben
und in schierem Wohlgefallen schwelgen.

Zu diesen Zerstreuungen gehört auch das Über-Engagement für
eine Institution. In der Klinikwäscherei z. B. arbeitete ein Patient,
der diesen Job schon seit einigen Jahren versah. Er bekleidete die
Position eines inoffiziellen Vorarbeiters, und im Gegensatz zu fast
allen anderen arbeitenden Patienten warf er sich mit solcher Geschicklichkeit, Hingabe und Ernsthaftigkeit in die Arbeit, daß es
allgemein auffiel. Über ihn sagte der verantwortliche Aufseher der
Wäscherei:

Dieser da ist mein spezieller Helfer. Er arbeitet härter als alle anderen
zusammen. Ohne ihn wäre ich verloren.

Seine Mühe wurde dadurch belohnt, daß der Wärter ihm von zu
Hause fast täglich etwas zu essen mitbrachte. Und dennoch war die
Art seiner Anpassung irgendwie grotesk, denn obwohl er so völlig
in der Arbeit aufging, hatte dies den Anschein von etwas Vor-

Kogon, op. cit., S. 136, gibt ein Beispiel aus dem Konzentrationslager:
»Die Büchereien hatten zum Teil sehr wertvolle Werke. Ich selbst habe mich im
Winter 1942/43, als im Block 42 des KL Buchenwald Nachtwachen eingerichtet
werden mußten, weil aus den Spinden dauernd Brot gestohlen wurde, monate-
lang dazu gemeldet, morgens zwischen drei und sechs Uhr allein im Tagesraum
zu sitzen, um, wenn es herrlich ruhig dort war, die Zeit zu finden, die Schätze
der Lagerbibliothek zu studieren. Welch ein Erlebnis, mit Platons »Gastmahl«
oder Galsworthys »Swan Song« oder mit Heine, Klabund, Mehring unter einer
abgeblendeten Lampe zu sitzen, während die oft kaum mehr erträgliche »Gemeinschaft«, an deren Reihen man sonst auf Gedeih und Verderb in jeder
Lebensäußerung gefesselt war, nebenan im Schlafsaal schnarchte! Heine, Klabund, Mehring? Ja, auch sie gab es illegal im Lager, und zwar aus der sogenannten Altpapierverwertung.«

getäuschtem; trotz allem war er nicht Vorarbeiter sondern Patient, und an diese Tatsache wurde er außerhalb seiner Arbeit nachdrücklich erinnert.

Offensichtlich legen einige Beispiele den Schluß nahe, daß die Zerstreuungen an sich nicht illegitim zu sein brauchen; vielmehr veranlaßt uns die Funktion, die sie für den Insassen erfüllen, sie den anderen sekundären Anpassungsformen an die Seite zu stellen. Ein Extremfall ist hier wohl die individuelle Psychotherapie in einer staatlichen Heilanstalt. In solchen Institutionen[176] ist dieses Privileg so selten, und der damit verbundene Kontakt mit einem Anstaltspsychiater ist im Sinne der Statusstruktur der Klinik so einzigartig, daß der Patient durch seine Psychotherapie bis zu einem gewissen Grade vergessen kann, wo er ist. Indem er tatsächlich das erhält, was die Institution formal zu bieten beansprucht, kann es dem Patienten gelingen, sich dem zu entziehen, was die Anstalt tatsächlich bietet. Daraus läßt sich allgemein folgern: Fast jede Aktivität, an der sich zu beteiligen eine Anstalt ihren Mitgliedern vorschreibt oder erlaubt, stellt eine potentielle Bedrohung der Organisation dar, denn es gibt keine Aktivität, für die das Individuum sich nicht übermäßig engagieren könnte.

Aber noch ein weiteres Merkmal zeichnet manche geheimen Praktiken eindeutig aus und spielt wahrscheinlich bei allen eine gewisse Rolle: ich meine das, was Freudianer manchmal »Überdetermination« nennen. Gewisse verbotene Aktivitäten werden mit einem solchen Maß an Bosheit, Heimtücke, Freude und Triumph und mit einem so großen persönlichen Aufwand verfolgt, daß dies in keinem Verhältnis zu dem eigentlichen Vergnügen steht, welches der Genuß des erzielen Produkts bietet. Wohl ist es ein zentrales Merkmal geschlossener, restriktiver Institutionen, daß anscheinend geringfügige Befriedigungen eine sehr große Bedeutung gewinnen. Aber selbst wenn man eine solche Neubewertung in Rechnung stellt, bleibt ein erklärungsbedürftiger Rest. Ein Aspekt der Überdetermination mancher sekundärer Anpassungsformen ist die Sensation, die jemand lediglich deshalb aus einer Praktik bezieht, weil sie verboten ist.[177] Insassen des Central Hospital, denen eine be-

---

176 Unter annähernd 7000 Patienten des Central Hospital erhielten nach meinen Berechnungen zum Zeitpunkt der Untersuchung im Jahr etwa 100 irgendeine Form der individuellen Psychotherapie.
177 Dieses Thema untersucht Albert Cohen, *Delinquent Boys* (Glencoe, Ill., The Free Press, 1955).

sonders raffinierte Übertretung der Vorschriften gelungen war, suchten anscheinend nach einem Mitinsassen, dem sie, auch wenn er nicht ganz vertrauenswürdig war, den Beweis dieser Übertretung zeigen konnten. Ein Patient, der von einem mitternächtlichen Streifzug ins Nachtleben der Stadt zurückkehrte, wußte am nächsten Tag lauter Geschichten über seine Heldentaten zu berichten; ein anderer nahm vielleicht seine Freunde auf die Seite und zeigte ihnen, wo er die leere Schnapsflasche versteckt hatte, die er am Abend vorher geleert hatte; oder er zeigte ihnen die Präservative in seiner Brieftasche. Auch war es keineswegs überraschend, daß die Grenzen der Geheimhaltung auf die Probe gestellt wurden. Ich kannte einen sehr einfallsreichen Alkoholiker, der einen halben Liter Wodka einzuschmuggeln pflegte und sich mit einem vollen Pappbecher an der exponiertesten Stelle der Wiese, die er finden konnte, niederließ, um sich dort langsam vollaufen zu lassen; dabei machte es ihm Freude, Personen einzuladen, die einen beinah personalartigen Status bekleideten. So kannte ich auch einen Wärter, der sein Auto direkt vor der Patientenkantine – also genau im sozialen Zentrum der Patientenwelt – parkte, und dort erörterte er, zusammen mit einem befreundeten Patienten, die intimsten Dinge der vorbeigehenden Frauen, während sie einen Pappbecher voll Bourbon-Whisky auf der Motorhaube stehen hatten; direkt unter den Augen der Menge prosteten sie einander zu, ohne sich darum zu scheren, was um sie herum vorging.

Ein weiterer Aspekt der Überdeterminiertheit einiger sekundärer Anpassungsformen besteht darin, daß ihre Anwendung an sich schon eine Quelle der Befriedigung darstellt. Wie bereits im Bezug auf amouröse Kontakte festgestellt, wurde die Institution als Gegner in einem ernsthaften Spiel definiert, in dem es darum ging, sie zu begaunern. So hörte ich Gruppen von Patienten genüßlich über die Möglichkeit diskutieren, am Abend Kaffee zu »ergaunern«[178], wobei sie tatsächlich einen so schwerwiegenden Ausdruck für eine belanglose Sache wählten.[179] Die Bereitschaft von Gefängnisinsas-

178 Welche unauffälligen, andauernden geheimen Anstrengungen nötig sind, um im Gefängnis Kaffee zu besorgen, beschreiben ausführlich Hayner and Ash, op. cit., S. 365–66.
179 Traditionellerweise wird der Wert der Bestrebung selbst im Verhältnis zur Gesamtgesellschaft gesehen, so etwa wenn Drogensüchtige als Menschen definiert werden, die ein äußerst bedeutungsvolles tägliches Spiel gegen die Gesellschaft spielen, um ihre tägliche Spritze zu erlangen, und wenn Drogenhändler und

sen, jemandem, der in Einzelhaft sitzt, Speisen und andere Liebesgaben zuzuschmuggeln, ist daher wohl nicht nur als ein Akt des
Mitleids zu werten, sondern als solidarische Identifikation mit
demjenigen, der sich gegen die Autorität auflehnt.[180] Ähnlich sind
die zeitraubenden, raffinierten Fluchtpläne, mit denen sich Patienten, Gefangene und Kriegsinternierte beschäftigen, nicht nur als
ein Weg, hinauszugelangen, sondern auch als eine Möglichkeit, dem
Drinsein einen Sinn zu verleihen, anzusehen.

Sekundäre Anpassungsmechanismen werden also überdeterminiert,
und einige davon in besonderem Maß. Diese Praktiken nützen
demjenigen, der sich ihrer bedient, in einer Weise, die über das
unmittelbar erkennbare Ziel hinausgeht: Was immer diese Praktiken für den Praktiker zu leisten vermögen – wenn schon niemand
anderem, dann zeigen sie doch ihm selbst, daß er jenseits des Zu-
griffs der Organisation eine gewisse Individualität und persönliche
Autonomie besitzt.[181]

IV.

Nachdem es eine der Funktionen der sekundären Anpassung ist,
eine Schranke zwischen dem Individuum und der sozialen Einheit
zu errichten, an der es sich beteiligen sollte, können wir erwarten,

Gauner als Menschen angesehen werden, die hart für die fesselnde, ehrenhafte
Aufgabe arbeiten, Geld zu verdienen, ohne bei der Arbeit gesehen zu werden.
180 Dieses Thema behandelt McCleery, S. S. R. C. Bulletin No. 15, op. cit.,
S. 60 Fn.: »Die vorliegende Untersuchung geht von der Annahme aus, daß das
Vorzeigen von Gütern und Privilegien bei Insassen dazu dient, einen Status
zu symbolisieren, der auf andere Weise zu erlangen ist. Die Symbole zeugen
für die Fähigkeit, die Macht zu manipulieren oder ihr Widerstand zu leisten;
und die Insassen-Körperschaft offenbart einen Zwang, Männern, die bestraft
werden, solche Symbole zur Verfügung zu stellen, obgleich es ihre einzige
Funktion ist, der Macht tapfer standzuhalten.«
181 Dies kommt in Dostojewskis Beschreibung des Lebens in einem sibirischen
Gefangenenlager, op. cit., gut zum Ausdruck: »Im Gefängnis gab es viele, die
als Schmuggler verurteilt worden waren, und daher ist es nicht überraschend,
wie der Wodka hereingebracht wurde trotz all der Wachen und Untersuchungen.
Schmuggel, nebenbei, ist an sich ein ganz besonderes Verbrechen. Kann man sich
zum Beispiel vorstellen, daß bei manchen Schmugglern Geld und Profit nicht
im Vordergrund stehen, sondern eine sekundäre Rolle spielen? Dem ist jedoch
tatsächlich so. Der Schmuggler arbeitet aus Liebe zur Sache, weil er eine Berufung
hat. In gewissem Sinne ist er ein Dichter. Er riskiert alles, setzt sich furchtbaren
Gefahren aus, dreht und wendet sich, gebraucht seine Erfindungsgabe und windet
sich heraus; manchmal scheint es geradezu, als handelte er aus der Eingebung. Es
ist eine Leidenschaft, so stark wie die für das Spiel.«

daß einige sekundäre Anpassungsformen keinen eigentlichen Nutzen versprechen und nur dazu dienen, eine unerlaubte Distanz auszudrücken – als eine »selbstbewahrende Ablehnung des Ablehnenden«.[182] Dies ist offenbar bei den weit verbreiteten Formen der rituellen Insubordination der Fall, z. B. beim Nörgeln und Meckern – mithin einem Verhalten, das keine wirkliche Veränderung verspricht. Durch direkte Unverschämtheit, die keine unmittelbare Zurechtweisung nach sich zieht, durch praktisch außer Hörweite der Vorgesetzten geäußerte Bemerkungen, durch hinter dem Rücken der Vorgesetzten ausgeführte Gebärden usw. pflegen Untergebene eine gewisse Distanzierung von dem ihnen offiziell zugewiesenen Platz auszudrücken. Ein ehemaliger Insasse der Strafanstalt von Lewisburg gibt dafür ein Beispiel:

An der Oberfläche scheint das Leben hier beinah gemütlich zu verlaufen, aber man braucht nur ein wenig unter die Oberfläche zu blicken, um die Wirbel und Strudel der Wut und Frustration festzustellen. Da gibt es ein dauerndes Murren der Unzufriedenheit und Auflehnung: das halb-verhohlene Feixen, wenn wir an einem Beamten oder Wärter vorbeigehen, die vorsichtig kalkulierten Blicke, die Verachtung ausdrücken sollen, ohne offene Vergeltung nach sich zu ziehen . . .[183]

Und Brendan Behan berichtet aus einem englischen Gefängnis:

Der Wärter schrie ihn an. »Jawoll Sir«, brüllte er zurück. »Wird gemacht, Sir«, und leise setzte er hinzu: »Du Arschloch«.[184]

Diese Formen der offenen, aber sicheren Respektsverweigerung sind manchmal ergötzlich, besonders wenn sie kollektiv befolgt werden. Wiederum stammen die anschaulichsten Beispiele aus Gefängnissen:

Wie kann man seine Verachtung für die Autorität ausdrücken? Eine Möglichkeit ist das »Gehorchen«. Die Neger sind besonders geschickte Parodisten und verfallen dabei manchmal in den Gänsemarsch. Mitunter sitzen sie zu zehnt am Tisch und reißen sich im gleichen Moment vorschriftsmäßig die Mützen vom Kopf.[185]

182 Lloyd W. McCorkle and Richard Korn, »Resocialization Within Walls«, *The Annals*, CCXCIII (1954), S. 88.
183 Hassler, op. cit., S. 70–71. Ein Beispiel solcher »Meckerei« beim Militär gibt Lawrence, op. cit., S. 132.
184 Behan, op. cit., S. 45. In der amerikanischen Gesellschaft lernen die Primärschulkinder sehr früh, die Finger zu kreuzen, Widerrede zu murmeln und heimlich Grimassen zu schneiden – wodurch sie ein Minimum an Autonomie beanspruchen, selbst während sie sich der verbalen Rüge des Lehrers unterwerfen.
185 Cantine and Rainer, op. cit., S. 106.

Jeden Sonntag, wenn der Himmelspilot die Kanzel bestieg, um uns unsere wöchentliche Aufmunterungspredigt zu halten, pflegte er ein paar müde Witze zu reißen, und wir lachten dann immer so laut und so lange wie möglich, obwohl er gewußt haben muß, daß wir ihn aufzogen. Immer wieder machte er diese mäßig lustigen Bemerkungen, und jedesmal schallte donnerndes Gelächter durch die ganze Kirche, obgleich nur die Hälfte der Zuhörer verstanden haben konnte, was gesagt worden war.[186]

Manche Akte der rituellen Insubordination bedienen sich der Ironie – so gibt es im Alltagsleben den Galgenhumor, und in Anstalten kommt Talismanen eine sehr große Bedeutung zu. Eine Standardform der Ironie besteht in totalen Institutionen darin, daß besonders bedrohliche oder unangenehme Aspekte der Umwelt mit Spitznamen belegt werden. In den Konzentrationslagern wurden die weißen Rüben manchmal »deutsche Ananas«[187] genannt, und der Arbeitsdienst trug den Namen »Erdkunde-Stunde«[188]. Die chirurgisch behandelten Hirnverletzten auf den psychiatrischen Stationen des Mount-Sinai-Hospitals nannten die Klinik »Mount Zyankali«[189], und die Ärzte wurden

mit charakteristischen Namen belegt, wie etwa »Richter«, »Stehkragenproletarier«, »Kapitän«, »Präsident«, »Barkeeper«, »Unsicherheitsvertreter« und »Kassierer«. Der Name eines Arztes (E. A. Weinstein) wurde in »Weinberg«, »Weingarten«, »Weiner« oder »Weiser Mann« abgewandelt . . .[190]

Im Gefängnis wird die Strafabteilung mitunter »Teepavillon« und ähnlich genannt.[191] Im Central Hospital stand eine Station, auf der besonders zuchtlose Patienten lagen, in dem Ruf, Strafstation für die Wärter zu sein, und wurde von ihnen »Rosengarten« genannt. Eine ehemalige psychiatrische Patientin führt ein weiteres Beispiel an:

Kaum war sie wieder im Tagesraum, meinte Virginia, ihr Kleiderwechseln sei eine »Umkleidetherapie«: U.T. Heute war also ich mit der

186 J. F. N., op. cit., S. 15–16. Siehe auch Goffman, *Presentation of Self,* S. 186–88.
187 Kogon, op. cit., S. 119.
188 Ibid., S. 110.
189 Edwin Weinstein and Robert Kahn, *Denial of Illness* (Springfield, · Ill., Charles Thomas, 1955), S. 21.
190 Ibid., S. 61. Siehe besonders Kap. VI, »The Language of Denial«.
191 Dendrickson and Thomas, op. cit., S. 25.

U. T. an der Reihe. Das würde mehr Spaß machen, wenn ein guter harter Drink zur Hand wäre: Paraldehyd-Alkohol. »Wacholder-Cocktail« nannten wir ihn, wir lustigen Weiber vom Wacholderberg. Einen Martini bitte, sagen die Gebildeteren unter uns. »Und wo, Schwester, bleibt die Olive . . .?«[192]

Tatsächlich braucht die durch Ironie beantwortete Bedrohung nicht von einer fremden menschlichen Autorität auszugehen. Sie kann auch durch den Betreffenden selbst oder durch natürliche Umstände verursacht sein, so z. B., wenn gefährlich Erkrankte über ihre Situation Witze machen.[193]

Neben der Ironie gibt es jedoch noch eine subtilere und vielsagendere Form der rituellen Insubordination. Es ist möglich, einer fremden Autorität gegenüber eine bestimmte, aus Steifheit, Würde und Kälte zusammengesetzte Haltung einzunehmen, die in dieser Mischung gerade so ausgewogen ist, daß die darin zum Ausdruck gebrachte Anmaßung zwar keine unmittelbare Bestrafung nach sich zieht, gleichwohl aber andeutet, daß der Betreffende vollkommen sein eigener Herr ist. Da eine solche Kommunikation durch die Art der Körperhaltung und des Gesichtsausdrucks erfolgt, kann sie dauernd vermittelt werden, ganz gleich, wo der Insasse sich befindet. Dies wird in der Gefängnisgemeinschaft veranschaulicht:

Ein »richtiger Mann« muß mutig, furchtlos, seinen Kameraden gegenüber loyal sein, er darf andere nicht ausnützen, er muß sich konsequent weigern, die Überlegenheit der offiziellen Wertordnung anzuerkennen, und er muß die Auffassung ablehnen, daß der Insasse einer niedrigeren Klasse angehöre. Die richtige Haltung besteht darin, daß er seine eigene fundamentale Integrität, seine Würde und seinen Wert in einer fundamental degradierenden Situation geltend macht, und daß er solche Eigenschaften auch angesichts der vom offiziellen System angewandten Gewalt beweist.[194]

Ähnlich fanden sich im Central Hospital, in den »harten« Stationen mit maximalen Sicherheitsvorkehrungen, überzeugende Bei-

192 Mary Jane Ward, *The Snake Pit* (New York: New American Library, 1955), S. 65.
193 Einen nützlichen Bericht über Witze und andere Möglichkeiten, auf lebensgefährliche Situationen zu reagieren, gibt Renée Fox, *Experiment Perilous* (Glencoe, Ill., The Free Press, 1959), S. 170 ff.
194 Richard Cloward, »Social Control in the Prison«, S. S. R. C. Pamphlet No. 15, op. cit., S. 40. Siehe auch Sykes and Messinger, op. cit., S. 10–11. Manche Minderheitsgruppen weisen im Verhältnis zur Gesellschaft insgesamt eine Spielart dieser nicht provozierenden, aber unnahbaren Haltung auf. Vgl. das Konzept des »coolen Typs« bei den städtischen Negern Amerikas.

spiele von Patienten, die sich zwar nicht vorsätzlich bemühten, Schwierigkeiten zu machen, die jedoch durch ihre bloße Haltung Gleichgültigkeit und eine gewisse Verachtung für alle Dienstränge des Personals sowie äußerste Selbstbeherrschung zum Ausdruck brachten.

v.

Die Entstehung der sekundären Anpassung ließe sich leicht durch die Annahme erklären, daß das Individuum eine Reihe von angeborenen – oder erworbenen – Bedürfnissen besitze, und daß es in einem Milieu, das diese Bedürfnisse nicht befriedigt, in der Weise reagiere, daß es sich Ersatzbefriedigungen verschafft. Wie ich glaube, wird diese Erklärung jedoch nicht der Bedeutung gerecht, die die geheimen Anpassungsmechanismen für das Selbst haben.

Die Soziologen haben immer mit vollem Recht darauf hingewiesen, daß das Individuum durch Gruppen geprägt wird, sich mit Gruppen identifiziert und den Mut verliert, sobald es keine emotionelle Unterstützung durch Gruppen erhält. Aber wenn wir genauer untersuchen, was sich in einer sozialen Rolle, in einem Austausch geselliger Interaktionen, in einer sozialen Institution – sowie in jedem anderen Gebilde der sozialen Organisation – abspielt, dann werden wir feststellen, daß das Individuum nicht vollkommen darin aufgeht. Wir werden immer sehen, daß das Individuum stets Mittel und Wege findet, eine gewisse Distanz, eine gewisse Ellbogenfreiheit zwischen sich selbst und dem, womit die anderen es identifizieren möchten, zu bewahren. Zweifellos bietet eine staatliche Heilanstalt dem Wachstum dieser sekundären Anpassungsformen einen nur allzu fruchtbaren Boden, aber tatsächlich erblühen sie in sozialen Organisationen aller Art wie Unkraut. Wenn wir also feststellen, daß die Beteiligten in allen tatsächlich untersuchten Situationen Abwehrmaßnahmen gegen die soziale Bindung ergreifen, warum sollten wir dann unseren Begriff vom Selbst auf Vermutungen über ein Verhalten stützen, welches das Individuum an den Tag legen würde, wenn die Bedingungen »in Ordnung« wären?

Die einfachste soziologische Auffassung vom Individuum und seinem Selbst besagt, daß es vor sich selbst das ist, was sein Platz innerhalb einer Organisation ihm vorschreibt. Wenn es sein muß, findet der Soziologe sich allerdings bereit, sein Modell zu modifizieren und gewisse Einschränkungen gelten zu lassen: So ist es möglich, daß das Selbst noch nicht geformt ist oder daß es konfligierende Neigungen zeigt. Vielleicht sollten wir noch eine weitere Komplikation dieses Bildes zulassen, indem wir diesen Modifikationen eine zentrale Bedeutung beimessen und für die Zwecke der Soziologie folgende erste Definition des Individuums wagen: Es ist eine Stellung beziehende Entität, ein Etwas, das eine irgendwo zwischen der Identifikation mit einer Organisation und der Opposition gegen diese gelegene Haltung einnimmt, und es ist bereit, beim leisesten Zwang sein Gleichgewicht wieder herzustellen, indem es sein Engagement in die jeweilige Richtung verlagert. Das Individuum kann sich also gegen etwas setzen. Diese Tatsache ist von Wissenschaftlern, die sich mit dem Totalitarismus befaßten, konstatiert worden:

Kurz, Ketman bedeutete die Selbstverwirklichung gegen etwas. Derjenige, der Ketman praktiziert, leidet unter den Hemmnissen, auf die er stößt; aber wenn diese Hindernisse plötzlich verschwänden, dann befände er sich in einer Leere, die vielleicht noch schmerzhafter wäre. Die innere Auflehnung ist manchmal für die innere Gesundheit wesentlich und kann eine bestimmte Form des Glücks bedingen. Was offen gesagt werden darf, ist häufig lange nicht so interessant wie die emotionelle Magie der Verteidigung des eigenen, privaten Heiligtums.[195]

Dasselbe habe ich im Hinblick auf totale Institutionen festgestellt. Könnte dies nicht auch in einer freien Gesellschaft der Fall sein? Ohne etwas, zu dem wir uns zugehörig fühlen, haben wir kein stabiles Selbst, erfordert doch die totale Hingabe und Bindung an jegliche soziale Einheit eine gewisse Selbstlosigkeit. Unser Gefühl, jemand zu sein, kann daraus resultieren, daß wir einer größeren sozialen Einheit angehören; unser Gefühl der Individualität kann sich in den kleinen Maßnahmen bewähren, durch die wir deren Sog widerstehen. Unser Status wird durch das solide Bauwerk unseres Milieus getragen, doch unser Gefühl der persönlichen Identität steckt häufig gerade in den Brüchen.

195 Czeslaw Milosz, *The Captive Mind* (New York, Vintage Books, 1955), S. 76.

Das ärztliche Berufsmodell
und die psychiatrische Hospitalisierung

Einige Bemerkungen zum Schicksal der helfenden Berufe[1]

1 Ich bin Fred Davis und Sheldon Messinger für ihre Kritik und ihre Anregungen dankbar, welche ohne besondere Erwähnung in diese Arbeit eingegangen sind. Ebenfalls ohne besondere Zitierung beziehe ich mich auf die
grundlegende Arbeit zu diesem Thema: Alfred H. Stanton and Morris S.
Schwartz, »Medical Opinion and the Social Context in the Mental Hospital«,
Psychiatry, XII (1949), S. 243–49.

In jeder Gesellschaft gibt es bevorzugte Formen, in denen zwei Individuen sich zueinander verhalten und miteinander in Beziehung treten können, z. B. als Verwandter mit einem Verwandten oder als Hochgestellter mit einem Niedriggestellten. Jedes dieser Kontaktsysteme kann zugleich Quelle der Identität, Richtschnur des idealen Verhaltens und Voraussetzung für Solidarität oder Entzweiung sein. Jedes System beinhaltet eine Reihe interdependenter Annahmen, die aufeinander abgestimmt sind und eine Art Modell bilden. In jedem Fall stellen wir fest, daß charakteristische Zwänge die Menschen davon abhalten, das Ideal zu verwirklichen, und daß die daraus resultierenden Abweichungen charakteristische Auswirkungen haben. Der Gesellschaftswissenschaftler kann daher für seine Zwecke dieselben Modelle benützen, wie die Mitglieder der Gesellschaft es für die ihren tun.

Die wichtigste Form, in der zwei Individuen in unserer Gesellschaft miteinander verkehren können, ist das Verhältnis von Dienendem und Bedientem. Durch eine Untersuchung der Prämissen und Idealvorstellungen, auf denen dieses berufliche Verhältnis beruht, können wir, so glaube ich, einige Aufschlüsse über die Probleme der psychiatrischen Hospitalisierung erhalten.

I.

Spezialisierte Berufe lassen sich in zwei Kategorien unterteilen, nämlich eine, bei der der Praktiker bei seiner Arbeit »dem Publikum begegnet«, und die andere, wo er dies nicht tut und nur für den festen Mitgliederkreis seiner Arbeitsorganisation arbeitet. Die Tatsache, daß er dem Publikum begegnet und es kontrolliert, ist, wie ich glaube, so zentral, daß es berechtigt ist, alle, die diese Erfahrung machen, gemeinsam zu behandeln. Dies bedeutet, daß ein Eisenwarenverkäufer und ein Werkzeugverwalter in der Fabrik für die Zwecke der Untersuchung getrennt zu behandeln sind, trotz der Ähnlichkeit ihrer Tätigkeiten.

Unter den Aufgaben, die verlangen, daß der sie Ausübende dem Publikum begegnet, lassen sich zwei Formen unterscheiden: Bei der einen besteht das Publikum aus einer Folge von Individuen, bei der anderen besteht es aus einer Folge von Publikums-Gruppen. Die Arbeit eines Zahnarztes gehört zur ersteren Kategorie, die eines Komödianten zur letzteren.

Die Aufgaben, die verlangen, daß der Praktiker dem Publikum (in jeglicher Form) begegnet, unterscheiden sich je nach dem Maß, in dem sie diesem Publikum als ein persönlicher Dienst, d. h. als eine vom Empfänger erwünschte Hilfe zuteil werden. Ein persönlicher Dienstleistungsberuf kann idealtypisch als eine Arbeit definiert werden, bei welcher der Praktiker eine spezialisierte persönliche Dienstleistung für eine Reihe von Individuen erbringt, wobei die Dienstleistung von ihm verlangt, mit jedem dieser Individuen in direkte persönliche Kommunikation einzutreten, und er darüber hinaus keine Verpflichtung gegenüber den Personen, denen er dient, eingeht.[2] Nach dieser Definition ist die Überbringung einer Vorladung z. B. für die bediente Person keine persönliche Dienstleistung. Ein Psychologe, der Begabungstests an Personen verkauft, die etwas über ihre Eignung erfahren möchten, erbringt eine persönliche Dienstleistung. Wenn er jedoch dieselben Personen für das Personalbüro einer Firma testet, dann sind sie lediglich Gegenstand seiner Arbeit, und nicht seine Klienten. Ich setze mich also über die Sprache der Statistik hinweg und schließe Hausangestellte aus der Kategorie der Dienstleistenden aus, denn ein Hausmädchen hat kein Publikum, sondern eine Herrin; ebenso schließe ich Putzfrauen aus, denn sie treten nicht routinemäßig in direkte Kommunikation mit denjenigen, die über ihre sauberen Fußböden laufen.

In diesem Aufsatz möchte ich die persönlichen Dienstleistungsberufe, wie sie hier definiert sind, untersuchen, doch ich werde auch einige Praktiker in meine Überlegungen miteinbeziehen, auf die meine Definition nicht vollkommen zutrifft, denn das theoretische Ideal, auf der sie basiert, umfaßt auch solche Leute, die ihr nicht gerecht werden können. Abweichungen von einem selbst auferlegten oder durch andere etablierten Ideal schaffen Identitätsprobleme, die der Wissenschaftler an diesem Ideal selbst bewerten muß – und zwar unterschiedlich bewerten, je nach dem Grad der Abweichung vom Ideal: ein seine Kunden bearbeitender Autover-

2 Die soziologische Beschäftigung mit den Dienstleistungsberufen geht größtenteils auf Everett C. Hughes zurück und ist dokumentiert durch die Arbeit seiner Schüler an der University of Chicago, besonders Oswald Hall und Howard S. Becker. Siehe besonders der letztere, »The Professional Dance Musician and His Audience«, *American Journal of Sociology*, LCII (1951), S. 136–44.

käufer und der Vertrauensarzt einer Versicherungsgesellschaft verrichten beide weniger als einen persönlichen Dienst, doch jeweils aus ganz verschiedenen Motiven.

Die persönlichen Dienstleistungsberufe lassen sich traditionell je nach der ihnen zukommenden Ehre klassifizieren, wobei die freien Berufe das eine Extrem bilden und die anspruchslosen Handwerksberufe am anderen Ende der Skala rangieren. Diese Unterscheidung kann Unklarheit verursachen, da sie Leuten, die in ähnlichem Geiste handeln, verschiedene Ränge zuweist. Ich schlage stattdessen eine Unterscheidung vor, bei der am einen Extrem Berufe wie der Fahrkartenverkäufer oder die Telefonistin stehen, die eine oberflächliche technische Dienstleistung erbringen, und das andere Extrem durch Expertenberufe gebildet wird, die eine rationale, demonstrierbare Kompetenz voraussetzen, welche als Selbstzweck ausgeübt wird und normalerweise nicht vom Bedienten erworben werden kann. Wer einen oberflächlichen Dienst leistet, hat meist Kunden, »Parteien« oder Bewerber vor sich; der Experte hat meist Klienten. Beide Typen des Dienstleistenden besitzen meist eine gewisse Unabhängigkeit von der Person, der sie dienen, aber nur die Experten sind in der Lage, diese Unabhängigkeit zu einer ernsten und würdigen Rolle auszubauen. In diesem Aufsatz möchte ich die sozialen und moralischen Voraussetzungen untersuchen, die der Experten-Dienstleistung, nicht der oberflächlichen Dienstleistung, zugrunde liegen.

In unserer Gesellschaft gehen die der Experten-Dienstleistung zugrunde liegenden Ideale auf eine Situation zurück, in welcher der Dienende ein komplexes physisches System zu reparieren, aufzubauen oder helfend an ihm einzugreifen hat – wobei dieses System ein persönliches Eigentum des Klienten ist. Wenn ich im folgenden den Ausdruck Dienstleistungs-Beziehung (oder -Beruf) verwende, so meine ich immer ausschließlich diesen Fall, es sei denn, der Zusammenhang verlangt eine sorgfältigere Unterscheidung.

Wir haben es also mit einem Dreieck – Praktiker, Objekt, Eigentümer – zu tun, welches in der westlichen Gesellschaft eine wichtige historische Rolle gespielt hat. In jeder größeren Sozietät gibt es Leute, welche Expertendienste versehen, aber keine Gesellschaft mißt einem solchen Dienst mehr Bedeutung bei als die unsere. Unsere Gesellschaft ist so sehr Dienstleistungsgesellschaft, daß sogar solche Institutionen wie Kaufhäuser diesen Stil, wenn schon nicht in der Realität, so doch verbal einhalten und damit dem Bedürfnis Rechnung tragen, sowohl den Kunden wie den Verkäufern das Gefühl zu vermitteln, daß hier ein persönlicher Expertendienst ausgeübt wird, auch wenn sie tatsächlich weit davon entfernt sind.

Bei dem in dieser Arbeit untersuchten Typus der Sozialbeziehung begeben sich bestimmte Personen (Klienten) in die Hand anderer Personen (Dienender, Helfer). Im Idealfall besteht der Beitrag des Klienten zu dieser Beziehung darin, daß er Respekt für die technische Kompetenz des Helfers hat und darauf vertraut, daß dieser sein Können moralisch einsetzt; zu seinem Beitrag gehören auch Dankbarkeit und ein Honorar. Andererseits besteht der Beitrag des Helfers aus folgendem: eine esoterische und empirisch effektive Kompetenz sowie die Bereitschaft, sie dem Klienten zur Verfügung zu stellen; berufliche Diskretion; eine spontane Zurückhaltung, die ihn veranlaßt, ein diszipliniertes Desinteresse für die übrigen Angelegenheiten des Klienten oder sogar (in letzter Konsequenz) für die Gründe, aus denen der Klient die Dienstleistung begehrt, an den Tag zu legen; und schließlich eine nicht servile Höflichkeit.[3] Dies also ist der Hilfsdienst.

Ein erstes Verständnis der Dienst-Beziehung ergibt sich, wenn wir den Begriff des Honorars untersuchen. Ein Honorar unterscheidet sich in zweifacher Hinsicht von einem Kaufpreis.[4] Nach traditioneller Auffassung ist das Honorar etwas anderes als der Wert der Dienstleistung. Wenn Dienste geleistet werden, die für den Klienten von sehr hohem Wert sind, dann sollte der Dienende im Idealfall sich mit einem durch die Tradition festgesetzten Honorar begnügen. Es sollte etwa so hoch sein, daß es dem Helfer möglich ist, in angemessenen Umständen zu leben, während er sein Leben seinem Beruf widmet. Wenn andererseits sehr geringfügige Dienste geleistet werden, fühlt sich der Dienende verpflichtet, dafür entweder überhaupt nichts oder ein relativ hohes Pauschalhonorar zu berechnen, um zu verhindern, daß seine Zeit mit Kleinigkeiten vertan oder seine Leistung (und schließlich er selbst) nach einem

---

3 Diese Beschreibung der Dienstleistungsbeziehung nähert sich stark Parsons Aufsatz »The Professions and the Social Structure« an, welcher, wie ich glaube, immer noch die führende Abhandlung auf diesem Gebiet ist. Siehe auch Talcott Parsons and Neill Smelser, *Economy and Society* (Glencoe, Ill., The Free Press, 1956), S. 152–53.

4 Siehe zum Beispiel A. M. Carr-Saunders and P. A. Wilson, *The Professions* (Oxford, The Clarendon Press, 1933), Abschnitt »Fees and Salaries«, S. 451–60.

Maßstab bewertet wird, der sich dem Nullbetrag nähert.[5] Wenn er umfangreichere Hilfe für sehr arme Klienten leistet, dann hält der Dienende es häufig für würdiger (und sicherer), gar kein Honorar zu berechnen, als das Honorar herabzusetzen.[6] Dies bewahrt den Dienenden davor, nach der Flöte des Klienten zu tanzen oder gar feilschen zu müssen, und ermöglicht es ihm, zu zeigen, daß er durch ein desinteressiertes Engagement für seine Arbeit motiviert ist. Da es sich um eine Hilfeleistung handelt, die an realen und übersichtlichen physischen Systemen ausgeführt wird, ist dies genau die Art Arbeit, bei der ein interessefreies Engagement möglich ist. Eine gut ausgeführte Reparatur oder Aufbauarbeit ermöglicht es dem Dienenden auch, sich mit ihr zu identifizieren; dies verleiht der Arbeit selbst eine gewisse Autonomie. Darüber hinaus ist der Dienende wahrscheinlich durch den Wunsch motiviert, der Menschheit als solcher zu helfen.

Die Verpflichtung des Helfers auf diese Vorstellung von sich selbst als einem desinteressierten Experten und seine Bereitschaft, sich anderen gegenüber dementsprechend zu verhalten, stellen eine Art weltliches Keuschheitsgelübde dar und sind die Voraussetzung dafür, daß die Klienten einen so angenehmen Nutzen aus ihm ziehen können. Er ist jemand, bei dem sie nicht das Gefühl haben, daß er ihnen aus den üblichen ideologischen oder vertraglichen Gründen helfen will; dennoch ist er ein Mensch, der zeitweilig ein starkes Interesse für sie aufbringt und sich dabei von ihrem Standpunkt und ihren wohlverstandenen Interessen leiten läßt. So stellt ein Psychologe fest:

In unserer Kultur ist ein Experte definiert als jemand, der sein Einkommen und seinen Status – eines davon oder beides – durch den im Dienste anderer erfolgenden Gebrauch ungewöhnlich genauer oder adäquater Kenntnisse über sein jeweiliges Fachgebiet bezieht. Dieser »Gebrauch im Dienste von jemandem« ist durch unsere industriell-kommerzielle Sozialordnung festgelegt. Er handelt nicht mit Zubehör und Ersatz-

---

5 Je bescheidener der helfende Beruf, desto eher wird der Helfer von einer Berechnung kleinerer, aber qualifizierter Dienstleistungen absehen müssen. Bei Schuhmachern können diese Akte des *noblesse oblige* geradezu fürstlich sein, und dies in einer Zeit, da Fürsten sich die ursprüngliche Art nicht mehr leisten können.
6 Carr-Saunders and Wilson, op. cit., S. 452: »In den meisten anderen Berufen [außer dem des Buchhalters] suchen die Verbände ihre Mitglieder davon abzuhalten, zu niedrige Preise zu berechnen, obgleich nie ein Einwand gegen die Gebührenermäßigung erhoben wird, wenn der Klient arm ist.«

teilen seines Fachgebietes; er ist kein »Kaufmann«, kein »Sammler«, kein »Kenner« oder »Liebhaber«, denn diese dienen mit ihrem Können überwiegend ihren eigenen Interessen.[7]

Daher lohnt es sich für den Klienten, wenn er Leuten vertraut, bei denen er nicht die üblichen Vertrauensgarantien besitzt.

Diese bei Bedarf verfügbare Vertrauenswürdigkeit stellt für sich bereits eine in unserer Gesellschaft einzigartige Grundlage für eine Beziehung dar; es kommt jedoch noch ein weiterer Faktor hinzu: Die Arbeit des Helfers basiert auf einer rationalen Kompetenz und daneben auf dem Glauben an Rationalität, Empirie und Mechanik – im Gegensatz zu mehr selbstbezogenen Angelegenheiten, mit denen die Menschen sich plagen.

Die Interaktion, die beim Zusammentreffen des Klienten mit dem Helfer stattfindet, nimmt im Idealfall eine relativ strukturierte Form an. Der Dienende kann mechanische, handwerkliche Operationen, besonders diagnostischer Art, am Eigentum des Klienten vornehmen; und er kann mit dem Klienten in einen verbalen Austausch eintreten. Der verbale Teil selbst besteht aus drei Komponenten: einem technischen Teil, nämlich dem Geben und Empfangen von relevanten Reparatur- (oder Konstruktions-Informationen; einem vertraglichen Teil, nämlich einer häufig diskreten, knappen Feststellung hinsichtlich der voraussichtlichen Kosten, der voraussichtlich erforderlichen Arbeitszeit und dergleichen; und schließlich einem soziablen Teil, der aus einer Reihe kleinerer Höflichkeiten, Gefälligkeiten und Achtungsbezeugungen besteht. Es ist wichtig festzustellen, daß alles, was zwischen dem Helfer und dem Klienten geschieht, diesen Handlungskomponenten zugeordnet werden kann, und daß alle Abweichungen unter dem Gesichtspunkt dieser normativen Erwartungen zu verstehen sind. Die volle Gleichsetzung der zwischen dem Helfer und dem Klienten stattfindenden Interaktion mit diesem Bezugsrahmen ist für den Dienenden häufig die Probe für eine »gute« Dienstbeziehung.

Die technisch relevanten Informationen, die der Helfer braucht, um die Reparatur oder die Konstruktion effektiv durchführen zu können, bezieht er aus zwei Quellen: Zum einen aus den verbalen Äußerungen des Klienten und zum anderen vom Objekt selbst, nämlich durch den direkten Eindruck, den es auf den Helfer

---

7 Harry Stack Sullivan, »The Psychiatric Interview«, *Psychiatry* XIV (1951), S. 365.

macht. Halten wir uns an die in der Medizin üblichen Gepflogenheiten, dann können wir die vom Klienten beschriebenen Schwierigkeiten *Symptome* und die direkt vom Helfer beobachteten Daten *Befunde* nennen, obgleich es für diese semiotische Regelung keine besondere Berechtigung gibt. Die Würde der Dienstbeziehung basiert z. T. auf der Fähigkeit des Klienten, brauchbare, wenn auch durch die laienhafte Sprache und laienhafte Auffassungsgabe gefilterte Informationen beizusteuern. Die Dienstleistung erhält dann etwas vom Geist einer gemeinsamen Unternehmung, wobei der Dienende eine gewisse Achtung für die ungeschulte Beurteilung des Schadens durch den Laien ausdrückt.

Der Dienende steht nun mit zwei fundamentalen Entitäten in Kontakt: einem Klienten und dem schadhaften Objekt des Klienten. Klienten sind, wie man annehmen kann, selbstbestimmte Wesen, Entitäten der sozialen Welt, die mit entsprechender Achtung und einem entsprechenden Ritual behandelt werden müssen. Der Besitzgegenstand ist Teil einer anderen Welt und muß nicht unter rituellen, sondern unter technischen Gesichtspunkten behandelt werden. Der Erfolg der Dienstleistung beruht darauf, daß der Dienende diese beiden verschiedenen Entitäten auseinanderhält, während er einer jeden seinen Tribut zollt.

II.

Wenden wir uns nun dem Objekt zu, welches der Helfer repariert oder konstruiert. Ich habe dieses Objekt (oder Eigentum) als ein physikalisches System beschrieben, welches fachkundiger Wartung bedarf, und will mich im folgenden auf den Fall der Reparatur konzentrieren, da er häufiger vorkommt als die Neukonstruktion. Mit dem Begriff der Reparatur ist der Begriff des Reparaturzyklus verbunden, dessen Phasen ich kurz beschreiben möchte.

Wir können von unseren alltäglichen ätiologischen Vorstellungen ausgehen. Als Ausgangspunkt soll uns ein einfacher Nagel dienen, denn dieser ist ein Objekt, welches häufig einen Reparaturzyklus einleitet. Ein auf der Straße liegender Nagel kann die Fahrt eines Autos beenden; ein aus einem Stuhl hervorstehender Nagel kann eine Hose zerreißen; ein Nagel auf einem Teppich kann einen Staubsauger ruinieren; ein auf dem Boden liegender Nagel kann einen Fuß durchbohren. Man bedenke, daß der Nagel kein typischer Bestandteil der Umwelt, sondern irgendwie ein isoliertes

Zufallsereignis in ihr ist. Die Umwelt ist nicht voll für ihn verantwortlich. Der Kontakt des Nagels mit dem Gegenstand ist daher
Pech, ein Unfall, ein unvorhergesehenes Ereignis. Sobald der Kontakt eintritt, findet eine Kausalverschiebung statt: Das kleine Übel
wird übertragen und gewinnt einen intimen, dauerhaften ursäch-
lichen Status innerhalb des Gegenstandes. Wir sagen: »Ich habe
mich hingesetzt und mir einen Splitter eingezogen«; oder: »Ich
fuhr und habe einen Nagel aufgelesen«. Man bedenke auch, daß,
obwohl der Nagel und das Auto vielleicht wegen der Schwierigkeiten, die sie verursachen, verflucht werden, es dem Komplex der
Dienstleistung völlig sachfremd ist, wenn der Klient und besonders
wenn der Helfer dem verletzenden Agens oder dem verletzten
Gegenstand ernstlich bösen Willen oder Absicht unterstellen
wollte. (Nur wenn der Klient es versäumt, die durch den gesunden
Menschenverstand vorgeschriebenen Vorsichtsmaßnahmen oder
den Rat des Fachmannes zu befolgen, fällt dem Helfer notwendig
eine moralische Rolle zu.)
Nun kann ein in einem physikalischen System steckendes fremdes
Agens durch die internen Korrekturfähigkeiten des Systems selbst,
durch eine natürliche Reparatur oder durch einen natürlichen Aus-
gleich, beseitigt werden, womit es für den Besitzer des Objekts
weiter kein Problem mehr darstellt. Bei vielen zerstörerischen
Agenzien folgt jedoch eine andere Phase, nämlich ein mit der Zeit
sich vergrößernder Schaden. Das kleine Übel breitet sich aus, bis
das ganze System in Gefahr ist. So wird der Reifen, einmal durch-
stochen, immer flacher, bis Schlauch und Felge ruiniert sind und
das Auto nicht mehr gefahren werden kann.
Es gibt eine Schwelle, an der der Besitzer schließlich selbst sieht,
daß sein Eigentum einen Schaden oder eine Verletzung erlitten
hat. Wenn der Besitzer die Reparatur nicht selbst ausführen kann,
und wenn er feststellt, daß sein Problem nur von einem helfenden
Fachmann behoben werden kann, dann verwandelt er sich in einen
Klienten, der einen Helfer sucht, oder der durch eine Reihe von
Vermittlern an einen Helfer empfohlen zu werden sucht.
Sobald der Helfer gefunden ist, bringt ihm der Klient den ganzen
Gegenstand oder die Gesamtheit dessen, was davon übriggeblieben
ist, plus, wenn möglich, die gebrochenen Teile. Der springende
Punkt ist dabei der, daß die Gesamtheit des Gegenstandes, näm-
lich alles, was der Helfer für seine Arbeit braucht, diesem vom
Klienten freiwillig zur Verfügung gestellt wird.

Nun beginnt der bekannte Prozeß: Beobachtung, Diagnose, Verschreibung und Behandlung. Durch den Bericht des Klienten erlebt der Helfer die Schwierigkeiten des Helfers aus zweiter Hand; der Helfer nimmt dann eine kurze Prüfung der verbliebenen Funktionen des Eigentums vor, doch nun findet das schadhafte Funktionieren unter Augen, Ohren und Nase eines Fachmannes statt. (Bemerkenswert, daß in diesem Augenblick häufig ein weißer Laborkittel in Erscheinung tritt, der nicht lediglich den wissenschaftlichen Charakter der Arbeit des Helfers symbolisiert, sondern auch den gelassenen Geist einer interessefreien Intention.)

Nachdem der Helfer seine Arbeit getan hat, kann eine Periode der Schonung oder Rekonvaleszenz eintreten, während welcher herabgeminderte Ansprüche an das Objekt gestellt werden und häufig den Anzeichen eines Rückfalls oder einer ungenügenden Reparatur besondere Aufmerksamkeit gewidmet wird. Diese Sorgfalt und Wachsamkeit wird langsam reduziert, bis hin zu periodischen Stichproben, bei denen der Klient selbst oder manchmal der Helfer die Sache überprüft, um doppelt sicherzugehen, daß die Dinge sich wunschgemäß verhalten.

Die Schlußphase des Reparaturzyklus tritt ein, wenn das Eigentum »so gut wie neu« ist oder wenn es an der ausgebesserten Stelle zwar noch etwas schwach, aber nichtsdestoweniger in einem Zustand ist, der es rechtfertigt, die Aufmerksamkeit von der ganzen Reparaturangelegenheit abzuwenden.

Ich möchte eine historische Bemerkung hinzufügen, die für den Reparaturzyklus von Bedeutung ist. Eine der grundlegenden Veränderungen, die wir in den letzten hundert Jahren an den Helferdiensten beobachten konnten, ist der Übergang von Hausiererkarren und Hausbesuch zu der Entstehung eines Werkstattkomplexes. Statt daß der Helfer sich selbst mit seinen Werkzeugen zum Klienten begibt, kommt der Klient zum Helfer, und er läßt das schadhafte Objekt beim Helfer und kehrt später zurück, um es abzuholen.

Es ist sehr vorteilhaft, über eine eigene Werkstatt zu verfügen, und dies hat zweifellos zum Aufschwung, den die Werkstatt genommen hat, beigetragen. Häufig geben die Klienten einer festen Adresse, die eine dauernd verfügbare Dienstleistung ermöglicht, vor einem einzigen Datum in einem jährlichen, monatlichen oder wöchentlichen Zyklus von Hausbesuchen den Vorzug. Ein weiterer Vorteil ergibt sich aus der zunehmenden Arbeitsteilung. Bei einer Werkstatt kann der Helfer sich massive, feste Anlagen anschaffen. Außerdem kann er mehr als eine Reparaturarbeit zur gleichen Zeit annehmen und die Arbeit aufteilen, so daß kostspielige Fachkräfte nicht für simple Arbeiten eingesetzt werden. Er braucht nicht auf andere Arbeiten zu verzichten, während er mit einem Auftrag beschäftigt ist, und muß nicht zwischen den Aufträgen warten, sondern kann seine Arbeit dadurch einteilen, daß er die Zeit manipuliert, welche die zu reparierenden Objekte in der Werkstatt verbleiben.

Eine andere Reihe von durch die Werkstatt bedingten Vorteilen sind sozialer Natur und betreffen die Hebung des Status, welche die Erwerbung einer Werkstatt dem Helfer einbringt. Der Besitz oder die Anmietung eines eigenen Geschäfts garantiert, daß der Klient den Helfer nicht aus dem Haus werfen und die Polizei ihn nicht »weiterschicken« kann. Nunmehr ist der Klient der Gast. Außerdem lassen sich, da der Klient während der tatsächlichen Durchführung der Arbeit nicht anwesend ist, bei der Arbeit begangene Fehler und überflüssige Kosten leicht vor ihm verbergen; gleichzeitig erlaubt die Zeitdauer, für die der Helfer das Eigentum des Klienten beansprucht, dem Helfer, seine Arbeit aufzuwerten und eine hohe Entschädigung dafür zu verlangen.[8] Schließlich läßt sich die mit der Handarbeit verbundene Art der Bekleidung, Haltung und Körperpflege klar von jener Art persönlicher Fassade trennen, welche am besten den verbalen Aspekten der Helfer-Klienten-Beziehung entspricht. Ein Reinigungsfachmann kann dauernd »tadellos auftreten«, oder der Werkstattleiter kann seine Hände waschen, die Schürze abnehmen und sein Jackett anziehen, sobald er das Klingeln der Ladentür hört.

Es ist klar, daß die Werkstatt sich schwächend auf den Dienstleistungskomplex auswirken könnte. Immerhin muß der Klient nunmehr für mehrere Tage den Besitz an seinem Objekt aufgeben – ganz abgesehen von der Kontrolle, die er hätte, könnte er den Helfer bei der Arbeit beobachten. Aber vielleicht hat das gesteigerte Bedürfnis, zu vertrauen, zu einer gesteigerten Vertrauenswürdigkeit geführt. Wie dem auch sei, sobald eine Arbeitsstätte einen festen Platz in einer Gemeinde bekommt, ist der Helfer den Leuten, denen er dient, in einer neuen Form ausgesetzt. Es ist bekannt, wo er zu finden ist; er ist daher für unzufriedene

8 Siehe E. Goffman, *The Presentation of Self in Everyday Life* (New York, Anchor Books, 1959), S. 114–15.

Klienten erreichbar und der allgemeinen Einstellung der Gemeinde ihm gegenüber unterworfen. Unter diesen Umständen sieht er sich gezwungen, seinen Dienst so auszuführen, daß er keine Klagen erhält.

III.

Wir wollen nun einige der begrifflichen Voraussetzungen untersuchen, welche der Dienstbeziehung und ihrem Reparaturzyklus zugrunde liegen.

Wenn ein Eigentum oder Objekt für seinen Besitzer von Nutzen sein soll, dann müssen seine verschiedenen Teile im Verhältnis zueinander korrekt funktionieren. Die Zahnräder müssen ineinandergreifen, das Blut muß fließen und die Räder oder Hände müssen sich bewegen. Hier liegt eine glückliche Koinzidenz vor, die nicht unerwähnt bleiben sollte. Gewissermaßen von seinem eigenen Standpunkt aus gesehen, hängt es vom Funktionieren des Objekts ab, ob es dem Besitzer nützen kann oder nicht. In manchen Fällen, wie bei mechanischen Objekten, ist diese Koinzidenz absichtlich vorgesehen, wobei das Objekt in erster Linie so geplant ist, daß es von besonderem Nutzen ist, wenn es gut arbeitet. In anderen Fällen, wie bei Lasttieren und unseren eigenen Körpern, ist dieses Zusammentreffen nicht geplant, liegt aber nichtsdestoweniger vor. Wenn ein Pferd Nutzen bringen soll, dann darf es nicht zu krank sein.

Eine zweite Voraussetzung der Dienstbeziehung ist, daß das Eigentum des Klienten ihm vollkommen gehört und daß er rechtmäßig damit tun kann, was er will.

Drittens setzt man vom Gegenstand selbst voraus, daß er nicht nur ein relativ abgeschlossenes System bildet, sondern auch eines, das klein genug ist, um vom Eigentümer transportiert werden zu können, oder um, wenn dies nicht der Fall ist, wenigstens sowohl vom Eigentümer als auch vom Helfer als ein einheitliches Ganzes angesehen zu werden.

Viertens, und dies ist am wichtigsten, bilden die Besitzobjekte, die bearbeitet werden sollen, nicht nur relativ abgeschlossene und relativ handliche Systeme, sondern gehören auch unterscheidbaren und eindeutigen Klassen von Systemen an. Wenn wir es mit Natur- oder Manufakturprodukten zu tun haben, so sind dies Produkte, die nach einer Form gebildet sind, die einheitlich reproduziert

317

werden und bei denen sich Bau- und Reparaturprobleme in standardisierter Form lösen lassen, selbst wenn das äußere Erscheinungsbild der Produkte ein und derselben Klasse unterschiedlich sein mag. Daraus folgt, daß der Dienende, wenn er über die Arbeitsweise eines Mitglieds einer bestimmten Klasse Bescheid weiß, automatisch in der Lage ist, mit anderen Mitgliedern dieser Klasse umzugehen.[9]

Es gibt einige der Entstehung des Werkstattkomplexes zugrunde liegende Voraussetzungen, die erläutert werden sollten.

Die erste Voraussetzung ist, daß das Werkstattmilieu der Verletzung, die der Gegenstand erlitten hat, zuträglich ist; die Werkstatt beendet eine weitere Auswirkung des Schadens, obwohl sie als solche noch keine Behebung des Schadens veranlaßt. Ein Auto, dessen Verdeck undicht ist, wird in eine geschlossene Garage geschoben oder mit einer Plane bedeckt, bis mit der Arbeit begonnen werden kann; diese Vorsichtsmaßnahme ist noch keine Reparatur des Daches, aber sie stellt sicher, daß das Loch nicht noch größer wird oder die Polsterung noch stärker beschädigt wird. Ein angeknackster Stuhl wird vielleicht nicht sofort in der Werkstatt, in die er gebracht wurde, repariert, aber vermutlich wird sich dort niemand daraufsetzen und dadurch den Schaden verschlimmern.

Eine zweite Annahme ist, daß das Eigentum genügend Unabhängigkeit von seiner ursprünglichen Umgebung besitzen muß, damit eine zeitweilige Überführung in die Werkstatt möglich ist, ohne daß dadurch eine Reihe von neuen Schäden verursacht wird.

Eine dritte Annahme ist, daß der Klient nicht unlösbar mit seinem Eigentum verbunden ist und die Wartezeit, die eine Überführung in die Werkstatt nach sich zieht, überstehen kann. Häufig benützt der Klient sein Eigentum nur zeitweilig, so daß die Zeit, die er auf dieses verzichten muß, nicht vollkommen verlorene Zeit ist.[10] Es ist ihm möglich, den ganzen Zeitraum, in dem er ohne sein Eigen-

9 Der technologische Wandel setzt dem allerdings Grenzen. Ein Automechaniker, der nur imstande ist, das Fordmodell A zu zerlegen und wieder zusammenzusetzen, besitzt heute einige Kraftfahrzeug-Kenntnisse, die er nicht gebrauchen kann, und steht einigen Kraftfahrzeugproblemen gegenüber, die er nicht lösen kann.

10 In jüngster Zeit ist diese schwache Stelle des Dienstleistungsschemas durch die Praxis der »Leihgeräte« behoben worden. Wenn man seine Uhr, sein Radio oder sein Auto zur Reparatur gibt, erhält man vom Dienstleistenden leihweise ein Ersatzgerät, bis die Reparaturen durchgeführt sind.

tum ist, als eine für die Dienstleistung aufgewendete Zeit anzusehen.

Ich habe einige der Annahmen erwähnt, die wir hinsichtlich der Dienstleistungsobjekte und Dienstleistungswerkstätten voraussetzen müssen, wenn die Dienst-Beziehung in idealer Form stattfinden soll. Eine abschließende Gruppe solcher Annahmen betrifft die Struktur der Klientel.

Anscheinend erfordert der Charakter der Dienstleistungsbeziehung, daß die Klientel von einer Gruppe von Personen gebildet wird, die freiwillig von der Dienstleistung in einer Weise Gebrauch machen, welche ausschließt, daß sie diesbezügliche konzertierte Aktionen unternehmen können, und damit können sie lediglich als Aggregat, nicht aber als Kollektiv Macht über den Helfer ausüben. Unter diesen Umständen ist es dem Helfer möglich, unabhängig vom Wohlwollen jedes einzelnen zu bleiben und jeden Klienten, den er nicht korrekt bedienen zu können glaubt, höflich von der Tür zu weisen, wie auch jeder Klient sich zurückziehen kann, wenn die Beziehung sich als nicht zufriedenstellend erweist. Im Idealfall liegt, wie bei Personen, die in Sünde leben, eine beiderseitige Freiwilligkeit der Beziehung vor, sowie eine Grenze, bis zu welcher jede Partei angemessen Klage hinsichtlich der Beziehung führen kann, ohne diese aufzugeben. Im Idealfall drückt die Dienstleistung gegenseitigen Respekt zwischen dem Klienten und dem Helfer aus und ist als eine Beziehung unter Gleichgestellten beabsichtigt.

IV.

Die Natur der Dienstleistungsbeziehung, wie sie hier beschrieben wurde, besitzt eine eigene Logik. Angesichts der verschiedenen Prämissen ist der Helfer in der Lage, eine Definition seiner selbst als jemand aufrechtzuerhalten, der, lediglich für eine Gebühr, einen Expertendienst versieht, den der Klient wirklich benötigt, und der Klient ist in der Lage anzunehmen, daß es in der Gesellschaft wohlwollende Fremde gibt, die höchst befähigt und dabei bereit sind, ihre Befähigung dem Klienten, nur für eine Gebühr, zur Verfügung zu stellen. Doch während die Dienstleistungsbeziehung durch eine solche ideale und reine Form geprägt ist, fehlt ihr die institutionelle Unterstützung, welche manche unserer am höchsten geschätzten Beziehungen, wie etwa die familiären, stützt. Wir können daher erwarten, daß das für beide Seiten verbindliche Bezugssystem von Rechten und Pflichten eine Art Matrix der Angst und des Zweifels bildet, selbst wenn jeder der Beteiligten sich korrekt verhält. Der Klient denkt: Ist der Helfer wirklich kompetent? Handelt er in meinem Interesse? Fordert er ein zu hohes Honorar? Ist er verschwiegen? Denkt er insgeheim abschätzig über mich, weil mein Eigentum in einem solchen Zustand ist? (Jede dieser Dimensionen des potentiellen Treuebruchs kann für sich allein und ohne die anderen auftreten; mithin ist die Gesamtzahl der Möglichkeiten recht groß.) Der Helfer denkt: Hat der Klient wirklich Vertrauen zu mir? Verheimlicht er die Tatsache, daß er bereits »alle anderen abgeklappert hat«, bevor er zu mir kam? Wird er das Honorar bezahlen?

Außer diesen allgemeinen Befürchtungen steht zu erwarten, daß einige spezifischere eintreten; sobald wir die Dienstbeziehung als das ansehen, was sie ist, nämlich als ein Ideal und Modell, erkennen wir, daß jeder Typ der Dienstleistung seine eigenen Probleme mit sich bringt, die nicht ohne weiteres anhand des Dienst-Modells gelöst werden können, was charakteristische Schwierigkeiten verursacht.

Zum Beispiel gibt es Dienstleistungsbedürfnisse, etwa jene, für die der Klempner zuständig ist, die sich dem Helfer als eine Krise darstellen: Die Familie braucht sofort Wasser, oder eine sich ergießende Wasserflut muß sofort zum Stillstand gebracht werden. Zugleich kann der Klempner die defekte Anlage nicht in den Schutz seiner Werkstatt bringen, sondern muß seine Arbeit unter den Augen des Haushalts verrichten.

Eine weitere Schwierigkeit verursachen jene Dienstleistungen, die, wie etwa die Reparatur von Radios und Fernsehgeräten, eine einigermaßen undurchsichtig gewordene Gebührenordnung aufweisen; die Klienten nehmen häufig (mit Recht) an, daß sie »ausgenommen« werden. Deswegen wird bei diesen Dienstleistungen jedoch nicht weniger Würde an den Tag gelegt, wozu noch die zunehmend steigenden Gebühren beitragen.

Darüber hinaus gibt es bestimmte Trends in der modernen Gesellschaft, die den Dienstleistungskomplex schwächen. Für viele Dienstleistungsfirmen ist es profitabler, wenn sie nur neue Waren verkaufen, statt Lagerraum und Personal auf Reparaturarbeiten zu verschwenden. Wer doch noch Reparaturen ausführt, geht immer mehr dazu über, einen ganzen Satz von Zubehörteilen auszuwechseln – also größere Teile zu ersetzen, statt sie sorgfältig zu reparieren[11] –, und natürlich gibt es auch noch den Trend zum »automatisierten Verkauf« im Stil der Verkaufsautomaten oder Automatenrestaurants, welcher die Rolle des Dienenden erheblich reduziert oder vollkommen abschafft.

Eine weitere wichtige Einschränkung der Gültigkeit des Dienstleistungsmodells ergibt sich daraus, daß der Dienende sich notwendig bemüht, seine Klientel aufgrund technisch irrelevanter Faktoren, etwa nach dem sozialen Status oder der Zahlungsfähigkeit auszusuchen; die Klienten handeln ähnlich. So neigt der Helfer auch dazu, seine Kunden aufgrund sachfremder Variablen unterschiedlich zu behandeln, wenngleich vielleicht mehr Abweichungen vom Ideal auftreten, solange es darum geht, einen Helfer zu finden, als bei der Behandlung selbst, sobald man ihn gefunden hat.

Eine wesentliche Ursache der Schwierigkeiten besteht darin, daß die doppelte Unabhängigkeit, die im Idealfall zwischen dem Dienenden und dem Bedienten besteht, häufig in Gefahr ist. Wo der Dienende nicht »frei« ist, d. h. nicht in seinem eigenen Geschäft arbeitet, kann seine Beziehung zu seinem Klienten durch die Ansprüche, die das Management an ihn stellt, eingeengt werden. (Umgekehrt kann das Management natürlich manche Schwierigkeiten beheben, die dem Angestellten in seinem Bemühen erwachsen, gegenüber den Kunden der Firma die Rolle des Dienenden einzunehmen.) Das kann bis zu dem Punkt führen, wo der Manager einer Dienstleistungsfirma, z. B. einer großen Schuhmacherei, alle Kontakte mit dem Publikum sich selbst vorbehält und dadurch die anderen Schuhmacher aus der Dienstleistungskategorie, wie sie hier definiert ist, verdrängt – unabhängig von populären und statistischen Klassifikationen. Dann gibt es auch noch die Probleme jener Helfer, für deren Berufsausübung allgemein eine unabhängige Praxis als angemessen erachtet wird, so z. B. Anwälte oder Architekten, die jedoch Angestelltenpositionen innehaben, in denen ihnen eine gefangengehaltene Klientel gegenübersteht, in denen sie selbst Gefangene einer Klientel sind oder in denen sie nur einen Klienten haben; dem traditionellen Bild des freien Helfers anhängend, verursachen diese Personen sich selbst und anderen

11 Über diese und einige andere Abweichungen vom Dienstleistungsideal siehe F. L. Strodtbeck and M. B. Sussman, »Of Time, the City, and the ›One-Year Guaranty‹: The Relations between Watch Owners and Repairers«, *American Journal of Sociology*, LXI (1956), S. 602–9.

Schwierigkeiten, indem sie eine Haltung vortäuschen, welche nicht durch die Fakten gestützt wird. Ein klassisches Beispiel dafür sind die Gerichtsmediziner, die uns daran erinnern, daß die Würde der ärztlichen Hilfe heute verlangt, daß der Arzt des Königs auch der Arzt anderer Menschen sein sollte. Und wo die Klienten eines Helfers aus der gleichen Wohngemeinde stammen, da stehen sie natürlich meist in potentieller, wenn nicht aktueller Kommunikation miteinander, stets bereit, sich zu einem »Laien-Empfehlungs-System« mit ungeahnten Machtmöglichkeiten über den Helfer zusammenzuschließen.[12] Wenn es in der Gemeinde nur wenige Anwälte oder Ärzte gibt, dann bedürfen die Klienten wahrscheinlich dieser Macht.

Abschließend sollen zwei bei der Anwendung des Dienstleistungsmodells auftretende Schwierigkeiten erwähnt werden, die beide die sozialen Konsequenzen der Professionalisierung betreffen. Die Einhaltung einer vertrauenswürdigen, desinteressierten Haltung kann anscheinend in zweierlei Hinsicht über sich selbst hinausschießen. Erstens: Die immer sorgfältigere Beachtung der Interessen des Klienten durch den Helfer kann dazu führen, daß letzterer sich Idealvorstellungen über das Interesse des Klienten hingibt, und dieses Ideal kann, zusammen mit den professionellen Normen des Geschmacks, der Leistung und der Fürsorglichkeit, manchmal mit dem in Konflikt geraten, was ein bestimmter Klient bei einer bestimmten Gelegenheit als sein eigenes wohlverstandenes Interesse ansieht. Selbst ein Innenarchitekt gibt mitunter einem Klienten den höflichen Rat, sich an jemand anderen zu wenden, da er es verabscheut, die unzumutbaren Wünsche des Klienten auszuführen.

Zweitens: Je mehr ein Helfer sich bemüht, seinen Dienst gut auszuführen, und je mehr sein eigener Berufsstand ihn durch ein öffentliches Mandat kontrolliert, desto mehr wird ihm die öffentliche Aufgabe zufallen, die Normen der Gemeinschaft einzuhalten, was zuweilen nicht im unmittelbaren Interesse eines bestimmten Klienten liegt. Die Vorschriften, denen ein Baumeister verpflichtet ist, zwingen einen Klienten z. B. dazu, bestimmte Rücksichten auf die Nachbarn zu nehmen, ob der Klient dies wünscht oder nicht. Die Verpflichtung des Anwalts, nur gesetzmäßige juristische Rat-

---

12 Der Ausdruck »Laien-Überweisungssystem« stammt von Eliot Freidson, Client Control and Medical Practice«, *American Journal of Sociology*, LXV (1960), S. 374–82.

schläge zu erteilen, ist ein weiterer einschlägiger Fall. Hier haben
wir es mit einer fundamentalen Verletzung der Vorstellung von
einem unabhängigen Klienten und einem unabhängigen Helfer,
von der wir ausgingen, zu tun. Wir haben nun eine Triade vor
uns – Klient, Helfer, Gemeinschaft –, und diese kann die Grundlagen der Dienstbeziehung noch stärker bedrohen als das triadische
Muster, mit dem wir es zu tun haben, wenn der Helfer in eine
Firma eintritt und seine Loyalität zwischen den Klienten der
Firma und dem Management der Firma aufteilt.

v.

Wir wenden uns nun der medizinischen Version des Modells der
Hilfs-Dienste zu.[13] Die Übergabe unseres Körpers an den ärztlichen Helfer und die rational-empirische Behandlung, die dieser
ihm angedeihen läßt, stellen gewiß einen der Höhepunkte des
Dienstleistungskomplexes dar. Interessanterweise wird die allmählich sich durchsetzende Auffassung vom Körper als einem
reparierbaren Gegenstand – einer Art physiochemischer Maschine –
häufig als ein Triumph des säkularen wissenschaftlichen Geistes
angeführt, während in der Tat dieser Triumph teilweise sowohl
Ursache als auch Wirkung der zunehmenden Bedeutung aller Formen der Experten-Dienstleistung zu sein scheint.
Die heute von Ärzten verwendeten Befunde, zu denen vor allem
komplizierte Laborbefunde gehören, werden immer mehr verfeinert, doch die Ärzte behaupten immer noch, auf den Bericht
des Patienten über seine Symptome angewiesen zu sein; der Klient
ist immer noch ein zu respektierender Teilnehmer an der Dienstbeziehung. Aber ähnlich wie bei anderen Kompetenzen, wirft auch
die Einpassung der Behandlung des Körpers in den Bezugsrahmen
der Dienstleistung besondere Probleme auf. Einige davon möchte
ich erwähnen, wobei ich voraussetze, daß dieselben Schwierigkeiten auch bei anderen Arten der Dienstleistung auftreten.
Zum einen ist der Körper in unserer Gesellschaft, wie die Psycho-
analytiker sagen, hochgradig kathektisch, »besetzt«; die Menschen
schenken seiner Erscheinung und seinem Funktionieren viel Auf-

13 Vergleiche T. S. Szasz, »Scientific Method and Social Role in Medicine and
Psychiatry«, *A. M. A. Archives of Internal Medicine,* CI (1958), S. 232–33, sowie
seine Arbeit »Men and Machines«, *British Journal for the Philosophy of Science,*
VIII (1958), S. 310–17.

merksamkeit und neigen dazu, sich mit ihm zu identifizieren. Es ist ihnen unangenehm, ihren Körper der rational-empirischen Amtsgewalt anderer zu unterstellen, und daher muß ihr »Vertrauen« in den Helfer durch dauernden Zuspruch am Krankenbett gestützt werden. Diesem Problem kommt jedoch keine übertriebene Bedeutung bei, nicht etwa weil die Menschen aufhörten, sich mit ihrem Körper zu identifizieren, sondern weil wir langsam erkennen, in welchem Umfang sie sich mit nicht zu ihrem Körper gehörenden Dingen identifizieren, etwa mit Armbanduhren und Autos, wobei sie eine Bedrohung dieser »guten Objekte« als eine Bedrohung ihrer selbst empfinden.

Die bloße Bereitschaft der Klienten, das Schicksal ihres Körpers in die Hand ihres Arztes zu legen, bringt eigene Probleme für die Ärzte mit sich: sie stellen mitunter fest, daß die Sympathie für den Patienten sie emotionell belasten kann, wenn sie nicht genau wissen, was diesem fehlt oder was sie für ihn tun sollen, oder wenn sie genau wissen, daß für den Patienten nur noch wenig getan werden kann und diese Nachricht dem Betreffenden, dessen Schicksal dadurch besiegelt wird, oder dessen Begleiter mitteilen müssen.[14] Vielleicht liegt hier jedoch weniger eine Schwierigkeit der ärztlichen Hilfeleistung als solcher, vielmehr ein Problem der Individuen, die sie ausüben.

Ein weiteres Problem ist dadurch bedingt, daß der Körper nicht ein Gegenstand ist, der dem Helfer überlassen werden kann, während der Klient anderen Geschäften nachgeht. Zugegeben, die Ärzte besitzen eine bemerkenswerte Fähigkeit, den verbalen Teil der Dienstleistungsrolle aufrechtzuerhalten, während sie sich dem mechanischen Teil widmen, ohne daß es zu einer Aufhebung dieser Trennung käme, doch dabei lassen sich Schwierigkeiten nicht vermeiden, da der Klient sich sehr dafür interessiert, was mit seinem Körper geschieht, und sich in einer Position befindet, aus der er dies gut beobachten kann. (Auch Frisöre, Barbiere und Prostituierte kennen natürlich diese Sorgen, da eine unzulängliche mechanische Aktivität ihrerseits sofort von dem stets aufmerksamen Klienten wahrgenommen wird.) Eine mögliche Lösung ist die

14 Der Zwang, unter dem ein Arzt steht, wenn er es vermeiden muß, eine ihm bekannte schlechte Prognose mitzuteilen, und wenn er eine Meinung äußern muß, während er in Wirklichkeit unsicher ist, untersucht Fred Davis, »Uncertainty in Medical Prognosis, Clinical and Functional«, *American Journal of Sociology*, LXVI (1960), S. 41–47.

Narkose; eine andere ist unter der großartigen medizinischen Markenbezeichnung »unpersönliche Behandlung« (non-person treatment) bekannt, bei welcher der Patient mit einer gewissen Höflichkeit begrüßt und ebenso verabschiedet wird, während alles, was dazwischen liegt, in einer Weise geschieht, als wäre der Patient als soziales Wesen gar nicht vorhanden, sondern lediglich ein von jemandem deponierter Gegenstand.[15]

Weitere Fragen ergeben sich in der Medizin aus dem beträchtlichen Randgebiet der nur palliativen Behandlung, der »fakultativen Verfahren« und der erfolglosen Behandlung. Bei vielen mechanischen Objekten kann jede mögliche Störung behoben werden, und es kommt nur darauf an, wie viele Teile des ursprünglichen Objekts erneuert werden müssen, wozu unter Umständen nur wenig Fachwissen nötig ist. Ein durchschnittlich fähiger Radiomechaniker kann absolut jedes kaputte Radio reparieren, indem er einfach alle Schaltelemente überprüft und diejenigen Teile ersetzt, die schadhaft erscheinen. Die Behauptung eines gut assortierten KFZ-Ersatzteile-Händlers, er könne aus den bei ihm vorrätigen Einzelteilen ein vollständiges Auto zusammenbauen, ist durchaus realistisch. Nicht so in der Medizin. Manche Teile des Körpers können nicht erneuert werden, und nicht alle physischen Krankheiten können behoben werden. Außerdem verbietet es das ärztliche Ethos dem Arzt, dem Patienten zu raten, das schwer beschädigte oder sehr verbrauchte Objekt, zu dem sein Körper geworden ist, abzuschreiben (ein Rat, den jene, die an anderen Objekten arbeiten, geben können), auch wenn der Arzt diese Auffassung vielleicht anderen interessierten Beteiligten nahelegt.

Obgleich diese geringere Reparaturmöglichkeit für die Medizin charakteristisch ist, gibt es wirksame Techniken zur Beschwichtigung von Zweifeln. Selbst im Falle eines Hirnchirurgen, der vielleicht nur bei der Hälfte seiner Fälle Erfolgschancen hat, lassen sich die Klienten davon überzeugen, daß dieser Zweig der Medizin eine Chance, eine letzte Möglichkeit bietet, welche durch die auf

15 Die unpersönliche Lösung erscheint besonders wirksam, wenn der untersuchende Arzt, wie etwa bei der Krankenhausvisite, von Kollegen und Untergebenen begleitet wird, denn dann stehen ihm Teilnehmer für eine technische Unterhaltung über den Fall zur Verfügung. Das soziale Vorhandensein des Patienten wird so effektiv negiert, daß sein Schicksal offen an seinem Bett diskutiert werden kann, ohne daß die Diskutanten besondere Rücksicht auf ihn zu nehmen brauchen; ein dem Patienten vermutlich unbekanntes technisches Vokabular ist in dieser Hinsicht nützlich.

anderen Gebieten der Medizin vorhandene Erfolgswahrscheinlichkeit tolerierbar wird. Darüber hinaus gibt es Expertendienste, wenn auch nicht vom Typ der Hilfeleistung, also solche, wie sie etwa ein Anwalt oder Makler leistet, bei denen die Erfolgswahrscheinlichkeit noch erheblich geringer sein kann als in der allgemeinen Medizin und bei denen dennoch ein professionelles Dienst-Ethos erhalten bleibt. In all diesen Fällen kann der Dienende sich auf den Standpunkt stellen, daß er, ob er im Einzelfall Erfolg hat oder nicht, nach bestem Können die besten Techniken einsetzt und daß es im allgemeinen besser ist, sich auf diese Techniken und auf dieses Können zu verlassen als auf den bloßen Zufall. Die respektvollen und dauerhaften Beziehungen, die viele Makler mit ihren Klienten unterhalten, bestätigen die Tatsache, daß die Klienten, sobald sie eine Definition der Situation als Dienstverhältnis akzeptiert haben, sich bereitwillig mit einer nur wenig über den Zufall hinausgehenden Wahrscheinlichkeit abfinden und dies als Rechtfertigung für ein Aufrechterhalten der Beziehung ansehen. Der Klient meint, er dürfe nicht fragen, wie gut er mit der Hilfe des Dienstleistenden fährt, sondern wieviel schlechter er ohne ihn gefahren wäre, und in diesem Sinn ist er bereit, dem esoterischen Fachwissen auch den letzten Tribut zu zollen: Trotz des Verlustes des Objekts, zu dessen Erhaltung er die Dienste des Helfers in Anspruch genommen hatte, zahlt er willig das Honorar.

Eine weitere interessante Schwierigkeit in der Anwendung des Hilfs-Dienstmodells auf die ärztliche Praxis ergibt sich dadurch, daß sich das störende Agens in manchen Fällen nicht als ein zufällig auftretendes, unwahrscheinliches Ereignis innerhalb der Umwelt herausstellt, sondern daß es vielmehr die Umwelt selbst ist. Nicht ein Nagel liegt auf der Straße, sondern sie ist mit Nägeln gespickt. So können bestimmte physische Störungen durch ein bestimmtes Klima oder durch eine bestimmte Arbeit ausgelöst werden. Wenn der Patient sich einen völligen Wechsel der Szenerie leisten kann, dann ist es möglich, die pathogene Umwelt als lediglich eine unter vielen möglichen Umwelten, und daher als unwahrscheinlichen Sonderfall einer im allgemeinen gesunden Kategorie anzusehen. Für viele Patienten ist jedoch eine Veränderung der Lebenssituation nicht möglich, und das Dienstleistungsmodell kann dann nicht befriedigend angewendet werden.

Zu der Tatsache, daß die Umwelt selbst ein pathogenes Agens sein kann, kommt die Möglichkeit hinzu, ärztliche Arbeit im gesellschaftlichen Maßstab zu leisten und nicht ein einzelnes Individuum, sondern große soziale Einheiten zu behandeln, um die Wahrscheinlichkeit einer bestimmten Krankheit innerhalb einer ganzen Personengruppe zu reduzieren, statt einen spezifischen Patienten zu heilen. Zu dieser Kategorie gehört das ganze weite Feld der Epidemiologie, welches weniger eine Alternative zur ärztlichen Behandlung von Individuen als vielmehr deren Ergänzung darstellt.

Zwar kann man damit rechnen, daß viele Individuen in bezug auf ihren Körper als verantwortliche, mit eigenem Willen begabte Agenten handeln, doch ist es einleuchtend, daß die sehr jungen, sehr alten und die seelisch kranken Menschen »zu ihrem eigenen Besten« der ärztlichen Fürsorge unterstellt werden müssen, wodurch sich die normale Beziehung zwischen Klient, Gegenstand und Helfer radikal verändert. Häufig wird der Versuch unternommen, solche Situationen dem Modell des freien Agenten anzupassen, indem der Patient durch jemanden eingeliefert wird, mit dem ihn eine soziale Zusammengehörigkeit verbindet – für gewöhnlich von einem Verwandten, der für ihn einstehen kann und dem man als Beschützer zutrauen kann, daß er das wohlverstandene Interesse seines Schützlings vertritt. Hier spielt wahrscheinlich die Tatsache mit hinein, daß das Aufsuchen ärztlicher Hilfe auf seiten der freien Agenten häufig an sich nicht ganz so frei ist, sondern ein Produkt der Übereinstimmung, wenn nicht des Zwanges, auf seiten der engeren Verwandtschaft des Patienten. Man darf hinzufügen, daß der Patient, sobald ihm schlimme Nachrichten übermittelt werden müssen, unter Umständen feststellen wird, daß seine Eigenschaften als Objekt und als Klient voneinander getrennt werden. Er behält seinen Status als Objekt, aber seine Rolle als Klient wird subtil auf jemand anderen, ihm nahestehenden übertragen. Die Schwierigkeit liegt manchmal nicht darin, daß er etwa nicht mehr als vollgültiges soziales Wesen angesehen werden könnte, sondern daß der Arzt es vermeiden möchte, als teilnehmender Beobachter in die unmittelbare Reaktion eines anderen auf die Zerstörung seiner Lebenshoffnung verwickelt zu werden.

Das Problem des Begleiters illustriert den Konflikt, der zwischen dem, was ein Helfer und seine Zunft für die wohlverstandenen Interessen des Klienten halten, und dem, was der Klient selbst wünscht, entstehen kann. Dieser potentielle Konflikt wird durch einen weiteren Faktor verschärft, nämlich die Spannung zwischen den Interessen des Klienten und den Interessen der Gemeinschaft. Ein augenfälliges Beispiel ist der Fall der übertragbaren Krankheiten, wo der Arzt gesetzlich verpflichtet ist, sowohl die Gemeinschaft als auch den Klienten zu schützen. Weitere Beispiele dieses Konflikts stellen die Abtreibung und die Behandlung polizeilich nicht gemeldeter Schußwunden dar, obgleich es in beiden Fällen einen Ausweg gibt, da die Abtreibung oft nicht als im »wohlverstandenen Interesse« der sie wünschenden Person verstanden wird und Schußwunden nur unter der Voraussetzung behandelt werden, daß die Polizeibehörden zur gleichen Zeit informiert werden. Ein drittes Beispiel sind die früher geltenden Restriktionen bezüglich der aus rein kosmetischen Gründen erfolgenden plastischen Chirurgie, obgleich hier weniger das Wohl der Gemeinschaft als die Würde und der interesselose Standpunkt des Arztberufs selbst auf dem Spiel standen. Und selbstverständlich gibt es noch andere Beispiele, wie etwa die interessante Frage, mit der sich der sowjetische Arzt auseinandersetzen muß, ob er einem Arbeiter die Krankschreibung, die seinen einzigen Urlaub darstellt, gewähren will, obgleich ihm nicht viel fehlt[16], oder die des amerikanischen Arztes, ob er registrierten Drogensüchtigen Rezepte ausstellen soll.

Eine weitere Schwierigkeit, das Dienstleistungsmodell auf die Medizin anzuwenden, besteht darin, daß die Patienten häufig glauben, ihren Arzt in nicht-medizinischen Angelegenheiten um Rat bitten zu können und daß der Arzt häufig eine besondere Kompetenz zu haben glaubt, die ihn berechtigt, diese Erweiterung seiner Rolle zu akzeptieren.[17] Noch wichtiger, ja zunehmend wichtiger ist ein anderes Problem: Trotz der Bemühungen der ärztlichen Berufsorganisation entwickelt sich in manchen Ländern die ärztliche Praxis insgesamt vom Ideal des frei praktizierenden Arztes mit seiner unorganisierten Klientel fort zu einem neuen Ideal hin, bei welchem irgendwelche bürokratische Agenturen die Klienten, denen kaum die Wahl bleibt, welchen der verfügbaren Ärzte sie beanspruchen wollen, ihre Dienste anbieten. Dies stellt eine ernsthafte Bedrohung der klassischen Dienstbeziehung dar, aber ich glaube nicht, daß wir die langfristigen Konsequenzen,

16 M. G. Field, »Structured Strain in the Role of the Soviet Physician«, *American Journal of Sociology*, LVIII (1953), S. 493–502.
17 Szasz, »Scientific Method ...«, op. cit., S. 233 Fn.

die sich daraus für das Ideal der Dienstleistung ergeben, bereits absehen können.

Nach der in diesem Aufsatz vertretenen Auffassung finden wir die wichtigste Einschränkung der Anwendung des Dienstleistungs-modells auf die Medizin innerhalb des Werkstattkomplexes, un-beschadet der Tatsache, daß in einigen Fällen, wie auch bei ge-wissen chirurgischen Eingriffen, ein Zimmer voller Menschen durch eine Vielfalt detaillierter Vorschriften genauestens reglementiert werden kann, welch letztere zumeist durch technische Erwägungen rational begründet sind. Während sie sich für gewöhnlich als öffentliche Dienstleistungs-Institutionen präsentieren, die zum Wohl der Menschheit betrieben werden, arbeiten nicht wenige Krankenhäuser unumwunden für den Profit ihrer Eigentümer, und alle achten auf die sozialen Merkmale ihres Personals und der Patienten. So sind auch viele Kliniken mit Ausbildungsprogram-men befaßt, die dazu führen, daß gewisse therapeutische Entschei-dungen nicht lediglich durch die Bedürfnisse des betreffenden Patienten, sondern durch die Techniken und medikamentösen Be-handlungsformen, auf welche die Klinik spezialisiert ist, beein-flußt werden. Ähnlich sind viele Kliniken mit Forschungsprogram-men befaßt, die manchmal dazu führen, daß die Behandlung nicht so sehr durch die Bedürfnisse des Patienten als vielmehr durch die Bedürfnisse des Forschungsplanes diktiert wird.

Es gibt aber noch weitere Schwierigkeiten. Wie bereits festgestellt, fällt es dem Klienten schwer, seinen Körper in unpersönlicher Form zu behandeln und behandeln zu lassen sowie über die Tat-sache hinwegzusehen, daß er ihn nicht in der üblichen Weise be-nützen kann, während er repariert wird. Darüber hinaus erkennt man zunehmend, daß selbst ein kurzer Aufenthalt in einer Klinik bei sehr jungen Menschen »Trennungsangst« hervorrufen kann; daraus folgt, daß die Werkstatt in solchen Fällen keine wohl-tuende, neutrale, sondern eine schmerzhafte Umgebung ist. Dar-über hinaus befindet sich der Patient, da er während der aktiven Behandlungsphase des Reparaturzyklus in der Werkstatt bleiben muß, in einer günstigen Position, um zu erkennen, welche Schwie-rigkeiten es bereitet, alles, was an ihm und um ihn her geschieht, dem Dienstleistungsmodell anzugleichen.

Ob es dem Patienten gelingt, diese Angleichung vorzunehmen, hängt notwendig davon ab, daß ihm bestimmte Prozeduren ver-heimlicht werden, denn stets wird ein Teil der Klinik-Routine nicht durch ärztliche Erwägungen, sondern durch andere Faktoren bestimmt sein, vor allem durch Vorschriften zur Führung der Patienten, welche sich in der Anstalt zum Nutzen und zur Bequemlichkeit des Personals entwickelt haben. (Dieselbe Abweichung von den durch die Dienstleistung bestimmten Vorschriften gilt selbstverständlich auch für jede andere Werkstatt, aber in diesen anderen Werkstätten ist der Klient normalerweise nicht anwesend, um das, was geschieht, wahrzunehmen.) Je länger der erforderliche Aufenthalt in der Klinik und je chronischer und schleppender der Krankheitsverlauf, desto schwerer wird es dem Patienten fallen, in der Klinik eine vollkommen rationale Dienstleistungsinstitution zu erkennen.

Trotz dieser und anderer Schwierigkeiten, die ärztlichen Dienstleistungen innerhalb einer Klinik-Institution zu lokalisieren, gibt es Faktoren, die sich in der Weise auswirken, daß sie es dem Patienten ermöglichen, seine ganze Klinikerfahrung dem Dienstleistungsmodell anzugleichen – vorausgesetzt, daß sein Aufenthalt nicht zu lange dauert. Zweifellos kann die Klinik dem Patienten den Segen kostspieliger Anlagen und spezialisierter Instrumente bieten, welche die Praxis des Arztes nicht aufweist. Darüber hinaus ist die Bettlägerigkeit immerhin in unserer Gesellschaft als etwas definiert, das zur Krankheit gehört, und zuweilen fühlt der Patient sich nicht in der Lage, etwas anderes zu tun. Einige technische Aspekte der ärztlichen Fürsorge bieten eine zusätzliche Unterstützung: Knochenbrüche und viele post-operative Zustände erfordern offensichtlich den Zustand der Bewegungslosigkeit, wie dies gelegentlich auch auf bestimmte postoperative Verfahren, etwa das Absaugen von Eiter, zutrifft; manche Therapien erfordern eine aufs genaueste vorgeschriebene Diät. Labor- und Auswertungsarbeiten erfordern häufig die dauernde Verfügbarkeit des Patienten. All dies bietet eine rationale Rechtfertigung für die Haltung, die der Patient in der Klinik einzunehmen hat.

Es kommt noch ein weiterer Faktor hinzu, der diese Assimilation der Klinik-Erfahrung an das Dienstleistungsmodell unterstützt. Während der Hospitalisierung und der nachklinischen Pflege ereignet sich häufig ein Bruch in der Umwelt des Patienten: Mittels einer Bandage, eines Gipsverbandes oder eines in anderer Form ruhiggestellten Körperteils wird eine den medizinischen Bedürfnissen angepaßte Umwelt intensiv aufrechterhalten. Der Zustand, in welchem all das gehalten wird, was außerhalb dieser Grenzen liegt, kann dann nicht direkt mit der Begründung, es sei heilsam, rationalisiert werden, sondern es ist lediglich eine Voraussetzung für die Aufrechterhaltung der inneren Umwelt. Auf diese Weise kann der Anwendungsbereich offensichtlich nützlicher medizinischer Maßnahmen wesentlich reduziert werden, ohne daß dadurch die Möglichkeit des Patienten, alles, was ihm widerfährt, mit dem medizinischen Modell in Übereinstimmung zu bringen, gefährdet würde.

Diese Beweise für die Berechtigung der von den Kliniken behaupteten Dienstleistung stützen erst recht die vom Arzt eingenommene Helfer-Haltung, so daß dieser ein feierliches Benehmen an den Tag legen kann, ohne daß er Gefahr läuft, von den Patienten oder von sich selbst nicht ernst genommen zu werden. In einer Situation, in der dem Klienten viel Aufmerksamkeit geschenkt wird, und angesichts der immer noch erheblichen Unwissenheit kann der Arzt häufig genug das liefern, was von ihm erwartet wird, vorausgesetzt, er erhält den Respekt, den er von seiner Haltung her erwartet. Der Klient bestätigt die Gültigkeit der Ansprüche des Arztes und damit die Lebensfähigkeit des ärztlichen Modells durch seine Bereitschaft, seine Krankheit nach dem Beispiel des Helfers unpersönlich zu betrachten – als von niemandem gewollt, von niemandem beabsichtigt und von niemandem verschuldet. Die Hospitalisierung wird das Individuum zeitweilig von seinen sozialen Rollen entbinden, aber wenn es seine Pein überlebt, dann wird es wahrscheinlich an den sozialen Ort, den es verließ, zurückkehren – an einen Platz, der ihm durch die Institution des »Krankenurlaubs« offen- und warmgehalten wird, durch welche die anderen das Gewicht seines Verschwindens mildern.

Obgleich es so aussieht, als wäre die ärztliche Praxis nach dem Muster des Experten-Dienstleistungsmodells geplant, möchte ich diese Diskussion des ärztlichen Modells mit der Feststellung abschließen, daß dieser am Individuum orientierte Dienstleistungsrahmen nicht das einzige der ärztlichen Tätigkeit entsprechende Bezugssystem ist (eine bereits früher im Zusammenhang mit den Versicherungs-Vertrauensärzten und der Epidemiologie getroffene Einschränkung); zwei weitere Bezugssysteme seien erwähnt:

Erstens: Manchmal sind Mediziner nicht damit beschäftigt, einem bestimmten Individuum zu helfen, sondern sie sorgen dafür, daß eine soziale Unternehmung, an der eine Anzahl von Personen beteiligt sind, in einer mit bestimmten minimalen Normen der ärztlichen Fürsorge übereinstimmenden Weise durchgeführt wird – wobei diese Normen aufgestellt und schließlich durchgesetzt werden von Agenten, die für die Gesellschaft insgesamt handeln. Was vorhin als eine Einschränkung der für einen bestimmten Patienten aufgewandten Aufmerksamkeit behandelt wurde, kann nunmehr zur Hauptaufgabe des Praktikers werden. So betrauen bestimmte sportliche Veranstaltungen – wie etwa Boxwettkämpfe – Ärzte mit einer Aufpasserfunktion, wie auch Fabriken und Bergwerke gezwungen sind, in Übereinstimmung mit den minimalen Sicherheitsnormen zu arbeiten. Hier können wir von der normativen Funktion der Medizin sprechen; Ingenieure, Elektriker und Architekten können in derselben Art Verwendung finden.

Zweitens: Mediziner können eine Instandhaltungsfunktion zum Zweck der Behandlung eines Teilnehmers an einer Unternehmung wahrnehmen, wobei sie diesen weder um seiner selbst noch um der Einhaltung gesellschaftlicher Normen willen behandeln, sondern lediglich um die Nützlichkeit des Teilnehmers für diese Unternehmung zu maximieren. Ein Beispiel dafür ist das pharmazeutische Aufputschen von Athleten und Pferden. Ein weiteres Beispiel bietet die ärztliche Überwachung der Folter, die sicherstellt, daß der Patient nicht stirbt, bevor er gesprochen hat; ein weiteres Beispiel bietet die Ernährung von Arbeitslager-Insassen, durch welche ihre Arbeitskraft aufrechterhalten wird.[18] Wir finden häufig eine Kombination der normativen Funktion und der Instandhaltungsfunktion, wie etwa im Fall der zahnärztlichen und ärztlichen Dienste, die mit umfangreichen sozialen Institutionen verbunden sind, besonders mit solchen, die isoliert sind, wie etwa Schiffahrtsgesellschaften und Armeen.

Neben der auf die Hilfe für den einzelnen ausgerichteten Medizin finden wir also die verschiedenen Formen der Medizin, die sich auf gesellschaftliche Gruppen erstrecken. Indem ich auf diese zusätzlichen Modelle der ärztlichen Tätigkeit hinweise, leugne ich nicht, daß die persönliche Dienstleistung, die manche unterprivilegierte Patienten erhalten, zuweilen – vom Standpunkt der Patienten gesehen – weniger angemessen ist als jene, die manche Angestellte in ihrer Arbeitsorganisation im Zusammenhang mit

18 Eine interessante Abhandlung über die Bedeutung dieser Funktion in der Militärmedizin findet sich bei R. W. Little, »The ›Sick Soldier‹ and the Medical Ward Officer«, *Human Organization*, XV (1956), S. 22–24.

den Instandhaltungs- und normativen Funktionen der Medizin erhalten. Es geht hier weniger darum, welche medizinische Fürsorge der einzelne erhält, sondern eher um den organisationsmäßigen Rahmen, in dem er sie erhält.

VI.

Wir können nun zu der im Titel dieses Aufsatzes gestellten Frage zurückkehren: die Anwendung des Experten-Dienstleistungsmodells, und zwar seiner medizinischen Version, auf die Anstaltspsychiatrie.

Die Erklärungen des anscheinend seltsamen Verhaltens von Menschen besitzen in der westlichen Welt eine dramatische Geschichte: Absichtliche oder unfreiwillige Vermählung mit dem Teufel, Besessenheit von den Trieben wilder Tiere usw.[19] In England gibt es seit dem 18. Jahrhundert im Ernst ein medizinisches Mandat über diese Delinquenten. Die Insassen wurden als Patienten bezeichnet, es wurden Pfleger ausgebildet, und es wurde ein nach medizinischen Richtlinien aufgebauter Fallbericht geführt.[20] Irrenhäuser, die in Krankenasyle umbenannt worden waren, wurden abermals umbenannt, diesmal in psychiatrische Kliniken. Eine ähnliche Bewegung führte in Amerika seit 1756 das Pennsylvania Hospital an.[21] Heute gibt es im Westen Unterschiede zwischen den Praktikern der »organischen« Richtung und denen der »funktionalen« Richtung, doch die Annahmen, von denen beide Richtungen ausgehen, bieten gleicherweise die Berechtigung, die medizinische Version des Dienstleistungsmodells auf Asylinsassen anzuwenden. In vielen Gemeinschaften ist z. B. die Beglaubigung eines Arztes bei der unfreiwilligen psychiatrischen Hospitalisierung eine rechtliche Vorbedingung.

Wenn ein künftiger Patient zu seinem ersten Aufnahme-Interview kommt, dann wenden die ihn aufnehmenden Ärzte unmittelbar das medizinische Dienstmodell an. Gleichgültig, unter welchen sozialen Bedingungen der Patient lebt oder welcher besonderen Art seine »Krankheit« ist, auf diesem Schauplatz kann er als je-

19 Siehe z. B. Albert Deutsch, *The Mentally Ill in America* (2. Aufl., New York, Columbia University Press, 1949), S. 12–23.
20 Kathleen Jones, *Lunacy, Law, and Conscience* (London, Routledge and Kegan Paul, 1955), S. 55–56.
21 Deutsch, op. cit., S. 58 ff.

mand behandelt werden, dessen Problem unter Anwendung einer einzigen technisch-psychiatrischen Perspektive wenn schon nicht behandelt, so doch verstanden werden kann. Daß die Patienten sich untereinander nach Geschlecht, Alter, Rassenzugehörigkeit, Familienstand, Religion oder sozialer Schicht unterscheiden, ist lediglich ein Gesichtspunkt, der in Betracht gezogen werden muß und der gegebenenfalls so zu berücksichtigen ist, daß die allgemeine psychiatrische Theorie angewendet werden kann und sich hinter den oberflächlichen äußeren Unterschieden des sozialen Lebens universelle Themen entdecken lassen. So wie jedes Mitglied des Sozialsystems einen entzündeten Blinddarm haben kann, so kann jeder mit einem der fundamentalen psychiatrischen Syndrome behaftet sein. Der gleichförmigen professionellen Höflichkeit, mit der die Patienten behandelt werden, entspricht die gleichförmige Anwendbarkeit der psychiatrischen Doktrin.

Sicher gibt es Fälle von seelischen Störungen (verbunden mit Hirntumoren, progressiver Paralyse, Arteriosklerose, Meningitis usw.), welche die Voraussetzungen des Dienstleistungsmodells vollkommen zu erfüllen scheinen: Ein in einer seltenen Zufallsverteilung auftretendes Ereignis schädigt die geistige Funktion des Klienten, ohne daß jemand dies beabsichtigt und ohne daß er persönlich dafür verantwortlich wäre. Nach einiger Zeit merken er und/oder die anderen, daß »etwas nicht stimmt«. Durch eine Reihe von Überweisungen gerät er freiwillig oder unfreiwillig unter die Fürsorge der Psychiater. Sie sammeln Informationen, stellen Beobachtungen an, stellen eine Diagnose, verordnen eine Therapie und legen den Behandlungsplan fest. Entweder der Patient erholt sich dann und es kommt zu einem Stillstand der pathologischen Störung, oder (bei organischen Befunden wahrscheinlich) die Krankheit nimmt ihren bekannten und unausweichlichen Verlauf, der mit dem Tod des Patienten oder seiner Reduzierung auf den unheilbaren Status der bloßen vegetativen Funktion endet. In den gutartigeren Fällen, wo der Patient erhebliche Besserung durch die Behandlung erfährt, wird er meist seine vergangenen Erfahrungen neu bewerten, um zu erkennen, daß ihm die psychiatrische Hilfe in seinem eigenen Interesse angediehen ist und daß er sich freiwillig um sie bemüht hätte, hätte er gewußt, was ihm fehlte und was für ihn getan werden konnte. Danach geht alles glücklich aus[22],

22 Dies illustriert anschaulich ein Artikel von Berton Roueché im *New Yorker:* »Ten Feet Tall«, der über einen Einzelfall von durch Cortisonbehandlung ver-

und wenn nicht glücklich, dann zumindest ordentlich. In den Fluren der hirnchirurgischen Stationen in einigen psychiatrischen Kliniken findet man zuweilen eingerahmte Fallberichte, die in bezug auf einen tatsächlichen Fall einen Überblick über die frühen (»prodromalen«) sozialen Befunde und Symptome, einen Nachweis der fehlerhaften Beurteilung derselben durch den Laien, eine Beschreibung des Verhaltens des Patienten während seiner Krankheit und Skizzen von Autopsiebefunden, die die Richtigkeit der Diagnose und die Angemessenheit der Behandlung bestätigen, enthalten. Soziales Fehlverhalten und sichtbare organische Pathologie werden zu einer einwandfreien Bestätigung der Anwendbarkeit des medizinischen Modells vereinigt.

Während einige psychiatrische Fälle sich nahtlos dem Rahmen des medizinischen Modells einfügen, gibt es andere Fälle, die sehr evidente Schwierigkeiten verursachen; besonders gilt dies für die größte Gruppe der psychiatrischen Patienten, nämlich diejenigen mit sogenannten funktionalen Psychosen. Viele dieser Schwierigkeiten wurden in der Literatur beschrieben und sind in der Psychiatrie allgemein bekannt. Ich möchte sie hier kurz darstellen, wobei ich mit den eher zufälligen Formen beginnen will und mich dann zu jenen, die fundamentalerer Natur sind, vortasten werde.

Die Anwendbarkeit des Dienstleistungsmodells auf die Anstaltspsychiatrie wird durch die Tatsache in Frage gestellt, daß das offizielle Mandat einer öffentlichen Heilanstalt teilweise dahin geht, die Gemeinschaft vor der durch bestimmte Formen des Fehlverhaltens bedingten Gefährdung und Belästigung zu bewahren. Hinsichtlich der Rechtslage und des öffentlichen Drucks, dem die psychiatrische Klinik ausgesetzt ist, ist diese Verwaltungsfunktion von großer Bedeutung. Innerhalb der Anstalt wird darauf jedoch überraschend wenig explizit Bezug genommen, da der Schwerpunkt auf den medizinisch-therapeutischen Dienstleistungen liegt, welche die Klinik für die Patienten bereitstellt. Wenn wir die Geisteskranken als Menschen ansehen, welche anderen besondere Schwierigkeiten bereitet haben, dann wird die Verwaltungsfunktion der Klinik (recht ähnlich der Verwaltungsfunktion des Gefängnisses) verständlich und, wie viele glauben, berechtigt; es muß jedoch eingewandt werden, daß ein Dienst an der Verwandtschaft, Nachbar-

ursachten manisch-depressiven Nebeneffekten berichtet. Dieser Artikel ist in Rouechés Sammelband *The Incurable Wound* (New York, Berkeley Publishing Corp., o. J.) S. 114–43, aufgenommen.

schaft oder am Arbeitgeber des Patienten nicht notwendig ein Dienst an der ganzen Gemeinschaft ist (was immer darunter zu verstehen sein mag), und daß ein Dienst an diesen allen nicht notwendig ein Dienst, besonders nicht ein medizinischer Dienst am Insassen ist. Statt eines Dienenden und eines Bedienten finden wir einen Regierenden und einen Regierten, einen Vorgesetzten und die ihm Untergebenen.[23]

Während seiner Hospitalisierung wird der Patient sehr wahrscheinlich aus der Jurisdiktion des einen Arztes unter die Jurisdiktion eines anderen Arztes geraten, und dieser Wechsel ergibt sich nicht aus einem Überweisungssystem, in welchem der Praktiker einen anderen Helfer empfiehlt und der Patient freiwillig dieser Empfehlung folgt; der Patient wird vielmehr wegen des täglichen und wöchentlichen Wechsels der Ärzte und wegen der häufigen Verlagerung der Patienten von einer Station auf die andere sowie des ärztlichen Personals von einer Abteilung zur anderen der Reihe nach unter die Jurisdiktion verschiedener Ärzte geraten. Während sie derselben Organisation angehören, sind Patienten wie Arzt Entscheidungen unterworfen, die sie nicht mit Rücksicht auf denjenigen treffen, den sie vor sich haben.[24] Außerdem müssen wir die psychiatrische Klinik in ihrem jüngeren historischen Kontext sehen, in dem sie sich als eine unter einem ganzen Netz von vielen Institutionen entwickelt hat, deren Aufgabe es ist, für die Unter-

23 Siehe Talcott Parsons, »The Mental Hospital as a Type of Organization«, in: M. Greenblatt, D. Levinson, and R. Williams, Hrsg., *The Patient and the Mental Hospital* (Glencoe, Ill., The Free Press, 1957), S. 115.

24 In Forschungskliniken wurden lehrreiche Versuche angestellt, um diesem Problem beizukommen. Die Rolle des Stationsarztes kann von der Rolle des Therapeuten scharf abgegrenzt werden, wobei die Beziehung zwischen Therapeut und Patient konstant bleibt, ungeachtet eines Stationswechsels des Patienten. (Siehe z. B. Stewart Perry and Lyman Wynne, »Role Conflict, Role Redefinition, and Social Change in a Clinical Research Organization«, *Social Forces*, XXXVIII (1959), S. 62–65.) In allgemeinen Privatkliniken, welche eine psychiatrische Abteilung führen, finden wir eine noch engere Annäherung an die Dienstleistungsbeziehung: ein privat praktizierender Psychiater verfügt etwa über einige »Betten« und wird einen Patienten vorübergehend hospitalisieren, wenn er dies für notwendig hält. Das Hauspersonal, gewöhnlich in der Klinik wohnhaft, hat dann die Aufgabe, den Patienten zu ernähren und dafür zu sorgen, daß er ruhig bleibt, und der Psychiater wird seinen Patienten ein- oder zweimal täglich besuchen, wie dies auch die übrigen Ärzte tun, welche über Betten in anderen Stationen verfügen. Dabei werden viele Merkmale der Dienstleistungsbeziehung beibehalten; welche therapeutische Wirkung daraus resultiert, ist eine andere Frage.

bringung der verschiedenen Gruppen von sozial unbequemen Menschen zu sorgen. Zu diesen Institutionen gehören Pflegeheime, allgemeine Krankenhäuser, Veteranenheime, Gefängnisse, geriatrische Kliniken, Heime für geistig Zurückgebliebene, Arbeitslager, Waisenhäuser und Altersheime. In jeder staatlichen Heilanstalt befindet sich eine beträchtliche Anzahl von Patienten, die eher in einer dieser anderen Institutionen untergebracht sein sollten (genau wie es in diesen anderen Institutionen einige Insassen gibt, die besser in einer Heilanstalt aufgehoben wären), die jedoch dort behalten werden, weil in jenen anderen Institutionen kein Platz zur Verfügung steht oder die Mittel zur Unterbringung fehlen. Jedesmal wenn die Heilanstalt als eine Auffangstation für Menschen, die der öffentlichen Wohlfahrt anheimfallen – innerhalb eines Netzes solcher Stationen – dient, wird das Dienstleistungsmodell außer Kraft gesetzt. Diese Fakten der Patienten-Rekrutierung gehören selbstverständlich zu dem, was das Personal an seinem Arbeitsplatz übersehen, rationalisieren und hinwegdeuten muß.

Besonders schwer läßt sich das Dienstleistungsmodell auf die psychiatrische Hospitalisierung dort anwenden, wo die Einlieferung in eine Heilanstalt weitgehend unfreiwillig erfolgt, nämlich in Amerika. Wie im Fall der ärztlichen Fürsorge, die sehr jungen oder sehr alten Menschen zukommt, bemüht man sich, das Beschützer-Prinzip anzuwenden und die Handlungen der Begleitperson den Handlungen des Patienten selbst gleichzusetzen. Wenn wir sehr junge oder sehr alte Menschen nicht als verantwortlich behandeln, dann ist dies offenbar weder unvereinbar mit der Beziehung, die wir mit ihnen unterhalten, noch korrumpiert es diese. Aber obgleich einige unfreiwillig eingelieferte Patienten ihren Widerstand gegen die Hospitalisierung als Irrtum erkennen, bleibt es im allgemeinen doch auf seiten des unfreiwilligen Patienten bei einer Ablehnung der Klinik. Er gewinnt meist den Eindruck, daß er mit der Hilfe oder zumindest mit der Zustimmung der Menschen, die ihm am nächsten stehen, in die Klinik verschleppt wurde. Während normalerweise eine Begegnung mit einem Helfer den Klienten in seinem Glauben bestärkt, daß die Vernunft und der gute Wille in der Gesellschaft überwiegen, führt die Begegnung des Patienten mit dem Anstaltspsychiater meist zu einer Entfremdung.

Offensichtlich weigert sich nicht nur der Patient, seine Schwierigkeiten einfach als eine Art Krankheit anzusehen, die behandelt und dann vergessen werden kann. Sobald aus seinen Unterlagen hervorgeht, daß er in einer Heilanstalt war, wird die Öffentlichkeit ihn isolieren – und zwar formal in Form gewisser Beschränkungen am Arbeitsplatz sowie informell in der Art der Behandlung, die ihm im täglichen sozialen Umgang zuteil wird[25]; er wird stigmatisiert. Selbst die Klinik setzt stillschweigend voraus, daß eine psychische Erkrankung etwas sei, wofür man sich zu schämen habe; so stellen viele Kliniken z. B. eine Tarnadresse zur Verfügung, damit die Patienten Briefe schreiben und empfangen können, ohne ihren nachteiligen Status auf dem Umschlag öffentlich bekanntmachen zu müssen. Obgleich diese Stigmatisierung in gewissen Kreisen heute an Bedeutung verliert, stellt sie einen wesentlichen Faktor im Leben des ehemaligen Patienten dar. Anders als in den meisten Fällen der allgemein-medizinischen Hospitalisierung ist der Aufenthalt des Patienten in der psychiatrischen Klinik zu langfristig und die Stigmatisierung zu deutlich, als daß dem einzelnen die Rückkehr an den Platz in der Gesellschaft, den er zuvor bekleidete, so ohne weiteres möglich wäre.[26].

Als Reaktion auf die Stigmatisierung und den beim Eintritt in die Klinik empfundenen Verlust entfremdet sich der Insasse häufig bis zu einem gewissen Grade der bürgerlichen Gesellschaft, was sich manchmal darin ausdrückt, daß er nicht bereit ist, die Klinik zu verlassen. Diese Entfremdung kann sich unabhängig von der Art der Krankheit entwickeln, die zur Einlieferung des Patienten führte; sie bildet eine Nebenwirkung der Hospitalisierung, die häufig für den Patienten und seine persönliche Umgebung mehr Bedeutung gewinnt als seine ursprünglichen Schwierigkeiten. Abermals haben wir es hier mit einem Phänomen zu tun, das sich nicht dem Dienstleistungsmodell unterordnen läßt.[27]

25 Siehe z. B. Charlotte Green Schwartz, »The Stigma of Mental Illness«, *Journal of Rehabilitation* (Juli–August 1956).

26 Es ist anscheinend typisch, daß bettlägerige Männer in medizinischen Kliniken in einer selbstverkleinernden, herzhaften Form mit dem Pflegepersonal scherzen, als wollten sie zum Ausdruck bringen, daß die wehrlose, auf die Bedienung der Schwestern angewiesene Lage des Körpers so wenig charakteristisch für das permanente Selbst ist, daß man sich ruhig darüber belustigen kann. Andererseits ist in psychiatrischen Kliniken eine Distanzierung von den gegenwärtigen Eigenschaften und Umständen weniger leicht möglich; männliche Patienten sind daher meistens ernst, und wo ein selbst-distanzierendes Ausdrucksverhalten stattfindet, kann dieses psychotische Proportionen annehmen.

27 In seinem Artikel »The Social Dynamics of Physical Disability in Army

Eine weitere Schwierigkeit liegt in der Art des psychiatrischen Fachwissens selbst. Korrekterweise müssen wir feststellen, daß die heute in bezug auf funktionelle Psychotiker gültige Auffassung den Patienten als einen Menschen begreift, der eine Fehlanpassung im Verhältnis zu seinen Mitmenschen entwickelt hat und einer therapeutischen Lernerfahrung bedarf, um diese Muster zu korrigieren. Die Fähigkeit, dem Patienten diese Erfahrung zu vermitteln, ist jedoch weder einfach eine technische Fertigkeit, noch kann sie mit der gleichen Sicherheit wie eine solche angewandt werden. Auch kann diese Fähigkeit, die ein Mitglied des Personals haben mag, nicht über eine nach diesen Fähigkeiten gestaffelte Statushierarchie verteilt werden, wie sie für andere Dienstleistungs-Institutionen typisch ist, wo dem Führungspersonal die wesentlichen Instruktionsaufgaben zufallen und die fachlich weniger qualifizierten unteren Dienstgrade die routinemäßige Vorbereitungsarbeit ausführen bzw. lediglich darauf achten, daß eine zuträgliche Umwelt existiert. Ein Stationswärter ist anscheinend häufig ebenso befähigt, einem Patienten eine »gute« Beziehung zu bieten, wie ein ausgebildeter Psychiater, und gleichgültig, ob gut oder schlecht,

Basic Training«, *Psychiatry*, X (1947), S. 323–33, zeigt David M. Schneider, wie die Abkehr von Pflichten, und sei es auch aus medizinischen Gründen, zu einer stets fortschreitenden Isolierung des Kranken sowie der zunehmenden Bestätigung seiner Andersartigkeit führen kann. Auswirkungen der Trennung können dann wichtiger werden als die anfänglichen Ursachen derselben. Von ähnlichen Annahmen ausgehend, haben U. S.-Armeepsychiater des Walter Reed Hospitals kürzlich die Theorie entwickelt, daß der Soldat, je mehr man ihm Gelegenheit gibt zu erkennen, daß er ein größeres psychisches Problem hat, welches einer besonderen psychiatrischen Behandlung bedarf, sich desto weniger schnell wieder in die militärische Gruppe reassimilieren läßt, in welcher er ursprünglich seine psychischen Schwierigkeiten erfuhr. Siehe z. B. B. L. Bushard, »The U. S. Army's Mental Hygiene Consultation Service«, in *Symposium on Preventive and Social Psychiatry*, 15.–17. April 1957, Walter Reed Army Institute of Research, Washington D. C., S. 431–43, besonders S. 443:
»Diese Ziele [die Minimisierung der psychischen Unfähigkeit] lassen sich durch geringfügige aktuelle, direkte Arbeit mit dem Patienten erreichen, erfordern jedoch eine extensive und funktionierende Verbindung mit einer Vielzahl anderer Agenturen. Weitaus wichtiger als die verbale Unterhaltung mit dem Patienten sind die nicht-verbalen Implikationen einer frühzeitigen Behandlung, der ihm zugewandten emphatischen Aufmerksamkeit sowie der beschleunigten Wiederherstellung seiner Dienstfähigkeit. Jede Annahme, das Problem könnte etwa auf entfernte oder unwägbare Situationen zurückgehen, gar durch eine ›Krankheit‹ verursacht sein oder auf Gründen beruhen, die nicht unmittelbar und ohne weiteres zu beheben sind, führt häufig zu einer Unterminierung der noch intakten Abwehrmechanismen.«

wird der Einfluß des Wärters fortwährend auf den Patienten einwirken, während dieser nur in größeren Abständen dem Einfluß des Anstaltspsychiaters ausgesetzt ist.[28] Gehilfen, die den Patienten auf die Visite des Psychiaters vorbereiten, können durch diese Vorbereitung mindestens ebenso viel psychiatrischen Einfluß nehmen wie der Psychiater selbst, da der unmittelbare soziale Kontakt von Angesicht zu Angesicht eine soziale Situation schafft, in welcher jeder der Beteiligten gleicherweise berechtigt ist, das Skalpell zu führen. Daran ändert auch die Tatsache nichts, daß die Klinikverwaltungen, in Anlehnung an das ärztliche Modell, den Psychiatern das Recht einräumen, weitreichende Entscheidungen hinsichtlich der Disposition des Patienten zu treffen.

Zusätzlich zu der Tatsache, daß insgesamt nur wenig psychiatrisches Fachkönnen vorhanden ist und daß es dort, wo es vorhanden ist, nicht immer entsprechend der Personalhierarchie verteilt ist, wirkt sich noch ein weiterer Punkt erschwerend aus: die übliche Vorsicht und »funktionell spezifische Wirksamkeit« des Helfers wird bei der psychiatrischen Hilfe regelrecht geleugnet. Alle Handlungen, Gefühle und Gedanken des Patienten – seiner Vergangenheit, Gegenwart und Zukunft – werden vom Therapeuten offiziell in die Diagnose und Verordnung einbezogen. Die gängigen Vorstellungen über den psychogenen Charakter vieler physischer Störungen bereichern sogar die Domäne des Psychiaters um Dinge, die sonst in die Zuständigkeit des praktischen Arztes fielen, was dazu führt, daß der Psychiater in der Tat behaupten kann, »den ganzen Menschen« zu behandeln.[29] Die Organisation der in der Klinik mitwirkenden Helfer – der Internisten, Psychologen, Neurophysiologen, Sozialarbeiter und Pfleger – bestätigt das diffuse Mandat des Psychiaters und versorgt ihn mit Informationen, die nur er allein berechtigt ist, zu einer Gesamtbeurteilung des

28 Die milieu-therapeutische Bewegung geht offenbar von der Erkenntnis aus, daß die wesentliche Klinikerfahrung nicht auf die therapeutische Sitzung (wenn eine stattfindet) beschränkt werden kann, und daß daher alle Angehörigen des Personals einen ähnlich schicksalhaften Einfluß auf den Patienten haben. Quellen hierzu sind: Alfred H. Stanton and Morris S. Schwartz, *The Mental Hospital* (New York, Basic Books, 1954), sowie Maxwell Jones, *The Therapeutic Community* (New York, Basic Books, 1953).

29 Eine untergeordnete Konsequenz der Doktrin von der psychogenen Bedingtheit physischer Krankheiten besteht darin, daß manche psychiatrische Patienten sich weigern, eine notwendige physische Behandlung in Anspruch zu nehmen, da sie befürchten, sie könnten den Eindruck erwecken, »sich Schwachheiten einzubilden«.

Patienten zusammenzufügen. Nichts, was den Patienten betrifft, bleibt daher außerhalb der Zuständigkeit des Psychiaters; nichts darf dem Psychiater als für seine Arbeit irrelevant vorenthalten werden. Kein helfender Experte, der sich mit der Reparatur eines Systems befaßt, scheint eine so umfassende Rolle zu beanspruchen.

Mit diesem diffusen diagnostischen Mandat des Psychiaters korrespondiert eine ähnlich diffuse Verordnungsvollmacht. Institutionen, die den Insassen der Freiheit berauben, legen beinahe alle Rechte und Pflichten der Insassen fest. Es gibt jemanden, der die Verfügung über alles hat, was der Insasse erhält und was ihm vorenthalten wird, und diese Position hat offiziell der Psychiater inne. Auch ist der Psychiater nicht gezwungen, dieses Recht in Übereinstimmung mit einheitlichen bürokratischen Vorschriften auszuüben, wie dies Beamte oder Offiziere tun müssen. Fast jede der Lebensbedingungen, durch die der Patient an seinen Tagesplan gebunden ist, kann vom Psychiater beliebig modifiziert werden, vorausgesetzt, daß er eine psychiatrische Begründung dafür findet. Und wieder sehen wir, wie einzigartig die Rolle des Psychiaters unter den Dienstleistenden ist, von denen keinem eine solche Macht zusteht.

Bei der Erörterung des medizinischen Modells in einem allgemeinen Krankenhaus wurde darauf hingewiesen, daß die Lebensbedingungen innerhalb der Klinik in eine innere und eine äußere Sphäre unterteilt werden können: die innere Sphäre enthält den verletzten Bereich des Organismus, welcher einer ärztlichen Kontrolle untersteht, die den Zustand der Verletzung sehr empfindlich registriert; die äußere Sphäre bildet, grob gesagt, die Behausung der inneren Sphäre. In psychiatrischen Kliniken kann manchmal die Trennung zwischen dem therapeutischen und dem häuslichen Milieu aufrechterhalten werden. Wo medizinische Eingriffe (im Gegensatz zu psychologischen) erfolgen, kann man sich bemühen, die Behandlung unter den Bedingungen exakter Kontrolle zu verabfolgen, wobei es möglich ist, in den zwischen den Behandlungsphasen liegenden Zeiträumen die ärztliche Fürsorge zu verringern. Daneben gibt es Fälle, z. B. wenn der Patient erheblich selbstmord- oder mordverdächtig ist, in denen er den ganzen Tag enger Aufsicht untersteht und eine auf seine persönlichen Verhältnisse abgestimmte innere Sphäre der medizinischen Kontrolle konstituiert; so können die Lebensbedingungen an die Behandlung angeglichen werden. Ähnlich scheinen im Fall der Patienten mit fortgeschrittenen neurophysiologischen Verfallserscheinungen die Lebensbedingungen auf den rückständigen Stationen genau auf die Fähigkeiten des Organismus abgestimmt zu sein: der Patient sitzt den ganzen Tag auf der Stelle, hat einen leeren Gesichtsausdruck und ist irgendwie ein unausweichliches und unheilbares Abbild seines Zustandes.

Aber in den Frühstadien des Hirnverfalls und während des überwiegenden Teiles des Verlaufs bestimmter organischer Krankheiten, wie etwa der Epilepsie, steht die absolute Sicherheit der Annahme, daß ein organisches Syndrom vorliegt, in keinem eindeutigen Verhältnis zu den Lebensbedingungen, die dem Patienten in der Klinik vorgeschrieben sind. Wie hoffnungslos der Zustand eines Patienten letzten Endes auch sein mag, nur relativ wenige werden sich in einem solchen Stadium des Verfalls befinden, daß die für rückständige Stationen typischen Lebensbedingungen eine genaue Widerspiegelung ihrer und Reaktion auf ihre Fähigkeiten sind. Es gibt keine Übereinstimmung darüber, wie anomal ihre Lebensumstände sein könnten. Die Diagnose mag daher medizinisch sein, während die Behandlung es nicht ist, wobei die ganze Behandlung, die der Patient genießt, aus den Lebensbedingungen besteht, die der jeweiligen allgemeinen Kategorie von Patienten zur Verfügung stehen. Und wenn wir uns den funktionalen Fällen zuwenden, dann steht das Leben auf der Station erst recht in keinem Verhältnis zu den Fähigkeiten der Patienten in dem Sinne, wie die Bettlägerigkeit ein Ausdruck der physischen Verfassung eines Patienten nach der Operation ist. Und dennoch behauptet, wie wir sehen werden, das Personal psychiatrischer Kliniken, daß die Lebensbedingungen des Patienten sowohl ein Ausdruck seiner Fähigkeiten und seiner augenblicklichen persönlichen Organisation als auch eine medizinische Reaktion auf diese sind.

Unsere nächste Feststellung besagt, daß eine psychiatrische Klinik im Vergleich mit einem Krankenhaus oder einer Garage wenig Voraussetzungen mitbringt, um Schauplatz des klassischen Reparaturzyklus zu sein. In staatlichen Heilanstalten und noch mehr in privaten und Veteranen-Heilanstalten besteht zwar die Möglichkeit, den Patienten zu beobachten, aber das Personal ist häufig zu beschäftigt, um irgend etwas anderes als Fälle von Ungehorsam in die Akten aufzunehmen. Selbst wenn das Personal Zeit für diese Arbeit hätte, ließe sich das Verhalten des Patienten auf der

Station schwerlich als repräsentativ für sein allgemeines Verhalten ansehen: manche Handlungen, die in der Außenwelt als inakzeptabel gelten, finden hier nicht statt (besonders wenn ein solches Verhalten eine Reaktion auf mißliebige Personen in der heimischen Umwelt des Patienten war), und andere Formen des Fehlverhaltens überlagern die vorherigen als Reaktion auf die gegenwärtige Situation des Patienten, in die er unfreiwillig geraten ist. So tritt im Verhalten ein Bruch auf, wobei die Mauern der Anstalt die Wirkung eines dicken und verfälschenden Prismas haben. Anscheinend ist die Station der am schlechtesten geeignete Ort für die Beobachtungen eines Helfers, es sei denn man hielte an Personen, die unter einem solchen besonderen Stress stehen, vorgenommene Untersuchungen für stichhaltig.

Auch dort, wo über jeden einzelnen Patienten diagnostische Konferenzen abgehalten werden, kann man sich bei solchen Treffen in erster Linie darum bemühen, eine Übereinstimmung darüber zu erzielen, welches der legal erforderlichen Markenzeichen einem bestimmten Fall angefügt werden soll; und der Zeitplan solcher Zusammenkünfte hat zuweilen wenig mit dem Vorhandensein oder Fehlen einer Datensammlung, welche die Voraussetzung für zu ergreifende Maßnahmen bieten könnte, zu tun.

Was für die Schwierigkeiten der Diagnose in psychiatrischen Kliniken gilt, gilt erst recht für die Behandlung. Wie bereits festgestellt, wird das Problem der Lockerung der Einstellung des Patienten der Welt gegenüber kompliziert und aufgebauscht durch das Problem der Lockerung seiner Einstellung zu seiner unfreiwilligen Hospitalisierung. Auf jeden Fall ist die in psychiatrischen Kliniken verabreichte Behandlung nicht immer der Krankheit spezifisch, wie dies für gewöhnlich in einem allgemeinen Krankenhaus, einer Garage oder einer Radio-Reparaturwerkstatt der Fall ist, stattdessen wird, wenn überhaupt eine Therapie erfolgt, ein Zyklus von therapeutischen Maßnahmen pauschal an eine ganze Gruppe von eintretenden Patienten verabreicht, wobei das ärztliche Interesse mehr der Frage gilt, welche Kontraindikationen für eine bestimmte Behandlungsform vorliegen, als der Frage, welche Indikationen für sie sprechen.

Zugleich wird das Leben des Patienten reguliert und geordnet nach einem Disziplinarsystem, welches für die Überwachung einer großen Zahl von unfreiwilligen Insassen durch ein zahlenmäßig kleines Personal entwickelt wurde. In diesem System ist der Wärter zumeist die Schlüsselfigur des Personals, er informiert den Patienten über Bestrafungen oder Belohnungen, durch die sein Leben geregelt werden soll, und er holt die ärztliche Autorisierung für solche Privilegien und Strafen ein. Ruhe und Gehorsam lassen den Patienten im Stationssystem aufsteigen. Ungebärdigkeit und Unordentlichkeit führen zum Abstieg. Erst wenn der Patient sich bereitfindet, sein soziales Verhalten zu verbessern, wird der Wärter ihn der Aufmerksamkeit des Arztes empfehlen und ihn dabei als berücksichtigenswert und besserungsfähig schildern, so daß, wie Ivan Belknap es beschrieb, der Patient erst dann in ärztliche Obhut kommt, wenn er sie am wenigsten braucht.[30]

30 Belknap, op. cit., S. 144. Ich möchte hinzufügen, daß sich die Frage erhebt, wie in der Anstalt eine soziale Kontrolle ausgeübt werden kann, da es sich doch bei psychiatrischen Patienten um Menschen handelt, welche draußen nicht bereit waren, auf die Bemühungen der sozialen Kontrolle zu reagieren. Ich glaube, sie wird weitgehend durch das »Stationssystem« erreicht, jenes in modernen Heilanstalten mit der Zeit entstandene Mittel der Kontrolle. Der Schlüssel, so glaube ich, ist ein System von Stationen, welche nach dem Grad des zulässigen Fehlverhaltens und dem Grad der in ihnen herrschenden Unannehmlichkeiten und Entbehrungen gestaffelt sind. Welches Maß an Fehlverhalten der Patient auch zeigen mag, stets wird es also für ihn eine Station geben, welche routinemäßig auf sein Verhalten eingestellt ist und in der es in gewissem Umfang erlaubt ist. Effektiv ist es dem Patienten, wenn er die Lebensbedingungen auf diesen Stationen akzeptiert, möglich, sein Fehlverhalten beizubehalten, nur daß er nunmehr niemandem mehr besondere Ungelegenheiten damit bereitet, da es auf der Station routinemäßig behandelt wird, wenn nicht gar gestattet ist. Wenn er eine Verbesserung seiner Situation wünscht, dann bringt man ihn in der Tat dazu, Abbitte zu leisten und verbal zu bekunden, daß er bereit ist, sich zu bessern. Wenn er sich verbal unterwirft, dann wird ihm wahrscheinlich eine Verbesserung seiner Lebensbedingungen zugestanden. Sollte er dann wieder in sein altes Fehlverhalten zurückfallen und dieses beibehalten, so wird er belehrt und auf seine vorherigen Lebensbedingungen zurückgestuft. Wenn er statt eines Rückfalles seine Bereitschaft bekundet, sich noch besser zu benehmen, und diese Haltung über eine gewisse Zeitspanne hinweg einhält, dann wird er weiter innerhalb des beschleunigten Entlassungszyklus befördert, über den die meisten Patienten, welche zum erstenmal eingeliefert wurden, innerhalb eines Jahres hinauf und hinaus gelangen. Dann ist häufig der Punkt erreicht, an dem der Patient auf Spaziergängen auf dem Anstaltsgelände oder bei Ausflügen in die Stadt der Obhut eines Verwandten anvertraut wird, wobei der Verwandte nunmehr in einen Menschen verwandelt wird, in dessen Hand die Entscheidung über Freiheit oder Unfreiheit sowie die rechtliche Möglichkeit liegt, die Drohung »Sei anständig, oder ich schicke dich wieder zurück!« wahrzumachen. Was wir hier (nicht aber draußen) finden, ist das exakte Modell dessen, was die Psychologen eine Lernsituation nennen – an der Verpflichtung zur Unterordnung festgemacht. Aus diesem Grunde erscheint die Moral der Patienten auf rebellischen Stationen stärker und gesünder zu sein als auf den Entlassungsstationen, denn

Der Aufenthalt in der Heilanstalt läßt sich vom Patienten nur schwer mit dem medizinischen Modell in Übereinstimmung bringen. Eine sehr geläufige Beschwerde lautet: »Für mich wird nichts getan – ich sitze hier nur so rum.« Und mit dieser Schwierigkeit korrespondiert die Tatsache, daß die offiziellen, bei funktionellen Erkrankungen üblichen psychiatrischen Behandlungsformen selbst keine genügend hohe Erfolgswahrscheinlichkeit bieten, um die Praxis der Anstaltspsychiatrie als einen Experten-Dienstleistungsberuf im Sinne unserer Definition zu rechtfertigen, besonders da die Wahrscheinlichkeit, daß die Hospitalisierung die Lebenschancen des Individuums ruiniert, wie bereits gesagt, positiv und hoch ist.

Das Problem liegt jedoch nicht nur in der geringen Wahrscheinlichkeit einer erfolgreichen Dienstleistung, sondern in erster Linie ist für manche Patienten die Anwendung des ganzen Dienstleistungs-Bezugsrahmens fragwürdig. Zum einen existiert die Erkrankung nicht als isolierte Entität. Gewiß stellt der Patient bei organischen Fällen in sich selbst die Umwelt dar, in der der Schaden empfunden wird und in der, wenn möglich, Reparaturen vorgesehen werden können. Dies ist bei Fällen funktioneller Psychosen nicht der Fall. Insofern das Symptomverhalten des Patienten Teil seiner zwischenmenschlichen Situation ist, müßte der Helfer diese ganze Situation in die Klinik hereinholen, um die Störung des Patienten zu beobachten und zu behandeln. Statt daß eine relativ zuträgliche und passive Umwelt und ein isoliertes Problem vorlägen, verschmelzen Erscheinung und Ursache der üblichen Dienstleistungsbegriffe in eins, da die interpersonelle Umwelt des Patienten von seinen Schwierigkeiten nicht zu trennen ist. Theoretisch wäre es bestimmt möglich, daß eine leichte therapeutische Besserung beim Patienten sich als positive Wirkung auf seine Umwelt übertragen würde, wenn er in diese zurückgeschickt wird, und es wäre vielleicht möglich, es so einzurichten, daß er in eine neue Umwelt zurückkehrt; doch in der Praxis wird der Patient für gewöhnlich bei seiner Entlassung in das System zurückgeschickt, von dem seine psychotische Reaktion nur ein natürlicher Bestandteil war.

Die Anwendbarkeit des Begriffs der »Pathologie« hängt jedoch von einer noch fundamentaleren Frage ab. Die Pathologie, die

dort gewinnt man den Eindruck von Menschen, die sich verkauft haben, um hinauszugelangen.

zuerst die Aufmerksamkeit auf den Zustand des Patienten lenkt, ist für gewöhnlich ein »in der Situation nicht angemessenes« Verhalten. Aber die Entscheidung, ob eine Handlung angemessen sei oder nicht, bleibt häufig notwendig dem Laien überlassen, einfach weil wir keine Landkarten über die verschiedenen Verhaltens-Subkulturen unserer Gesellschaft besitzen, ganz abgesehen von unserer Kenntnis der in jeder dieser Subkulturen herrschenden Verhaltensnormen. Die diagnostischen Entscheidungen mögen also – außer bei extremen Symptomen – ethnozentrisch gefällt werden, wobei der Helfer von seinem eigenen kulturellen Standpunkt aus das Verhalten von Individuen beurteilt, welche tatsächlich nur aus der Perspektive der Gruppe, der sie entstammen, beurteilt werden können. Da außerdem das unangemessene Verhalten normalerweise ein Verhalten ist, welches jemand nicht liebt und äußerst unangenehm findet, sind diesbezügliche Entscheidungen zumeist politisch, in dem Sinn, daß sich in ihnen das Sonderinteresse einer bestimmten Fraktion oder Person ausdrückt, und nicht ein Interesse, von dem man sagen könnte, daß es über den Interessen jeder Einzelgruppe stehe, wie dies bei der physischen Pathologie der Fall ist.[31]

Für den Patienten kann die Anwendung des Pathologie-Begriffs Konsequenzen haben, die mit dem Dienstleistungs-Ideal unvereinbar sind. Sofern er überhaupt einsieht, daß er unangemessen gehandelt hat, neigt er dazu, seine Handlung als Bestandteil der normalen, von Absicht, Verantwortung und Schuld regierten sozialen Welt anzusehen – wie dies auch die Laien in ihrer ersten Beurteilung seines schwierigen Verhaltens taten. Wenn das Verhalten eines Menschen als unabsichtlich, unverantwortlich und entschuldbar definiert wird, so mag dies in manchen Fällen hilfreich sein, doch damit wird nichtsdestoweniger ein technisches, kein soziales Schema eingeführt, das im Idealfall den Patienten bezüglich jeglicher Teilnahme an der Dienstleistungsbeziehung disqualifiziert und ihn lediglich als Objekt der Dienstleistung kennzeichnet. In diesem Zusammenhang sei eine Beschreibung von Szasz angeführt:

Genauer gesagt, ist die geistige Gesundheit, wie der gesunde Menschenverstand sie definiert, die Fähigkeit, das soziale Spiel, worin dies immer

31 Siehe Szasz, »Psychiatry, Ethics, and the Criminal Law«, *Columbia Law Review*, LVIII (1958), S. 188.

bestehen mag, zu spielen und es gut zu spielen. Wenn umgekehrt jemand nicht mitspielt oder schlecht spielt, dann heißt dies, daß er geisteskrank ist. Nun müssen wir aber fragen, welche Unterschiede, wenn überhaupt, zwischen sozialer Nonkonformität (oder Abweichung) und seelischer Krankheit bestehen. Ohne im Augenblick näher auf technische psychiatrische Erwägungen einzugehen, behaupte ich, daß der Unterschied zwischen diesen beiden Begriffen – wie er sich z. B. in Redewendungen wie »Er ist nicht ganz bei sich« oder »Er ist geisteskrank« ausdrückt – sich nicht notwendig in beobachtbaren *Tatsachen,* auf welche sie sich beziehen, manifestiert, sondern lediglich auf unserer unterschiedlichen Einstellung dem Betreffenden gegenüber beruht. Wenn wir ihn *ernst* nehmen, ihm menschliche Rechte und menschliche Würde zugestehen und ihn für mehr oder minder gleichberechtigt halten, – dann sprechen wir von Meinungsverschiedenheiten, Abweichungen, Auseinandersetzungen, Verbrechen, vielleicht sogar von Verrat. Meinen wir jedoch, daß wir nicht mit ihm kommunizieren können und daß er irgendwie grundlegend verschieden von uns ist, dann sind wir geneigt, ihn nicht mehr als gleichberechtigt, sondern vielmehr als einen minderwertigen (selten als einen überlegenen) Menschen anzusprechen; und dann nennen wir ihn närrisch, geisteskrank, verrückt, psychotisch, unreif usw.[32]

Wir sollten diesem Problem jedoch nicht zuviel Bedeutung beimessen, denn es besteht kaum die Gefahr, daß jemandes Handlungen in einer Heilanstalt durchgängig innerhalb eines neutralen technischen Bezugsrahmens beurteilt werden. In der Medizin hat man es nicht mit richtigen oder falschen, sondern mit gefährlichen Streptokokken zu tun. In der Psychiatrie tut man formell so, als ginge es nicht um moralische Urteile, sondern um die Behandlung, doch wird dies nicht durchgängig aufrechterhalten. Es ist tatsächlich schwierig, in der Psychiatrie eine ethische Neutralität zu wahren, denn die Störung des Patienten steht in wesenhafter Verbindung mit seinem Verhalten, welches einen Angriff auf seine Mitmenschen darstellt. Außerdem besteht in unserer Gesellschaft die Standardform, in der solche Angriffe behandelt werden, darin, daß gegen den Angreifer negative und korrektive Sanktionen ergriffen werden. Das Funktionieren unserer Gesellschaft basiert in allen Bereichen und Teilbereichen des Lebens auf dieser Voraussetzung, und es ist schwer vorstellbar, wie wir – da es kein funk-

32 T. S. Szasz, »Politics and Mental Health«, *American Journal of Psychiatry,* CXV (1958), S. 509. Siehe auch derselbe, »Psychiatric Expert Testimony – Its Covert Meaning & Social Function«, *Psychiatry,* XX (1957), S. 315, sowie »Some Observations on the Relationship between Psychiatry and the Law«, *A. M. A. Archives of Neurology and Psychiatry,* LXXV (1956), S. 297–315.

tionelles Äquivalent dafür gibt – die soziale Ordnung ohne sie
aufrechterhalten könnten.

Daher ist es verständlich, wieso sogar in Fällen, die von dieser
Regel abweichen und demonstrieren, daß in der Anstalt eine pro-
fessionelle, nicht moralisierende Psychotherapie betrieben wird,
sich, wenn auch in modifizierter Form, eine moralische Perspektive
einschleicht. Es ist zu verstehen, daß die Psychotherapie großen-
teils darin besteht, dem Patienten seine Sünden vorzuhalten und
ihm die Fehler seines Verhaltens vor Augen zu führen. Und
irgendwie sehe ich auch nicht, wie dies anders sein könnte. Die
interessante Tatsache bleibt bestehen, daß das psychiatrische Personal die Fiktion der Neutralität weder aufgibt, noch sie tatsächlich aufrechterhält.

Auf die psychiatrische Klinik angewendet, führt das Dienstleistungsmodell zu einer sehr charakteristischen Ambivalenz im
Handeln des Personals. Die psychiatrische Doktrin verlangt ethische Neutralität im Umgang mit den Patienten, denn was andere
als Fehlverhalten ansehen, muß das Personal als Pathologie ansehen. Auch das Gesetz bezieht diesen Standpunkt, da ein Geisteskranker das Privileg besitzt, Verbrechen begehen zu können, ohne
rechtlich zur Verantwortung gezogen zu werden. Und dennoch
müssen im tatsächlichen Umgang mit den Patienten erwünschte
Ideale des korrekten Verhaltens aufrechterhalten werden, Übergriffe müssen zurückgewiesen werden, und der Patient muß als
»verantwortliche« Person angesprochen werden, d. h. als jemand,
der in der Lage ist, sich persönlich um ein gutes Benehmen zu bemühen. Wie die Polizisten haben die Psychiater die besondere berufliche Aufgabe, einschüchternd und moralisierend auf Erwachsene einzuwirken; der Zwang, sich solchen Lektionen zu unterwerfen, ist eine der Konsequenzen, welche der gewärtigt, der sich
an der Sozialordnung der Gemeinschaft vergeht.

VII.

Angesichts der Tatsache, daß in einer Heilanstalt in vieler Hinsicht kein Expertendienst am Patienten verübt wird, und daß der
Begriff des Expertendienstes in mancher Hinsicht mit der Notlage
des Patienten unvereinbar ist, können wir damit rechnen, daß in
der Interaktion zwischen Anstaltspsychiater und Patient gewisse
Schwierigkeiten auftreten werden, und zwar Schwierigkeiten, die

ein notwendiges und natürliches Produkt der psychiatrischen Hospitalisierung sind. Ausbildung, Orientierung und Status des Psychiaters verpflichten ihn, dem Patienten höflich zu begegnen, so als böte er einem Klienten einen Expertendienst an, den dieser freiwillig wünschte. Der Psychiater muß daher von der Annahme ausgehen, daß der Patient die Behandlung wünscht und daß er einen rationalen Verstand besitzt, welcher, wenn auch in laienhafter Art, demjenigen, der dem Eigentümer dieses Verstandes dient, zu Hilfe kommen kann. Durch die Art der Terminologie, der Uniformen und der Formen der Anrede gibt sich die Anstalt selbst in jeder Hinsicht den Anschein der Dienstleistungsbeziehung.

Wenn jedoch der Psychiater die Worte des Patienten unbesehen als einen Bericht über Symptome werten soll, wie dies bei der ärztlichen Hilfe der Fall ist, dann muß der Patient bereit sein, in einer bestimmten Form zu reagieren: er muß reumütig die Tatsache seiner Krankheit anerkennen, dies unter bescheidenem Verzicht auf technische Termini ausdrücken und den aufrichtigen Wunsch äußern, sein Selbst durch die psychiatrische Behandlung verändern zu lassen. Kurz, der Patient muß sich nach den Richtlinien der Psychiatrie verhalten, wenn der Psychiater als ärztlicher Helfer bestätigt werden soll.

Die Wahrscheinlichkeit, daß ein unausgebildeter Patient sich nach den Richtlinien der Psychiatrie verhält, ist nicht groß. Wie noch nie zuvor im Leben hat er einsichtige Gründe genug, um zu erkennen, daß er kein freiwilliger Patient ist, und um mit seinem Zustand unzufrieden zu sein. Er sieht im Psychiater den Stärkeren. Im Kontakt mit dem Psychiater wird der Patient wahrscheinlich solche Forderungen und Bitten stellen und eine solche Haltung beziehen, daß die Beziehung dadurch dem Dienstleistungsschema entzogen wird und sich mehr der Situation nähert, in der ein Schützling seinen Herrn um mehr Privilegien bittet, ein Gefangener gegen seine rechtlose Behandlung protestiert oder ein stolzer Mensch sich weigert, mit einem anderen, den er für verrückt hält, zu kommunizieren.

Nimmt der Psychiater diese Beschwerden ernst, dann ist die Beziehung nicht mehr die, für die er ausgebildet wurde. Um seine eigene Berufsrolle und die Anstalt, die ihn beschäftigt, zu verteidigen, steht er unter dem Zwang, diese Ergüsse nicht als unmittelbar brauchbare Informationen, sondern als Anzeichen der Krankheit selbst zu behandeln und sie als direkte Information abzuwerten.[33] Aber wenn die Äußerungen des Patienten nicht als gültiger Bericht über Symptome, sondern als Anzeichen gewertet werden, dann wird ihm selbstverständlich die doppelte Rolle als Teilnehmer und Objekt einer Dienstleistungsbeziehung aberkannt. Psychiater und Patient sind durch den Anstaltskontext zu einer falschen und schwierigen Beziehung verurteilt und werden immer wieder auf die Art Kontakt zurückgeführt, in der sich diese ausdrückt: Der Psychiater muß eine dienstliche Höflichkeit aus der Haltung eines Helfers heraus gewähren, aber er kann diese Haltung nicht länger durchhalten, als der Patient sie zu akzeptieren bereit ist. Beiden Partnern der Beziehung ist es bestimmt, vom anderen gerade das zu erwarten, was dieser nicht geben kann, beide sind dazu verurteilt, das, was der andere gibt, zurückzuweisen. In vielen psychiatrischen Situationen zeigt sich der anscheinend immer gleiche Kampf zwischen dem Patienten und dem Psychiater: Der Psychiater macht den Eröffnungszug, indem er dem Patienten die höfliche Achtung entbietet, die einem Klienten gebührt, erhält darauf eine Antwort, die mit der Fortführung der konventionellen Dienstbeziehung unvereinbar ist, und während er noch versucht, die draußen zwischen einem Helfer und einem Klienten üblichen Formen irgendwie einzuhalten, muß er sich dann aus der peinlichen Lage verlegen hinauswinden. Die Psychiater scheinen den ganzen Tag mit Rückziehern von ihren eigenen impliziten Angeboten beschäftigt zu sein.

VIII.

Bei der Untersuchung, inwieweit das Experten-Dienstleistungsmodell auf verschiedene Berufe anwendbar ist, habe ich auf einige, immer wiederkehrende Diskrepanzen und Spannungen hingewiesen und festgestellt, daß die psychiatrische Hilfeleistung sehr weitgehend mit diesen Problemen konfrontiert ist. Die Situation ist an sich nicht sehr bemerkenswert; es werden viele »Experten«-Dienste angeboten und honoriert, die noch weniger als die Psychiatrie den Erfordernissen des Modells gerecht werden, in dessen Gestalt sie sich präsentieren, wenn es auch nur bei wenigen so viele leidgeprüfte Klienten gibt. Was im Fall der psychiatrischen Klinik analytisch von besonderem Interesse ist, ist die Tatsache, daß hier

33 Über das Problem der Abwertung von Aussagen, siehe Stanton and Schwartz, op. cit., S. 200 ff.

Ärzte sowie unfreiwillige Insassen beteiligt sind. Ärzte sind in unserer Gesellschaft Muster einer rationalen, an der Hilfeleistung orientierten Einstellung, und in der Regel ist ihnen ein würdiges und gewichtiges Auftreten möglich. Da sie für die Erwerbung der Arztrolle viel Zeit und hohe Kosten aufgewandt haben und nun erwarten, daß ihr tägliches Tun sie in dieser Rolle, zu der ihre Ausbildung sie berechtigt, bestätige, fühlen sie sich verständlicherweise verpflichtet, sich um eine ärztliche Haltung und um die Aufrechterhaltung der medizinischen Version des Dienstleistungsmodells zu bemühen. Die Gesellschaft insgesamt scheint sie darin zu unterstützen, denn für jeden von uns ist es eine Beruhigung, wenn wir wissen, daß diejenigen, die wir ins Irrenhaus verbannen, dort nicht bestraft, sondern unter ärztlicher Aufsicht behandelt werden. Gleichzeitig schafft die unfreiwillige (und oft auch die freiwillige) Einlieferung für das Individuum normalerweise tatsächlich armselige und trostlose Lebensbedingungen, welche eine anhaltende Feindschaft gegen diejenigen hervorrufen, die es gefangen halten. Das beschränkt auf die psychiatrische Klinik anwendbare medizinische Modell vereinigt einen Arzt, der es sich nicht ohne weiteres leisten kann, seine Tätigkeit anders als in medizinischen Kategorien zu begreifen, und einen Patienten, der seine Schergen hassen und bekämpfen zu müssen glaubt, wenn die Härten, die er durchmacht, überhaupt einen Sinn haben sollen. In psychiatrischen Kliniken wird die Parodie auf die Dienstleistungsbeziehung institutionalisiert.

Zwar befinden sich Ärzte wie Insassen in einer schwierigen institutionellen Situation, doch haben die Ärzte, da sie die Kontrolle über die Anstalt besitzen, mehr Gelegenheit, bestimmte Mechanismen zur Bewältigung ihrer Probleme zu entwickeln. Ihre Reaktion auf die Situation veranschaulicht nicht nur einen wichtigen Aspekt des Anstaltslebens, sondern stellt auch eine Fallgeschichte der Wechselwirkung zwischen den sozialen Modellen des Seins – in diesem Fall des Experten-Helfers – und den sozialen Institutionen dar, in denen versucht wird, diese Rollen-Identitäten zu institutionalisieren.

Die Kliniksituation weist einige Merkmale auf, welche dem Psychiater bei den Schwierigkeiten, die er mit seiner Rolle hat, zu Hilfe kommen. Das legale Mandat des Arztes über das Schicksal der Patienten sowie seine institutionelle Macht über Teile des Personals statten ihn automatisch mit der Autorität aus, welche andere

Helfer sich meist erst in der tatsächlichen Interaktion mit den Klienten erobern müssen. Hinzu kommt, daß, während das psychiatrische Wissen den Psychiater häufig nicht zu konkreten Voraussagen über das Verhalten der Patienten befähigt, dieselbe Unwissenheit ihm einen breiten Interpretationsspielraum bietet. Durch *post hoc* getroffene Modifikationen und Einschränkungen seiner Analyse kann der Psychiater ein Bild von der Entwicklung des Patienten konstruieren, welches kaum leichter zu widerlegen als zu beweisen ist, so z. B. wenn ein unerwarteter psychotischer Schub so interpretiert wird, als fühle der Patient sich nunmehr sicher und stark genug, um seine Psychose auszudrücken. Diese unerschütterliche Autorität wird durch die aus der medizinischen Tradition resultierende Macht des Psychiaters ergänzt: nämlich durch die »klinische Erfahrung«. Diese magische Qualität spricht jener formal legitimierten Person, welche die längste Erfahrung mit der in Rede stehenden Art von Fällen hat, im Zweifelsfall oder bei geteilten Meinungen das letzte Wort zu, und diese Person ist meist der dienstälteste anwesende Psychiater.

Da der Psychiater medizinisch ausgebildet ist, kann er kleinere ärztliche Eingriffe am Patienten selbst vornehmen und die schwierigeren medizinischen Fälle an die Krankenstation der Klinik überweisen. Statt daß diese normative Funktion (die, wie bereits festgestellt, charakteristisch ist für die Tätigkeit des Arztes in einer Armee, auf einem Schiff, in einer Fabrik oder überall, wo große Menschenmengen zur Verfolgung administrativer Ziele zusammengefaßt werden) als eine untergeordnete Nebenbeschäftigung angesehen würde, entwickelt sie sich meist zur zentralen Funktion der Anstalt und verleiht damit der Auffassung, daß die psychiatrischen Patienten in den Heilanstalten eine eher allgemeinmedizinische Behandlung erhalten, eine reale Basis. Bezeichnenderweise herrscht in staatlichen Heilanstalten manchmal solcher Personalmangel, daß das medizinisch ausgebildete Personal seine ganze Zeit für geringfügige medizinische Eingriffe am Patienten aufwenden könnte und die psychiatrische Behandlung – soweit sie überhaupt erfolgt – zu Lasten der erforderlichen medizinischen Behandlung geht.

Um mit diesem Rollenkonflikt fertigzuwerden, besteht für den Psychiater die naheliegende Möglichkeit, die Heilanstalt, sobald er es sich leisten kann, zu verlassen – häufig unter der Behauptung, er ginge dorthin, wo es »möglich ist, psychiatrisch zu praktizieren«.

Er kann, besonders in den letzten beiden Klinik-Pflichtjahren, an eine private, vielleicht psychoanalytisch orientierte Klinik gehen, wo die Patientenzahl etwa derjenigen der privaten Praxis entspricht und wo ein größerer Anteil der Patienten freiwillig anwesend oder »geeignet« für die Psychotherapie ist. Aus einer solchen Klinik (oder direkt aus der staatlichen Heilanstalt) kann er dann in die private Praxis überwechseln. Dieses Arrangement bedeutet zwar, daß seine Fähigkeiten nur wenigen Patienten zur Verfügung stehen, aber es bietet die Garantie, daß seine Tätigkeit in Übereinstimmung mit dem Dienstleistungskomplex erfolgt: ein Büro, eine Sekretärin, vereinbarte Sprechstunden, freiwilliges Erscheinen der Patienten, alleinige Kontrolle über die Diagnose und Behandlung, usw.[34] Aus welchen Gründen auch immer ist dieser berufliche Drei-Stufen-Zyklus so verbreitet, daß man ihn als Standardkarriere des Psychiaters bezeichnen kann.

Will oder kann der Psychiater die staatliche Heilanstalt nicht verlassen, dann stehen ihm bestimmte andere Wege offen. Er kann seine Rolle eines Helfers zu der eines weisen Herrschers umdefinieren, die Verwaltungsaspekte der Institution bejahen und sich einem aufgeklärten Management widmen. Er kann sich in Anbetracht der Umstände mit den Schwächen der individuellen Therapie abfinden und sich der Richtung neuerer Sozialtherapieformen anschließen, die Verwandtschaft des Patienten in die Psychotherapie einbeziehen (unter der Annahme, daß das Familiensystem der eigentliche Herd der Krankheit sei)[35] oder versuchen, die Therapie

---

34 Es ist bemerkenswert, daß die Selbstdisziplin, die vom psychiatrischen Patienten verlangt wird, wenn er seinem Psychiater erlauben soll, wie jeder andere Fachmann zu handeln, in der psychoanalytischen Literatur aufgrund technischtherapeutischer Erwägungen volle und detaillierte Rechtfertigung findet. Es besteht eine wunderbare, im voraus arrangierte Harmonie zwischen dem, was dem Patienten frommt, und dem, was der Psychiater benötigt, um einen mit einer Praxis verbundenen Beruf auszuüben. Sinngemäß nach Mr. Wilson könnte man sagen: Was dem Beruf des Psychiaters nützt, das nützt dem Patienten. Besonders herzerfrischend fand ich immer die Diskussion über die psychologische Bedeutung der Tatsache, daß der Patient das Privatleben des Psychiaters respektieren solle und daß es nicht gut für den Patienten sei, wenn der Therapeut ihm zuliebe seinen Urlaub verschiebt oder den Patienten auf mitternächtliche Telefonanrufe hin empfängt beziehungsweise sich einer physischen Gefährdung durch den Patienten aussetzt. Siehe z. B. C. A. Witaker und T. B. Malone, *The Roots of Psychotherapy* (New York, Blakiston Co., 1953), S. 201–2.

35 In Anbetracht der Hypothese, daß der Patient bloßer »Symptomträger« für seine Intimgruppe ist, haben einige Psychiater versucht, ganze Familien auf

im täglichen Kreislauf von Kontakten, die die Patienten mit allen Ebenen des Personals haben, zu lokalisieren.[36] Er kann sich der psychiatrischen Forschung zuwenden. Er kann sich so weit wie möglich vom Kontakt mit den Patienten zurückziehen und sich auf Verwaltungsarbeit, auf therapeutische Arbeit mit den niedrigeren Personalrängen oder mit den wenigen »vielversprechenden« Patienten beschränken. Er kann sich ernstlich bemühen, die von ihm behandelten Patienten mit dem Hinweis auf sein geringes Wissen vor übertriebenen Vorstellungen zu warnen, doch eine solche Offenheit ist ebenfalls zum Scheitern verurteilt, da die ärztliche Rolle in unserer Gesellschaft anders definiert ist und da die Macht, die der Psychiater über den Patienten besitzt, als etwas angesehen wird, das nicht so ohne weiteres einem Menschen mit geringem Wissen übertragen würde.[37] Gelegentlich wird der Psychiater zu einem »Anwalt der Patienten«, dann stimmt er mit ihren Behauptungen hinsichtlich dessen, was die Anstalt ihnen antut, überein und äußert ihnen gegenüber offene Kritik an der Anstalt. Schlägt er keine dieser Richtungen ein, dann kann der Psychiater sich zumindest eine zynische Auffassung von der Rolle, die er in der Klinik spielt, zulegen und dadurch, wenn schon nicht seine Patienten, so doch wenigstens sich selbst schützen.[38]

Neben diesen, eine berufliche Umorientierung beinhaltenden Anpassungsmodi finden wir unter den Personalrängen Anpassungsformen diffuserer und ideologischerer Art. Es ist, als verursachte das Dilemma der Dienstleistung eine wunde Stelle im sozialen System der Klinik und als würden intellektuelle Energien veraus-

---

Experimentierstationen zu holen. Die beiläufigen Schwierigkeiten, welche sich aus solchen neuen Lebensbedingungen ergaben, besonders im Hinblick auf die Autoritätsstruktur der Familie, sind sehr erheblich, und möglicherweise ist ihre verdeckende Wirkung zu gering veranschlagt worden.

36 In diesem Fall muß der Psychiater explizit zugeben, daß er nicht Therapeut eines Individuums, sondern des ganzen Sozialsystems der Klinik ist. Anscheinend befähigt die psychiatrische und medizinische Ausbildung die Ärzte, die Verantwortung der Leitung einer Station oder Klinik zu übernehmen, und befreit sie von der Unsicherheit, die ein einzelner hätte, der für diese Aufgabe eine entsprechende Erfahrung oder Ausbildung mitbrächte.

37 Das Geschick der verbalen Bescheidenheit im Kontext der obersten Klinikverwaltung schildert A. H. Stanton, »Problems in Analysis of Therapeutic Implications of the Institutional Milieu«, in *Symposium on Preventive and Social Psychiatry*, Walter Reed Army Institute of Research, Washington, D. C. (15.–17. April), S. 499.

38 Belknap, op. cit., S. 200.

gabt, nur um eine Schutzschicht aus Worten, Glaubensinhalten und Emotionen um diesen wunden Punkt herum aufzubauen. Welche Ursachen auch immer dafür verantwortlich sein mögen – das daraus resultierende Glaubenssystem dient dazu, die Definition der Situation als einer ärztlichen Dienstleistung abzusichern und zu stabilisieren. Hier liegt also ein Miniaturabbild des zwischen dem Denken und der sozialen Situation bestehenden Verhältnisses vor.

Das vielleicht augenfälligste Beispiel der Anstaltsideologie finden wir in der Publik-Relations-Arbeit, die heute ein typisches Merkmal psychiatrischer Kliniken ist. Schautafeln, Wegweiser, Anstaltszeitschriften, vorführbare Einrichtungen und neueste Therapien, all diese Dinge vermitteln Patienten, Verwandten und Besuchern eine Definition von der Situation, welche den Anspruch erhebt, die Bedingungen der ärztlichen Dienstleistung zu erfüllen.

Darüber hinaus gibt es in psychiatrischen Kliniken eine Sammlung überlieferter Geschichten, deren Inhalt die Gültigkeit der vom Stab vertretenen Perspektive belegt. Diese Stories berichten von Patienten, die zu früh Privilegien erhielten oder gegen den Rat der Ärzte entlassen wurden und daraufhin einen Mord oder Selbstmord begingen. Die Wärter erzählen sich Witze, welche den animalischen Charakter der Patienten illustrieren. Mitglieder des Personals, die an diagnostischen Konferenzen teilnehmen, wissen humorvolle Anekdoten über die Patienten zu berichten – z. B. über einen Insassen, der hochtrabend seine Gesundheit beteuerte, aber schließlich eingestand, ein FBI-Agent zu sein. Es gibt Geschichten über Patienten, die darum baten, auf der geschlossenen Station verbleiben zu dürfen oder Übertretungen mit dem offenkundigen Zweck begingen, ihre Entlassung zu verhindern. Andere Erzählungen berichten von »vorklinischen Patienten«, die zunehmend ausgeprägte und gefährliche psychotische Symptome zeigten, bis ihre Mitmenschen schließlich von ihrer Krankheit überzeugt waren und ihre Hospitalisierung veranlaßten, woraufhin diese Patienten ihre Symptome verloren, nachdem es ihnen gelungen war, ihre Hilfsbedürftigkeit mitzuteilen. Und schließlich gibt es die herzerwärmenden Erzählungen über unleidliche Patienten, denen es schließlich gelang, eine gute Beziehung zu einem Arzt herzustellen, und die daraufhin eine dramatische Besserung erfuhren. Wie die übrigen exemplarischen Geschichten scheinen auch jene Erzählungen, die von einer solchen Beziehung berichten, darauf angelegt, die Richtigkeit der vom Personal vertretenen Position zu beweisen.[39]

Die ideologischen oder interpretativen Konsequenzen der Aktivität des Managements scheinen sich auf zwei Brennpunkte zu konzentrieren, nämlich auf das Wesen der Patienten und auf die Aktivität der Klinik, wobei in beiden Fällen die Definition der Situation als einer ärztlichen Dienstleistung aufrechterhalten wird.

Die fundamentale Ansicht über den Patienten besagt: Wäre er »er selbst«, dann würde er sich freiwillig um psychiatrische Behandlung bemühen und sich ihr freiwillig unterziehen, und wenn es dann zu seiner Entlassung käme, dann würde er einsehen, daß sein wirkliches Selbst die ganze Zeit so behandelt wurde, wie es in Wirklichkeit behandelt zu werden wünschte. Hier liegt eine Variation des Beschützer-Prinzips vor: Die interessante Vorstellung, daß der psychotische Patient ein krankes Selbst habe und daß unter diesem ein relativ »erwachsenes«, »intaktes« oder »unbeschädigtes« Selbst existiere, führt das Beschützer-Prinzip noch einen Schritt weiter und verlegt die Trennung von Objekt und Klient, die für eine vollständige Dienstleistungs-Triade notwendig ist, direkt in die Struktur des Ich.

Die Fallgeschichte spielt hier eine wichtige Rolle. Sie ermöglicht es, systematisch ein Bild von der Vergangenheit des Patienten zu konstruieren, welches demonstriert, daß sein Verhalten von einem Krankheitsprozeß infiltriert wurde, bis dieses sein Verhalten, als System, völlig pathologisch wurde. Anscheinend normales Verhalten wird als bloße Maske oder Tarnung der sich dahinter verbergenden eigentlichen Krankheit angesehen. Die Pathologie wird mit einem allumfassenden Titel, wie etwa Schizophrenie, psychopathische Persönlichkeit usw. belegt, und dies ermöglicht eine neue Sicht des »eigentlichen« Charakters des Patienten.[40] Unter Druck werden einige Angehörige des Personals zwar zugeben, daß diese Syndrom-Bezeichnungen ungenau und zweifelhaft sind und nur den statistischen Bedürfnissen der Klinik Genüge tun. Doch in der Praxis ermöglichen es diese Kategorien, das Wesen des Patienten

---

39 Selbstverständlich verfügen die Patienten über einen Schatz von Erzählungen, welche das Personal gleichermaßen diskreditieren.

40 Die Sozialpsychologie der Wahrnehmung eines »wesentlichen« Charakters wurde kürzlich von Harold Garfinkel in einer Reihe von unveröffentlichten Arbeiten entwickelt, denen ich sehr verpflichtet bin.

zu einer einzigen Einheit zusammenzufassen – einer Entität, die dann der psychiatrischen Bearbeitung unterzogen werden kann. All dies ermöglicht es, die Gebiete, auf denen der Patient »normal« funktioniert, abzuwerten und zu vernachlässigen, mit Ausnahme der Fälle, wo der Patient bereit ist, die Behandlung zu akzeptieren.

Die Reaktion des Patienten auf die Hospitalisierung kann dadurch bequem einbezogen werden, daß man sie in ein technisches Bezugssystem übersetzt, wobei der Beitrag der Klinik zu den Schwierigkeiten des Patienten zur Nebensache wird und es nur auf die interne Entstehungsweise der für das Verhalten des Patienten charakteristischen Störung ankommt. Interpersonelle Ereignisse werden in den Patienten hineinverlegt, wobei er als ein relativ geschlossenes System aufgefaßt wird, welches als pathologisch und korrigierbar angesehen werden kann. So wird eine vom Patienten gegen einen Beamten der Klinik unternommene Handlung, die dem betreffenden Beamten als aggressiv getönt erscheint, in einen substantivischen Begriff wie »Aggressivität« übersetzt, der leicht im Patienten lokalisiert werden kann.[41] Ähnlich wird manchmal die auf der Station herrschende Situation, die dadurch gekennzeichnet ist, daß das Pflegepersonal keinerlei Anstrengungen unternimmt, Kontakte mit langfristigen Patienten einzuleiten (die tatsächlich auf Annäherungen eingehen würden), auf den Patienten übertragen, wobei dieser als »stumm« bezeichnet wird.[42] Wie Szasz bemerkte, ist eine solche Auffassung nicht weit von der

41 Siehe John Money, »Linguistic Resources and Psychodynamic Theory«, *British Journal of Medical Psychology*, XXVIII (1955), S. 264–66. Wertvolle Beispiele für diesen Übersetzungsvorgang finden sich bei Edwin Weinstein and Robert Kahn, *Denial of Illness* (Springfield, Ill., Charles Thomas, 1955). Die Autoren zitieren Ausdrücke wie »akinetischer Mutismus«, »Antonsches Syndrom« (= Nichtwahrnehmung der eigenen Blindheit bei Hinterhauptsprozessen, d. Ü.), »reduplikative Paramnesie«, »Anosognosie« (= Zustand, bei dem der Patient sein eigenes Leiden nicht wahrnimmt, d. Ü.), also Termini, welche traditionell die Unfähigkeit eines Patienten, seine Schädigung zu erkennen, bezeichnen; sodann beschreiben sie unter Kategorien wie: »Entrücktheit«, »Fehlbenennung«, »Paraphasie« (= Wortverwechslung) die verschiedenen Formen, in denen die Patienten unfähig sind, in bürgerlicher und kooperativer Weise auf ihre Situation zu reagieren, wobei solche Hartnäckigkeit als ein psychophysiologisches Nebenprodukt der Hirnverletzung, nicht als soziale Reaktion auf eine unfreiwillige und bedrohliche Behandlung beschrieben wird. Siehe auch Belknap, op. cit., S. 170.
42 Robert Sommer, »Patients who grow old in a mental hospital«, *Geriatrics*, XIV (1959), S. 584.

einstmals vertretenen Meinung entfernt, der Geisteskranke habe einen Teufel oder bösen Geist im Leibe, der nur exorziert werden müßte.[43]

Diese Übersetzung ist besonders augenfällig bei den Vorgängen der Gruppenpsychotherapie. Im allgemeinen beginnt diese Therapie – die wichtigste Form der verbalen Therapie, welche Patienten in Heilanstalten erhalten – mit einer Beschwerdesitzung, bei der die Patienten in einer relativ permissiven Atmosphäre und in relativ direktem Kontakt mit einem Mitglied des Personals Wünsche und Klagen vorbringen können. Die einzige Aktion, die der Therapeut in scheinbarer Übereinstimmung mit seiner Verpflichtung gegenüber der Institution und seinem Beruf unternimmt, besteht darin, diese Forderungen abzuwehren, indem er den Patienten davon überzeugt, daß die Probleme, die er seiner Meinung nach mit der Anstalt – oder mit seiner Verwandtschaft, mit der Gesellschaft usw. – hat, in Wirklichkeit *seine* eigenen Probleme sind. Der Therapeut rät ihm, diese Schwierigkeiten dadurch auszuräumen, daß er seine Innenwelt neu ordnet, und nicht zu versuchen, das Verhalten dieser anderen Agenzien zu verändern. Dies ist ein direkter, wenn auch zweifellos unbeabsichtigter Versuch, den Patienten in seinen eigenen Augen in ein hilfsbedürftiges geschlossenes System zu verwandeln. So habe ich, um ein extremes Beispiel anzuführen, erlebt, wie ein Therapeut in einer teilweise segregierten Klinik der Beschwerde eines Negers über die Rassenbeziehungen dadurch begegnete, daß er dem Patienten vorhielt, er müsse sich selbst einmal fragen, warum unter allen anwesenden Negern ausgerechnet er diesen besonderen Augenblick wählte, um seiner Meinung Ausdruck zu geben, und was diese Äußerung, einmal abgesehen von den gegenwärtig in der Klinik herrschenden Rassenbeziehungen, für ihn als Person bedeuten würde.[44]

---

43 T. S. Szasz, W. F. Knoff, and M. H. Hollander, »The Doctor-Patient Relationship and Its Historical Context«, *American Journal of Psychiatry,* CXV (1958), S. 526.

44 Die von Gruppentherapeuten verwendeten Techniken können zum Teil als Indoktrinationsmethoden kleiner Gruppen aufgefaßt werden. Zum Beispiel läßt sich allgemein feststellen, daß einige Patienten versierte Kenner der psychiatrischen Position sind und eine zuverlässige Bereitschaft zeigen, sich diese zu eigen zu machen. Eine von einem Patienten erhobene Beschwerde kann also vom Therapeuten herausgegriffen und der Patientengruppe als deren Meinung zurückvermittelt werden. Sie leisten nun die Übersetzung für den Beschwerdeführer und zeigen ihm, daß seine eigenen Kameraden seine Beschwerde als durch

Eine der gründlichsten Neudefinitionen des Charakters des Patienten liegt in der Idee des für viele Hilfsdienste charakteristischen »Gefahrenmandats« vor. Es wurde behauptet, daß ein Mediziner dann zum Arzt wird, wenn er die Möglichkeit hat, schwerwiegende Fehler zu begehen.[45] Dieser Einstellung liegt die Annahme zugrunde, daß die Organisation eines bearbeitungsfähigen Systems Gefahrenpunkte aufweist und daher schweren Schaden leiden kann, wenn diese wichtigen, gefährlichen Angelegenheiten unfachmännisch behandelt werden. Wie bereits festgestellt, lassen sich daraus die rationalen Gründe für eine technische Hierarchie des Fachwissens und eine soziale Hierarchie von Helfern innerhalb der jeweiligen dienstleistenden Institution ableiten.

Eine Spielart des »Gefahrenmandats« findet sich in psychiatrischen Kliniken. Sie besteht aus der Auffassung, daß eine falsche Maßnahme den Patienten stark gefährden kann und daß der Psychiater entsprechend seiner Ausbildung und seinem Wissen die Voraussetzungen besitzt, um im Hinblick auf den Patienten potentiell gefährliche Maßnahmen zu ergreifen – Maßnahmen, welche in der medizinischen Hierarchie niedriger rangierende Personen nicht ergreifen dürfen. Bei Fragen der Drogenverordnung und der Abschätzung kontraindizierender Nebenwirkungen klinischer Behandlungsmethoden ist dieses Modell selbstverständlich am Platze, doch die Übertragung in den Bereich der Psychotherapie ist gefährlich, obgleich sie nichtsdestoweniger aufrechterhalten wird. Es wird zuweilen darauf hingewiesen, daß die unteren Personalränge, wie Sozialarbeiter, Schwestern und Pfleger, sich nicht mit »Amateurtherapie« und schon gar nicht mit »Laienanalyse« beschäftigen sollten. Ein Psychiater, der einem Patienten psychotherapeutische Einzelsitzungen widmet, solle sich nicht von anderen, vor allem nicht von weniger qualifizierten Leuten in die Arbeit hineinpfuschen lassen. Ein falscher Schritt während der Psychotherapie, so sagt man, kann eine Psychose »auslösen« oder den Patienten in eine Regression zurückwerfen, aus der er vielleicht nie wiederkehrt, und dieser Sachverhalt wird durch exemplarische Berichte belegt.

seine Persönlichkeit bedingt auffassen, wobei es dem Therapeuten überlassen ist, eine autoritäre Übersetzung zu liefern, während nunmehr jedoch ein Teil der Gruppe gegen den Beschwerdeführer polarisiert ist. Eine jüngere Darstellung dieser Fragen findet sich bei Jerome D. Frank, »The Dynamics of the Psychotherapeutic Relationship«, *Psychiatry*, XXII (1958), S. 17–39.

45 Persönliche Mitteilung von Howard S. Becker.

Es leuchtet nun ohne weiteres ein, daß diese Auffassung sich gut der traditionellen Vorstellung eines Gefahrenmandats einfügt, doch während es unbestritten ist, daß der Besitz dieses Mandats den Besitzer in seiner Selbsteinschätzung als Experten-Helfer bestätigt, steht weniger eindeutig fest, daß ein bloßer verbaler Akt eine solche Wirkung zeitigen kann. Jedenfalls steht, wie bereits festgestellt, ein Klinikinsasse, der eine individuelle Therapie erhält, während der übrigen 23 Stunden des Tages in einem wahren Sperrfeuer potentiell traumatischer Erfahrungen, deren Grausamkeit relativ unkontrolliert ist, so daß die Frage, ob eine bestimmte verbale Sondierung in die richtige oder falsche Richtung führt, sich kaum klären läßt. Außerdem wären die Patienten, könnte ein falsch plazierter verbaler Pfeil solche Wunden reißen, angesichts des Standes der psychiatrischen Kenntnisse und Fähigkeiten tatsächlich 24 Stunden am Tag in Gefahr.

Zwei weitere Unterstellungen über den Charakter des Patienten sollen erwähnt werden, die beide wiederum dazu dienen, das Dienstleistungsmodell zu unterstützen. Wenn einem Patienten die Entlassung angeboten wird und er sich weigert, sie anzunehmen, wobei er manchmal irgendwelche Handlungen begeht, die seine weitere Verwahrung gewährleisten, dann sieht man darin für gewöhnlich den Beweis, daß er immer noch krank ist und tatsächlich zu krank ist, um entlassen zu werden. So werden zwei schwerwiegende Aspekte der Situation miteinander verbunden: als gesund oder krank definiert zu werden, bedeutet dasselbe, wie in der Klinik oder draußen zu sein. Es gibt sicherlich für den Patienten viele gute Gründe – die nichts mit dem Dienstleistungsmodell zu tun haben –, um die Entlassung zu scheuen. So ist er z. B. bereits als Geisteskranker stigmatisiert und hat mit diesem reduzierten Status in der Außenwelt noch schlechtere Aussichten als vor seiner Einlieferung; außerdem hat er, wenn er entlassen werden soll, sich meist in der Klinik eingelebt und sich zu einer begehrten Position innerhalb des »Statussystems« hinaufgearbeitet.

Eine andere Verhaltensweise des Patienten, die gemäß den Bedingungen des medizinischen Modells rationalisiert wird, ist die plötzliche Wendung zu einem anständigen Benehmen. Da das Verhalten, das der Patient an den Tag legt, als eine profunde Spiegelung bzw. als Zeichen seiner Persönlichkeitsorganisation – also als sein psychisches System – aufgefaßt wird, muß jede plötzliche, anscheinend nicht von außen provozierte Änderung in Richtung

»Gesundheit« oder »Krankheit« irgendwie begründet werden. Plötzliche Verschlechterungen werden häufig Rückfälle oder Regression genannt. Plötzliche Besserungen werden zuweilen als spontane Remission bezeichnet. Gestützt auf die Kraft dieser Worte kann der Stab, obwohl er nicht weiß, wodurch eine solche Veränderung ausgelöst ist, behaupten, daß sie unter medizinischen Gesichtspunkten behandelt werden kann. Eine solche Interpretation der Situation schließt natürlich eine soziale Perspektive aus. Obschon als Regression bezeichnet, mag das neue Verhalten nicht mehr und nicht weniger Gesundheit oder Krankheit ausdrücken als jede andere Anpassung an das Leben auch; und was als spontane Remission angesehen wird, kann ebenso gut Resultat der Tatsache sein, daß der Patient vorher gar nicht krank war.

Ich stelle fest, daß der Charakter und das Wesen des Patienten so definiert werden, daß er unbeabsichtigt, aber *de facto* zu einem Objekt der Art wird, an dem eine psychiatrische Hilfeleistung vorgenommen werden kann. Zu einem Patienten gemacht werden bedeutet, in ein bearbeitungsfähiges Objekt verwandelt werden, wobei die Ironie darin liegt, daß nur so wenige Bearbeitungsmöglichkeiten zur Verfügung stehen. Und der große Mangel an psychiatrischem Personal ist nicht der großen Zahl der Kranken zuzuschreiben, sondern der Anstaltsmaschinerie, welche die Dienstleistungen auf diesem Gebiet definiert.

Abschließend möchte ich untersuchen, wie das Personal nicht nur die Natur des Patienten, sondern auch die auf den Patienten bezogene Aktivität der Klinik definiert. Da das Personal für die Institution spricht, wird die administrative und disziplinarische Maschinerie der Klinik den Patienten und der Öffentlichkeit in Gestalt dieser Definitionen präsentiert. Kurz, wir stellen fest, daß die Tatsachen der Stationsaufsicht und die Dynamik des Stationssystems in der Sprache der psychiatrischen medizinischen Dienstleistung ausgedrückt werden.

Die Anwesenheit des Patienten in der Klinik wird als *prima facie*-Beweis dafür gewertet, daß er geisteskrank ist, da die Institution zum Zweck der Hospitalisierung solcher Personen eingerichtet wurde. Sehr häufig erhält ein Patient, der behauptet, gesund zu sein, die Antwort: »Wären Sie nicht krank, dann wären Sie nicht in der Klinik.« Von der Klinik selbst wird gesagt, daß sie, abgesehen von der therapeutischen Hilfe, die ihr qualifiziertes Personal leistet, dem Patienten Sicherheit gebe (die häufig nur durch die

Kenntnis der Tatsache, daß die Tür verschlossen ist, bedingt ist)[46] und ihn von seiner Alltagsverantwortung befreie. Beiden Bedingungen wird eine therapeutische Wirkung zugeschrieben. (Ob therapeutisch oder nicht, schwerlich wird man eine Umwelt finden, die mehr fundamentale Unsicherheitsfaktoren enthält; und für die angebliche Suspendierung der Verantwortung bezahlt der Betreffende einen sehr hohen und ihn sehr lange belastenden Preis.) Noch weitere Übersetzungen lassen sich anführen: Die herrschende Reglementierung kann als ein die Unsicherheit milderndes System der therapeutischen Regelmäßigkeit definiert werden; der erzwungene soziale Kontakt mit einer Vielzahl heterogener, mißliebiger Mitinsassen wird als Gelegenheit gedeutet, die Erfahrung zu machen, daß es anderen noch weit schlechter geht. Gemeinschaftsschlafsäle werden als Stationen bezeichnet, was durch bestimmte Einrichtungsgegenstände, vor allem durch die von Klinikausstattern bezogenen Betten, gerechtfertigt ist. Die strafweise Versetzung eines Patienten auf eine schlechtere Station wird dargestellt als Überweisung auf eine Station, deren Verhältnisse ihm angemessen sind, und die Isolierzelle oder der »Bunker« werden als Orte bezeichnet, welche der Unfähigkeit des Patienten, sein Bedürfnis zum Ausagieren zu bemeistern, Rechnung tragen.[47] Wenn nachts auf der Station dadurch für Ruhe gesorgt wird, daß die Patienten gezwungen werden, Drogen einzunehmen, wodurch eine Verringerung des Nachtpersonals ermöglicht wird, so nennt man dies medikamentöse oder sedative Therapie. Frauen, die nicht einmal so einfache medizinische Handgriffe wie eine Blutentnahme zu verrichten wissen, werden Schwestern genannt und tragen Schwesterntracht; Männer, die als praktische Ärzte ausgebildet wurden, werden als Psychiater bezeichnet. Die Zuweisung von Arbeiten gilt als Arbeitstherapie und soll dem Patienten die Möglichkeit geben, seine wiederbelebte Fähigkeit, bürgerliche Pflichten zu übernehmen, unter Beweis zu stellen. Belohnungen für gutes Benehmen in Form erweiterter Rechte, an geselligen Veranstaltungen teilzunehmen, werden als psychiatrische Kontrolle der Dosierung und

---

46 Unter den mehr als hundert Patienten, die ich in der von mir untersuchten Klinik kennenlernte, gab einer zu, er hätte Angst, sich weiter als einen Häuserblock von seiner Station zu entfernen. Ich kannte keinen oder wußte von keinem Patienten, welcher eine geschlossene Station bevorzugte, außer solchen Fällen, die das Personal schilderte.
47 Siehe zum Beispiel Belknap, op. cit., S. 191.

zeitlichen Bemessung sozialer Erfahrungen definiert. Von Patienten, die auf Stationen untergebracht sind, wo eine sofortige Behandlung erfolgt, sagt man, sie befänden sich in der »akuten« Abteilung; jene, die nach der ersten medizinischen Behandlungsphase nicht entlassen werden können, gelangen auf die sogenannte »chronische« Abteilung oder, nach neuerer Bezeichnung, auf die »Dauerbehandlungsstation«; wer unmittelbar vor der Entlassung steht, wird auf der »Rekonvaleszentenstation« untergebracht. Und schließlich wird die Entlassung selbst, mit der die meisten Patienten, die zum erstenmal eingeliefert wurden und sich durchschnittlich kooperativ zeigten oder für die die Verwandtschaft sich einsetzte, nach Ablauf eines Jahres rechnen können, als Beweis dafür gewertet, daß eine »Besserung« eingetreten ist, und diese Besserung wird stillschweigend den Bemühungen der Anstalt zugeschrieben. (Zu den Gründen für die Entlassung eines Patienten zählen die Überbelegung der Station, die spontane Remission oder die durch die disziplinierende Kraft des Stationssystems bewirkte soziale Konformität.) Selbst prägnante Formulierungen wie »als geheilt entlassen« oder »gebessert entlassen« implizieren, daß die Heilung oder Besserung der Klinik zu verdanken sei. (Zugleich werden für die unterbliebene Entlassung die Schwierigkeiten der Behandlung seelischer Störungen und die Hartnäckigkeit und Vehemenz solcher Krankheiten verantwortlich gemacht, und so gelingt es, das medizinische Modell auch noch angesichts seiner Unfähigkeit, etwas für den Patienten zu tun, zu bestätigen.) Tatsächlich könnte man eine hohe Entlassungsrate ebensogut als Beweis für die mangelhafte Arbeit der Klinik werten, denn da nur wenig akute Behandlungsmöglichkeiten zur Verfügung stehen, findet die Besserung des Patienten trotz der Hospitalisierung statt, und vielleicht würde sie unter anderen als den entbehrungsreichen Bedingungen der Heilanstalt noch häufiger stattfinden.

Einige der verbalen Übersetzungen, die in psychiatrischen Kliniken gebräuchlich sind, stellen nicht so sehr medizinische Bezeichnungen für disziplinarische Praktiken dar, als vielmehr einen disziplinarischen Gebrauch medizinischer Praktiken. Hier bietet die Überlieferung der staatlichen Heilanstalten dem Soziologen zahlreiche exemplarische Beispiele. Aus einigen Heilanstalten wird berichtet, daß an Frauen, die innerhalb der Heilanstalt schwanger geworden waren, eine Hysterectomie vorgenommen wurde. Vielleicht weniger gebräuchlich war die Behandlung, die jenen als »Beißer« bezeichneten Patienten zuteil wurde, die jeden, der in ihre Nähe kam, bissen: ihnen wurden sämtliche Zähne gezogen. Der erstere medizinische Eingriff wurde manchmal als »Behandlung der sexuellen Promiskuität« bezeichnet, letzterer als »Beißertherapie«. Ein weiteres Beispiel ist der heute in amerikanischen Kliniken merklich zurückgehende Brauch, an den aussichtslosesten und schwierigsten Patienten der Klinik eine Lobotomie vorzunehmen.[48] Die auf Empfehlung des Wärters erfolgende Verwendung der Elektroschock-Behandlung als Mittel der Einschüchterung, durch welches die Patienten diszipliniert und beruhigt werden sollen, ist ein weniger gravierendes, aber weit verbreitetes Beispiel derselben Praxis.[49] In all diesen Fällen wird die ärztliche Maßnahme den Patienten und seinen Verwandten als individuelle Hilfe dargestellt, aber geholfen wird hier nur der Institution, denn die Maßnahme ist so spezifiziert, daß sie zur Lösung der administrativen Probleme des Managements beiträgt. Kurz, unter der Maske des medizinischen Dienstleistungsmodells verbirgt sich zuweilen die Praxis der Versorgungsmedizin.

XI. Schluß

Bei der Darstellung der Diskrepanzen, die zwischen der psychiatrischen Hospitalisierung und dem medizinischen Dienstleistungsmodell bestehen, wurden die Schwierigkeiten, welche die Anwendung dieses Modells auf die private Praxis mit freien Patienten bereitet, vernachlässigt, obgleich diese selbstverständlich existieren. (Z. B. die für die Behandlung erforderliche Zeitdauer, aus der sich belastende Konsequenzen für den Begriff des Honorars ergeben; ferner die sehr schwierige Beurteilung der Ursachen für eine Veränderung im Zustand des Patienten.)

Außerdem will ich, wenn ich die Probleme der Anwendung des medizinischen Dienstleistungsmodells auf die psychiatrische Klinik in den Vordergrund stelle, damit nicht bestreiten, daß die Anwendung des Modells sich doch zuweilen als nützlich für diejenigen

48 Man hat mir über manische Geisteskranke berichtet, welche an Tuberkulose litten und bei denen eine Lobotomie verordnet wurde, da ihre Hyperaktivität andernfalls zu ihrem Tode geführt hätte. Dies ist eine Entscheidung, welche nicht die Versorgungs-, sondern die persönliche Dienstleistungsfunktion der Medizin involviert. Ich wiederhole, daß nicht der Akt selbst problematisch ist, sondern der Organisationskontext, in welchem er angeordnet wird.
49 Siehe Belknap, op. cit., S. 192.

erwiesen hat, die als Patienten kategorisiert werden. Die Anwesenheit von Ärzten in den Asylen hat zweifellos dazu beigetragen, die Machtbefugnis der Wärter etwas einzudämmen. Man kann kaum daran zweifeln, daß die Ärzte gewillt sind, in dieser ungesunden, isolierenden Umwelt zu arbeiten, weil die medizinische Perspektive es ermöglicht, dem Menschen gegenüber einen den normalen sozialen Perspektiven zuwiderlaufenden Standpunkt einzunehmen, und daher eine gewisse Blindheit gegenüber den üblichen Vorlieben und Abneigungen erlaubt. Zweifellos hat die medizinische Interpretation ihrer Situation einigen Patienten ein Anrecht auf eine mittelständische, rücksichtsvolle Behandlung eingeräumt; die aus medizinischen Gründen erfolgende Befreiung vom Familienleben war zweifellos vielen Patienten eine große Hilfe; die allgemeine medizinische Vorstellung von der »Heilbarkeit« der »Geisteskrankheit« durch eine »Behandlung« hat zweifellos einigen Patienten, sowie denjenigen, zu denen sie zurückkehrten, die Reintegration in die freie Gemeinschaft erleichtert; und der Gedanke, sich um den Preis einer lebenslangen Entwertung der bisher gelebten Jahre einer Therapie unterzogen zu haben, kann einigen Patienten die Möglichkeit geben, den in der Klinikverbannung verbrachten Jahren einen irgendwie akzeptierbaren Sinn zu unterlegen.

Auch will ich mit dieser Aufzählung der Beschränkungen des Dienstleistungsmodells nicht behaupten, ich wüßte einen besseren Weg, mit Menschen, die als Geisteskranke bezeichnet werden, umzugehen. Es gibt in unserer Gesellschaft nicht deshalb Heilanstalten, weil Aufseher, Psychiater und Pfleger einen Arbeitsplatz brauchten; es gibt sie deshalb, weil eine Nachfrage nach ihnen besteht. Wenn heute alle Heilanstalten eines bestimmten Gebiets geleert und geschlossen würden, dann würden morgen Verwandte, Polizisten und Richter den Ruf nach neuen Anstalten anstimmen. Und sie, die in Wahrheit die Klienten der Heilanstalt sind, würden nach einer Institution verlangen, die ihre Bedürfnisse befriedigt. Der in der Anstalt tätige Psychiater selbst hat keine leichte Rolle. Das Arzt-Diplom verleiht ihm eine der respektiertesten Positionen in der Gesellschaft und einen der anerkanntesten Experten-Dienstleistungsberufe, doch in der psychiatrischen Klinik wird seine ganze Rolle beständig in Frage gestellt. All das, was in der Klinik geschieht, bedarf einer Legitimation durch die Assimilierung an oder Übersetzung in den Bezugsrahmen der medizinischen Dienstleistung. Die alltäglichen Maßnahmen des Personals müssen als Konsequenzen von Beobachtung, Diagnose und Behandlung definiert und dargestellt werden. Für die Zwecke dieser Übersetzung muß die Realität beständig umgedeutet werden, wie dies auch bei der Arbeit von Richtern, Instruktoren und Beamten anderer Zwangsanstalten der Fall ist. Es muß ein Vergehen gefunden werden, welches der Bestrafung entspricht, und der Charakter des Insassen muß so rekonstruiert werden, daß er dem Vergehen entspricht.

Doch das Personal ist nicht die einzige Gruppe, der es schwerfällt, das Dienstleistungsmodell anzuwenden; auch die Patienten haben damit Schwierigkeiten, welche ein Licht auf das Verhältnis zwischen der eingenommenen Haltung und der Wirklichkeit werfen. Das Los der Patienten ist dürftig und hart; doch dies allein rechtfertigt nicht unser soziologisches Interesse; immerhin gibt es sogar in Amerika Situationen, die fast ebenso schlecht sind und einige, die noch schlechter sind. Hier geht es darum, daß das in den Heilanstalten angewandte Dienstleistungsmodell die dort herrschenden Entbehrungen um zusätzliche Verwirrungen und Härten bereichert.

In einem allgemein-medizinischen Krankenhaus zeigen einem die eigenen körperlichen Beschwerden, daß eine Behandlung, auch wenn sie unangenehm ist und Beschränkungen mit sich bringt, zum eigenen Besten nötig ist und akzeptiert werden muß. In einer psychiatrischen Klinik wird die Tatsache, daß jemand ein schwieriger Patient ist – der z. B. nicht arbeitet und sich unhöflich gegen das Personal beträgt –, meist als Beweis dafür gewertet, daß er noch nicht »reif« für die Freiheit ist und daß er einer weiteren Behandlung unterzogen werden muß. Das bedeutet, daß nicht die Klinik ein dem Patienten feindlicher Ort ist, sondern daß der Patient durch seine Feindschaft ihr gegenüber beweist, daß seine Anwesenheit in ihr berechtigt ist und daß er noch nicht bereit ist, sie zu verlassen. Dadurch wird eine systematische Konfusion des Gehorsams anderen gegenüber und der eigenen individuellen Anpassung bewirkt.

Wenn wir darüber hinaus genauer untersuchen, wie diese Anstalten personell besetzt sind und betrieben werden, und welche Meinungen in ihnen vertreten werden, dann stellen wir fest, daß es in diesen Institutionen – egal was sonst in ihnen geschieht – in erster Linie um die Aufrechterhaltung der Selbsteinschätzung des dort beschäftigten akademischen Personals geht. Insassen und niedrigere Personalränge werden in umfangreiche Hilfsaktionen – ein komplizierter dramatischer Tribut! – einbezogen, welche die Wirkung, wenn nicht den Zweck haben, zu bestätigen, daß hier eine *quasi* medizinische Dienstleistung erfolgt und daß diese durch das psychiatrische Personal erbracht wird.[50] Die darauf verwandte große Geschäftigkeit zeigt, wie schwach dieser Anspruch ist. (Um es in einer wahrscheinlich zutreffenden soziologischen Verallgemeinerung auszudrücken: Je weiter Anspruch und Wirklichkeit voneinander abweichen, desto größere Anstrengungen und desto mehr Hilfe sind erforderlich, um die eigene Position künstlich abzusichern.)

Psychiatrische Patienten befinden sich in einer besonderen Zwangslage. Um aus der Klinik hinauszugelangen oder um ihr Leben drinnen zu erleichtern, müssen sie so tun, als akzeptierten sie den ihnen zugewiesenen Platz, und dieser ihnen zugewiesene Platz verlangt von ihnen, daß sie die Berufsrolle derer unterstützen, die offenbar diesen Handel erzwingen. Diese selbstentfremdende moralische Knechtschaft, die wahrscheinlich für die geistige Verwirrung mancher Insassen verantwortlich ist, wird unter Zuhilfenahme der großen Tradition des Experten-Dienstleistungsverhältnisses, insbesondere seiner medizinischen Variante, ermöglicht. Die psychiatrischen Patienten werden vom Gewicht des Dienstleistungsideals erdrückt, welches uns anderen das Leben erleichtert.

50 Auch die Gesellschaft insgesamt unterstützt diese Rolle. Die therapeutische Erfahrung, so wie sie sich heute darstellt, ist in erster Linie eine Auseinandersetzung mit der individuellen, insbesondere der psychoanalytischen Therapie. In diesem Sinn bestünde die beste Möglichkeit, die Arbeit an den staatlichen Kliniken zu verbessern, in der Vermehrung des psychiatrischen Personals, so daß mehr Gelegenheit zu einer individuellen Behandlung bestünde; abgesehen von diesem zugegeben unerreichbaren Ideal sollte die zweitbeste Form der Therapie, nämlich die Gruppentherapie und das psychiatrische Beratungsgespräch, erweitert werden. Möglicherweise würde eine solche Lösung allerdings eher die schwierige Rolle des Psychiaters als die menschliche Situation verbessern, in der die psychiatrischen Patienten sich befinden.

Bibliothek Suhrkamp

191 Wright Morris, Die gläserne Insel. *Roman*
192 H. C. Branner, Erzählungen
193 Aimé Césaire, Zurück ins Land der Geburt. *Dichtung*
194 Italo Svevo, Vom schönen Mädchen. *Erzählung*
195 John M. Synge, Stücke
196 Richard Weiner, Der leere Stuhl und andere Prosa
197 Willy Kyrklund, Meister Ma. *Parabeln*
198 Henry Miller, Das Lächeln am Fuße der Leiter.
    Erzählung
199 Hermann Broch, Demeter. *Romanfragment*
200 James Joyce, Dubliner. *Erzählungen*
202 Gottfried Benn, Weinhaus Wolf
203 Veijo Meri, Der Töter und andere Erzählungen
204 Hermann Broch, Die Erzählung der Magd Zerline
205 Jean-Jacques Mayoux, Joyce
206 Bertolt Brecht, Turandot
207 Leszek Kołakowski, Der Himmelsschlüssel
208 Sylvia Plath, Die Glasglocke. *Roman*
209 Heinrich Mann, Politische Essays
210 Scholem-Alejchem, Tewje, der Milchmann. *Roman*
211 Werner Kraft, Franz Kafka
213 Rudolf Borchardt, Ausgewählte Gedichte
214 Ernest Hemingway, Der alte Mann und das Meer
215 Zofia Nałkowska, Medaillons. *Geschichten*
216 Lars Gyllensten, Kains Memoiren
217 James Joyce, Verbannte. *Schauspiel*
218 Viktor Šklowskij, Kindheit und Jugend
219 Karl Krolow, Alltägliche Gedichte
220 Max Jacob, Der Würfelbecher. *Prosa*
221 Heinrich Böll, Geschichten aus zwölf Jahren
222 Konstanty Ildefons Gałczyński, Die Grüne Gans
223 Marieluise Fleißer, Abenteuer aus dem Englischen
    Garten
224 John Fletcher, Die Kunst des Samuel Beckett
225 Max Frisch, Biografie: Ein Spiel
226 Hermann Hesse, Der Steppenwolf
227 Hermann Hesse, Siddhartha
228 Bertolt Brecht, Meti. Buch der Wendungen
229 Thomas Bernhard, Verstörung. *Roman*
230 Marcel Proust, Pastiches. Die Lemoine-Affäre

231 Marie Luise Kaschnitz, Vogel Rock. *Unheimliche Geschichten*

232 Walter Benjamin, Über Literatur

233 Alexander Mitscherlich, Die Idee des Friedens und die menschliche Aggressivität. *Vier Versuche*

234 Ernst Bloch, Die Kunst, Schiller zu sprechen

235 Marcel Jouhandeau, Pariser Bilder

236 Theodor W. Adorno, Minima Moralia

237 Andor Endre Gelléri, B. und andere Prosa

238 Wladimir W. Majakowskij, Liebesbriefe an Lilja

239 Marcel Proust, Briefwechsel mit der Mutter

240 James Joyce, Giacomo Joyce

241 Djuna Barnes, Antiphon

242 Bertolt Brecht, Politische Schriften

243 Thomas Mann, Schriften zur Politik

244 Hermann Hesse, Politische Betrachtungen

245 Hermann Broch, Gedanken zur Politik

246 Alexander Mitscherlich, Versuch, die Welt besser zu bestehen

247 Ödön von Horváth, Geschichten aus dem Wiener Wald

249 Wsewolod Iwanow, Panzerzug 14–69

250 Ludwig Wittgenstein, Über Gewißheit

251 Walter Benjamin, Berliner Chronik

252 Hans Kudszus, Jaworte, Neinworte

253 James Joyce, Anna Livia Plurabelle

254 Samuel Beckett, Residua

255 Peter Weiss, Trotzki im Exil

256 Bertolt Brecht, Die Bibel

258 Konrad Bayer, Der Kopf des Vitus Bering

259 Lucebert, Wir sind Gesichter

260 Theodor W. Adorno, Über Walter Benjamin

261 Max Frisch, Tagebuch 1946–1949

262 Karl Krolow, Nichts weiter als Leben

263 Gershom Scholem, Judaica 2

264 Paul Celan, Ausgewählte Gedichte

265 Jürgen Habermas, Philosophisch-politische Profile

266 Wiesław Brudziński, Die rote Katz

267 Marcel Proust, Eine Liebe von Swann

269 H. C. Artmann, Von denen Husaren

270 Hans Erich Nossack, Dem unbekannten Sieger

271 Pierre Jean Jouve, Paulina 1880

272 Thomas Bernhard, Midland in Stilfs

273 Yasushi Inoue, Der Stierkampf

274 Jurij Kasakow, Larifari

275 Robert Minder, Wozu Literatur?
276 Nelly Sachs, Verzauberung
277 Samuel Beckett, Premier amour · Erste Liebe
278 Gertrude Stein, Erzählen
279 Ezra Pound, Wort und Weise, ›motz el son‹
280 James Joyce, Briefe an Nora
281 Wolfgang Hildesheimer, Zeiten in Cornwall
282 Andrej Platonov, Die Baugrube
283 Jaroslav Hašek, Die Partei des maßvollen Fortschritts
284 Hans Mayer, Brecht in der Geschichte
285 Ödön von Horváth, Von Spießern, Kleinbürgern und Angestellten
286 André Maurois, Auf den Spuren von Marcel Proust
287 Bertolt Brecht, Über Klassiker
288 Jiří Kolář Das sprechende Bild
289 Alfred Döblin, Die beiden Freundinnen und ihr Giftmord
290 Alexander Block, Der Sturz des Zarenreichs
292 Ludwig Hohl, Nächtlicher Weg
293 Djuna Barnes, Nachtgewächs
294 Paul Valéry, Windstriche
295 Bernard Shaw, Die heilige Johanna
296 Hermann Kasack, Die Stadt hinter dem Strom
297 Peter Weiss, Hölderlin
298 Henri Michaux, Turbulenz im Unendlichen
299 Boris Pasternak, Initialen der Leidenschaft
300 Hermann Hesse, Mein Glaube
301 Italo Svevo, Ein Mann wird älter
302 Siegfried Kracauer, Über die Freundschaft
303 Samuel Beckett, Le dépeupler Der Verwaiser
305 Ramón José Sender, Der König und die Königin
306 Hermann Broch, James Joyce und die Gegenwart
307 Sigmund Freud, Briefe
309 Bernard Shaw, Handbuch des Revolutionärs
310 Adolf Nowaczyński, Der schwarze Kauz
311 Donald Barthelme, City Life
312 Günter Eich, Gesammelte Maulwürfe
313 James Joyce, Kritische Schriften
314 Oscar Wilde, Das Bildnis des Dorian Gray
315 Tschingis Aitmatov, Dshamilja
316 Ödön von Horváth, Kasimir und Karoline
317 Thomas Bernhard, Der Ignorant und der Wahnsinnige
318 Princesse Bibesco, Begegnung mit Marcel Proust

319 John Millington Synge, Die Aran-Inseln
320 Bernard Shaw, Über die Ehe
321 Henry James, Die Tortur
322 Edward Bond, Lear
323 Ludwig Hohl, Vom Erreichbaren und vom Unerreich-
    baren
324 Alexander Solschenizyn, Matrjonas Hof
325 Jerzy Andrzejewski, Appellation
326 Pio Baroja, Shanti Andía, der Ruhelose
327 Samuel Beckett, Mercier und Camier
328 Mircea Eliade, Auf der Mântuleasa-Straße
329 Hermann Hesse, Kurgast
330 Peter Szondi, Celan-Studien
331 Hans Erich Nossack, Spätestens im November
332 Wenjamin Alexandrowitsch Kawerin, Das Ende einer
    Bande
333 Gershom Scholem, Judaica 3
334 Ricarda Huch, Michael Bakunin und die Anarchie
335 Bertolt Brecht, Svendborger Gedichte
336 Francis Ponge, Im Namen der Dinge
337 Bernard Shaw, Wagner-Brevier
338 James Joyce, Stephen der Held
339 Zbigniew Herbert, Im Vaterland der Mythen
340 Hermann Broch, Barbara
341 Nathalie Sarraute, Tropismen
342 Hermann Hesse, Stufen
343 Rainer Maria Rilke, Malte Laurids Brigge
344 Hermann Hesse, Glück
345 Peter Huchel, Gedichte
346 Adolf Portmann, Vom Lebendigen
347 Ingeborg Bachmann, Gier
348 Knut Hamsun, Mysterien
349 Boris Pasternak, Schwarzer Pokal
350 James Joyce, Ein Porträt des Künstlers
351 Franz Kafka, Die Verwandlung
352 Hans-Georg Gadamer, Wer bin Ich und wer bist Du?
353 Hermann Hesse, Eigensinn
354 Wladimir W. Majakowskij, Ich
356 Werner Kraft, Spiegelung der Kunst
357 Edouard Roditi, Dialoge über Kunst
358 Miguel Asturias, Legenden aus Guatemala
363 Richard Hughes, Ein Sturmwind auf Jamaica
384 Zbigniew Herbert, Inschrift

edition suhrkamp

480 Joachim Hirsch / Stephan Leibfried, Materialien zur Wissenschafts- und Bildungspolitik
481 Jürgen Habermas, Zur Logik der Sozialwissenschaften. Materialien
482 Noam Chomsky, Die Verantwortlichkeit der Intellektuellen
483 Hellmut Becker, Bildungsforschung und Bildungsplanung
484 Heine Schoof, Erklärung
485 Bertolt Brecht, Über Realismus
487 Eberhard Schmidt, Ordnungsfaktor oder Gegenmacht. Die politische Rolle der Gewerkschaften
488 Über Wolfgang Hildesheimer. Herausgegeben von Dierk Rodewald
489 Hans Günter Michelsen, Drei Hörspiele
490 Bertolt Brecht, Trommeln in der Nacht. *Komödie*
491 Eva Hesse, Beckett. Eliot. Pound. *Drei Textanalysen*
492 Gunnar Myrdal, Aufsätze und Reden
494 Orlando Araujo, Venezuela
495 Über Paul Celan. Herausgegeben von Dietlind Meinecke
496 Walter Schäfer / Wolfgang Edelstein / Gerold Becker, Probleme der Schule im gesellschaftlichen Wandel. Das Beispiel Odenwaldschule
497 David Cooper, Psychiatrie und Anti-Psychiatrie
498 Dieter Senghaas, Rüstung und Militarismus
499 Ronald D. Laing / H. Phillipson / R. A. Lee, Interpersonelle Wahrnehmung
502 Wolfgang Emmerich, Zur Kritik der Volkstumsideologie
503 Anouar Abdel-Malek, Ägypten: Militärgesellschaft. Das Armeeregime, die Linke und der soziale Wandel unter Nasser
504 G. F. Jonke, Glashausbesichtigung
506 Heberto Padilla, Außerhalb des Spiels. *Gedichte*
507 Manuela du Bois-Reymond, Strategien kompensatorischer Erziehung
508 Gunnar Myrdal, Objektivität in der Sozialforschung
509 Peter Handke, Der Ritt über den Bodensee
510 Dieter Henrich, Hegel im Kontext
511 Lehrlingsprotokolle. Herausgegeben von Klaus Tscheliesnig. Vorwort von Günter Wallraff
512 Ror Wolf, mein famili. Mit Collagen des Autors
513 Wolfgang Fritz Haug, Kritik der Warenästhetik
514 Gefesselte Jugend. Fürsorgeerziehung im Kapitalismus
515 Fritz J. Raddatz, Verwerfungen
516 Wolfgang Lefèvre, Zum historischen Charakter und zur historischen

Funktion der Methode bürgerlicher Soziologie

517 Bertolt Brecht, Die Mutter. Regiebuch der Schaubühnen-Inszenierung. Herausgegeben von Volker Canaris

518 Über Peter Handke. Herausgegeben von Michael Scharang

519 Ulrich Oevermann, Sprache und soziale Herkunft

520 Melchior Schedler, Kindertheater

521 Ernest Mandel, Der Spätkapitalismus

522 Urs Jaeggi, Literatur und Politik

523 Ulrich Rödel, Forschungsprioritäten und technologische Entwicklung

524 Melanie Jaric, Geh mir aus der Sonne. *Prosa*

525 Peter Bürger, Studien zur französischen Frühaufklärung

526 Herbert Brödl, fingerabdrücke. Schrottplatztexte

527 Über Karl Krolow. Herausgegeben von Walter Helmut Fritz

528 Ursula Schumm-Garling, Herrschaft in der industriellen Arbeitsorganisation

529 Hans Jörg Sandkühler, Praxis und Geschichtsbewußtsein

530 Eduard Parow, Psychotisches Verhalten

531 Dieter Kühn, Grenzen des Widerstands

533 Materialien zu Ödön von Horváths ›Geschichten aus dem Wienerwald‹

534 Ernst Bloch, Vom Hasard zur Katastrophe. Politische Aufsätze 1934–1939

535 Heinz-Joachim Heydorn, Zu einer Neufassung des Bildungsbegriffs

536 Brigitte Eckstein, Hochschuldidaktik

537 Franco Basaglia, Die abweichende Mehrheit

538 Klaus Horn, Gruppendynamik und der ›subjektive Faktor‹

539 Gastarbeiter. Herausgegeben von Ernst Klee

540 Thomas Krämer-Badoni / Herbert Grymer / Marianne Rodenstein, Zur sozio-ökonomischen Bedeutung des Automobils

541 Über H. C. Artmann. Herausgegeben von Gerald Bisinger

542 Arnold Wesker, Die Küche

543 Detlef Kantowsky, Indien

544 Peter Hacks, Das Poetische

546 Frauen gegev den § 218. 18 Protokolle, aufgezeichnet von Alice Schwarzer

547 Wlodzimierz Brus, Wirtschaftsplanung. Für ein Konzept der politischen Ökonomie

548 Otto Kirchheimer, Funktionen des Staats und der Verfassung

549 Claus Offe, Strukturprobleme des kapitalistischen Staates

550 Manfred Clemenz, Zur Entstehung des Faschismus

551 Herbert Achternbusch, L'Etat c'est moi

552 Über Jürgen Becker

553 Hans Magnus Enzensberger, Das Verhör von Habana

555 Alfred Sohn-Rethel, Geistige und körperliche Arbeit
556 Becker / Jungblut, Strategien der Bildungsproduktion
557 Karsten Witte, Theorie des Kinos
558 Herbert Brödl, Der kluge Waffenfabrikant und die dummen
     Revolutionäre
559 Über Ror Wolf. Herausgegeben von Lothar Baier
560 Rainer Werner Fassbinder, Antiteater 2
561 Branko Horvat, Jugosl. Gesellschaft
562 Margaret Wirth, Kapitalismustheorie in der DDR
563 Imperialismus und strukturelle Gewalt. Herausgegeben von Dieter
     Senghaas
565 Agnes Heller, Marxistische Theorie der Werte
566/67 William Hinton, Fanshen
568 Henri Lefebvre, Soziologie nach Marx
569 Imanuel Geiss, Geschichte und Geschichtswissenschaft
570 Werner Hecht, Sieben Studien über Brecht
571 Materialien zu Hermann Brochs »Die Schlafwandler«
572 Alfred Lorenzer, Gegenstand der Psychoanalyse
573 Friedhelm Nyssen u. a., Polytechnik in der Bundesrepublik
     Deutschland
575 Determinanten der westdeutschen Restauration 1945–1949
576 Sylvia Streeck, Wolfgang Streeck, Parteiensystem und Status quo
577 Prosper Lissagaray, Geschichte der Commune von 1871
580 Dorothea Röhr, Prostitution
581 Gisela Brandt, Johanna Kootz, Gisela Steppke, Zur Frauenfrage im
     Kapitalismus
582 Jurij M. Lotmann, Struktur d. künstl. Textes
583 Gerd Loschütz, Sofern die Verhältnisse es zulassen
584 Über Ödön von Horváth
585 Ernst Bloch, Das antizipierende Bewußtsein
586 Franz Xaver Kroetz, Neue Stücke
587 Johann Most, Kapital und Arbeit. Herausgegeben von
     Hans Magnus Enzensberger
588 Henryk Grynberg, Der jüdische Krieg
589 Gesellschaftsstrukturen. Herausgegeben von Oskar Negt und
     Klaus Meschkat
590 Theodor W. Adorno, Zur Metakritik der Erkenntnistheorie
591 Herbert Marcuse, Konterrevolution und Revolte
592 Autonomie der Kunst
593 Probleme der internationalen Beziehungen. Herausgegeben von
     Ekkehart Krippendorff
594 Materialien zum Leben und Schreiben der Marieluise Fleißer

595/596 Ernest Mandel, Marxistische Wirtschaftstheorie
597 Rüdiger Bubner, Dialektik und Wissenschaft
598 Technologie und Kapital. Herausgegeben von Richard Vahrenkamp
599 Karl Otto Hondrich, Theorie der Herrschaft
600 Wislawa Szymbroska, Salz
601 Norbert Weber, Über die Ungleichheit der Bildungschancen in der BRD
602 Armando Córdova, Heterogenität
603 Bertolt Brecht, Der Tui-Roman
606 Henner Hess / Achim Mechler, Ghetto ohne Mauern
607 Wolfgang F. Haug, Bestimmte Negation
608 Hartmut Neuendorff, Der Begriff d. Interesses
610 Tankred Dorst, Eiszeit
611 Materialien zu Horvaths »Kasimir und Karoline«. Herausgegeben von
    Traugott Krischke
612 Stanislaw Ossowski, Die Besonderheiten der Sozialwissenschaften
613 Marguerite Sechehaye, Tagebuch einer Schizophrenen
614 Walter Euchner, Egoismus und Gemeinwohl
619 Manfred Riedel, System und Geschichte
621 Gaston Salvatore, Büchners Tod
622 Gert Ueding, Glanzvolles Elend
623 Jürgen Habermas, Legitimationsprobleme im Spätkapitalismus
624 Heinz Schlaffer, Der Bürger als Held
625 Claudia von Braunmühl, Kalter Krieg und friedliche Koexistenz
626 Ulrich K. Preuß, Legalität und Pluralismus
627 Marina Neumann-Schönwetter, Psychosexuelle Entwicklung und Schi-
    zophrenie
628 Lutz Winckler, Kulturwarenproduktion
629 Karin Struck, Klassenliebe
631 Bassam Tibi, Militär und Sozialismus in der Dritten Welt
632 Aspekte der Marxschen Theorie 1
635 Manfred Jendryschik, Frost und Feuer, ein Protokoll und andere Erzäh-
    lungen
636 Paul A. Baran, Paul M. Sweezy, Monopolkapital. Ein Essay über die
    amerikanische Wirtschafts- und Gesellschaftsordnung
637 Alice Schwarzer, Frauenarbeit – Frauenbefreiung
638 Architektur und Kapitalverwertung
639 Oskar Negt, Alexander Kluge, Öffentlichkeit und Erfahrung
641 Paavo Haavikko, Gedichte
642 Martin Walser, Wie und wovon handelt Literatur
644 Rolf Tiedemann, Studien z. Philosophie Walter Benjamins
646 H. J. Schmitt, Expressionismus-Debatte
647 Hans Mayer, Über Peter Huchel

Alphabetisches Verzeichnis der edition suhrkamp

Abdel-Malek, Ägypten 503
Abendroth, Sozialgeschichte 106
Achternbusch, Löwengebrüll 439
Achternbusch, L'Etat c'est moi 551
Adam, Südafrika 343
Adorno, Drei Studien zu Hegel 38
Adorno, Eingriffe 10
Adorno, Impromptus 267
Adorno, Kritik 469
Adorno, Jargon der Eigentlichkeit 91
Adorno, Moments musicaux 54
Adorno, Ohne Leitbild 201
Adorno, Stichworte 347
Adorno, Zur Metakritik der
    Erkenntnistheorie 590
Über Theodor W. Adorno 429
Aggression und Anpassung 282
Ajgi, Beginn der Lichtung 448
Alff, Der Begriff Faschismus 465
Alfonso, Guatemala 457
Andersch, Die Blindheit 133
Antworten auf H. Marcuse 263
Araujo, Venezuela 494
Architektur als Ideologie 243
Architektur und Kapitalverwertung 638
Artmann, Frankenstein/Fleiß 320
Über Artmann 541
Aspekte der Marxschen Theorie 1 632
Aue, Blaiberg 423
Autonomie der Kunst 592
Augstein, Meinungen 214
Baczko, Weltanschauung 306
Baran, Unterdrückung 179
Baran, Zur politisch. Ökonomie 277
Baran/Sweezy, Monopolkapital 636
Barthelme, Dr. Caligari 371
Barthes, Mythen des Alltags 92
Barthes, Kritik und Wahrheit 218
Barthes, Literatur 303
Basaglia, Die abweichende Mehr-
    heit 537
Basso, Theorie d. polit. Konflikts 308
Baudelaire, Tableaux Parisiens 34
Baumgart, Literatur f. Zeitgen. 186
Becker, H. Bildungsforschung 483
Becker, H. / Jungblut, Strategien der
    Bildungsproduktion 556
Becker, Felder 61
Becker, Ränder 351
Über Jürgen Becker 552

Beckett, Aus einem Werk 145
Beckett, Fin de partie · Endspiel 96
Materialien zum ›Endspiel‹ 286
Beckett, Das letzte Band 389
Beckett, Warten auf Godot 3
Behrens, Gesellschaftsausweis 458
Beiträge zur Erkenntnistheorie 349
Benjamin, Hörmodelle 468
Benjamin, Das Kunstwerk 28
Benjamin, Über Kinder 391
Benjamin, Kritik der Gewalt 103
Benjamin, Städtebilder 17
Benjamin, Versuche über Brecht 172
Über Walter Benjamin 250
Bentmann/Müller, Villa 396
Bergman, Wilde Erdbeeren 79
Bernhard, Amras 142
Bernhard, Fest für Boris 440
Bernhard, Prosa 213
Bernhard, Ungenach 279
Bernhard, Watten 353
Über Thomas Bernhard 401
Bertaux, Hölderlin 344
Birnbaum, Die Krise der industriellen
    Gesellschaft 386
Black Power 438
Bloch, Ch. Die SA 434
Bloch, Avicenna 22
Bloch, Das antizipierende
    Bewußtsein 585
Bloch, Christian Thomasius 193
Bloch, Durch die Wüste 74
Bloch, Hegel 413
Bloch, Pädagogica 455
Bloch, Tübinger Einleitung I 11
Bloch, Tübinger Einleitung II 58
Bloch, Über Karl Marx 291
Bloch, Vom Hasard zur Kata-
    strophe 534
Bloch, Widerstand und Friede 257
Über Ernst Bloch 251
Block, Ausgewählte Aufsätze 71
Blumenberg, Wende 138
Boavida, Angola 366
Bødker, Zustand Harley 309
Böhme, Soz.- u. Wirtschaftsgesch. 253
Bond, Gerettet. Hochzeit 461
Bond, Schmaler Weg 350
Brandt u. a., Zur Frauenfrage im Kapita-
    lismus 581

Brandys, Granada 167
Braun, Gedichte 397
v. Braunmühl, Kalter Krieg u. friedliche
    Koexistenz 625
Brecht, Antigone/Materialien 134
Brecht, Arturo Ui 144
Brecht, Ausgewählte Gedichte 86
Brecht, Baal 170
Brecht, Baal der asoziale 248
Brecht, Brotladen 339
Brecht, Der gute Mensch 73
Materialien zu ›Der gute Mensch‹ 247
Brecht, Der Tui-Roman 603
Brecht, Die Dreigroschenoper 229
Brecht, Die heilige Johanna 113
Brecht, Die heilige Johanna /
    Fragmente und Varianten 427
Brecht, Die Maßnahme 415
Brecht, Die Tage der Commune 169
Brecht, Furcht und Elend 392
Brecht, Gedichte aus Stücken 9
Brecht, Herr Puntila 105
Brecht, Im Dickicht 246
Brecht, Jasager – Neinsager 171
Brecht, Julius Caesar 332
Brecht, Kaukasischer Kreidekreis 31
Materialien zum ›Kreidekreis‹ 155
Brecht, Kuhle Wampe 362
Brecht, Leben des Galilei 1
Materialien zu Brechts ›Galilei‹ 44
Brecht, Leben Eduards II. 245
Brecht, Mahagonny 21
Brecht, Mann ist Mann 259
Brecht, Mutter Courage 49
Materialien zu Brechts ›Courage‹ 50
Materialien zu ›Die Mutter‹ 305
Brecht, Die Mutter. Regiebuch 517
Brecht, Realismus 485
Brecht, Schauspieler 384
Brecht, Schweyk 132
Brecht, Simone Machard 369
Brecht, Politik 442
Brecht, Theater 377
Brecht, Trommeln in der Nacht 490
Brecht, Über Lyrik 70
Broch, Universitätsreform 301
Materialien zu Hermann Brochs
    »Die Schlafwandler« 571
Brödl, Der kluge Waffenfabrikant 558
Brödl, fingerabdrücke 526
Brooks, Paradoxie im Gedicht 124
Brudziński, Katzenjammer 162
Brus, Funktionsprobleme 472
Brus, Wirtschaftsplanung 547

Bubner, Dialektik u. Wissenschaft 597
Bürger, Franz. Frühaufklärung 525
Burke, Dichtung 153
Burke, Rhetorik 231
Cabral de Melo Neto, Gedichte 295
Carr, Neue Gesellschaft 281
Celan, Ausgewählte Gedichte 262
Über Paul Celan 495
Chomsky, Verantwortlichkeit 482
Clemenz, Zur Entstehung des
    Faschismus 550
Cooper, Psychiatrie 497
Córdova/Michelena, Lateinam. 311
Córdova, Heterogenität 602
Cosić, Wie unsere Klaviere 289
Creeley, Gedichte 227
Crnčević, Staatsexamen 192
Crnjanski, Ithaka 208
Dalmas, schreiben 104
Davičo, Gedichte 136
Deutsche und Juden 196
Determinanten der westdeutschen
    Restauration 1945–1949 575
Di Benedetto, Stille 242
Die Expressionismus-Debatte, herausge-
    geben von H.-J. Schmitt 646
Dobb, Organis. Kapitalismus 166
Dorst, Eiszeit 610
Dorst, Toller 294
du Bois-Reymond, Strategien kompens.
    Erziehung 507
Dunn, Battersea 254
Duras, Ganze Tage in Bäumen 80
Duras, Hiroshima mon amour 26
Eckensberger, Sozialisationsbedin-
    gungen 466
Eckstein, Hochschuldidaktik 536
Eich, Abgelegene Gehöfte 288
Eich, Botschaften des Regens 48
Eich, Mädchen aus Viterbo 60
Eich, Setúbal. Lazertis 5
Eich, Unter Wasser 89
Über Günter Eich 402
Eichenbaum, Aufsätze 119
Eliot, Die Cocktail Party 98
Eliot, Der Familientag 152
Eliot, Mord im Dom 8
Eliot, Staatsmann 69
Eliot, Was ist ein Klassiker? 33
Emmerich, Volkstumsideologie 502
Enzensberger, Blindenschrift 217
Enzensberger, Deutschland 203
Enzensberger, Einzelheiten I 63
Enzensberger, Einzelheiten II 87

Enzensberger, Gedichte 20
Enzensberger, Landessprache 304
Enzensberger, Das Verhör von
Habana 553
Über H. M. Enzensberger 403
Eschenburg, Über Autorität 129
Euchner, Egoismus u. Gemeinwohl 614
Existentialismus und Marxismus 116
Fanon, Algerische Revolution 337
Fassbinder, Antiteater 443
Fassbinder, Antiteater 2 560
Filho, Corpo vivo 158
Fleischer, Marxismus 323
Fleißer, Materialien 594
Folgen einer Theorie 226
Formalismus 191
Foucault, Psychologie 272
Frauen gegen den § 218 546
Frauenarbeit – Frauenbefreiung 637
Franzen, Aufklärungen 66
Freeman/Cameron/McGhie, Schizo-
phrenie 346
Freyberg, Sexualerziehung 467
Frisch, Ausgewählte Prosa 36
Frisch, Biedermann 41
Frisch, Chinesische Mauer 65
Frisch, Don Juan 4
Frisch, Stücke 154
Frisch, Graf Öderland 32
Frisch, Öffentlichkeit 209
Frisch, Zürich – Transit 161
Über Max Frisch 404
Fromm, Sozialpsychologie 425
Gäng/Reiche, Revolution 228
Gastarbeiter 539
Gefesselte Jugend 514
Geiss, Studien über Geschichte 569
Germanistik 204
Goeschel/Heyer/Schmidbauer,
Soziologie d. Polizei 1 380
Goethe, Tasso. Regiebuch 459
Grass, Hochwasser 40
Gravenhorst, Soz. Kontrolle 368
Grote, Alles ist schön 274
Gründgens, Theater 46
Grynberg, Der jüdische Krieg 588
Guérin, Am. Arbeiterbewegung 372
Guérin, Anarchismus 240
Guggenheimer, Alles Theater 150
Haavikko, Jahre 115
Haavikko, Gedichte 641
Habermas, Logik d. Soz. Wissensch. 481
Habermas,
Protestbewegung 354

Habermas, Technik und Wissenschaft
287
Habermas, Legitimationsprobleme im
Spätkapitalismus 623
Hacks, Das Poetische 544
Hacks, Stück mit Stücken 122
Hacks, Zwei Bearbeitungen 47
Hamelink, Horror vacui 221
Handke, Die Innenwelt 307
Handke, Kaspar 322
Handke, Publikumsbeschimpfung 177
Handke, Wind und Meer 431
Handke, Ritt üb. d. Bodensee 509
Über Peter Handke 518
Hannover, Rosa Luxemburg 233
Hartig/Kurz, Sprache 453
Haug, Antifaschismus 236
Haug, Kritik d. Warenästhetik 513
Haug, Bestimmte Negation 607
Hayden, Prozeß von Chicago 477
Hecht, Sieben Studien über Brecht 570
Philosophie Hegels 441
Heller, Nietzsche 67
Heller, Studien zur Literatur 42
Heller, Hypothese zu einer marxisti-
schen Werttheorie 565
Henrich, Hegel 510
Herbert, Ein Barbar 1 111
Herbert, Ein Barbar 2 365
Herbert, Gedichte 88
Hess/Mechler, Ghetto ohne Mauern 606
E. Hesse, Beckett. Eliot. Pound 491
Hesse, Geheimnisse 52
Hesse, Späte Prosa 2
Hesse, Tractat vom Steppenwolf 84
Heydorn, Neufassung des Bildungs-
begriffs 535
Hildesheimer, Das Opfer Helena 118
Hildesheimer, Interpretationen 297
Hildesheimer, Mozart/Beckett 190
Hildesheimer, Nachtstück 23
Hildesheimer, Walsers Raben 77
Über Wolfgang Hildesheimer 488
Hinton, Fanshen 566/67
Hirsch, Wiss.-tech. Fortschritt 437
Hirsch/Leibfried, Bildungspolitik 480
Hochman/Sonntag, Camilo Torres 363
Hobsbawm, Industrie 1 315
Hobsbawm, Industrie 2 316
Hofmann, Abschied 399
Hofmann, Stalinismus 222
Hofmann, Universität, Ideologie 261
Höllerer, Gedichte 83
Hondrich, Theorie der Herrschaft 599

Horlemann/Gäng, Vietnam 173
Horlemann, Konterrevolution 255
Horn, Dressur oder Erziehung 199
Horn, Gruppendynamik 538
Hortleder, Ingenieur 394
Materialien zu Ödön von Horváth 436
Materialien zu Ödön von Horváths ›Ge-
    schichten aus dem Wiener Wald‹ 533
Materialien zu Horváths ›Kasimir und
    Karoline‹ 611
Über Ödön von Horváth 584
Horvat, B., Die jugosl. Gesellschaft 561
Hrabal, Die Bafler 180
Hrabal, Tanzstunden 126
Hrabal, Zuglauf überwacht 256
Hüfner, Straßentheater 424
Huffschmid, Politik des Kapitals 313
Huppert, Majakowskij 182
Hyry, Erzählungen 137
Imperialismus und strukturelle Gewalt.
    Herausgg. von Dieter Senghaas 563
Institutionen in prim. Gesellsch. 195
Jaeggi, Literatur u. Politik 522
Jakobson, Kindersprache 330
Janker, Aufenthalte 198
Jaric, Geh mir aus der Sonne 524
Jauß, Literaturgeschichte 418
Jedlička, Unterwegs 328
Jendryschik, Frost und Feuer 635
Jensen, Epp 206
Johnson, Das dritte Buch 100
Johnson, Karsch 59
Über Uwe Johnson 405
Jonke, Glashausbesichtigung 504
Jonke, Leuchttürme 452
Joyce, Dubliner Tagebuch 216
Materialien zu Joyces Dubliner 357
Jugendkriminalität 325
Juhász, Gedichte 168
Kalivoda, Marxismus 373
Kantowsky, Indien 543
Kasack, Das unbekannte Ziel 35
Kaschnitz, Beschreibung 188
Kidron, Rüstung und wirtschaftl.
    Wachstum 464
Kipphardt, Hund des Generals 14
Kipphardt, Joel Brand 139
Kipphardt, Oppenheimer 64
Kipphardt, Die Soldaten 273
Kirchheimer, Polit. Herrschaft 220
Kirchheimer, Politik u. Verfassung 95
Kirchheimer, Funktionen des
    Staats 548
Kleemann, Studentenopposition 381

Kolko, Besitz und Macht 239
Kovač, Schwester Elida 238
Kracauer, Straßen von Berlin 72
Krämer-Badoni/Grymer/Rodenstein,
    Bedeutung des Automobils 540
Krasiński, Karren 388
Kritische Friedensforschung 478
Kristl, Sekundenfilme 474
KRIWET, Apollo Amerika 410
Kroetz, Drei Stücke 473
Kroetz, Neue Stücke 586
Krolow, Ausgewählte Gedichte 24
Krolow, Landschaften für mich 146
Krolow, Schattengefecht 78
Über Karl Krolow 527
Kruuse, Oradour 327
Kuckuk, Räterepublik Bremen 367
Kuda, Arbeiterkontrolle 412
Kühn, Grenzen des Widerstands 531
Kühnl/Rilling/Sager,Die NPD 318
Lagercrantz, Nelly Sachs 212
Laing, Phänomenologie 314
Laing/Phillipson/Lee, Interpers. Wahr-
    nehmung 499
Lange, Gräfin 360
Lange, Hundsprozeß/Herakles 260
Lange, Marski 107
Lefebvre, Marxismus 99
Lefebvre, Materialismus 160
Lefebvre, Soziologie nach Marx 568
Lefèvre W. Hist. Charakter bürgerl.
    Soziologie 516
Lehrlingsprotokolle 511
Leibfried, Angepaßte Universität 265
Lempert, Leistungsprinzip 451
Lenin 383
Lévi-Strauss, Totemismus 128
Liebel/Wellendorf, Schülerselbst-
    befreiung 336
Linhartová, Diskurs 200
Linhartová, Geschichten 141
Linhartová, Haus weit 416
Lissagaray, Pariser Commune 577
Loewenstein, Antisemitismus 241
Lorenzer, Kritik 393
Lorenzer, Gegenstand der Psychoana-
    lyse 572
Loschütz, Gegenstände 470
Loschütz, Sofern die Verhältnisse es
    zulassen 583
Lotman, Struktur des künstlerischen
    Textes 582
Majakowskij, Verse 62
Malecki, Spielräume 333

Malerba, Schlange 312
Mandel, Marxistische Wirtschaftstheorie
  Band 1 und 2 595/96
Mandel, Der Spätkapitalismus 521
Mándy, Erzählungen 176
Marcuse, Befreiung 329
Marcuse, Konterrevolution u. Revolte
  591
Marcuse, Kultur u. Gesellschaft I 101
Marcuse, Kultur u. Gesellschaft II 135
Marcuse, Theorie d. Gesellschaft 300
Marković, Dialektik der Praxis 285
Marx und die Revolution 430
Mayer, Anmerkungen zu Brecht 143
Mayer, Anmerkungen zu Wagner 189
Mayer, Das Geschehen 342
Mayer, Radikalismus, Sozialismus 310
Mayer, Repräsentant 463
Mayer, Über Peter Huchel 647
Mayoux, Über Beckett 157
Meier, ›Demokratie‹ 387
Merleau-Ponty, Humanismus I 147
Merleau-Ponty, Humanismus II 148
Michaels, Loszittern 409
Michel, Sprachlose Intelligenz 270
Michelsen, Drei Akte. Helm 140
Michelsen, Drei Hörspiele 489
Michelsen, Stienz. Lappschiess 39
Michiels, Das Buch Alpha 121
Michiels, Orchis militaris 364
Minder, ›Hölderlin‹ 275
Kritik der Mitbestimmung 358
Mitscherlich, Krankheit I 164
Mitscherlich, Krankheit II 237
Mitscherlich, Unwirtlichkeit 123
Materialien zu Marieluise Fleißer 594
Moore, Geschichte der Gewalt 187
Moral und Gesellschaft 290
Moser, Repress. Krim.psychiatrie 419
Moser/Künzel, Gespräche mit Ein-
  geschlossenen 375
Most, Kapital und Arbeit 587
Müller, Philoktet. Herakles 5 163
Mueller, Wolf/Halbdeutsch 382
Münchner Räterepublik 178
Mukařovský, Ästhetik 428
Mukařovský, Poetik 230
Myrdal, Aufsätze u. Reden 492
Myrdal, Objektivität 508
Napoleoni, Ökonom. Theorien 244
Nápravník, Gedichte 376
Negt, Öffentlichkeit und
  Erfahrung 639
Negt, Gesellschaftsstrukturen 589

Neumann-Schönwetter, Psychosexuelle
  Entwicklung 627
Neuendorff, Begriff des Interesses 608
Nezval, Gedichte 235
Neues Hörspiel 476
Nossack, Das Mal u. a. Erzählungen 97
Nossack, Das Testament 117
Nossack, Der Neugierige 45
Nossack, Der Untergang 19
Nossack, Literatur 156
Nossack, Pseudoautobiograph.
  Glossen 445
Über Hans Erich Nossack 406
Kritik der Notstandsgesetze 321
Nowakowski, Kopf 225
Nyssen, Polytechnik in der BRD 573
Obaldia, Wind in den Zweigen 159
Oevermann, Sprache und soziale Her-
  kunft 519
Oglesby/Shaull, Am. Ideologie 314
Offe, Strukturprobleme 549
Olson, Gedichte 112
Ossowski, Besonderheiten der Sozialwis-
  senschaften 612
Ostaijen, Grotesken 202
Padilla, Außerhalb des Spiels 506
Parow, Psychotisches Verhalten 530
Pavlović, Gedichte 268
Penzoldt, Zugänge 6
Pinget, Monsieur Mortin 185
Plädoyer f. d. Abschaff. d. § 175 175
Ponge, Texte zur Kunst 223
Poss, Zwei Hühner 395
Preuß, Studentenschaft 317
Preuß, Legalität und Pluralismus 626
Price, Ein langes Leben 120
Probleme der intern. Beziehungen 593
Pross, Bildungschancen 319
Pross/Boetticher, Manager 450
Proust, Tage des Lesens 37
Psychoanalyse als Sozialwiss. 454
Queneau, Mein Freund Pierrot 76
Queneau, Zazie in der Metro 29
Raddatz, Verwerfungen 515
Rajewsky, Arbeitskampfrecht 361
Recklinghausen, James Joyce 283
Reinshagen, Doppelkopf. Marilyn
  Monroe 486
Riedel, Hegels Rechtsphilosophie 355
Riedel, Hegel und Marx 619
Riesman, Freud 110
Rigauer, Sport und Arbeit 348
Ritter, Hegel 114
Rivera, Peru 421